上海城市发展与社会生活丛书

丛书主编：忻平　丰箫　吴静

# 上海茶馆与都市社会
## （1843—1949）

包树芳　著

上海大学出版社
·上海·

图书在版编目(CIP)数据

上海茶馆与都市社会：1843—1949 / 包树芳著. ——
上海：上海大学出版社，2022.11
（上海城市发展与社会生活丛书）
ISBN 978-7-5671-4572-6

Ⅰ.①上… Ⅱ.①包… Ⅲ.①茶馆-经营管理-研究
-上海-1843—1949 Ⅳ.①F726.93

中国版本图书馆 CIP 数据核字(2022)第 210165 号

责任编辑　王　聪
封面设计　倪天辰
技术编辑　金　鑫　钱宇坤

## 上海茶馆与都市社会(1843—1949)

包树芳　著

上海大学出版社出版发行
（上海市上大路 99 号　邮政编码 200444）
（https://www.shupress.cn 发行热线 021-66135112）
出版人　戴骏豪

＊

南京展望文化发展有限公司排版
上海华业装潢印刷厂有限公司印刷　各地新华书店经销
开本 787mm×960mm　1/16　印张 19.25　字数 313 千
2023 年 1 月第 1 版　2023 年 1 月第 1 次印刷
ISBN 978-7-5671-4572-6/F·227　定价　78.00 元

版权所有　侵权必究
如发现本书有印装质量问题请与印刷厂质量科联系
联系电话: 021-39978673

# 总　　序

城市发展在人类历史中占有重要地位,城市塑造了与乡村生活迥异的社会生活。斯本格勒这样描述:"在一座城市从一个原始的埃及的、中国的或德国的村落——广阔土地上的一个小点——中产生的时候,到底意味着什么。在外貌上,或许没什么区别,但在精神上,它是如此的一个地方,此后,乡村便被它看成是、感到是、体验为其'四郊',成为一种不同的及从属的东西。从此时起便有了两种生活,即城内的与城外的生活,农民与市民同样清楚地知道这一点。"①当然,在城市化发展过程中,城市与农村既有巨大差异,也有某些相似特征。从小渔村发展而来的上海,更为典型。

从近代开埠到中华人民共和国成立前夕的上海历史,是一部上海现代化发展史,也是一部社会转型的历史。中华人民共和国成立前,上海的现代化进程已达到一个历史的顶峰时期。但传统社会仍未消失,从而使社会生活凸显出一种多元势差结构②。

本丛书的主要特点是:以多视角、多资料、多专题来展现少有人研究的上海城市发展过程中上海人的多样社会生活。此次几位年轻学者的书稿都是在其博士论文基础上经过多年修改而成,以多元史料和深刻分析见长。

茶馆是透视城市发展、社会变迁的窗口,茶馆是反映社会百态、世俗风情的空间,茶馆是国家权力与日常文化此消彼长的场域。学界相关研究较多,但缺乏对近代上海这个大城市的茶馆全面而翔实的考察。

---

① [德]斯本格勒著,张兰平译:《西方的没落》,陕西师范大学出版社2008年版,第106页。
② 忻平:《从上海发现历史——现代化进程中的上海人及其社会生活1927—1937(修订版)》,上海大学出版社2009年版,第18—19页。

包树芳博士的《上海茶馆与都市社会(1843—1949)》一书,聚焦近代上海茶馆,运用报刊、笔记、指南书、竹枝词、图像、小说等多样资料,呈现茶馆在都市化进程最快、中西交汇最激烈的城市中所拥有的丰富而独特的面貌,展示了茶馆空间与都市社会、文化之间的交织互动,以及茶馆空间与政治、权力之间的复杂关系。其研究指出,茶馆及其空间是城市文化和区域人性特点的映射,不同城市的茶馆在拥有共性的同时呈现出鲜明的个性;国家权力在基层社会的渗透及改变日常生活的尝试,是有限的干预,同时在茶馆并没有产生严格意义上的公共领域。

十里不同风,百里不同俗。民俗是民间流行的风尚、习俗,一般指的是一个民族或一个社会群体在长期的生产实践和社会生活中逐渐形成并世代相传、较为稳定的民间文化现象。以往的民俗研究多将研究对象投注在边远地区的奇风异俗,很少关注大都市的民风习俗。民俗同时也是作为一种资源,自古以来就受到统治阶级的关注,并被作为一种社会控制的重要手段加以利用。

艾萍博士的《变俗与变政——上海民俗变革研究(1927—1937)》一书,从社会控制角度出发,立足于国家和社会两种视野,考察1927—1937年间上海民俗变迁的缘起、历程和结果,探寻民国时期中央政府、上海地方政府和上海民众的相互关系,并对变俗变政的效果和制约因素进行评价和分析。其研究指出,变俗以变政的关键核心,就是以权威构建和维系为导向的秩序与进步,其实质就是要顺应时代潮流,维持社会秩序、改革传统陋俗,推动社会进步,从而夯实政府执政的合法性基础。秩序与进步的偕同与纠葛正是民俗变革成败的决定性因素。

近代以来的中日关系,日本对华侵略成为主流。上海日本居留民团是民国时期上海日侨的重要组织,对其展开研究不仅具有学术价值,也有现实意义。吕佳航博士以《上海日本居留民团研究(1907—1945)》为研究题目,其亲至日本东京六本木的外务省外交史料馆和东京的国立国会图书馆、东京大学东洋文化研究所、京都大学人文研究所和大阪府立图书馆、大阪市立大学图书馆等机构搜集资料,将日方档案、调查报告、时人记述与中方史料相结合,通过对上海日本居留民团的成立背景、发展阶段、结构体系、公共职能、关系网络和根本性质等方面的阐释,揭示了在近代日本对华侵略的本质。

非单位人群是中华人民共和国成立后城市社会中的一个客观存在。作为社会结构的一个类型,一般多从社会学角度来看,但是往往少了历史感。由历史学者来做这个课题是比较少的。长期以来,"非单位人"现象似乎并未引起政府部门和学界的足够重视。近年来,基层社会的再组织问题成为社区研究的重要议题,尤其是随着现代化的发展,强化大城市事实存在大量的非单位人群的研究就显得更为迫切。

杨丽萍博士的《从非单位到单位——上海非单位人群组织化研究(1949—1962)》一书,就1949年后的上海非单位人群的组织化做了详尽的考察。按照历史脉络,将1949—1962年间的基层社会组织化历程划分为组织建构、组织强化、组织的非常态三个阶段。研究指出,通过以街居组织为代表的基层群众组织,中共重构了城市基层社会,将国家权力渗透到基层,造就了具有高度动员和整合力的社会调控体系。上海非单位人群的组织化不是政府的单向调控,其书通过案例分析游民、摊贩、家庭妇女和失业者等非单位人群被纳入组织化框架的过程,生动展示了调控者与被调控者之间互动的详情。

住房是一种物理空间,大城市的住房更是一种社会空间。上海的住房困难问题世界闻名。1949年5月,上海解放,中国共产党和上海市人民政府立即着手进行棚户改造工作,棚户的空间环境和社会结构两个维度均发生了不同程度的改变。

潘婷博士的《空间改造与社会重构——上海棚户区改造研究(1949—1966)》一书,从国家与社会视角、城市更新的视角,从人与空间两方面探求上海棚户区改造的历史过程,梳理1949—1966年间棚户区的发展和改造历程、采取的政策、遇到的问题及同时期其他重要事项对棚户改造的影响等。研究指出,1949—1966年间的上海棚户区改造,呈现出三大历史特点:一是改造与工业发展错峰进行;二是对棚户区的两大基本要素——社会与空间并重改造;三是政府主导与民众广泛参与相结合。有别于棚户空间外部环境的简单改善,棚户区内部社会结构的变化更为深刻。棚户区的劳动人口随着工业城市的建设,普遍实现了就业,"工人阶级当家作主"的意识渗透进棚户居民的工作与生活,棚户身份淡化,工人身份凸显,棚户居民的身份认同和社会地位得到显著提升。

本丛书既关注不同人群,也关注不同空间和载体。鉴于1949年中华人民共和国成立后,上海城市的发展既有新的特征,也有旧的延续,因而本丛书包含了1949

年中华人民共和国成立前后两个时段的研究。本丛书皆是在博士论文基础上修改而成的专著,在"上海城市发展与社会生活"这一专题下进行深入研究,有较强的学术价值和现实意义。希望本丛书可以加强与学术界的交流和对话,共同促进对近现代史和上海史的研究。

当然,丛书还存在不足之处,还请各位专家学者批评指正。

最后,感谢本丛书各位作者的辛苦努力,感谢上海大学出版社各位领导对丛书出版的支持,以及编辑老师对丛书的认真编辑、校对和设计。

## 课 题 资 助

本丛书得到
1. 教育部哲学社会科学重大课题攻关项目"伟大建党精神研究"(21JZD005)
2. 上海市哲社项目"上海红色基因百年传承与时代价值研究"(2021BDS003)
3. 上海市教委项目"建党百年品牌课程建设"
4. 上海大学历史系课程思政"领航计划"

的资助,谨致谢意!

丛书主编:忻平

2022 年 6 月

# 目 录

绪论 ································································· 1
  一、选题缘起与研究意义 ·································· 1
  二、研究现状和问题意识 ·································· 4
  三、史料运用与文本解读 ································· 10
  四、若干界定与研究思路 ································· 14

**第一章 近代上海茶馆的嬗变** ······························· 17
  第一节 开埠前后茶馆发展的城市背景 ·············· 17
    一、上海茶馆溯源 ·············································· 17
    二、开埠后茶馆发展的上海印记 ······················· 20
  第二节 城市空间拓展中的茶馆分布 ················· 22
    一、清人记述中的早期茶馆分布 ······················· 22
    二、著名茶馆的时空分布：以指南书为主的考察 ····· 28
  第三节 城市变迁中的茶馆兴衰 ························· 35
    一、晚清茶楼的风貌 ········································· 35
    二、民国茶室的兴起 ········································· 46
    三、茶馆数量的考察 ········································· 50

**第二章 茶馆店主的经营** ······································· 63
  第一节 店主概况 ················································ 63
    一、基本情况 ····················································· 64
    二、经济状况 ····················································· 68
    三、社会背景 ····················································· 69

## 第二节　经营之道 ………………………………………………… 72
一、常规经营 …………………………………………………… 72
二、茶水之外的营业 …………………………………………… 76
三、经营手段 …………………………………………………… 89
四、员工组成 …………………………………………………… 98
五、茶室特色 …………………………………………………… 103

## 第三节　收入和支出 ……………………………………………… 108
一、收支情况 …………………………………………………… 108
二、税务负担 …………………………………………………… 111

## 第四节　同业公会 ………………………………………………… 113
一、组织结构 …………………………………………………… 114
二、工作开展 …………………………………………………… 115

# 第三章　行政当局的管理和控制 ……………………………………… 124

## 第一节　早期磨合：晚清华洋分治下的茶馆管理 ……………… 124
一、关于茶馆捐 ………………………………………………… 126
二、关于茶馆中的妓女 ………………………………………… 128
三、关于其他方面 ……………………………………………… 131

## 第二节　管理模式：不同时期的大同小异 ……………………… 132
一、规章解读 …………………………………………………… 133
二、特殊时期的管理 …………………………………………… 136

## 第三节　控制效力：禁令下的较量 ……………………………… 139
一、茶馆禁妓 …………………………………………………… 140
二、茶馆禁戏 …………………………………………………… 150
三、茶馆禁赌 …………………………………………………… 157
四、茶馆治乱 …………………………………………………… 174

## 第四节　空间重组：民众茶园的出现 …………………………… 188
一、民众茶园的旋开旋关：1928年11月—1929年11月 …… 188
二、民众茶园的多次起伏：20世纪三四十年代 ……………… 192

## 第四章　茶客的空间消费 · 199

### 第一节　民众、日常生活与茶馆 · 199
- 一、茶馆中的日常生活 · 199
- 二、茶客群体素描 · 209

### 第二节　文人、文化活动与茶馆 · 211
- 一、晚清文人的茶楼情结 · 211
- 二、民国时期的文人和"文艺沙龙" · 220

### 第三节　茶会、商人与茶馆 · 226
- 一、形式多样的茶会 · 226
- 二、商人与茶会市场 · 231

### 第四节　抗争、革命与茶馆 · 246
- 一、各界抗争在茶馆 · 246
- 二、革命斗争在茶馆 · 249

### 第五节　救亡、"茶花女"与茶室 · 257
- 一、救亡中的茶室休闲 · 257
- 二、形象建构中的"茶花女" · 261

## 结论 · 268
- 一、从消费的空间到空间的消费 · 268
- 二、茶馆里的上海滩和上海滩的茶馆 · 271
- 三、国家权力的干预与日常文化的消长 · 277

## 图表目录 · 281
## 参考资料 · 283
## 后记 · 295

# 绪 论

## 一、选题缘起与研究意义

哈贝马斯"公共领域"论说在国内史学界引起了长时期的争议。其实,不管其是与非,不管是称"公共领域"还是"公共空间",有一点是毋庸置疑的,那就是这一概念对学者思维的拓展、视角的更新大有裨益。在新思维、新视角的引领下,学者们带有深度的研究给史学界注入了新鲜血液①。其中,物质空间日益受到学者的关注。当然,学者们不再仅专注于空间历史沿革的阐述,而是注重空间与政治、经济、社会诸多要素的密切结合,由此极大地丰富了空间的内涵②。

---

① "国家—社会"的诠释框架是史学变革中的重要论说,它脱胎于哈贝马斯关于"市民社会"与"公共领域"的研究。杨念群认为,对于中国史学界而言,"国家—社会"框架的引进并不在于其用比附的方法描述出中国出现了多少类似西方的政治运动,或者在西方政治学内涵下营造出了多少类似西方的反抗空间和表达方式,而在于它给我们创造出了一个机会,使中国史学界得以暂时抛开仅仅关注于上层制度运作,同时又不自觉地以上层替代下层研究的传统取向,开始独立审视基层社会运转的真实图景。参见杨念群:《昨日之我与今日之我:当代史学的反思与阐释》,北京师范大学出版社2005年版,第42页。
② 在哈贝马斯看来,西方的咖啡馆、剧院、沙龙等在资产阶级兴起、公民权力对抗国家权力的过程中起着重要的功能。受此影响,城市物质空间日益受到学者关注,且由表及里,展开了深入研究。关于公园的研究,有熊月之:《晚清上海私园开放与公共空间的拓展》,载《学术月刊》1998年第8期;《张园:晚清上海一个公共空间研究》,载《档案与史学》1996年第6期。李德英:《公园里的社会冲突——以近代成都城市公园为例》,载《史林》2003年第1期;《城市公共空间与城市社会生活:以近代城市公园为例》《城市史研究》第19—20辑,天津社会科学院出版社2000年版。陈蕴茜:《空间重组与孙中山崇拜——以民国时期中山公园为中心的考察》,载《史林》2006年第1期;《日常生活终殖民主义与民族主义的冲突——以中国近代公园为中心的考察》,载《南京大学学报》(哲社版)2005年第5期;《论清末民国旅游娱乐空间的变化——以公园为中心的考察》,载《史林》2004年第5期。苏智良、江文君:《法国文化空间与上海现代性:以法国公园为例》,载《史林》2010年第4期。关于其他空间的研究,有熊月之:《从跑马厅到人民公园人民广场:历史变迁与象征意义》,载《社会科学》2008年第3期;邵建:《跑马场与近代上海社会》,硕士学位论文,上海社会科学院历史研究所,2003年;陈蕴茜、齐旭:《近代城市空间重组中的精英文化与大众文化——以江苏南通更俗剧场为中心的考察》,载《江苏社会科学》2008年第6期;方平:《戏园与清末上海公共空间的拓展》,载《华东师范大学学报》(哲社版)2006年第6期;陈文文:《1920—1940年代上海咖啡馆研究》,硕士学位论文,上海师范大学,2010年;等等。

作为传统中国最为普及、与民众关系最密切、最具有典型意义的重要空间——茶馆,很长时期并未受到史学界的关注。最早关注茶馆的是作家老舍,他创造了剧本艺术的奇葩——《茶馆》。在《茶馆》中,老舍借助茶馆这一空间、运用艺术的渲染形象地展现了自晚清以来的社会变迁。《茶馆》中对旧时代的批判、谴责是其主色调,出场的主要人物也都带有时代印记下的悲剧色彩。再考虑到剧本的写作时期,更容易理解那个年代革命化的叙述色彩。茶馆的真实内涵究竟怎样?显然光靠文学的关怀无法全面获得。中国的茶文化源远流长、博大精深,茶馆诞生、成长其间,也应有其深厚的内容。茶馆的开放性、包容性,使其成为三教九流、各色人等的理想聚集地,他们在茶馆的生活实态究竟如何?他们的言论、活动与时局的变迁、城市的发展有着怎样的联系?政府是如何管理、控制这个复杂多样的重要空间,控制的程度、结果又如何?作为小本生意,茶馆业又是如何经营的?店主、堂倌的生活状况又是怎样?茶馆的丰富内涵,必须靠历史学的细致考证才能掌握。

历史学家王笛教授的著作《茶馆:成都的公共生活和微观世界,1900—1950》于2010年初问世①。该书是史学界第一部系统深入考察中国近代茶馆的专著,丰富翔实的资料、入木三分的论述使其严谨可信,活泼的文风又使其不失趣味。该书的撰写旨趣或视角主要有:一是国家与社会的关系。作者在序言中回应了哈贝马斯"公共领域"论说在中国的运用问题,指出物质空间可作为"公共领域"的一种概念界定,而物质空间又总是与国家权力相联系。国家是怎样逐步深入和干涉人们的日常生活,成为贯穿全书的一条主线;二是新文化史与微观史的视角。通过挖掘成都茶馆各种资料,以详细生动的叙事重构过去民众日常和公共生活的历史,这种研究视角和方法既受到西方新文化史关注普通人的日常生活、物质文化、记忆语言等理念及研究的影响,也是延续西方微观史学研究的尝试;三是宏大叙事与日常取向的结合。茶馆不仅仅是反映民众生活、世俗风情的窗口,同时它也是透视国家政治、经济、文化变迁的重要载体。该书通过"茶馆与社会""茶馆与经济""茶馆与政治"三部分的细致论述,清晰呈现了"小历史"与"大历史"的互动与交织,深刻说明:微观世界可以透析、反映宏观历史。

---

① 该书英文版于 2009 年 6 月由斯坦福大学出版社出版,中文版于 2010 年 2 月由社会科学文献出版社出版。

以上三种旨趣或视角，王笛教授在"中文版序"有深入的阐述。其中第二种更多从怎样研究的史观入手，第一种、第三种着重阐述为什么研究茶馆，即茶馆的研究意义。当然，国家与社会、宏大叙事与日常取向，两者之间又有着交集。读到王笛教授的这本著作时，笔者非常兴奋，同时也非常忐忑。兴奋的是终于有对茶馆系统而全面的研究成果问世了，忐忑的是笔者对茶馆研究的这份钟爱之情该如何放置。茶馆的研究意义，王笛教授已经作了学理上的深入分析，而且呈现在那46万多字的重量级作品中。上海茶馆研究的意义，大体脱离不了王笛教授所说的范围。不过，研究上海茶馆还有着一份特殊意义。

区域社会史风靡史学界数十年。区域社会史的意义在于，它能够为整体史提供鲜活而生动的个案，进而得到对历史整体的认知。各区域中，上海因其在中国近现代历史上的重要角色和地位，成为最受学者关注的城市。上海史研究，不论是通史性还是专题性论著，已是汗牛充栋。而上海社会史研究在中外学者的共同关注下，也取得了非常丰富的成果。研究上海茶馆，亦因上海这座城市的独具魅力而别具光芒。在这样一个经济发达，中西文明、区域文化交流活跃，世界性与地方性并存、摩登性与传统性并存的城市，茶馆会经历怎样的变迁？茶馆的空间结构、茶客消费是怎样的一副面貌？茶馆经营方式怎样？租界与华界、历届政府又是怎样进行管理？上海茶馆空间究竟有着怎样丰富的内容，需要立足上海，深入其间才能感知。当然，"小历史"蕴含着"大历史"，从茶馆空间自下而上，"审视国家与权力，审视政治、经济和社会体制，审视重大的历史事件与现象"①，亦是应有之义。

上海的特殊性，使得研究上海茶馆有了特殊意义。当然，本书不仅仅是对上海社会史研究的一个补充。区域社会史研究不应画地为牢，更应展开区域间的比较，这样才能获知区域间相互联系和作用的机制与规律，从而"不断丰富跨地域社会生成与演进的连续性和相关性"②。从这个角度而言，成都茶馆和上海茶馆恰是近代中国茶馆研究的典型。成都是近代化步伐较慢的一座内陆城市，上海则是引领都市化、国际化潮流的口岸城市，两座城市各具特色和鲜明特征。成都茶馆与上海茶

---

① 赵世瑜、邓庆平：《二十世纪中国社会史研究的回顾与思考》，载《〈历史研究〉五十年论文选》，社会科学文献出版社2005年版，第344页。
② 行龙、李全平：《反思与前瞻：中国近代社会史研究的再出发》，载《史学理论研究》2020年第2期。

馆具有比较的价值,两座城市的茶馆空间究竟存在哪些具象和内涵的异同,茶馆的微言大义是否在两座城市有着类似的呈现,抑或不同。只有在比较中才能获得近代中国茶馆的整体认知。

## 二、研究现状和问题意识

### (一) 茶文化研究中的茶馆

茶文化在中国的历史源远流长,它的博大精深吸引着古往今来的文人学士谈论它、研究它。作为茶文化的物质载体,茶馆受到茶文化研究专家的关注。这方面的书籍、文章并不算少。

茶文化研究专家余悦曾先后主编《中华茶文化》《茶文化博览》丛书,吴旭霞的《茶馆闲情——中国茶馆的演变与情趣》、连振娟的《中国茶馆》,分别为丛书中的一部①。另外,《茶博览》主编阮浩耕著有《茶馆风情》,陶文瑜的《茶馆》则是《雅俗中国丛书》中的一部,刘清荣著有《中国茶馆的流变与未来走向》②。以上几本专著主要关注的是传统茶馆的历史流变、功能特色、各地茶馆的特点、文人与茶馆间的趣事等。作者或用文学化的叙述方式,或采用介绍性的讲解方式,或图文并茂,从形式上可以把它们归入通俗读物。表面看来,这些著作缺乏实证性。但是需要正视的是,它们并非"空中楼阁",也是建立在正史、野史、笔记、小说、散文等资料的搜集和分析基础上的。近代以前的茶馆,在正史中的记载很少,所以,要爬梳它的发生、发展过程及表现形态等,必须要借助时人笔记、小说等资料③。所以并不能低估这些著作的分量,它们仍然较为清晰、真实地阐述了茶馆的相关知识。同时,通俗的形式为茶馆知识的普及作出了贡献。当然,对通俗的追求也会带来弊端,一些资料未

---

① 吴旭霞:《茶馆闲情——中国茶馆的演变与情趣》,光明日报出版社1999年版;连振娟:《中国茶馆》,中央民族大学出版社2002年版。
② 阮浩耕:《茶馆风情》,浙江摄影出版社2003年版;陶文瑜:《茶馆》,花山文艺出版社2005年版;刘清荣:《中国茶馆的流变与未来走向》,中国农业出版社2007年版。其他著作还有:徐传宏:《中国茶馆》,山东科技出版社2005年版;周文棠:《茶馆》,浙江大学出版社2003年版;刘勤晋:《茶馆与茶艺》,中国农业出版社2007年版,主要涉及当代茶馆。
③ 笔记、小说经辨别后,亦可成为历史研究的一种参考资料。刘清荣、杨永兵运用时人笔记研究宋代茶馆,分别见《宋代茶馆述论》,载《中州学刊》2006年第3期;《试论宋代茶馆的功能》,载《农业考古》2004年第2期。

经论证即加以使用,相关介绍基本相似,这是这类书籍的通病。

除了专著,一些论述茶文化的著作或详或略地介绍了茶馆。如徐晓村主编的《中国茶文化》、陈宗懋主编的《中国茶经·饮茶篇》、王玲《中国茶文化》、刘修明《中国古代的饮茶与茶馆》等书籍均专列一到两章介绍茶馆,围绕点仍是茶馆的历史流变、茶馆功能特色或各地茶馆特色①。相比较茶馆专著而言,这类介绍较为简单、粗糙。

许多介绍茶馆的短文充斥在各种杂志、报纸上,对其进行归纳,似乎不太可能。以《农业考古》期刊《中国茶文化专号》为例,该专号从1991年起创办,至今茶馆类文章达数百篇。这些短文大多介绍从古到今、各区各地的茶馆,有的是个人的回忆。其中的《上海茶馆掌故》等多篇文章对初步了解上海茶馆不无裨益②。

### (二) 社会学、民俗学研究中的茶馆

哈贝马斯的"公共领域"论说在国内社会学界曾引起轰动。这并不难理解,因为哈贝马斯在作为哲学家的同时是一名社会学家,"公共领域"论说自然在社会学界会引起共鸣。在现今社会学界,"公共空间"的说法较为普遍,研究者也多从公共空间的角度考察茶馆。由于社会学者更多的是关注现实社会,他们的研究多是围绕当今茶馆而展开。如徐明宏的专著《杭州茶馆》考察了当今杭州茶馆。有些论著虽然涉及历史上的茶馆,但只是作为观照。如,吕卓红在博士论文《川西茶馆:作为公共空间的生产和变迁》中,认为历史上川西茶馆替代了衰弱中的祠堂、庙宇、袍哥组织等,强调了当今茶馆对社会整合的独特功能。戴利朝在《茶馆观察:农村公共空间的复兴与基层社会整合》一文里,主要通过田野调查观察当今赣中南茶馆的复兴对农村基层社会整合所发挥的作用,也大略地与历史上的茶馆进行比较,发现历史与现实之间有某种传承,但又有差异。李晓南的文章《从城市公共空间的角度看今昔茶馆文化的变迁》,详细比较了近代与当代茶馆在区位条件、规模、空间形态与氛围、时间预设、身份和行为预设等方面的不同,认为当今茶馆已失去了往日的公

---

① 徐晓村主编:《中国茶文化》,中国农业大学出版社2005年版;刘修明:《中国古代的饮茶与茶馆》,商务印书馆国际有限公司1995年版;陈宗懋主编:《中国茶经·饮茶篇》,上海文化出版社1992年版;王玲:《中国茶文化》,九州出版社2009年版。
② 倪群:《近代上海的茶馆》,载《农业考古》1995年第4期;蓝翔:《上海老虎灶寻踪》,载《农业考古》1995年第4期;顾炳权:《上海风俗古迹考·茶馆》,载《农业考古》1994年第4期;郎慕中:《上海茶馆掌故》,载《农业考古》1994年第4期;等等。

共性与多功能,并分析了原因①。

茶馆的空间结构、茶馆内的民俗也引起关注。王彦宇从建筑学、民俗学角度归纳了茶馆空间形态特征及茶馆空间对人的行为心理、活动的影响。余瑶则从民俗学的角度,通过访谈当代茶客,分析茶馆中的各类茶客及他们的行为、心理②。

### (三) 历史学研究中的茶馆

茶文化研究中,茶馆作为知识普及的对象而出现,并不能深入挖掘它的面貌。社会学、民俗学研究中,多以当今茶馆为中心,历史上的茶馆只是作为一个参照物。要真正走近茶馆的历史,只能把它置于历史学的视野下。综合考察目前国内外的茶馆研究,主要有三个取向:

**1. 围绕茶馆的社会功能,阐述茶馆在社会生活中的重要角色**

茶馆不仅仅是喝茶聊天的休闲场所,它是集休闲娱乐、信息传播、商品交易、调解纠纷、处理事务等多种功能于一体的公共空间,在城市社会生活中扮演着相当独特的角色。这是吸引学者的亮丽之处,成为学者考察茶馆的焦点,许多学者都对此进行阐述,如牛力、陈永华、刘凤云、吴聪萍、小田、王鸿泰等③。由于角度、阐述方式的不同,文章略有差异。牛力对近代茶馆的功能作了较为详细的归纳;陈永华、吴聪萍分别针对近代杭州、南京茶馆论述其消费、娱乐、交易等功能,也涉及政府对茶馆的管理和控制。刘凤云在对清代茶馆的休闲、交友、交易功能进行梳理后,抽出茶馆内的说唱,把它视作市井文化在茶馆的传播,并阐述了茶馆衍变为茶园的过程。王鸿泰对明清茶馆的探究,揭示了"从消费的空间到空间的消费"的转变,提法令人耳目一新。小田以近代江南茶馆为着眼点,精辟地总结了茶馆

---

① 徐明宏:《杭州茶馆》,东南大学出版社 2007 年版;吕卓红:《川西茶馆:作为公共空间的生产和变迁》,博士学位论文,中央民族大学,2003 年;戴利朝:《茶馆观察:农村公共空间的复兴与基层社会整合》,载《社会》2005 第 5 期;李晓南:《从城市公共空间的角度看今昔茶馆文化的变迁》,载《社会科学辑刊》2004 年第 1 期。

② 王彦宇:《成都茶馆空间研究》,硕士学位论文,西南交通大学,2006 年;余瑶:《茶馆民俗与茶人生活——俗民视野中的成都茶馆》,硕士学位论文,上海大学,2007 年。

③ 牛力:《试论近代中国茶馆的社会功能》,载《东方论坛》2002 年第 3 期;陈永华:《作为市民公共空间的存在与发展——近代杭州茶馆功能研究》,载《杭州师范大学学报》(社会科学版)2008 年第 5 期;吴聪萍:《公共空间的变迁与城市日常生活——以近代南京茶馆为例》,载《北京科技大学学报》(社会科学版)2009 年第 3 期;刘凤云:《清代的茶馆及其社会化的空间》,载《中国人民大学学报》2002 年第 2 期;王鸿泰:《从消费的空间到空间的消费——明清城市中的茶馆》,载《上海师范大学学报》(哲社版)2008 年第 3 期;小田:《近代江南茶馆与乡村社会运作》,载《社会学研究》1997 年第 5 期。

在乡村社会运作中的重要意义：是乡村市场的结点、社区政治的焦点和闲暇生活的热点。

**2. 针对茶馆内的某种现象或某一话题深入考察**

关于茶馆中帮会、吃讲茶、聚赌等现象。苏智良在专著《近代上海黑社会研究》中，专门剖析了黑社会"吃讲茶"的详情。还原历史，论证"马永贞事件"其实是黑社会之间在"吃讲茶"时的"黑吃黑"事件；揭露了黑社会借助"吃讲茶"争权夺利、祸害民生的残酷现象①。潮龙起在《近代帮会的茶馆与茶文化》一文中，考察茶馆在帮会的往来交接、信息传达、组织传播及日常娱乐中的重要作用，并对帮会独特的手势、隐语、茶诗、茶碗阵等帮会茶文化加以论述②。周荣蓉针对近代中国茶馆聚赌现象进行了综合性考察，揭示了茶馆开场聚赌原因及各地政府查禁的严厉措施③。

关于女性与近代茶馆的关系。李长莉运用《申报》描绘了晚清女性出入茶馆的情景，并透过当时的社会舆论展示女性在社会转型期的遭遇④。江芬在她的硕士学位论文中，对民国时期的广州女招待作了深入的考察。指出广州女招待最初在茶楼出现，然后延伸至酒店、商场等饮食服务业。在对广州女招待整体论述中，可以看到茶楼女招待的工作、生活情况及对男性社会、政府干预的抗争⑤。

一些学者探讨了精英、政府介入茶馆的较量，茶馆与艺术之间的关系，外国人眼中的茶馆等。邵勤考察了南通精英利用媒体批评茶馆及试图管制茶馆，揭示茶馆与城市发展、社会变迁之间的关系。葛以嘉(Joshua Goldstein)描述了20世纪初京剧怎样对茶馆和戏院发生影响，茶馆如何向戏院转变的历程及影响。梅舍夫夫妇(Walter Meserve 和 Ruth Meserve)从戏曲研究的角度考察了茶馆中的表演⑥。张磊利用日文资料考察了近代日本人眼中的晚清中国茶馆，以及上海东洋茶馆的

---

① 苏智良：《近代上海黑社会研究》，浙江人民出版社1991年版，第64—67、134—137页。
② 潮龙起：《近代帮会的茶馆与茶文化》，载《江苏社会科学》2003年第3期。
③ 周荣蓉：《近代中国茶馆中存在的问题研究》，载《农业考古》2021年第2期。
④ 李长莉：《晚清上海社会的变迁：生活与伦理的近代化》，天津人民出版社2002年版，第427—455页。
⑤ 江芬：《民国时期广州女招待初探》，硕士学位论文，暨南大学，2008年。
⑥ Shao, "Tempest over Teapotsaa: The Vilification of Teahouse Culture in Early Republican China." Journal of Aaian *Studies* vol. 57, no. 4 (1998); Goldstein, "From Teahouses to Playhouse: Theaters as Social Texts in Early-Twentieth-Century China." Journal of Aaian Studies vol. 62, no. 3 (2003); Meserve and Meserve, "From Teahouse to Loudspeaker: The Popular Entertainer in the People's Republic of China." Journal of Popular Cultuer vol. 8 no. 1(1979).

兴衰历程①。

**3. 对茶馆的综合考察**

日本学者从20世纪80年代起最早开始对茶馆进行研究。铃木智夫发表于1982年的一篇论文考察了清末江浙地区的茶馆。在阐述清末茶馆是集社交、集会、交易等多种功能为一体的公共场所之后,论述茶馆的经营方式呈现多样化,包括以说书、唱曲等艺术形式,甚至通过提供吃讲茶、聚赌等非法手段来招揽顾客,并提到了茶馆与帮会势力之间的依附关系、茶馆被革命党人利用等②。尽管由于资料所限,有些问题无法深入,但为茶馆研究开辟了新方向。

对不同城市的茶馆进行综合考察的,还有以下一些重要成果。邵雍详细梳理了老上海茶馆的历史变迁、种类、价格、功能及阴暗面,展示了老上海茶馆的独特面貌③。在以茶馆为选题的学位论文中,徐轲主要利用时人笔记和小说,勾画了宋代开封和临安两都市的茶馆概况④。代亚松考察了近代汉口的世俗、商业、帮会文化,及各方对茶馆的改造⑤。陈永华、顾胜楠均以杭州茶馆为对象,前者着眼于近代,后者聚焦于1927—1949年,两人较为详细地考察了杭州茶馆的兴替,以及茶馆的经营特色、功能特色,各势力对茶馆的争夺及控制等。在论文结构上后者效仿了王笛⑥。向莲君从都市新闻学视角探讨了近代成都报刊是如何介入、影响茶馆空间,使其从传统到现代转型⑦。王雯君从民俗学视角对近代上海茶馆的饮食、娱乐、行话与行

---

① 张磊:《近代日本人眼中的晚清中国茶馆》,载《农业考古》2014年第2期;张磊:《旧上海东洋茶馆兴衰的历史考察》,载《农业考古》2014年第5期。

② 日本学者铃木智夫的一篇文章《清末江浙地区的茶馆》最早用日文发表于1982年的日本论著中,20世纪90年代后被译成中文,先后在两份期刊上发表。论文名称略有不同,内容一样。[日] 铃木智夫:《清末民初的茶馆》,载《琼州大学学报》1998年第3期;《清末江浙地区的茶馆》,载《江海学刊》2002年第1期。阎红生发表于《民国春秋》1997年第2期的文章《清末民初的茶馆》,内容与铃木智夫文章基本相同。

③ 邵雍:《近代上海的茶馆》,载孙逊、杨剑龙主编:《都市文化研究》第6辑《网络社会与城市环境》,上海三联书店2010年版,第250—259页。

④ 徐轲:《宋代茶馆研究——以北宋开封和南宋临安为中心的考察》,硕士学位论文,河南大学,2009年。

⑤ 代亚松:《茶馆与近代汉口的文化社会生活》,硕士学位论文,华中师范大学,2007年。

⑥ 陈永华:《茶·市民文化·社会变迁——近代杭州茶馆研究》,硕士学位论文,浙江大学,2007年;顾胜楠:《民国时期杭州茶馆与城市社会生活研究(1927—1949)》,硕士学位论文,浙江工商大学,2017年。

⑦ 向莲君:《新媒介与旧空间:近代报刊与成都茶馆的现代转型》,硕士学位论文,南京师范大学,2018年。

规、民俗文化功能进行了细致的考察①。以上硕士学位论文均对历史上的茶馆进行研究,视野开阔,但内容不够丰富,缺乏深度。

从以上归纳可以看出,关于茶馆的史学研究成果并不多。应该说王笛的《茶馆:成都的公共生活和微观世界,1900—1950》是系统、深入和全面研究茶馆的力作②。该书理论视野宏阔,结构清晰、脉络分明,内容丰富、分析深刻,凸显了作者深厚的史学功底和写作能力。

以上对茶馆研究状况作了详细的梳理,另外需提一本小书——吴承联的《旧上海茶馆酒楼》③。作为《上海文化史小丛书》中的一部,该书是一本通俗读物,近三万字,对上海知名茶馆的历史有清晰的陈述,为笔者顺藤摸瓜寻找史料提供了方便。当然,书里也有一些未加论证的言论。

鉴于史学研究成果相对缺乏,需要运用历史学的视野和方法对近代中国茶馆展开进一步研究。尤其是至今为止,对近代上海茶馆并没有任何人给予系统、深入的研究。因此缺少与成都等地茶馆进行比较的基础。王笛的研究对笔者既是参考也是挑战。作为后辈,学习是首要的。学习之余可以试着做些突破。在研究内容上,王笛从茶馆内表现的社会百态到茶馆经营者、茶馆业的状况再到茶馆政治的丰富内涵,几乎是面面俱到。笔者对上海茶馆的考察基本上脱离不了这个范围,但是其中的细节仍然可以不同。例如,茶馆的多功能备受关注,但多是大杂烩、概括性的介绍,各类人群、组织在茶馆的实态究竟如何?比如文人、商人在茶馆的实态。另外,可以转换视角看上海茶馆。王笛的专著分为三部分:"茶馆与社会""茶馆与经济""茶馆与政治"。结构清晰,但相互之间容易纠缠,如在"茶馆与社会""茶馆与经济"中都涉及政治话题,"茶馆与政治"中也涉及经济话题。当然,在研究过程中,笔者谨记:一切研究是为了再现历史、接近真实,而不是为了所谓的创新而扭曲历史。

---

① 王雯君:《近代上海茶馆文化研究》,硕士学位论文,上海师范大学,2014年。
② 在专著出版之前,王笛发表了若干篇专题文章。由于都归于该书,以上论述时未提及王笛所写文章。发表文章有:《二十世纪初的茶馆与中国城市社会生活——以成都为例》,载《历史研究》2001年第5期;《茶馆、戏园与通俗教育——晚清民国时期成都的娱乐与休闲政治》,载《近代史研究》2009年第3期;《"吃讲茶":成都茶馆、袍哥与地方政治空间》,载《史学月刊》2010年第2期。
③ 吴承联:《旧上海茶馆酒楼》,华东师范大学出版社1989年版。该书使用的资料主要是书籍、笔记、文史资料、小说。有一定价值,但所述过于简单,也有一些错误之处。该书被广泛引用,涉及旧上海茶馆的普及书物大都引用该书内容,一些错误内容也被一再"复制"。

## 三、史料运用与文本解读

### (一) 档案、官方记载

在上海档案馆,笔者找到了关于茶馆的大量资料。这些有价值的记录分散在茶楼商业同业公会、警察局、财政局、社会局等的档案之中。茶楼商业同业公会的资料是最多的,从中可以对茶馆数量、店主情况以及行业组织的角色、活动内容等进行较为详细的掌握。警察局档案中多是关于茶馆聚赌被发现后的抓捕事件,少部分是茶馆作为特种户被调查的情况记录。财政局、社会局档案中关于茶馆的并不多,集中在与茶楼商业同业公会之间关于茶馆税收、业务纠纷处理等方面。另外的一些档案提供了关于茶会市场、职业工会等方面的记录。然而,档案资料的局限性也是十分明显的。时间分布上,集中在1946年之后,20世纪二三十年代的记录很少,涉及晚清、民初的几乎没有。

档案中,公共租界当局的记录并不多,且关注于茶馆规章制度方面。因此,笔者查阅了《工部局董事会会议录》与《工部局年报》、部分《工部局公报》。《工部局董事会会议录》对19世纪末工部局管理租界内茶馆事务、华洋之间的权力斗争和复杂关系有较为详细的记录,可惜的是20世纪以后的董事会会议几乎不再谈及茶馆。工部局的年报使笔者对清末民国时期公共租界的茶馆数量有了详细的掌握。另外,由于法文的欠缺,法租界的少数涉及茶馆的档案无法查阅;仅查阅到1937—1939年的《法公董局公报》,有用材料也很少。因此,只能从侧面了解法租界当局的相关措施。

此外,《上海市自治志》、《上海市公报》(北洋政府时期)、《上海市政府公报》(南京国民政府时期)、《上海市政公报》(汪伪时期)以及《上海市年鉴》、《上海市统计总报告》、《上海特别市公安局业务纪要》等对历届官方针对茶馆的政策和举措有着清晰的记载。

### (二) 地方志、专志、文史资料

前人编撰的地方志是笔者首先搜寻的资料,可是涉及茶馆的内容很少,可见近代以前官方、学者并未把茶馆"放在眼里"。20世纪90年代之后上海市集中人力、物力编写的通志、专业志、区县志中,茶馆身影一再出现,这对了解民国时期的茶馆情况颇有益处。

在卷册繁多的《上海文史资料选辑》以及《上海文史资料存稿汇编》《南市文史资料》等文史资料集中,散见着茶馆资料。经历民国岁月的老人讲述的民国往事,是值得参考的重要资料。

### (三) 报刊

《上海新报》是上海第一份中文报纸,创刊于1861年,1872年停刊。本书使用的是文海出版社1990年的影印本。《申报》《民国日报》以及《新民晚报》《文汇报》是记录上海历史的重要报刊,相关资料虽然零散,却饱含着时人对茶馆的观察和调查。这些生动的记录构成了资料储备库中的重要组成部分。

近代上海小报呈现出数量多、影响面广的特色,既是上海市民文化、大众文化的组成部分,又反映和建构了近代上海的社会、文化。近代上海期刊也是如此。在小报和期刊上,记录着那些所谓不登大雅之堂、常常在大型报刊上难以见到的信息。因此《社会日报》《现世报》《电声》《上海生活》《上海常识》《玲珑》等小报、期刊成为笔者的搜索源。

### (四) 笔记、日记和游记

如今,笔记、日记和游记作为史料来源日益受到学者关注。开埠以后的上海,吸引了大批文人墨客前来营生、寓居。因此,他们对旧闻新见的记录,提供了一幅立体式的上海画面,对茶馆的叙述虽然不多且零散,但带给我们的是原生态的茶馆形象。

在《墨余录》《明斋小识》《瀛壖杂志》《退醒庐笔记》《沪游杂记》《淞南梦影录》《沪游梦影》《王韬日记》《清代日记汇抄》《忘山庐日记》等著作中[①],有很多有用的信息,同时增进了文人与茶馆间关系的考察。

需要提及的是,在游记中也有一些外国人的记录。晚清时期,德国先后派遣考察团来到上海,有关上海经济、文化等方面的考察报告生动地记录了19世纪80年

---

① (清) 毛祥麟:《墨余录》,上海古籍出版社1985年版;(清) 诸联:《明斋小识》,载《笔记小说大观》第二十八册,江苏广陵古籍刻印社1983年版;王韬:《瀛壖杂志》,上海古籍出版社1989年版;孙家振:《退醒庐笔记》,上海书店出版社1997年版;葛元煦、黄式权、池志澂著,郑祖安、胡珠生标点:《沪游杂记、淞南梦影录、沪游梦影》,上海古籍出版社1989年版;王韬著,方行、汤志钧整理:《王韬日记》,中华书局1987年版;上海人民出版社编:《清代日记汇抄》,上海人民出版社1982年版;孙宝瑄:《忘山庐日记》,上海古籍出版社1984年版。

代末四马路上茶馆的繁华景象。另外,日本文人芥川龙之介、松村梢风对上海茶馆的描述,让我们对 20 世纪 20 年代上海茶馆在他们心目中的印象有了进一步了解①。

**(五) 图像、竹枝词、小说**

"社会史研究的出现,以新的概念与新的研究方向、领域,进一步扩大史料来源,将史学的边缘史料和新的视觉材料收入史料库,而对文学艺术作品、笔记小说,采取了大胆的态度,这都使社会史的史料来源得到大大的扩充,极大地丰富了社会史的研究素材"②。从冯尔康的这段论述中,我们发现社会史研究对史料来源作了大胆的拓展。实际上,近年来许多学者也大胆地使用了图像、竹枝词、小说等"非传统史料"。

关于图像的作用,宋人郑樵曾说:"古人之为学也,必左图而右史。诚以学也者,不博览古今之书籍,不足以扩一己之才识;不详考古今之图画,不足以证书籍之精详。书与画,固相须而成,不能偏废者也。"③可惜的是,古人"左图右史"的理想状态早就消失在历史深处。图像是否能成为历史研究的有用素材?西方新文化史家彼得·伯克以其广阔视野和思路,对其作出了肯定的回答④。近年来中国史学界对图像也日益重视起来,《点石斋画报》、《良友》画报、漫画等成为一些学者的研究对象或使用资料⑤。本书使用了《点石斋画报》《图画日报》《申江胜景图》及报纸杂志上的一些图片,作为佐证。

---

① 王维江、吕澍辑译:《另眼相看——晚清德语文献中的上海》,上海辞书出版社 2009 年版;刘建辉著,甘慧杰译:《魔都上海:日本知识人的"近代"体验》,上海古籍出版社 2003 年版。
② 冯尔康:《中国社会史概论》,高等教育出版社 2004 年版,第 146 页。
③ 郑樵:《通志略·图谱略》,上海古籍出版社 1990 年版,第 929—930 页。
④ [英]彼得·伯克著,杨豫译:《图像证史》,北京大学出版社 2008 年版。
⑤《点石斋画报》是受人关注的画报,相关文章较多,而硕士学位论文有:黄孟红:《从点石斋画报看清末妇女的生活形态》,暨南大学国际大学历史学研究所 2002 年;裴丹青:《从〈点石斋画报〉看晚清社会文化的变迁》,河南大学,2005 年。研究、使用其他画报、图像、漫画的论著有,吴果中:《〈良友〉画报与上海都市文化》,湖南师范大学出版社 2007 年版。中国台湾学者游鉴明使用图像资料写成专著《运动场内外:近代华东地区的女子体育(1895—1937)》,"中央研究院"近代史研究所 2010 年版。罗苏文《清末上海都市女装的演变(1880—1910)》,(游鉴明主编《无声之声:近代中国的妇女与国家》(第二卷),"中央研究院"近代史研究所 2003 年)中使用竹枝词、《图画日报》展开研究。小田对丰子恺漫画进行了深入研究,见《漫画:在何种意义上成为社会史素材》,载《近代史研究》2006 年第 1 期;《论"社会时间"——依托于丰子恺笔下的村妇考察》,载《河北学刊》2007 年第 2 期;《儿童生活往昔:丰子恺作品之社会史考察》,载《史学月刊》2006 年第 10 期。坂元弘子利用《上海漫画》《时代漫画》研究了《民国时期画报里的"摩登女郎"》,载见姜进主编:《都市文化中的现代中国》,华东师范大学出版社 2007 年版,第 73—88 页。

长期以来文艺作品被严格地排除在史料之外,因为它们所反映的不是真人真事,不足以反映历史的真实。只有极少数史家,如陈寅恪,采取以诗证史的方法,写出《柳如是别传》《论再生缘》等名著。近年来,竹枝词越来越多地出现在一些历史研究中,作为史料之一,学者开始小心地使用它①。其实,竹枝词很多时候反映了地方名胜、风土人情。自上海开埠以后,出现了大量反映洋场社会生活的竹枝词,因此本书在细心加以辨别后使用了一些涉及茶馆的竹枝词②。对于小说,学者们在使用时更加谨慎。确实,虚构的小说更给人以不踏实感。不过,本书仍是利用了清末民初洋场小说中有关茶馆的资料。大胆地使用,是因为茶馆作为洋场小说中经常出现的场景,与小说讲述的故事具有很大的不同。故事需要艺术性的加工,而茶馆往往是作者本人所熟悉的生活场景的再现。在翻阅这些资料时,笔者发现小说往往弥补了正史记载中的不足。比如小说中对租界茶馆布置、茶水服务等有详细描述,还有,对茶馆"拆姘头"一事,正史中只是一笔带过,而在小说中则给予了细致的描述。当然,大胆使用仍是建立在小心考证的基础之上。

**(六) 其他著作**

除了以上所列的各种史料,本书还参阅了其他资料。近代的指南书,如《上海指南》《上海快览》《上海导游》等,为了解当时著名茶馆提供了有用资料。

时人的回忆是不可多得的材料。其中,老上海郑逸梅对茶馆有较多的回忆,载于他自己所作的不同书籍中。老上海沈寂在《老上海小百姓》中回忆了自己耳闻目睹的民国茶馆。其他一些对茶馆的回忆散见于各类书籍、期刊中。

还有时人写的一些著作,如火雪明的《上海城隍庙》、陈无我《老上海三十年见闻录》等,都是极为重要的参考资料。

研究上海的资料洋洋大观,关于茶馆的信息就散落在这些浩繁的档案、报刊、书籍、图像、小说中。资料搜集后,相互印证是必要的。史学前辈傅斯年提出"史料

---

① 一些学者从理论角度证明竹枝词具有史料功用,如小田写有《竹枝词之社会史意义——以江南为例》,载《学术月刊》2007年第5期。使用竹枝词进行专题研究的,有赵赟:《竹枝词中的徽商妇形象研究》,载《妇女研究论丛》2008年第3期;王毅:《徘徊于传统与现代之间:从竹枝词看近代上海文化风气的变迁》,载《史林》2008年第6期;王晓静:《〈上海竹枝词〉与大都市的早期社会精神形态》,载《河南师范大学学报》(哲社版)2006年第6期;等等 。

② 顾炳权对上海竹枝词进行了系统整理,编著有《上海历代竹枝词》(上海书店出版社2001年版)、《上海洋场竹枝词》(上海书店出版社1996年版),尤其是后者对史学工作者研究近代上海社会提供了方便。

之相对价值",反对盲目地使用一种史料,"史学家最忌孤证,因为某个孤证若是来源有问题,岂不是全套议论都入了东洋大海吗?"①除了相互印证,还需进行文本鉴别。对文本持怀疑态度、考虑文本写作者的思想情感,并不是后现代主义学派的专利,这是每位治史工作者应该努力做到的。因此,笔者在大批量的搜集之后,花了许多时间进行了认真的整理及辨别。

## 四、若干界定与研究思路

### (一) 若干界定

选择1843年至1949年,是因为在这个长时段中,近代上海茶馆的面貌才能清晰显现。1843年的开埠,在上海历史上有着重大意义,对上海茶馆的发展来说也是意义非凡。上海在1843年之前也有茶馆,无论规模还是数量,过于平凡,是被忽视的一个行业。开埠以后,上海茶馆业逐步发展,由此翻开了历史上多姿多彩的一页。截止于1949年,那是因为解放后不久茶馆的传统时代便结束,开始了它另一段发展历程,从作为"封资修"代表被改造至公私合营、基本消失,再到20世纪80年代复兴,再到今天,这已是另一个研究话题。所以,1843年至1949年期间的上海茶馆,是本书的研究对象,试图展现传统时代的一个丰富多彩的画面。

近代上海历史上的茶馆,有不同称呼,如茶寮、茶肆、茶楼、茶室、茶园、茶社等,相互可以通用但也存在些许差异:茶寮、茶肆多系晚清时期对茶馆的称呼,民国以后主要指小茶馆;茶楼最初指租界规模较大的茶馆,后来,有时当作统称,有时指大茶馆;茶室,有时指传统茶馆,但20世纪30年代之后成为专有名词,它主要由酒楼、公司的老板开办,服务内容、方式有别于传统茶馆;茶馆的叫法在民国建立后被普遍使用。"茶园"比较复杂,有多种指向。晚清时戏园多称为"茶园",在戏园发展至正规戏院之后,多不用"茶园"之名。国民党执政时期,曾在全国兴办民众茶园,这是一种特殊的茶馆。有时"茶园"指代任何一种茶馆。后来,主要经营熟水业务(主要为附近居民提供泡水服务)的"老虎灶",在增添两三张桌椅、以茶水作为副业后,往往冠以"××茶园"或"××园"之名。本书为尊重历史,在有所特指时,如新雅、

---

① 傅斯年著,杨佩昌整理:《傅斯年:史学方法导论》,中国画报出版社2010年版。

大东等茶室,讲述晚清时期的茶寮、茶肆时,使用时人的称呼;针对一些大茶馆,习惯称作茶楼的,如青莲阁、一乐天等,按照习惯性称呼。在统一论述时,称之为茶馆。另外需要说明的是,戏园性质的茶园不是本书的研究对象①。"老虎灶"式的茶馆是需要细说的问题。"老虎灶"有专门的同业公会,被称为熟水业。但是,很多"老虎灶"兼营茶水,因此熟水业与茶楼业常闹纠纷,国民党社会局曾令不管是"老虎灶"兼营茶水还是茶馆兼营熟水(两种情况很难区分)都应同时加入两公会。通过茶楼业同业公会档案的查阅,这种"老虎灶"式的茶馆在近代上海很普遍,实际上它属于最低档的(丁等)茶馆。因此,它也是本书的研究对象。

在地域上,本书以上海城市为考察中心,兼及郊区。近代上海城市,有华界、租界之别,租界包括公共租界、法租界,华界城区主要包括南市、闸北②。郊区包括上海解放以前划入上海的大场区、真如区、新泾区、龙华区、高桥区、洋泾区等③。有时会略微"越线",涉及上海解放后被划入上海的区域。之所以选定城市空间,是因为置于城市中的茶馆更能体现近代城市化过程中城市由传统向现代的蜕变、传统与现代交织的特征。当然,近代上海的城市化是一个渐进的过程,在华界、租界里也呈现出不同步的特点。所以许多尚未繁华的街市,主要在华界,分布其间的茶馆与郊区茶馆有着相似的特征。从这点来看,城市、郊区的界限又是模糊的,既能作对比,又能相互印证。

(二)研究思路

本书的结构按专题而非年代,主体内容分为四章。

第一章介绍上海茶馆的嬗变。1843年上海开埠,茶馆业开始迅速发展。随着租界的兴起、城市空间的逐步拓展,主要是商业区域的转移和拓展,茶馆亦步亦趋,并在空间分布上呈现出鲜明的特征。另外,上海茶馆呈现出与都市风格相一致的内外特征。茶馆的兴衰变迁,既受到城市发展、社会变迁的影响,同时在一定程度上反映了城市的发展和社会的变迁。

---

① 本书研究不包括戏园性质的"茶园",但不排除兼营书场、戏曲的茶馆。在王笛的专著中,对"茶馆戏园"以及"剧目与地方戏改良"、政府的娱乐控制措施进行了详细阐述。不过严格说来,像悦来茶园等其实已经完全蜕化为戏园。

② 针对南市所辖范围,历来说法不一。本书所指南市包括上海县城(即老城厢)、十六铺一带。

③ 抗战胜利后,国民党根据上海城市历史,把上海行政区划分为市区政区、郊区政区。市区政区大致包括之前的南市、租界、闸北。

第二章着眼于经营主体——店主,勾勒他们的基本概况,描绘他们的经营方式、管理方式,并呈现同业公会在会员与政府之间扮演的重要而艰难的角色。从茶馆选址、取名到环境布置、氛围营造,从经营茶水到茶水之外的经营,从广告宣传到利用各种手段,从员工使用到管理,在各具特色的上海茶馆背后是店主经营理念和管理方式的展现。20世纪30年代兴起的茶室,在宣传方式、装修设备、服务管理等方面远远超出同时期的传统茶馆。另外,茶馆的收入和支出是店主最为关心的。由于资料限制,以20世纪40年代末的档案资料显示的是那个特殊时期的茶馆收支情况,从中可以看到战后茶馆店主所处的生存困境。茶馆业同业公会一方面代表广大会员的利益,对茶馆的经营进行指导、规范以及与政府"争权夺利",另一方面公会又受制于政府,会员的利益诉求无法实现从而影响他们的生计。

第三章围绕政治主体——政府对茶馆的管理和控制展开论述。上海特殊的政治格局导致一城分治,租界、华界当局因理念的差异和权力、利益的争夺,早期在茶馆管理上摩擦不断、冲突不停。从历届政府的管理模式来看,既有前后的传承和延续,也有后期对前期的完善和创新;既有租界、华界管理重点的不同,也有双方在某些方面的一致。总体来看,不同时期的茶馆管理模式"大同小异"。行政当局的管理和控制并不总是有效,尤其碰到茶馆中存在的"顽症"。因此禁妓、禁戏、禁赌、治乱接连在茶馆展开。在一场场的较量中,行政当局的控制效力令人产生怀疑。为更有效地控制茶馆,南京国民政府及日伪政府试图对茶馆进行空间重组。不过,民众茶园的出现并不能改良茶馆,只是留下了一串浅显的印迹。

第四章论述消费主体——茶客的种种空间消费。茶客形形色色,身份、职业的多样性,导致他们在茶馆中的消费内容多样而复杂。在种种空间消费中,既反映了社会百态,又体现着城市特色。诸如,茶馆中尤其是茶室中文人的云集和谈文论艺活动,是上海文人集中、文化发达的一个侧影;商人在茶馆的交易甚至在20世纪40年代形成茶会市场,以及房地产掮客的兴盛,反映了上海商业的发达;茶室"清谈"的兴盛是上海特殊时期畸形繁荣的表征;等等。

四章各有侧重,试图呈现上海茶馆的多维面相。同时在论述中试图体现:上海茶馆既具有各地茶馆的共性——即广度上的相似,又有着独特的个性——即深度上的差异。

# 第一章　近代上海茶馆的嬗变

开埠前上海就有茶馆存在,不过上海茶馆的真正发展源于开埠。1843年上海开埠,它由传统江南城镇变为通商口岸城市,开始了传统向现代的蜕变之路。浸染于这个城市,茶馆在发展中不可避免地带上了城市的烙印。租界的兴起和日益繁荣,使上海城市重心从县城向租界转移。随着城市空间拓展,主要是商业区域的转移和拓展,茶馆亦步亦趋,并在空间分布上呈现出鲜明的特征。茶馆的兴衰变迁,既受到城市发展、社会变迁的影响,同时在一定程度上反映了城市的发展和社会的变迁。

## 第一节　开埠前后茶馆发展的城市背景

### 一、上海茶馆溯源

茶馆始于何时？近代以前的发展历程如何？正史无法提供太多有用的信息,前人的笔记、著述则为我们寻根究底打开了一扇窗户。南北朝的神话小说《广陵耆老传》刻画了东晋时一位挑担售茶的老妇人形象,这是最原始简易的流动茶摊①。固定茶馆的出现,最早在中唐时期的大城市里,《封氏闻见记》记载:"开元中……自邹、齐、沧、棣渐至京邑,城市多开店铺,煎茶卖之,不问道俗,投钱取饮。"②到宋代,

---

① 唐代陆羽的《茶经》记载了南北朝的神话小说《广陵耆老传》中的一则故事:"晋元帝时,有老姥每旦独提一器茗,往市鬻之,市人竞买,自旦至夕,其器不减,所得钱散路旁孤贫乞人,人或异之,州法曹絷之狱中,至夜老姥执所鬻茗器,从狱牖中飞出。"参见(唐)陆羽:《茶经》卷下,丛书集成初编本,中华书局1991年版,第1479册,第16页。

② (唐)封演:《封氏闻见记》,卷六"饮茶"。

茶馆得到了进一步的发展,《东京梦华录》《梦粱录》《都城纪胜》等文人笔记分别记载了北宋开封、南宋临安(杭州)茶馆的繁华热闹情景①。然而,茶馆的发展历程并不如茶文化那样绵延不绝,它在历史上出现过断层。学者王鸿泰详细论证后提出:唐宋之后,茶馆在南京、杭州等城市曾一度"失传",至明代中叶以后才又出现,而且茶馆的"复兴"也经历了漫长的过程,清乾隆中叶以后茶馆相对于酒馆呈现出后来居上的趋势②。

梳理茶馆的发展历程,我们发现茶馆的发展道路并不是一帆风顺的,同时它与城市紧密联系,尤其是结缘于大城市,这是因为大城市相对发达的商业为它提供了更有利的发展空间。

史学前辈唐振常曾说:"谈上海的历史,往往作漫无限制的引申,徒在夸古,既无必要,反乱人意。"③漫无限制地找寻源头并非必要,而地域范围的变化、建置的变更、史料的千头万绪,往往为寻找源头造成诸多阻碍。对照上面对茶馆历程的梳理,讨论上海茶馆的源头似乎没有那么困难。上海起步于滨海小渔村,宋代成镇,元朝设县,明朝筑城墙,清中叶成为"江海通津,东南都会"④。从其发展来看,宋代上海兴起茶馆的条件还不成熟。元代至明朝中叶,大城市南京、杭州的茶馆曾一度销声匿迹,地位并不显赫的上海大抵脱离不了这一轨迹。至于明末在杭州、南京城市茶馆遍地的情况下,同时期的上海是否也有茶馆的出现,由于没有资料支撑,无法下结论。一条关于清时苏州茶馆的资料,倒是透露了一些新信息。清代乾隆初年苏州"无业资生之人,开设茶坊,聚四方游手,闲谈游嬉……始则寺观庙宇有之,今且遍于里巷"⑤。这则资料说明,茶馆的断层史并非只出现在元代至明中叶期间,清朝仍是如此。苏州在清乾隆初年只有寺庙设茶馆,说明茶馆没有普及,直到之后

---

① 关于北宋开封、南宋临安(即今杭州)的茶馆状况,可以参考徐轲:《宋代茶馆研究——以北宋开封和南宋临安为中心的考察》,硕士学位论文,河南大学,2009年。
② 王鸿泰:《从消费的空间到空间的消费——明清城市中的茶馆》,载《上海师范大学学报》(哲社版)2008年第3期。关于茶馆"失传""重现"的历史,学者陈江也表示认可,详见《园林·书斋·茶寮——晚明江南城居生活中的"雅韵意趣"》,载姜进主编:《都市文化中的现代中国》,华东师范大学出版社2007年版,第347—364页。
③ 《上海旧政权建置》,"序言",上海社会科学院出版社2001年版。对于唐老的这段话,笔者的理解是,谈上海的历史,不要在时间上盲目地走得太远,同时在地域范围上也不要定得太广,不应把今天上海地区的地域范围套用到任何历史时期。笔者在寻找上海茶馆的源头时就是遵循的这一理念。
④ (清代嘉庆)《上海县志》,"序"。
⑤ (清代乾隆)《长洲县志》,卷十一,风俗。

才"遍于里巷"(这与乾隆中叶以后南京、杭州茶馆较为普遍的情况相同)。上海自清代康熙二十四年(1685)开放海禁后,独特的港口日益发挥其优势,商品经济进一步趋于活跃,至清代嘉庆年间已被称为"江海通津,东南都会"。尽管如此,开埠以前的上海还是赶超不了苏州,时人称为"小苏州"。清代乾隆中叶时期苏州茶馆已较为普及、地位趋升、经济日益发展且处于苏州辐射圈中的上海,出现茶馆并不为奇。青浦人诸联在《明斋小识》里记载:"余少时,记邑中有二,一在南门外茅姓家,一在城隍庙口东楼上,价以两文为率。今则添至二十余处,并每碗有索价五十余文者。"①《明斋小识》刊印于清代嘉庆十八年(1813),诸联"少时"应在乾隆中叶以后。当时的上海县较青浦县发达,由此推断,上海茶馆的发展不会慢、只会快于青浦。

依海临港,独特的地理优势促进了上海的发展。鸦片战争以前,上海港已在江南港口中居于主导地位,并跻身于全国大港之列。其时,黄浦江中常有大批船只往返于沿海各港和东南亚各国,小东门和大、小南门外沿黄浦江一带是港区所在地,港内货物的装运则集中在南码头、董家渡和十六铺。由于米粮、棉花棉布、丝绸缎匹等货物的装卸、集散,这一带逐渐形成交易市场,行号、店铺林立,商民如云。到19世纪30年代末,以港口为中心的县城东南部成为上海重要商业地段,当时有"城东南隅人烟稠密,几于无隙地"②的说法。时人施润在一首竹枝词中写道:"一城烟火半东南,粉壁红楼树色参。美酒羹殽常夜五,花灯歌舞最春三。"③如此热闹、繁忙的商业中心,茶馆的应运而生应是极为自然的事。1843年底英人罗伯特·福钧(Robert Fortune)到上海后对县城内商业情况有简短记述,其中涉及茶馆。他说:"饭店、茶馆、糕饼店移步可见。它们小至挑着烧食担子,敲打竹片引人注意,身上所有的家当还不值一个美元的穷人,大至充塞着成百个顾客的宏大酒楼和茶园。你只要花少量的钱,就能美美地吃到丰盛的饭菜,还能喝茶。"④当时已是上海开埠后,但考虑到租界尚未兴起、县城仍是商业中心的事实,可以用来说明开埠前的情况。不过这条资料出自英人口中,语焉不详。联系罗伯特·福钧的前言后语,可以

---

① 诸联:《明斋小识》,载《笔记小说大观》第二十八册,江苏广陵古籍刻印社1983年版,第81—82页。学者黄敬斌误认此史料是上海县城的记述,见黄敬斌:《民生与家计:清初至民国时期江南居民的消费》,复旦大学出版社2009年版,第233页。其实,在《明斋小识》的"序"中,说明了该书的记述范围:青浦乡邑。
② 张春华等:《沪城岁时衢歌·上海县竹枝词·淞南乐府》,上海古籍出版社1989年版,第23页。
③ 转引自于醒民、唐继无著:《从闭锁到开放》,学林出版社1991年版,第42页。
④ 郑祖安:《百年上海城》,学林出版社1999年版,第336页。

发现前面所说的"茶馆"实际是指后面所说的"茶园",茶馆与茶园不是一回事,罗伯特·福钧错把当时看戏的茶园误作茶馆。最后一句话则道出了酒楼提供茶水的事实。所以,资料的缺少,使我们现在无法了解当时茶馆的具体情况。豫园内的茶馆自19世纪50年代后开设,时人对茶馆的印象也多是从豫园内茶馆开始,对之前的茶馆一字未提,这至少说明开埠以前上海县城的茶馆并不会很多,或者说这些茶馆毫无特色以至于时人对其毫无印象。根据以上推断,我们可以大致勾勒开埠前上海茶馆的情形:传统江南式样,建筑简单,设备简陋,功能单一,数量也不多。所以,茶馆真正的发展要到开埠以后。

## 二、开埠后茶馆发展的上海印记

1842年8月中国和英国签定《南京条约》,上海被列为五口通商口岸之一。1843年11月上海开埠,开埠在上海历史上具有重要的意义。1845年至1849年间,英、美、法三国分别在旧城以北的城郊辟设了居留地。租界在带来民族屈辱感的同时,给这座古老的城市带来机遇,从此发生了从传统到近代的蜕变。

开埠前上海的繁华只限于县城东南一隅,属于传统城市的繁华。开埠以后租界的兴起,一方面拓展了城市空间,另一方面使得上海迅速走上了近代化城市的道路。这两方面密不可分、相得益彰,也使开埠前后的上海有了强烈的对比。当然租界繁华的高楼并不是在一夜之间筑起来的,至19世纪40年代末,租界仍是一片不适合居住的"荒烟蔓草"之地。王韬对此时北门外(系指上海县城以北之租界)图景有这样的描述:"北门外虽有洋行,然殊荒寂,野田旷地之余,累累者皆冢墓也。其间亦有三五人家,零星杂居,类皆结茅作屋,种槿为篱,多村落风景。"[①]至19世纪60年代之后,租界在孕育中真正崛起,带来了翻天覆地的变化。之后继续发展,至20世纪30年代成为国内经济、文化中心,并步入国际大都市的行列。从昔年的"小苏州"到后来的"东方巴黎",上海城市的发展是世人难以想象的。虽然这一切不能完全归因于开埠,但开埠是上海获得华丽转身的特殊时间段中的特殊事件,这是我们不能不承认的。

古语谓:"近朱者赤近墨者黑。"上海的茶馆业浸染于这个城市里,必然会带上

---

① 王韬:《漫游随录》,湖南人民出版社1982年版,第51页。

这个城市的复杂色彩,而这些,在上海开埠的那一天起已经开始酝酿。具体说来,主要体现在:

首先是华洋两界格局的影响。租界的繁华开辟了茶馆业的新市场,租界与华界的两重天又使得两界茶馆业的发展极不平衡。租界成为大茶馆的集中地,华界除了城隍庙一带茶馆林立、可以与租界相媲美外,主要是中小茶馆的汇集处,两界茶馆的"贫富"差距是相当明显的。此外,华洋两界的行政当局独立管理着各自区域,存在"一市两治"的管理模式。然而双方不可能互无来往,许多时候一些事务的解决需要双方的共同努力。由于中西双方管理理念的不同,发生摩擦是少不了的,有时还会产生冲突。茶馆业处于这种格局中,自然也会受到影响。

其次是上海城市商业色彩的浓郁所带来的影响。商业的繁荣促使了茶馆的迅猛发展,这座城市无处不充斥的商业气味对茶馆业的影响是全方位的。商人会做生意,在各个城市都是如此,但是在很快成为全国经济中心并向国际化大都市迈步的上海,他们更是如鱼得水,各显神通。茶馆逐渐成为商人聆市面、听行情、做交易的一个重要场所。上海茶馆的茶会市场比起其他城市有着更为成熟的发展条件,因此在茶会市场的规模、范围等方面显示了其独特的面貌。除了商人在茶馆做生意,其他人群也借茶馆展开各类交易,所以茶馆成为"人才交流中心"、文人卖稿市场等。上海茶馆里商业味的浓郁,是其他地方的茶馆所不能比的。更为突出的是,商业性与娱乐性紧密结合,所以租界中的许多茶馆从开办就成为娱乐场所,妓女的出入更增添其双重性的特征。这些是上海茶馆的显著特征。当然,上海商业、娱乐业的繁荣对茶馆业的发展是一把双刃剑,现代化的消费、娱乐场所的增加抑制了茶馆业的进一步发展。

再次是上海社会的复杂性带来的影响。开埠后,上海逐渐成为一个五方杂处的社会。这里,既有腰缠万贯之富人,也有一贫如洗之穷人;既有温文尔雅之文人,也有粗俗不堪之民众;既有思想顽固之"遗老",也有思想开通之"新青年"。先进与落后、文明与糟粕并存于这座城市。茶馆容纳着各类人士、各色人等,见证着他们在茶馆的各种行为、活动。王韬、孙玉声、李伯元、邵洵美、林微音、傅彦长、鲁迅等历代文人在茶馆留下足迹,帮会势力、"白相人"也涉足于此;有闲人士在这里斗鸟、下棋、听戏,劳苦大众也在这里休息、闲聊、听戏;各种斗争、运动借茶馆而展开,烟赌娼在茶馆也屡禁不绝……如同这座城市一样,茶馆在显示其包容性、开放性的同时,带来了多样性。茶馆在许多方面烙刻下了城市的印记。

最后是移民及人口膨胀的影响。开埠后的上海,犹如一块磁铁,巨大的磁场吸引着中外各类人士的到来,人口也急剧增长。人口的增长给这座城市带来动力,也带来压力。城市空间进一步拥挤,亭子间、鸽笼式房屋至 20 世纪 30 年代已极为普遍,住的问题日益突出。"如果租赁一幢或两幢房子,独家居住,已经是很不多见。大概租了房子,因租费昂贵,力难独居,都自己添加几只阁楼和屋顶房间,然后另召房客分居。俾可在租费上减轻一些负担。故往往只有一幢房子,多有四五家或七八家房客同居的"①。时人的描述清晰地反映了上海城市居住的紧张情形。房屋的狭窄自然在待客上发生问题,而茶馆一杯清茶可以坐上良久,因此茶馆成为客人到来后的重要"会客室"。这也是上海茶馆发展的原因之一。移民潮的出现在使消费人群增多、茶馆业扩大的同时,使上海茶馆呈现出不同类型、不同风格。在上海的各地移民中,江苏、浙江、广东是移民大省,这三省在不同时期移民至上海的人口数量基本上都排在前列,这三省人再加上上海本地人构成了经营上海茶馆的庞大队伍。因此,经营茶馆的店主主要有本地帮、江苏帮、广东帮、浙江(宁波)帮的分别。茶馆类型主要有苏南式(沪、苏、浙相近,具有共同特征)和广式的区别,其中,善于经商的广东人在一开始就展露出优势,其独特的经营方式、手段使广东茶馆在上海茶馆中虽然数量并不多,但始终占据重要地位。20 世纪 30 年代广东茶室的大量出现更是粤商善于经营的典型代表。

## 第二节　城市空间拓展中的茶馆分布

### 一、清人记述中的早期茶馆分布

上海老城厢在开埠前已有一定发展,开埠后经济益显繁荣②。开埠后的二十余年间,城市的经济重心仍然在老城厢。城隍庙因其人文地理环境优势逐渐成为集宗教信仰、风景名胜、商业集市于一体的区域,而不仅仅是一座庙宇的代称。这里

---

① 郁慕侠:《上海鳞爪》上集,上海沪报馆 1933 年版,第 7 页。
② 何益忠在其著作《老城厢:晚清上海的一个窗口》(上海人民出版社 2008 年版)中考证后指出,开埠不仅促进租界的兴起和繁荣,也曾推动老城厢地区经济的繁荣,见该书第 33—42 页。

商号、店铺林立,有百货店、骨牌店、照相馆、画像馆、点心铺、象牙店、玩具店、笺扇店、花鸟店、文具店等,庙内各式大小摊头众多,经营商品门类齐全。这一带成为商业集市也有它的渊源,最初就聚集了各业公所,是各业商人的议事、闲谈场所。据碑刻资料显示,清代康熙年间,沪地布业就以豫园得月楼为议事场所。从清代乾隆三十二年(1767)到开埠前,青蓝布业(湖心亭)、肉庄业(香雪堂)、钱业(东园晴雪堂)、京货帽业(飞丹阁)、饼豆业(萃秀堂)、花糖洋货业(点春堂)先后入驻庙园。到清代同治七年(1868),邑庙中的同业公所又增加了鞋业(凝晖阁)、旧花业(清芬堂)、酒馆业(映水楼)、羊肉业(游廊)、铜锡器业(游廊)、银楼业(游廊)、乡柴业(挹爽楼)、铁钻业(世春堂)、沙柴业(可乐轩)等①。当初青蓝布业为保障湖心亭专供布商使用,在一系列规条中特地列明:"一切医卜星相,茶坊酒肆,概勿情面召租,以昭清洁。"②看来茶馆在早期并不受欢迎。令青蓝布业商人没有想到的是,由于洋布的倾泻垄断导致手工业纺织破产,清代咸丰五年(1855)他们不得不把湖心亭转让出去。没想到这一转让成就了一家百年老店——湖心亭茶楼。1855年,在湖心亭原址开设了一家茶楼,初名也是轩,后改称宛在轩,俗称湖心亭。继也是轩之后,豫园内的茶馆纷纷开设。茶馆是城隍庙商业发展的产物,反过来它也为城隍庙的繁华添砖加瓦。

城隍庙里人气渐旺,王韬在目睹之后发出感慨:"隙地虽多,绝无一卉一木堪以怡情,园林幽趣,荡然泯矣!"③话虽如此,在1858—1860年的日记中,城内的"茶寮"是王韬常去的场所。王韬1849年来到上海,《王韬日记》始于咸丰八年,即1858年④。王韬当时住在城外,但他常往城内跑,这也说明当时人们的社会生活舞台仍在老城厢。在《王韬日记》里很多时候"茶寮"并没有具体名号,只是从其"入城"字眼中,可知为县城内的茶馆。有具体名号的挹清楼是王韬所去次数最多的茶馆,因为其"茶味清淳,胜于他家"⑤,其次为凝晖阁、四美轩、福泉楼、乐茗轩、绿波廊、群玉

---

① 上海博物馆图书资料室编:《上海碑刻资料选辑》,上海人民出版社1980年版,"附录:清代上海主要会馆公所一览",第507—511页。
② 田仁:《清代上海的城隍庙》,载《上海掌故》,上海文化出版社1982年版,第58页。
③ 王韬:《瀛壖杂志》,上海古籍出版社1989年版,第37页。
④ 从1849年至1858年,有十年的时间。王韬在上海的这十年里,交游状况如何,不得而知。巧合的是,豫园内的茶馆从19世纪50年代中期后开始兴起,与王韬记载日记开始时间大致相当。在王韬日记中,有具体名号的茶馆多是位于豫园内的,很少有老城厢其他地方的茶馆。或许这也可以说明之前的茶馆缺少特色、无法引人注意,而上海茶馆的真正发展是在开埠以后的豫园内开始。
⑤ 王韬著,方行、汤志钧整理:《王韬日记》,中华书局1987年版,第58页。

楼等。除福泉楼、乐茗轩不可详考外①,把清楼、凝晖阁、四美轩、绿波廊、群玉楼皆为当时西园(即豫园)之茶馆。从王韬的行走路线中,没有发现湖心亭的踪迹,说明此时湖心亭尚未出名。遗憾的是,从王韬日记我们只能看到他所常去的几处茶馆的片影,无法得知豫园内茶馆的整体面貌。

开埠二十年后,租界日渐兴起,繁华之象不得不令时人叹为观止。"上海城北,连甍接栋。昔日桑田,今为廛世","烟火数万家,几为大聚落"②。"沪北弹丸蕞尔之地,而富丽繁华,甲于天下"③。"洋泾风景尽堪夸,到处笙歌到处花,地火莹莹天不夜,秦淮怎敌此繁华"④。1866 年一位游客对租界内市政建设予以高度肯定:"洋楼耸峙,高入云霄,八面窗棂,玻璃五色,铁栏铅瓦,玉扇铜环。其中街衢弄巷,纵横交错,久于其地者,亦易迷所向。取中华省会大镇之名,分时道里。街路甚宽阔,可容三四马车并驰。地上用碎石铺平,虽久雨无泥淖之患。"⑤租界的繁华,使得商业中心自老城厢逐步移向租界。城市的商业发达了,娱乐消费业必然也亦步亦趋。

商业的发达是催生茶馆不断发展的重要因素之一。此外,茶馆获得发展的契机还在于上海人口的激增。这里主要指上海移民现象和大量人口的涌入。开埠以后,上海城市人口结构由原来以本地人为主逐渐演变为以国内外移民为主,具有开放性和动态性。租界早期的人口激增与上海及周边地区遭受的兵燹有关,1853 年的小刀会起义使成批的华人涌入租界最后造成"华洋杂处"的局面,19 世纪 60 年代的太平军江浙战事及三次进攻上海,冲击了江南原来的人口秩序,使江浙一带的城乡民众如急潮般涌入上海,尤其是租界⑥。避难者的涌入为租界的功能开发与上海社会经济的近代化提供了必不可少的前提条件:资金、劳动力和需求市场。移民中的富人带来了大批资金,穷人则带来了廉价而源源不断的劳动力。另外,人口的激增意味着消费群体的增长,必然带动娱乐消费市场的扩大,茶馆业自然从中分得了一杯甚至几杯羹。

---

① 虽不可详考,但日记显示福泉楼、乐茗轩为"城内"茶寮。
② 王韬:《瀛壖杂志》,上海古籍出版社 1989 年版,第 6 页。
③ 黄式权:《淞南梦影录》,上海古籍出版社 1989 年版,第 101 页。
④《续沪北竹枝词》,载《申报》一八七二年七月初九日。
⑤ 黄楙材:《沪游脞记》,见上海通社编:《上海研究资料》,上海书店 1984 年版,第 558 页。
⑥ 1860 年 5 月,太平军二破江南大营后,挥师东征,杀向江浙地区,先后攻占丹阳、常州、无锡、苏州等城,次年又攻占杭州,以后又连克金华、绍兴、宁波等地。1860 年 6 月、1862 年 1 月和 5 月,太平军三次进攻上海,兵锋直指上海城下。

从租界茶馆集中分布区域的变迁来看,茶馆业紧随城市商业的发展、空间的拓展亦步亦趋。洋泾浜两岸是最先发生变化、呈现商业繁荣面貌的地区。最初,英法租界为方便贸易活动、商业往来和人员流动,在洋泾浜上陆续修建了14座桥梁。"其自城北至城东,逶迤相属,几亘十余里许"①。由于洋泾浜南岸紧靠上海老城厢地区,发展空间有限,而北岸腹地较为广阔。于是洋泾浜的繁荣渐渐向北扩展,带动了洋泾浜以北、广东路以南、河南路以西、泥城浜以东英租界沿岸地区的繁荣。

清代同治元年七月十九日(1862年8月14日),租界内的第一家大茶馆——松风阁,在郑家木桥北塊开张。开张前在当时第一份中文报纸《上海新报》上陆续登载广告:"本馆择于是月十九日开张,坐落在陈家木桥北首义计北货号隔壁,开张之日清音打唱,如蒙士商赐顾者,须认本馆照牌毋误。"②广告显示了松风阁的店址、开张时间,并明确告知开张之日有"清音打唱",以此来吸引茶客惠顾。同治二年(1863),一洞天于大马路红栅外开设,同年洋泾浜畔棋盘街口开设丽水台茶楼③。一洞天刚开设时,"窗格都是雕花的,玲珑透剔,为上海第一,生意异常发达",不过在丽水台开办以后,一洞天"生意便萧索了"④。这与当时洋泾浜沿岸的繁华有着密切关系。很快宝善街一带(今广东路从山东中路至福建中路一段)逐渐成为新的商业消费中心,时人称"而以宝善街最为热闹。灯火辉煌,自宵达旦"⑤。19世纪70年代中期,"酒馆、戏馆、茶馆宝善街一带居多"⑥。

19世纪80年代,一度繁荣的宝善街因为受到传统的经营管理理念、落后的市政设施以及陈旧的城市管理手段的制约渐趋衰落,其光芒被北侧崛起的四马路(今福州路)所掩盖⑦。1883年,文人黄式权感慨道:"沪北热闹之区,向以宝善街为巨

---

① 王韬:《瀛壖杂志》,上海古籍出版社1989年版,第3页。
② "松风茶馆室",载《上海新报》1862年8月7日、8月9日、8月12日。
③ 池志澂在《沪游梦影》中说,"沪上茶室闻创自于一洞天,其后继之者,丽水台最为著名"。参见该书第159页。一洞天、丽水台的开办时间,没有找到原始资料来说明。《上海通志》第4册第十九卷中说开设于1863年(该书第2811页)。如果按照此说,那么松风阁开办于1862年 有当年广告为证,比一洞天、丽水台都早。
④ 陆士谔著,章全标点:《新上海》,上海古籍出版社1997年版,第95页。
⑤ 王韬:《瀛壖杂志》,上海古籍出版社1989年版,第3页。
⑥ 葛元煦:《沪游杂记》,上海古籍出版社1989年版,第27页。
⑦ 在城市管理方式上,四马路由工部局采用西式管理,而广东路按照华界传统的做法进行管理;在城市设施的建设上,四马路是根据西方城市街道标准进行设计,上置路灯,下排水道,街道宽敞,尘土不扬,环境优雅。

擘。近则销金之锅,尤在四马路一带。"①论及上海茶馆,"近惟四马路之洪园、华众会、阆苑第一楼、旨宜楼,最为繁盛"②。十年之后,四马路仍繁华如常,"盖英界为沪上之胜,而四马路又为英界之胜,是以游人竞称四马路焉"③。伴随四马路的繁华如常是茶馆的光彩依旧。文人池志澂评点当时的大茶楼:"今则四马路之一层楼、万华楼、升平楼、菁华楼、乐心楼更驾而上之,而五层楼更为杰出。"他对五层楼心有所系、印象最深:"余尝偕友人登五层楼之颠,俯视其下,见夫轿如风,人车如走马,马车如飞龙,如滚波涛,如千万军旌旗摇闪而过。其人烟蚁聚,其声加蜂屯,又加鱼丽、鹅鸭之阵婉蜒而来,忽闻笙歌笑语、环佩之声,飘渺凌空,若远若近,若上若下。天风泠然,身不能自主,尝回顾友人而嘻曰:'吾闻古神仙立云端,下视尘寰,殆亦若是耶!'"④

进入 20 世纪之后,大马路(今南京路)日渐崛起。清代光绪二十三年(1906),南京路已拥有洋广杂货、洋布绸缎、衣庄、银楼、茶食等 30 多个行业,商店有 184 家。是年《沪江商业市景词》这样描述:"满街装饰让银楼,其次绸庄与疋头,更有东西洋广货,奇珍异产宝光流。"南京路的崛起令租界益加繁荣,这时租界已把老城厢远远地抛在了后面,"南北分开两市忙,南为华界北洋场。有城不若无城富,第一繁华让北方"⑤。大马路崛起前一洞天已开设,但十多年后闭歇,时人感慨:"宝马香车趁管弦,当年风月景无边。沧桑小劫何容易,谁访荒凉旧洞天"⑥。五龙日升楼⑦于 19 世纪 80 年代开设,当大马路一带气候形成后,全安、福安等茶楼相继设立,"生意亦颇热闹也"⑧。

---

① 黄式权:《淞南梦影录》,上海古籍出版社 1989 年版,第 127 页。
② 黄式权:《淞南梦影录》,上海古籍出版社 1989 年版,第 114 页。
③ 池志澂:《沪游梦影》,上海古籍出版社 1989 年版,第 156 页。
④ 池志澂:《沪游梦影》,上海古籍出版社 1989 年版,第 159 页。
⑤ 《沪江商业市景词》,载顾炳权编:《上海洋场竹枝词》,上海书店出版社 1996 年版,第 96 页。
⑥ 顾炳权编:《上海洋场竹枝词》,上海书店出版社 1996 年版,第 72 页。
⑦ 到底是五龙日升楼还是五云日升楼,查阅民国以前的资料时发现说法不一。关于记载为"五云日升楼",所见最早的是《申报》1885 年 10 月 16 日的报道《违禁啜茶》。后来在陈无我《老上海三十年见闻录》中也作此称。相比较而言,当时记载为"五龙日升楼"的资料较多。商务印书馆从 1909 年开始影印的《上海指南》以及其他指南书中都作"五龙日升楼",《申报》1911 年 1 月 22 日的报道《狎客与鸨妇之假殷勤》、胡适日记、郁慕侠《上海鳞爪》等也作此说。在郑逸梅的回忆中,有时称五龙日升楼(见《艺海一勺》),有时称五云日升楼(见《上海旧话》)。至今"五云""五龙"仍是混淆不清。《上海大辞典》(王荣华主编,上海辞书出版社 2007 年版)中称,"五云日升楼"取意南京路、浙江路、浙江北路、湖北路交会楼前,犹如长云拱日。《上海名人名事名物大观》(熊月之主编,上海人民出版社 2005 年版)中称,因南京路、浙江路、湖北路南北五股道路在此相交,如五龙相汇,所以取名五龙日升楼。另外需注明的是,因茶楼有名,日升楼逐渐成为这一区域的地名,解放后名称逐渐湮没。
⑧ 黎床卧读生:《绘图上海杂记》,上海文宝书局,清代光绪三十一年(1905),石印本,第 10 页。

由于五龙日升楼在南京东路浙江中路口,正当五路衔接之要冲,开张后因占地利茶客盈门,在当时的大马路上算是名气最响的茶馆了。

新的商业中心的出现,并不代表原来商业区的消失。就茶馆的发展而言,从一枝独秀转到了"花开多枝"。其实"花开多枝"的情况文人早有记载。19世纪70年代,葛元煦这样写道:"惟松风阁以茶胜,宝善园以地胜。大马路之一壶春,宝善街之渭园、桂芳阁均极热闹。城中庙园茶肆十居其五,惟湖心亭最佳。高阁迎风,琉(应为'疏'——笔者注)窗映水,尘俗中未尝无清凉境界也。"①19世纪90年代,池志澂在提到四马路上的几家有名茶馆后说道:"若夫石路则有百花锦绣楼,宝善街则有阳春烟雨楼,大马路则有五云日升搂,黄浦滩则有天地一家春,城中庙园则有湖心亭、得意楼,或高阁临风,或疏窗映水,亦无不器具明洁,清光璀璨。"②

《绛芸馆日记》陆续记载了自清代同治十年至光绪七年(1871年至1881年)作者的饮食起居。作者无名氏,从日记中看,茗谈、听戏是其休闲重心。日记中出现的茶馆有:怀社阁、畅叙楼、万仙台、丽水台、湖心亭、桂芳阁、群悦楼、绿波廊、四美轩、东洋茶室。在各茶馆"茗谈"的频率为:桂芳阁最多,达5次,湖心亭次之,达3次,怀社阁、四美轩各去两次,其余茶馆均去一次③。湖心亭、四美轩、群悦楼、绿波廊在豫园,桂芳阁在宝善街,丽水台、松风阁在洋泾浜畔,东洋茶室在白大桥北,万仙台、畅叙楼具体地址不详,从作者"出城往北"的叙述看应在洋泾浜北岸④。丽水台、万仙台、松风阁、桂芳阁,都是当时极为热闹之茶馆⑤。因此,作者的19次喝茶茗谈,7次在老城厢,12次在英租界,尤以当时新开不久的桂芳阁喝茶次数为最多⑥。

---

① 葛元煦:《沪游杂记》,上海古籍出版社1989年版,第31页。这段话中出现了"湖心亭",说明这时湖心亭茶楼已经名声响起。
② 池志澂:《沪游梦影》,上海古籍出版社1989年版,第159页。
③ 根据无名氏《绛芸馆日记》统计整理。载《清代日记汇抄》,上海人民出版社1982年版,第303—320页。
④ 茶馆所在地皆由笔者考之史书而定。需要说明,作者并未说明东洋茶室在哪里,只说"乘马车往北"。黄式权在《淞南梦影录》中记载:"东洋茶社者,彼中之行乐地也。昔午惟三盛楼家,远在白人桥北。"《绛芸馆日记》记载东洋茶社为新开的,所以笔者认为它在白大桥北。
⑤ 竹枝词云:"丽水台还万仙台,两家茶社最称魁。"(《洋泾竹枝词》,载《申报》1872年7月19日)"一壶春满雨前芽,阁上松风四壁花"。(《沪北竹枝词》,载《申报》1872年9月9日)葛元煦称:"宝善街之渭园、桂芳阁均极热闹。"见葛元煦:《沪游杂记》,上海古籍出版社1989年版,第31页。
⑥ 何益忠的统计是:"无名氏《绛云馆日记》总共记载有14次喝茶茗谈,有7次在老城厢。"见何益忠:《老城厢:晚清上海的一个窗口》,上海人民出版社2008年版,第87页。应是对茶馆名称的认识不够而产生的统计错误。

从日记来看,作者茗谈的场所主要在豫园、英租界中更换,尤其中意宝善街一带的茶馆,这与宝善街此时的繁华相吻合。不管如何,作者并未完全"抛弃"老城厢的茶馆,印证了茶馆"花开多枝"的状况。

租界兴起后上海城市的发展经历了由南向北的空间拓展,商业中心从老城厢转移到租界,最初主要集中在英租界的几条主干马路上。茶馆业亦步亦趋,在由南往北的空间转移后出现了"花开多枝"的状况。在上述几位晚清文人的笔记、日记中,看到的主要是沪北英租界宝善街、四马路、大马路上的茶馆空间变迁。而随着公共租界、法租界的日渐繁华,热闹繁忙之处越来越多,茶馆的空间分布又会是怎样一种面貌呢?

## 二、著名茶馆的时空分布:以指南书为主的考察

何谓著名茶馆?或因茶客盈门,或因器具优良,或因经营有特色,总之得是茶馆中的佼佼者。这里以上海指南书为参考标准。上海自开埠通商后发展迅速,至清末已俨然是一个大都市,来沪的游客日渐增多。为使游客增进对上海的了解、同时有一个愉快的旅程,商务印书馆最先策划编写上海指南书。第一本《上海指南》出现于1909年,之后商务印书馆陆续编印了各年的《上海指南》。1930年之后,商务印书馆不再出版《上海指南》,其他出版社的《上海快览》《上海市指南》《上海新指南》等相继出现。这里把具有指南性质的这类书统称为指南书。指南书内容丰富,上有租界规章、交通、食宿、景点、路名等内容,因是呈现给来沪游客的,每一方面不可能详细透彻,游客最应知道的、最值得推荐的才会出现在该书上。所以指南书上列出的茶馆,称之为该时期著名茶馆应该是适当的。

### (一) 清末、民初、民国中期上海著名茶馆的空间分布

我们选定1909年、1914年、1925年的《上海指南》作为样本,用来了解、对比清末、民初、民国中期这三段不同时期上海著名茶馆的区域分布和具体街道分布情况[①]。

---

① 上海商务印书馆编印的《上海指南》,年份有1909年、1910年、1911年、1912年、1914年、1916年、1919年、1922年、1923年、1925年、1926年、1930年。笔者找到了1909年、1912年、1914年、1922年、1925年、1926年、1930年这七年的《上海指南》,其中1912年与1914年内容相同,1922年与1925年相同,1926年与1930年相同(列有31家茶馆,与1922年、1925年相比没有太多出入)。

根据三份《上海指南》中的数据,制作了著名茶馆区域分布的饼状图,可以清楚地对不同时期、不同区域的茶馆数量、比例进行比较分析(见图1-1)。

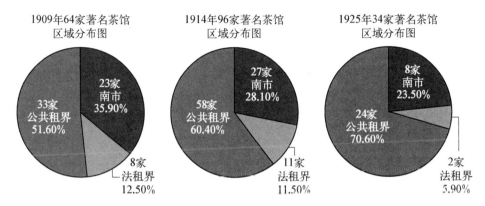

**图1-1  1909年、1914年、1925年著名茶馆区域分布图**

资料来源:根据1909年、1914年、1925年《上海指南》相关资料整理制作

从著名茶馆总数上看,1909年为64家,1914年最多,达96家,之后下降幅度较大,1925年仅有34家。从租界、华界的比较看,茶馆集中分布区域明显在租界。从各区著名茶馆数量及比例看,公共租界始终排在第一,而且所占比例逐年上升,从占51.6%到60.4%到70.6%。相反南市,尤其是法租界的著名茶馆所占比例逐年下降,南市所占比例从35.9%下降到28.1%再到23.5%,法租界一直以来著名茶馆不多,1925年减少到只有两家,所占比例仅为5.9%。

另外,从三份不同时期的《上海指南》还可以看出区域内茶馆的具体街道分布情况。20世纪初期,英租界在接手上海商业中心由南往北转移的第一棒之后,开始了自东向西的再次发展,"福州路、广东路、山东路、山西路、河南路、福建路、湖北路等皆为繁盛之区,店铺林立,货物山积,往来行人毂击肩摩,洵精华荟萃之所也"。这时期自东向西的发展还限于西藏路以东,"精华荟萃之所"也即公共租界中区,长时期成为商业繁盛地带①。同一时期,法租界"市街之盛以公馆马路(即法大马路)

---

① 1900年公共租界将辖区分为四块:外滩至西藏路的旧英租界为中区;西藏路以西为西区;苏州河以北,以"虹港"为界,旧美租界的东部为东区,包括提篮桥、杨树浦地区;北部为北区,即虹口地区。

为最,余如兴圣街、吉祥街、紫来街等处,皆为商贾荟萃之所"。美租界是主要的西人住宅区,"西人之住宅居多。高屋云连,轩窗洞辟,颇有巍焕之观"。上海县城所在的华界地区,"东门北门之内,市廛尤盛。进大东门为彩衣街,又西为太平街,三牌楼。北至馆驿桥……此数处商贾市廛鳞次栉比,而尤以城隍庙为荟萃之所"①。20世纪前期各区域发展情况基本未变,《上海指南》中著名茶馆与所在马路的商业发展状况密切相连。

1909年《上海指南》中,英租界著名茶馆数量最多,达30家。主要分布在大马路、四马路,分别有7家、9家,其余14家分布在湖北路、广东路、河南路、浙江路、山西路、二马路、北海路。美租界此时著名茶馆只有3家。法租界都集中于公馆马路,有8家。县城城隍庙有14家著名茶馆,另外9家主要分布于东门外沿黄浦江一带(只有一家在大东门内太平街)。1914年公共租界58家著名茶馆中,有48家分布在中区,又以大马路、四马路、广东路为多,分别有10、13、8家。美租界有10家,分布在西华德路、北四川路、百老汇路等。法租界11家中6家分布在公馆马路,其余5家分布在天主堂街、巨籁达路等。华界著名茶馆中,城隍庙集中了13家,其余14家中两家在外马路,12家分布在县西街、彩衣街、太平街、虹桥街、福佑路等。20世纪20年代后,著名茶馆数量急剧减少,虽然公共租界中区仍是集中点,但大马路、四马路上著名茶馆明显减少,分别为4、5家,广东路上有6家。美租界北四川路、吴淞路、天潼路有4家。法租界两家分布在公馆马路上。华界6家集中在城隍庙,另外两家在外马路。

在公共租界、法租界、华界茶馆具体街道的分布上,各区域既有扩散的范围,又有集中之处。公共租界经历了早期的宝善街、四马路到大马路的历次崛起后,繁荣景象逐渐扩散到各马路,并以中区为主。著名茶馆主要分布在中区,其中又以繁华中心大马路、四马路和广东路为集中分布处。法租界著名茶馆不多,主要分布在主干道公馆马路上。华界在县城内外分布着各茶馆,其中以城隍庙为最多。从著名茶馆集中分布点来看,与早期清人记述中相似,以四马路、大马路、广东路、城隍庙为核心地带。以下列出了清末至1930年先后出现在四马路、大马路、广东路以及城隍庙的著名茶馆的详细情况。

---

① 上海商务印书馆:《上海指南》,上海商务印书馆清代宣统元年(1909)版,卷二·地势户口。

表 1-1　1909—1930 年分布在大马路、四马路、广东路、城隍庙著名茶馆名号表

| 集中分布处 | 著名茶馆详细名称 |
| --- | --- |
| 大马路 | 全安、五龙日升楼、易安、同安、江南烟雨楼、一壶春、凤鸣楼、永安、楼外楼、五龙明泉楼、商余公益茶居、恒吉茶楼、一乐天、仝羽春 |
| 四马路 | 奇芳、平安茶居、青莲阁、四海升平楼、大观楼、福安、清园、览胜楼、华安、文明集贤楼、中华第一楼、三鑫茶楼、蕙芳茶居、长乐、留春园、飞丹阁、四海西洋楼、快阁茶居、西园、极乐天、荟芳 |
| 广东路 | 天南春、四海万祥楼、春园、吾亦爱吾庐、品芳楼、怡园、祥春园、一言楼、同芳居、同乐天、长安、鸿园、怡珍 |
| 城隍庙 | 春风得意楼、前四美轩、后四美轩、桂花厅、乐圃阆、船舫得月楼、凤来轩、安乐居、凝晖阁、湖心亭、清河晏海楼、第一楼、松鹤楼、群玉楼、听雨楼、西园访鹤楼、雅叙楼、三星楼、当乐楼 |

资料来源：根据 1909—1930 年《上海指南》相关资料整理制作

大马路、四马路、广东路以及城隍庙是上海开埠以来著名茶馆的集中地。19 世纪 20 年代之后，茶馆业逐渐衰退，这几个地方的茶馆也逐渐减少，但仍是最为有名的。所以这里列出这些茶馆的具体名号，促进对上海茶馆的感性认知。同时，本书中将经常提到这些茶馆中的部分，这里也是作个铺垫。

**（二）20 世纪 30 至 40 年代著名茶馆的空间分布**

20 世纪 30 年代指南书中对茶馆的记述有一个较大的改变，即从之前"茶馆到处皆有"[①]转变为"茶馆在上海，不甚发达"[②]，这种记述一直持续至 40 年代。盘点 20 世纪 30 至 40 年代的各种指南书，著名茶馆的状况如下：

1934 年的《上海市指南》中记载："较著者，邑庙有春风得意楼、乐意楼；南京路有五龙日升楼、一乐天、仝羽春；福州路有青莲阁、四海升平楼，最为热闹，座客常满。其余如广东路之怡园，北四川路之会员楼、粤商楼、小壶天、利男居、群芳居，生

---

[①] 陶凤子编：《上海快览》，世界书局 1924 年版，"上海之饮食·饮料"。
[②] 沈伯经、陈怀圃编：《上海市指南》，上海中华书局 1934 年版，第 137 页；孙宗复编：《上海游览指南》，上海中华书局 1935 年版，第 109 页；柳培潜编：《大上海指南》，上海中华书局 1936 年版，第 190 页；王昌年编著：《大上海指南》，上海东南文化服务社 1947 年版，第 135 页。几乎每本指南书中都是相同内容。

意亦佳。"共列举了13家,其中北四川路有5家。北四川路在20世纪20年代逐渐崛起,到20世纪30年代初,"单以都市生活为观点","在上海应该首屈一指。这条路一带,影戏院不下十间,跳舞场十余所,食物馆——尤其是广东食物馆——大小不计其数"①。该马路上的会员楼、粤商楼、小壶天皆为广东酒楼附设的茶馆。

1935年《上海游览指南》、1936年《大上海指南》两本书上对著名茶馆的记述与上书相似,差别不大。1938年许晚成编著的《上海指南》和1939年费西畴编著的《上海新指南》中,情况有了很大改变。两本书中已没有传统茶馆的身影,全部是茶室,前书较简略,后书更为详细,见表1-2。

表1-2 1939年上海茶室一览表

| 序号 | 名称 | 地址 |
| --- | --- | --- |
| 1 | 大东茶室 | 南京路永安公司内 |
| 2 | 大新茶室 | 南京路大新公司内 |
| 3 | 东亚茶室 | 南京路先施公司内 |
| 4 | 冠生园茶室 | 南京路445号 |
| 5 | 新雅茶室 | 南京路 |
| 6 | 福禄寿 | 南京路 |
| 7 | 白羊茶店室 | 福州路681号 |
| 8 | 餐英茶室 | 九江路322号 |
| 9 | 可可食品公司 | 九江路657号 |
| 10 | 精美 | 英华街 |
| 11 | 新新茶室 | 贵州路 |
| 12 | 维也纳茶室 | 大华路6号 |
| 13 | 北平小食堂 | 虞洽卿路九号 |

① 梁得所:《上海的鸟瞰》,载陈子善编:《夜上海》,经济日报出版社2003年版,第148页。

续 表

| 序 号 | 名 称 | 地 址 |
|---|---|---|
| 14 | 精精 | 虞洽卿路新世界 |
| 15 | 味心粤菜茶店 | 静安寺路833号 |
| 16 | 康生点心店 | 静安寺路931号 |
| 17 | 灵宫茶室 | 静安寺路慕尔鸣路 |
| 18 | 雪园 | 静安寺路 |
| 19 | 乐园 | 愚园路中宝新村 |
| 20 | 快活林 | 爱多亚路405号 |
| 21 | 嘉湖食品公司 | 爱多亚路283号 |
| 22 | 貂蝉食品公司 | 马浪路41号 |
| 23 | 冠江茶室 | 吕班路145号 |
| 24 | 怡情茶室 | 福煦路924号 |
| 25 | 锦江茶室 | 华龙路80号 |
| 26 | 沪江茶室 | 亚尔培路589弄28号 |
| 27 | 世界食品公司 | 亚尔培路276号 |
| 28 | 上海茶室 | 拉都路407路 |
| 29 | 华丽茶室 | 朱葆三路13号 |

资料来源：费西畴编：《上海新指南》，上海声声出版社1939年版，"饮食类"

　　茶室的出现是上海茶馆发展中值得关注的一个现象，也是上海茶馆不同于其他地茶馆的明显标志。这时期指南书中茶室替代了茶馆，说明茶室的风头盖过了传统茶馆。茶室的具体介绍见后文。

　　表1-2中，29家茶室中19家除了分布在以南京路（今南京东路）为主的公共租界中区外，还向公共租界以西的静安寺路（今南京西路）扩展；法租界的10家分布于

爱多亚路、马浪路、吕班路、福煦路、亚尔培路、拉都路等地；此时虹口成为日本人占领区，所以那里饮食业萧条，一家茶室也没有。

1946年《最新上海指南》中没有介绍茶馆的文字；1947年的《大上海指南》介绍茶馆甚是简单，寥寥数语，也无著名茶馆名称及表格。战后上海指南书中著名茶馆的缺失，说明此时茶馆在上海各业中的地位已无足轻重。当然指南书中著名茶馆的缺失并不代表它的完全消失，1947年《上海各界各业名录》透露了当时35家著名茶馆的信息。35家茶馆的空间分布大致情形是这样，原公共租界中区仍是主要分布区，有22家，原美租界有4家，原法租界仅有1家，南市有8家。具体观察，福州路上有长乐、青莲阁两家，南京路上有一乐天、仝羽春两家，广东路上有荟芳、自由谈、怡园、南洋合记四家。城隍庙集中了四家：春风得意楼、湖心亭、乐圃阆、群玉楼。这些地方集中了茶馆总数的1/3，也仍是当时最有名的茶馆①。

主要借助指南书，我们掌握了上海著名茶馆在城市空间拓展中的分布情形。从分布所在区域看，公共租界著名茶馆的密度是最大的，华界次之，法租界为末。公共租界是近代上海城市的核心组成区域，也是上海繁华的代表，茶馆密布是自然的事；华界茶馆集中于城隍庙，城隍庙是集庙宇、园林、集市、娱乐于一体的绝妙胜地，因此在租界兴起后它仍能凭借天时地利阔步前进，维持老城厢的商业娱乐中心地位；法租界的发展态势使它远离传统行业而趋向于高档、西化的现代行业。从区域内部变迁看，广东路、福州路、南京路这三条最先崛起的商业地段在很长一段时期成为茶馆集中的地方，之后随着公共租界从由南往北的空间拓展转向自东向西的扩展，茶馆亦步亦趋，但仍以公共租界中区为核心分布区。华界著名茶馆始终以城隍庙为"集中营"。从茶馆的发展变化看，现代化的茶室于20世纪30年代之后取代了传统茶馆，在空间分布上突破公共租界中区，向法租界发展，并明显体现了租界自东向西发展的趋向。

---

① 上海青年出版社编：《上海各界各业名录》，上海青年出版社1947年版，"茶楼商业"。列出了42家，其中有7家并非茶馆而是专业书场。

## 第三节　城市变迁中的茶馆兴衰

### 一、晚清茶楼的风貌

城隍庙一带茶楼众多,茶客也不少。19世纪70年代王韬称:"园中茗肆十余所,莲子、碧螺,芬芳欲醉。夏日卓午,饮者杂遝。"①豫园茶馆中,湖心亭因地理位置、独具特色的建筑以及古朴典雅的风格显得尤其突出。

湖心亭坐落于湖中央,飞檐翘脚、雕梁画栋,由九曲桥相连,湖内种植莲花。独特的景致使湖心亭声名远播到国外,一些外国游客往往慕名前来,他们大多对湖心亭的传统建筑风格表示惊叹、赞赏。1888年,一位德国人在游记中写道:"茶楼无疑是中国建筑的优秀代表,它坐落于一块很大的基座上,有两层楼高,房顶装饰得繁琐而富丽,底层有很多支柱,柱子之间是由窗户连接着的。这家店给人的印象,好像是一座玻璃大厅,但是那些材料却不是玻璃的,而是另一种透明的物质,中国人在玻璃引入中国之前,就是用这种东西作为玻璃使用的。晚上,当房子里面点燃大量的红蜡烛和灯笼时,整个建筑看上去就像一个巨大的灯笼。"②1896年英国著名的旅行家伊莎贝拉·柏德来到上海,她这样描述湖心亭:"桥名源自该桥曲折多变的形状。穿过这座在水面上迂回曲折成九曲状的小桥,便到了上海最负盛名的茶馆。"③1907年英国画家利德尔以湖心亭作画,对湖心亭赞赏有加:"一座九曲桥通向这座美丽的古老建筑。它因青花瓷花纹的设计最早以此为原本而闻名。亭子建在高坡上,并不垂直,重檐,窗户呈独特的贝壳形。"④独特的景致使得湖心亭闻名于世。20世纪20年代西班牙文学家伊本纳兹把湖心亭和埃及金字塔并列为世界名

---

① 王韬:《瀛壖杂志》,上海古籍出版社1989年版,第37页。
② 《1888:恩司诺(Exner)经济报告中的上海》,载王维江、吕澍辑译:《另眼相看——晚清德语文献中的上海》,上海辞书出版社2009年版,第129页。
③ [英]伊莎贝拉·柏德著,金坂清则译:《中国奥地纪行Ⅰ》,日本东京:平凡社2002年版,第20页。
④ [英]托马斯·霍奇森·利德尔著,[美]陆瑾、欧阳少春译:《帝国丽影》,北京图书馆出版社2005年版,第39页。

图1-2　清末湖心亭(摘自《民俗上海》)

物之一①。一些西方游客甚至到茶馆内喝起了茶,期待通过茶水品味中国的传统文化。

城隍庙内的茶馆具有传统特色,租界中茶楼的发展则走在了时代的前沿,在传统向近代的蜕变中绽放着别具一格的光彩。

租界大茶馆一般都称为茶楼,茶楼的称呼是名副其实的,因为喝茶处不在底

---

① 张若谷:《上海的湖心亭面面观》,载《良友》第119期,1936年8月。

层,而需扶梯上楼。因此,租界茶楼至少在两层以上。楼层既高,且建筑风格与其他地方又有着不同。早期著名茶馆松风阁、丽水台筑于洋泾浜畔,高阁临流,轩窗四敞。到后来的一层楼、大观楼、青莲阁,皆杰阁三层,楼宇轩敞。而阆苑第一楼如同一座水晶宫殿:"茶馆之轩敞宏大,莫有过于阆苑第一楼者。洋房三层,四面皆玻璃窗,青天白日,如坐水晶宫,真觉一空障翳。计上、中二层,可容千余人。"①图1-3的左图是阆苑第一楼的外观图,确实楼高三层、气势恢宏。这种容客千余人的茶楼在当时国内应该也是首屈一指的!

图1-3的右图中,画家作画时并未显示五层的全貌,邻近的茶楼稍显低矮,不过两家茶楼一样气派十足。稍作比较可以发现,左右图中的茶楼在建筑风格上有着差异。阆苑第一楼是洋房三层,而五层茶楼(包括邻近茶楼)更有古典风味。一是西洋建筑,一是中国传统建筑。这两种建筑式样在租界茶楼中都较常见,给人的观感也是不分伯仲。从外观图中可以看到,底层不卖茶,真正喝茶的地方在楼上。对于底层的利用,各茶楼不尽相同。阆苑第一楼底层是弹子房,是供人娱乐的场所②。五层茶楼(包括邻近茶楼)底层是销售其他货物、包括美味点心的店铺,在楼

 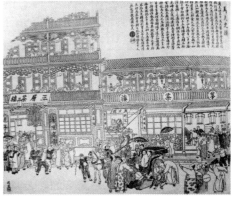

图1-3 《第一楼灾》《马夫凶横》(摘自《点石斋画报》)

① 黄式权:《淞南梦影录》,上海古籍出版社1989年版,第109页。
② 黄式权描述中的阆苑第一楼是这样的:初开是三层,底层是弹子房,后来与马路对面杏花楼产生竞争,遂加高一层,为四层。《点石斋画报》中,文字写明是"楼凡四层",说明此时已经是四层楼了,而图片仍画作三层,且"弹子房"的招牌在二楼。是不是弹子房在加高一层后移至二楼,或者只是在二楼挂一招牌,打弹子仍在底层,或者图画制作有误,现在已无法分清。可以确定的是,底层不是喝茶处。

上喝茶客人需要食用点心时,吆喝一声即可送上。不管是哪个茶楼,只要是在主干马路边的,楼上临街都有一条长长的走廊,称作阳台,这是观察窗外景致和风物的好地方。

租界茶楼的外表确实令人叹为观止,而里面也是"明灯万盏,椅必细木,碗必炉窑"①。在清末小说《新上海》《海上繁华梦》中记录了四海升平楼的有关片影,摘录如下:

"梅伯乃到里边,瞧瞧四壁的书画。见四幅矮屏,一笔的欧字写得老气横秋,苍劲中露婀娜之态"②。

少牧、冶之、志和、锦衣到四海升平楼,"哪知逢辰早已到了,靠在窗口一张大理石桌上,泡茶候着。一见众人,趋步上前,笑脸相迎,忙唤堂倌过来,动问各人用什么茶。锦衣吩咐泡碗雨前,冶之、志和俱是洋莲,少牧是红寿眉,堂倌依言自去准备"③。

书画屏幅是晚清茶楼内部的重要装设,一般茶楼都挂有屏幅。小说中四海升平楼也是如此。与其他茶楼如湖心亭内是红木桌椅不同的是,升平楼内摆放了大理石桌椅(确切说是红木镶嵌的大理石台面),使用了西方的材质,这是当时租界大茶楼的标志。上海茶楼提供给茶客的茶叶一般为普通的红茶、绿茶,绿茶尤为普遍,较为讲究的广东茶楼供有乌龙、水仙。升平楼则备有各种上等茶叶,如雨前、洋莲、红寿眉。

除了让茶客坐着喝茶,一些大茶楼还备置了炕榻,供人躺着喝茶,俗称榻茶。榻茶原本是烟馆供不吸烟之客喝茶消遣,后来烟馆被禁之后,烟馆改为茶楼,榻茶沿袭下来。在图1-4中,茶客有的躺着,脱鞋后上脚放在旁边的小方凳上,有的跪坐或跷着二郎腿相互交流,一幅悠闲舒适之貌。当然榻茶较一般茶水为贵。清末,茶价一般自二三四十文至六七十文,而榻茶向例一角④。

---

① 黄式权:《淞南梦影录》,上海古籍出版社1989年版,第101页。
② 陆士谔著,章全标点:《新上海》,上海古籍出版社1997年版,第29页。
③ 孙家振:《海上繁华梦》(上),江西人民出版社1988年版,第36页。
④ 上海商务印书馆:《上海指南》,上海商务印书馆1912年版,卷五·食宿游览。

**图 1-4 《茶寮坑榻品茶之闲适》（摘自《图画日报》）**

茶楼能开在城市娱乐中心，如大马路、四马路，自然是再好不过，因为市口好不愁没有客源。另外，茶楼开在园林中是一个不错的选择，在观赏风景之余悠闲茗聊。因此许多园林如愚园、徐园、张园等在向市民开放后，内部均设有供人饮茶之处。张园自1885年开放后成为上海市民娱乐游览的好去处，车来人往，盛极一时。1892年，张园内建成由英国设计师设计的安垲第楼房，楼分上下两层，可容千人，又是当时上海最高的建筑，登高东望，申城景色尽收眼底。安垲第中设有喝茶处，游客游玩尽兴后在此休息聊天。晚清文人李伯元、吴趼人等是这里的常客；清末的一批"维新"闲民如汪康年、郑孝胥、赵宝昌等人也常聚集此地，"昼居之地曰味莼园，夜聚之地曰四马路。是故味莼园之茶，四马路之酒，遥遥相对"①。

《图画日报》描绘了一幅"小华园吃茶之写意"的景致（见图1-5）。小华园"密树如帷、繁花似锦，凭栏闲眺，清芬扑人"，从其取名及景色看很有可能是在一处园林中。这里环境幽雅，楼高多层，具有传统古典风味。内部设备精良，"桌椅均以竹

---

① 孙宝瑄：《忘山庐日记》（上册），上海古籍出版社1984年版，第381页。

制成,朴而不野,华而不俗"。与他地不同的是,小华园楼上另设有女客间,从图中也可看出楼上的一间房中有女子向窗外张望。

图1-5 《小华园吃茶之写意》(摘自《图画日报》)

在各茶楼兴起迭更中,或高阁临风,或疏窗映水,或器具明洁,总之,在其建筑风格、环境、设备等方面各显风采。19世纪90年代,一位文人感慨:"至于松风阁以茶胜,一壶春、载春园以地胜,广东之怡珍同芳居以装潢胜,此皆别地所无者。"①一句"别地所无"道出了上海大都市中茶馆的不同非凡。

上海茶馆的不同非凡还体现在茶馆的多种风格上。上海是一座移民城市,经营茶馆的除了上海本地人外,还有江苏、浙江、广东人。上海、江苏、浙江地理位置靠得近,茶馆风格大致相似,而茶楼业发达的广东则为上海茶馆带来了南国风味。

---

① 池志澂:《沪游梦影》,上海古籍出版社1989年版,第159页。

最初粤商主要在虹口开设茶馆，1876年在棋盘街新开同芳居，之后怡珍、福安、同安、易安、全安等广东茶馆陆续在商业中心地段开办。在1909年《上海指南》上，大马路7家著名茶馆中广东茶馆有全安、易安、同安共3家，四马路10家著名茶馆中广东茶馆有奇芳、福安、华安3家①。广东茶馆除了装饰精修、器皿兼备外，最吸引人的主要是其粤式茶点。苏南茶馆里的茶客也可以吃到点心，如素面（城隍庙一带茶馆大多供应）、生煎馒头、糖糕等，但不是由茶馆供应，而是茶馆附近的吃食店提供，还有一些小吃如五香豆、白糖花生米以及花色蜜饯等多是小贩进茶馆售卖。广东茶馆里的点心有着不一样的味道，"侵晨（笔者注：清晨）鱼生粥，晌午蒸熟粉面各色佳点，入夜莲子羹、杏仁酪"，这种茶点在江南式茶馆中是没有的，自然"视他处别具风味"②。另外，广东茶馆每到夏天便售卖荷兰水（即今之汽水，清代同治年间输入我国）。

茶馆是中国传统的休闲场所，从内到外散发传统文化的味道是极为自然的事，不过晚清上海在中西文化的交流碰撞中，茶楼不可避免地受到了西方文化的影响，西式建筑、大理石桌椅、售卖荷兰水、开辟女客间等兼为例子。其实，不论传统文化还是西方文化，舒适、享乐是晚清都市化中上海茶楼的永恒追求。所以茶楼要杰阁三层、疏窗映水、器具明洁，要炕榻品茶、各色茶点。当然，享乐之风不仅仅体现于外在，更是表现于内在。都市的发展、商业的繁华使得上海茶楼娱乐性的特征彰显于世人眼中。

晚清上海茶楼中增加有多种娱乐功能。表现之一是，茶馆兼为烟馆、弹子房，并兼有其他娱乐设施。茶馆兼为烟馆在晚清是极为常见的。公共租界四马路为烟茶楼汇集地，"层楼杰阁斗奢华，半卖烟膏半卖茶"。阆苑第一楼"别有邃室数楹，为呼吸烟霞之地"③。此外，乐也逍遥楼、万华楼、沪江第一楼、五层楼、青莲阁、四海升平楼、群芳花萼楼等皆为茶馆烟间④。包天笑在回忆录中描述了他1884年九岁时第一次去上海看到青莲阁茶楼的景象："有一个很大的茶肆，叫做青莲阁，是个三层。二层楼上，前楼卖茶，后楼卖烟（鸦片烟，那时候吸鸦片烟是公开的），张张的

---

① 上海商务印书馆：《上海指南》(1909)，卷八游览食宿。
② 葛元煦：《沪游杂记》，上海古籍出版社1989年版，第31—32页。
③ 黄式权：《淞南梦影录》，上海古籍出版社1989年版，第109页。
④ 陈无我：《老上海三十年见闻录》，上海书店出版社1997年版，第11页。

红木烟榻,并列在那里。"①此外,"广东茶馆如棋盘街同芳居、怡珍居,英大马路同安、易安,四马路奇芳、福安,均兼烟室也"②。晚清烟毒泛滥,烟馆在热闹马路上触目皆是。一些大烟馆也添设茶桌兼售茶,如南诚信等。所以茶馆、烟馆往往合二为一。

1906年清政府发起声势浩大的禁烟运动,1907年中英政府达成禁烟协议,上海租界当局不得不采取相应的禁烟行动。到1909年底,公共租界内领有营业执照的烟馆被分批全数关闭。法租界紧随其后,展开关闭烟馆行动③。在租界的禁烟行动中,南诚信等烟馆先后歇业,不过茶楼售烟尚未受太多影响。一些茶楼仍开灯营业、招揽吸客。1909年《上海指南》中,法大马路的财源聚宝楼,四马路的青莲阁、四海升平楼,皆提供水烟;城隍庙一带及南市十六铺一带有11家茶楼提供水烟,如春风得意楼、前四美轩、后四美轩、桂花厅、乐圃阆、船舫得月楼等④。

除了兼为烟馆,茶楼还提供其他娱乐项目。阆苑第一楼兴盛期间,上、中层主要是喝茶处,"下层则为弹子房,初开时,声名藉藉,远方之初至沪地者,无不趋之若鹜"⑤。华众会,即青莲阁前身,楼上卖茶,楼下则有西洋镜、打弹子、幻灯片、珍禽异兽、高矮畸形人等百戏杂呈,可谓五花八门,供人购票参观,生涯很盛⑥。西洋镜、打弹子、幻灯片等从西方国家传入时,进入上海"第一站"便是茶楼,可见当时的茶楼实为中西交汇处。关于早期电影与茶楼的不解之缘,有相关史料可资证明。1895年12月28日,法国实业家路易·卢米埃尔在巴黎卡普辛路14号大咖啡馆内,正式放映了《卢米埃尔工厂的大门》《水浇园丁》等几部世界上最早的电影短片。1896年8月11日,电影经中国香港传入上海,携带电影放映机和影片的西方商人,在位于西唐家弄(今天潼路814弄35支弄)徐园的"又一村"内正式上映了"西洋影戏",这与世界上最早的电影短片在法国巴黎出现,相差仅8个月。之后,陆续有一些西方商人在上海的茶园、跑冰场等处放映电影。1903年西班牙商人雷玛斯带了一架半旧的电影放映机与若干卷残旧的片子,另外雇了几个印度人拿着铜鼓和洋喇叭,每

---

① 包天笑:《钏影楼回忆录》,山西古籍出版社1999年版,第39页。
② 黎床卧读生:《绘图上海杂记》,上海文宝书局,清代光绪三十一年(1905),石印本。第8页。
③ 苏智良等著:《上海禁毒史》,上海三联书店2009年版,第91—96页。烟馆被关闭,租界内烟土行肆意增设。1915—1917年,租界再次分期关闭土膏店,至此租界内公开的鸦片贸易被勒令禁止。茶馆提供吸烟基本得到控制。
④ 上海商务印书馆:《上海指南》(1909),卷八·游览食宿。
⑤ 黄式权:《淞南梦影录》,上海古籍出版社1989年版,第109页。
⑥ 郑逸梅:《旧时的茶馆》(中),载《艺海一勺》,天津古籍出版社1994年版,第186页。

天在福州路升平茶楼大吹大擂地闹着,对于看客们每人收钱三十文①。茶楼让西方商人发现了放映电影的最佳场所,之后雷玛斯先后在大马路同安居、四马路青莲阁放映电影②。

娱乐设施、项目的多样性是茶楼娱乐功能的体现之一,另外一个重要体现是茶楼的"色情化"。开埠以前,上海城镇中上人家女子同周边城镇中上人家女子一样,必须严守"大门不出、二门不迈"的闺阁之礼。开埠以后风气渐开,出外冶游的女子逐渐增多,但还是受到地方当局的三令五申和纲常礼教的束缚。因此最早出入于茶馆、酒楼等消闲场所的是束缚较少的娼妓。茶馆人多聚集,是娼妓搭识客人、招揽生意的地方。妓女进入茶馆,早在商业娱乐中心仍为华界县城时就已出现。王韬记载其入城喝茶时偶尔涉及:1858年11月19日,与友人往凝晖阁啜茗,"阁中游女颇多,然皆不堪注目"。12月12日,往福泉楼啜茗,"寮中女十如云,流目送盼,妖态百出,惜到眼差可者,卒无一人"③。日记中王韬并未直接说出茶馆中女子的身份,不过从王韬关注的角度及女子举止神态的描绘暗示了她们就是娼妓。除了娼妓,还有一类女性也出现在王韬的日记中。1860年2月5日记载,友人致尧说:"近在茶肆中,有桂香女郎,说平话甚佳。""及入,则玉貌珠喉,果令人意消。"之后,王韬及友人于12日、19日、23日三次"入城往听袁桂香平话"。2月23日那次探访,得知"已为袁文治少尉逐去矣",王韬竟有"痛打鸳鸯,一时飞散,真大煞风景事"之感慨④。女郎虽为"说平话"(即评弹),但在当时传统礼教甚严的情况下出入于公共场所不免有卖身之嫌,从其结果看确也如此。王韬与友人常去老城厢茶馆,日记中涉及娼妓、女艺人在茶馆的字句甚少,说明此时虽有此种现象,但并不多见。租界茶楼兴起后情况有了很大改变。

租界茶楼从开设起就很快与娼妓"结缘"。1863年楼高三层的丽水台矗立于洋泾浜三茅阁桥畔,左右后三面为棋盘街,棋盘街为此时期妓女丛集之处,因此丽水台"青楼环绕,笑语可通"⑤。丽水台开设后生意很快超越一洞天的奥妙也在于此。

---

① 上海通社编:《上海研究资料续集》,上海书店1992年出版,第533页。
② 吴贻弓:《上海电影志》,上海社会科学院出版社1999年版,第612页。在大获利润后雷玛斯于1908年在海宁路乍浦路口建铅皮影戏院一所,即后来的虹口大戏院,为上海第一所电影院。
③ 王韬著,方行、汤志钧整理:《王韬日记》,中华书局1987年版,第38、54页。
④ 同上,第133—136页。
⑤ 黄式权:《淞南梦影录》,上海古籍出版社1989年版,第114页。

清人陆士谔在小说《新上海》中对此有段记述:"后来洋泾浜开了爿'丽水台',也是三层楼,'一洞天'生意便萧索了。只为'丽水台'地段比了'一洞天'闹热,四围都是么二堂子,夕阳西下的时光,群妓都凭栏闲眺,紧对着茶楼,可以隔楼情话,所以茶客都赶向那边去了。"① 19 世纪 70 年代,丽水台、松风阁、西洋楼、万仙台等租界茶楼成为妓女的聚集中心,尤其是丽水台和松风阁,它们是 19 世纪 70 年代最为出名的茶楼,因此成为雌雄飞翔的中心②。19 世纪 80 年代四马路兴起后,妓女们转移"战场"。这时四马路上的阆苑第一楼为诸茶楼之冠,屋宇轩敞,几案精良,生意极盛。

时人大量的竹枝词勾勒了清末茶楼中的"百花图"。不论是 19 世纪 70 年代的"沪北十景"之一——松风品茶,还是 19 世纪 80 年代的华众会啜茗品艳,只要是顾客盈门的茶楼,几乎都与那道"流动的风景线"有着密切的关系。既品茶又品艳,造就了上海茶馆的不一般。时人感慨:"夫别处茶室之设不过涤烦解渴,聚语消闲,而沪上为宾主酬应之区、士女游观之所……昔欧阳公云:'醉翁之意不在酒。'而沪上之饮茶亦不在茶。此茶室也,亦游沪者必有事也。"③

晚清上海茶楼的这一特色引起了日本人的注意。1880 年,第一家东洋茶馆三盛楼在苏州河畔高调开张④。之后,名为茶馆、实为妓院的东洋茶馆相继开设。为吸引顾客光临,很多东洋茶馆采用了当时时髦的宣传方式——在《申报》上登载广告。据粗略统计,1880 年、1881 年各有两家茶馆登载广告,1882 年则有七家登载广告,是东洋茶馆进入全盛时期的见证。从广告中看,这些东洋茶馆名称各异,如登

---

① 陆士谔著,章全标点:《新上海》,上海古籍出版社 1997 年版,第 95 页。
② 关于 19 世纪 70 年代妓女在丽水台、松风阁等租界茶楼的竹枝词还有很多,如:"啜茗同登丽水台,不需叫局有花陪。阿侬怕负黄昏约,小婢轻身耳畔催。"顾炳权编:《上海洋场竹枝词》,上海书店出版社 1996 年版,第 42 页;"丽水台高雉堞齐,评茶有客日攀跻。绕楼四面花如海,倚遍栏杆任品题。"《沪北竹枝词》,《申报》1872 年 5 月 18 日;"三层楼阁似仙居,绮丽风情画不如。最是动人流盼处,夕阳时节卷帘初。"《前后洋泾竹枝词》,《申报》1872 年 6 月 13 日;"丽水台还渭水楼,花枝多出易勾留。如何茗话茅斋里,明月清风兴转幽。"《前后洋泾竹枝词》,《申报》1872 年 6 月 13 日;"台名丽水上三层,龙井珠兰香味腾。楚馆秦楼环四面,王孙不厌曲兰凭。"云间逸士:《洋场竹枝词》,《申报》1874 年 4 月 27 日;"松风阁与桂芳邻,鬓影衣香丽水春。莫笑相如多渴病,可知佳客胜佳人。"《申江杂咏》,作于 1876 年,顾炳权编:《上海洋场竹枝词》,上海书店出版社 1996 年版,第 76 页。
③ 池志澂:《沪游梦影》,上海古籍出版社 1989 年版,第 159 页。作者阐述清末"游沪八事":"戏馆也,书场也,酒楼也,茶室也,烟间也,马车也,花园也,堂子也。"
④ 1880 年正月初六至初八《申报》接连登载这样一条广告——"新开东洋茶酒馆":启者本馆今新开专制东洋各式茶糕、包办两洋酒席,格外公道,蒙贵官绅商赐顾者,在上洋苏州河边旧铁路旁。三盛楼告白。

瀛阁、鹿鹤楼、青香楼、品泉、玉川楼、步云阁、日盛楼等①。1882—1883 年是东洋茶楼的全盛时期,据统计,当时上海共有东洋茶楼 16 家,其中 2 家为中国人经营,14 家为日本人经营。日本人经营的茶楼共收容了 69 名妓女。据当时日本报纸披露,下列茶楼有人数不等的妓女:四马路"东京楼"3 人、"玉川楼"7 人、"关东楼"6 人、"长崎屋"4 人;四川路"东洋茶馆"3 人;江西路"东洋茶馆"3 人;英法租界"岩田楼"5 人②。东洋茶楼最终引起日本政府的注意,他们认为这是有损日本国家体面的大事。1884 年日本政府应上海日本领事馆的请求,派出 4 名巡查来上海取缔东洋茶楼,先后有几批日妓被遣返国内。1886 年,日方发现尚有中国人经营的三家东洋茶馆未被关闭,遂由日本总领事移请会审公堂查禁③。

茶楼的娱乐多样化使得清末茶楼成为重要的游艺场所,与其他娱乐场所一起共同构筑了都市发达的休闲娱乐业。所谓"茶楼步步斗新装,风雅题名器具良。茗碗多佳群妓集,通宵灯烛耀辉煌"④,是早期"不夜城"的一道亮丽风景线。因此,不难理解为什么时人总是把茶楼、酒楼、戏园、书寓等摆在一起作为上海休闲娱乐业发达的衡量标准,19 世纪 80 年代中期,时人甚至把茶楼的繁盛作为都市繁华的标志:"天下之繁华以沪北为甚,沪北之繁华以四马路为甚,四马路之繁华以阆苑第一楼为甚。"⑤同一时期的"洋场开篇"也是把茶楼列为洋场娱乐的首位:"四马路中尤热闹,无非酒地与花天。楼第一,阁青莲,更有那四海升平会列仙。"⑥

同时也不难理解游客途经上海或专门旅游时都会去茶楼走一遭。1882 年唐景崧曾逗留上海,其间多次去华众会⑦。1886 年一位常州士人经上海北上京城应试,

---

① 在 1880—1882 年《申报》上查到东洋茶馆广告主要有:"新开东洋茶酒馆",1880 年 1 月 6 日-8 日。"新开茶酒馆",1880 年 12 月 2 日。"东洋酒馆告白",1881 年 2 月 5 日。"新开东洋茶酒楼",1881 年 11 月 11 日。"新开鹿鹤楼东洋茶酒馆",1882 年 1 月 1 日。"新开东洋茶馆",1882 年 6 月 27 日至 30 日。"增田楼品泉茶社",1882 年 7 月 11 日至 13 日。"玉川楼东洋茶室",1882 年 10 月 4 日、5 日。"新开",1882 年 10 月 21 日至 26 日。"东洋茶馆",1882 年 11 月 18 日至 24 日。有时称东洋茶馆,有时称东洋茶酒馆,说明当时茶馆中兼售酒水很常见。
② 陈祖恩:《寻访东洋人:近代上海的日本居留民(1868—1945)》,上海社会科学院出版社 2006 年版,第 32 页。
③ 《查禁茶娼》,载《申报》1886 年 4 月 6 日。
④ 《沪江商业市景词》,载顾炳权编:《上海洋场竹枝词》,上海书店出版社 1996 年版,第 134 页。
⑤ 《阆苑第一楼被焚说》,载《申报》1886 年 2 月 15 日。
⑥ 陈无我:《老上海三十年见闻录》,上海书店出版社 1997 年版,第 380 页。
⑦ 郑逸梅:《从〈请缨日记〉中看旧上海的游乐》,载汤伟康、朱大路、杜黎主编:《上海轶事》,上海文化出版社 1987 年版,第 58—59 页。

在上海停留等船的七八天里,每日与亲友一起外出游玩,"万华楼茶憩"即是游玩内容之一①。1888 年,有三位南京来沪的丝商,在上海逗留 6 天。从其中一人留下的日记中可以看到,他们除了到丝栈去办理商务外,其他大部分时间是到处游玩。他们第一天到万华楼茶点,又至某餐馆小酌,感受是:"眼见粉黛,耳闻管弦,已得纷华之象。"第二天到更上一层楼用茶点,至海天春吃大餐,后来又至四马路的四海升平楼喝茶,记这一带"皆茶室书楼以及酒肆珍味。每至下午,游人如织,士女如云,间以马车、东洋车,东西驰骤,声彻云霄;而入夜则电气灯自来火,照耀如白昼,真如不夜之城,靡丽纷华,至此已极"。第三天,"到四马路华众会茶叙后,乘马车游静安寺之申园,马路平坦已极……又绕西园一游,看弹子戏,此亦供纨绔一时之兴者耳!所见无非男红女绿,此去彼来"②。在众多消遣中,茶楼亦是一处热闹的游乐场所。周作人 1901 年来上海,"也不是例外"地首先到——青莲阁茶楼,觉得那里的茶"本来颇好",不过和其他乡下人来沪一样,"醉翁之意不在酒,目的乃是看女人"③。

晚清上海茶楼从外到内都显示出与都市娱乐休闲的交相融汇,因此盛极一时。租界茶楼从其最早出现时就不姓"茶",游艺、娱乐为先,至于茶,只能屈居下位。租界茶楼由于其特殊的地理位置,娱乐游艺功能极为突出。不过这种不以茶为主业的基调并不仅仅存在于租界茶楼中,其他茶馆也普遍存在,所以在茶馆下棋、遛鸟、听戏者有之,赌博、谈生意者有之。上海茶馆多维空间在最初便已打下基础,它的早期基调也影响到后来茶馆业的发展趋向。

## 二、民国茶室的兴起

广东茶馆自入驻上海,便以其精良装修与美味点心赢得沪人的一致好评,所谓"专供过客息游踪,茶馆精良算广东。既使相如疗渴疾,点心又可把饥充"④。晚清时期的全安、同安、易安、同芳居、怡珍等是广东茶馆在上海的典型。进入民国后,

---

① 恽毓鼎著,史晓风整理:《恽毓鼎澄斋日记》(1),浙江古籍出版社 2004 年版,第 16—17 页。
② 何荫柟:《鉏月馆日记》,载上海人民出版社编:《清代日记汇抄》,上海人民出版社 1982 年版,第 351—352 页。
③ 周作人:《知堂回忆录》(上),龙文出版社 1989 年版,第 102 页。
④ 叶仲钧:《上海鳞爪竹枝词》,载顾炳权编:《上海洋场竹枝词》,上海书店出版社 1996 年版,第 290 页。

粤商又在广东人较为集中的虹口区开设酒楼,酒楼一般附设茶馆。20世纪20年代虹口区的广东茶馆主要有小壶天、会元、粤南、美南、群芳、利男、广东楼、安乐园、西湖楼等。这些广东茶馆其实可以称作为茶室的雏形。屠诗聘在《上海市大观》中说:"茶室是由广东茶馆蜕变而来的。当年负有盛名的小壶天、广东楼、安乐园、西湖楼等,早就具有茶室的雏形了。到了民国十六年夏虬江路口的新雅茶室开幕,标志着茶室正式诞生了。"①

1927年夏,广东儒商蔡建卿在虹口区四川北路虬江支路口开设了新雅茶室,当时只有一开间门面,楼上经营茶点,楼下供应罐头。既是食品商店又是茶室,这种经营模式在早期广东茶馆中即已有之,后来又被广为模仿,在前文"上海茶室一览表"中可以看到许多茶室是食品公司附设。新雅茶室在广告中也清晰指出:"新雅商店,海味罐头,送礼品物。新雅茶室,日夜茗茶,点心面食。"②"茶室"名称的最初来源即在于此。一年以后新雅开始供应酒菜,广告语改为"新雅商店,海味罐头,送礼食品。新雅茶室,日夜茶点,随意小酌"③。

既称为茶室,与其他茶馆有什么不同呢?先看其设备,新雅只有20平方米左右一间,四周是火车座,中间有小圆桌。从其设备来看似乎没有特殊之处。火车座是仿照西式咖啡馆的做法,两人或四人对坐,火车座相邻之间有遮拦。火车座在之前的一些广东茶馆里也出现过,如安乐园。那么什么是新雅区别于其他广东茶馆的特征呢?一位熟悉广东茶馆、自称十年嗜茶客的文人对新雅作了这样的描述:地方清洁,座位舒适,而茶叶更是上选;新雅的茶,不是等到全壶喝完才泡开水的,因为全壶喝完后加水,那茶便没味了;肯用真材实料,宁愿价钱卖贵些;常常擦抹器皿,铜器尤光亮照人;新雅咖喱鸡特别有名,是用真印度咖喱粉,还加椰汁和奶油④。这样的地方,不是像小壶天那样为短衣赤足之辈消费得起,它的精致与一般茶馆拉开了距离,从而吸引了中上阶层的社会人士。1932年新雅主人在南京东路开设了新雅粤菜馆,仍附设茶室。

后来人们提到茶室,总以新雅为其渊源。新雅虽称茶室,但是直到20世纪30

---

① 屠诗聘:《上海市大观》(下),中国图书杂志公司1948年版,第14页。
② "新雅茶室",《洋泾浜》1927年12月4日。
③ "新雅茶室",《洋泾浜》1928年1月2日。
④ 张叶舟:《十年嗜茶客:漫谈上海茶》,载《上海生活》第三年第三期,1939年8月16日。

年代中期之后随着茶室的普遍开设，"茶室"之名逐渐传开。1937年3月一位茶友谈道："提起这茶室，也就是近年来所发现的新名词，一般生长在黄浦滩畔的老上海们，活了偌大的年纪也没曾听到有什么叫茶室的。""在目下，南京路上，新雅酒楼的茶室是首屈一指，大东茶室附着永安公司的特殊名贵，也大做其卖茶生意，因为此道大有图利可能，接着冠生园、大新公司以及国货公司等，乘时崛起，茶风遍上海，吃茶同志陡然增加十倍"①。上海茶室蓬勃发展是在孤岛时期，"茶室在'八一三'后，要算是最蓬勃的了，如雨后春笋般到处有新的茶室，而到处的生意都不差"②。各茶室竞相在报纸广而告之。1938年3月底至4月底的《文汇报》上，茶室广告多达20条，几乎每天出现，其中8条是茶室开幕广告③。

孤岛时期茶室的生意异常火爆，只要开张不愁没有茶客登门。大东茶室自开张后大有超越新雅之趋势，原先大东酒楼在它二楼餐厅划出一角开作茶室，谁知一鸣惊人，大受欢迎。于是在开幕后一月内，扩充场地，把二楼全部改成茶室，到后来生意实在拥挤不过，连三楼西餐部也占满了茶客④。京城茶室开张第一天，早晨八时，有人准时去喝茶，发现里面上下两间早已坐满了茶客⑤。早上上茶室喝茶，一般连早餐也一起解决，"大东、大三元、冠生园等有名的几家茶室，在哪一天的早晨，不都是'宾客满座'的？叉烧包、鸡肉包、伊府面以及牛奶、土司、咖啡……等等名目，真是多得不可胜数，致任何人见了，均不免要垂涎三尺"⑥。除了早晨客满，其他时段也常是人满为患，时人感慨："一般的茶室，的确从早晨一直至晚上打烊为止，没有一分钟不是宾客满座的。如果再逢上个礼拜日或者甚么假期，每一家茶室就更显得拥挤了。"⑦

茶室主要集中在南京路、静安寺路、霞飞路这些商业繁华地段，多达数十家。除了新雅、大东、大三元、大新、冠生园、锦江等老牌之外，后来又增添了许多"后生"⑧。

---

① 陈忠豪：《茶室风光》，载《小姐》第六期，1937年3月10日。
② 易人：《茶室》，载《上海生活》第二年第一期，1938年6月16日。
③ 根据《文汇报》1938年3月24日至4月30日登载广告统计。
④ 《茶室风光》，载《社会日报》1939年5月23日，"每日画刊"。
⑤ 《茶室日增清谈风炽》，载《文汇报》1938年3月14日。
⑥ 《上海人的吃食》，载《申报》1939年1月17日，第17版。
⑦ 新良：《有闲阶级的乐园——茶室》，载《文汇报》1939年4月22日。
⑧ 许晚成编：《上海指南》下编，国光书店1938年版，"上海衣食住乐"；费西畴编著：《上海新指南》，上海声声出版社1939年版，"饮食类"；《孤岛指南：茶室》，载《现世报》第九期，1938年7月2日。

受城市多元文化的影响,茶室经历了上海化、西化的过程。最初茶室多由粤商投资开办,广东味较浓。由于生意红火,其他商人也竞相仿效,在酒楼或公司附设茶室,很多已失去了广东特色。后来,一些茶室"以音乐茶室为号召,如新都、南华,及五层楼等,聘请名妹歌唱时曲,再有乐队伴奏,既收品茗之实,又娱声色之快,有的还可以就地在小池子里遣伴跳舞,故音乐茶室曾经在上海盛极一时"①。像这样西化的茶室很多,如立德尔茶室、可乐花茶室、大富贵茶室等,不光取名充满西洋色彩,茶室内也多伴有音乐、舞厅②。茶室、舞厅、跑冰场等多种功能集于一身,这是当时这些西式茶室的主要特征。即使是广东茶室,大部分也被上海化。嗜好饮广东茶的作家林微音认为:上海的广东茶室大多没有茶室味,冠生园等茶室虽然在卖粤点,广东的气息在那里几乎一点都没有,比较像茶室的只有老新雅。使他困惑的是,为什么正式茶室会连一家都站不住③?上海是个大熔炉,任何新鲜事物登陆上海,在经过熔炉的炼造后都会沾染上城市色彩,这是林微音没有想到的。

抗战期间缘何茶室如此兴旺?有人推测:"大概逃难到上海的,一则无事可做,只有终日在茶室消磨晨光,在原则上既贱而又美,地方却还清洁。不像老式茶馆的痰唾狼藉,实在有点吃勿消!今后天气热了,又没有电风扇与冷气的设备,即坐的方面,老式茶馆一条长凳,狭而硬,台子上油而肮脏,这一副神气已令人作三日呕了,如何坐得住半天呢?吃的方面只有葱油饼、生煎馒头、瓜子,或许还有苏州小贩卖的一类小吃,除此别无所有。"④如此推断确也合乎事实。上海是战火中的"孤岛",避难之人日多一日,无论开销怎么省,饮食总是需要的。因此孤岛时期上海的饮食业呈现畸形繁荣,上海中医陈存仁回忆:"就当时上海市而论,因为各处的富翁以及难民纷纷逃来,房屋挤迫得了不得,而游乐、饮食事业都呈畸形的繁荣,当时市民口头常有一句感慨的话,叫做'前方吃紧,后方紧吃'。"⑤茶室发展到此时,已经与新雅开张时期相比有了很大的改进,如增加冷暖气设备、任用女招待等。在饮食

---

① 屠诗聘:《上海市大观》(下),中国图书杂志公司1948年版,第14页。
② 《文汇报》1938年4月有多则音乐茶室、茶室舞厅的广告。"维也纳化园舞厅新辟茶室",1938年4月13、14、15、16、23日;"大华跑冰场惊人消息:增辟茶室,冷气不日开放",1938年4月23、30日;"立德尔茶室菲列滨大乐队伴奏、红星伴舞",1938年4月27日。这些茶室与新雅、大东等茶室相比,增添了娱乐性。
③ 林微音:《广东茶》,载《散文七辑》下册,绿社出版部1937年版,第253—254页。
④ 易人:《茶室》,载《上海生活》第二年第一期,1938年6月16日。
⑤ 陈存仁:《抗战时代生活史》,广西师范大学出版社2007年版,第196页。

上,除了提供颇具广东特色的叉烧包、鱼生粥等点心外,还提供咖啡、冷饮、蛋糕等西式饮料和食品。现代化的设备、可口多样的食品、周到的服务是吸引顾客喝茶用餐、消磨时光的"撒手锏",与茶室相比,老式茶馆显然落伍了。

茶室现代化的经营和管理已把同时期的传统茶馆远远抛在了后面,成为新时期"有闲阶级的乐园"。想当初,租界茶楼也是"有闲阶级"的游艺乐园,上茶楼也是时髦事。如今斗转星移,暮气沉沉的茶馆跟不上时代车轮的飞速前进,轮到与时俱进的茶室了。当然此时非彼时,景象的变更是必然的。茶室中,文人、书画家、文艺界人士、学生、洋行及公司职员、电影明星等是主顾,其中又多年轻人。不管怎样,茶室此时的如火如荼似乎不是时候,因为正是全民抗战,百姓生活处于水深火热的时期。音乐茶室、茶室舞厅的陆续开办也把茶室与孤岛时期有关各业的畸形繁荣紧密联系在了一起。消费文化与民族主义之间发生了不愉快的摩擦,因此一些饱含民族主义复杂情感的批评之文不断见诸报纸、期刊上。后文将有详细论述,这里从略。

## 三、茶馆数量的考察

租界兴起发展后,茶馆日益增多。且看时人的感慨——19 世纪 70 年代:"酒楼不下百区,烟馆几及千处,茶室则到处皆是,酒肆则何地能无,戏园、戏楼亦十余所";19 世纪 90 年代:"茶榭、烟寮、书楼、戏馆林立如云";民国初年:"游戏场四五处,舞台亦四五处,茶寮不计其数"①。时人常把茶馆与其他休闲娱乐场所一起观察来说明租界休闲娱乐业的发达,"到处皆是""林立如云""不计其数"道出了茶馆之多。不过这都是时人对茶馆数量的笼统印象。

编撰于 2005 年的《上海通志》称:上海茶馆在宣统二年(1910)有 64 家,1919 年有 164 家②。在梳理资料中发现,1910 年 64 家的数据应该是来自 1909 年《上海指南》中列出的茶馆数量。1909 年《上海指南》中列出了 64 家茶馆名称及地址,书里

---

① 《论上海繁华》,载《申报》1874 年 2 月 14 日;《游戏报》1897 年 10 月 20 日;闻野鹤等著:《上海游览指南》,上海中华图书集成公司 1919 年版。

② 上海通志编撰委员会编:《上海通志》第 4 册第十九卷,上海社会科学院出版社 2005 年版,第 2811 页。

写明是"约举如左",说明只是一个大概,事实上都是当时的著名茶馆。

楼嘉军在《上海城市娱乐研究》中根据 1930—1938 年中文版《公共租界工部局年报》有关材料进行租界茶馆统计后提出:"从 1928 年至 1938 年,在短短的 11 年的时间里,茶馆业处在一个整体下滑的通道里。1938 年茶馆数量比 1928 年整整减少了 6175 家,下降幅度高达 83.8%。"并附有茶馆数量演变趋势图,图中 1928 年、1929 年公共租界茶馆分别有 7 372 家、7 206 家,1930 年则是 3 573 家①。茶馆如此之多、数量变化如此之大,令人不得不产生怀疑。

开埠以来上海茶馆在数量上究竟有一个怎样的变化过程?时人的印象过于模糊,今人的统计又有着诸多可疑之处。看来要想掌握上海茶馆的真实数据,只有爬梳史料后才能给予准确解答。

### (一)公共租界茶馆的数据变迁:1896—1942 年

公共租界是上海城市的核心区域,因此掌握公共租界中茶馆数据资料十分重要。仔细查阅《公共租界工部局年报》,发现年报中有着 1896—1942 年历年茶馆数据,同时解开了楼嘉军书中有关茶馆统计数据的疑点。

原来中文版的《公共租界工部局年报》(1930—1941)所记载的数据确实如楼嘉军书中所计,而解开疑点的奥秘在英文版的年报中。英文版的年报比中文版的记载详细很多,有关茶馆执照捐的统计数据更为细化。仔细鉴别后发现,中文版的年报中只是列出了一年中发放茶馆执照总数及征收总捐额,英文版的年报则既列出总数及总捐额,又列出平均数据(average)。其实,租界发放执照、征收执照捐并不是一年一次。英文版的年报中,在 1930 年度"Tea-shop"边上打了一个星号,下面注释是"quarterly average"。原来,公共租界从 1930 年 4 月起从原来每月征收一次茶馆捐改变为一个季度即三个月征收一次,执照也是三个月收发一次②。所以楼嘉军从中文版年报所获得的数据并不是茶馆的实际数量,必须考虑到茶馆执照的发放方式。1928 年的 7 372 家、1929 年的 7 206 家,是按月发放方式下共发放茶馆执照的总数。1930 年的 3 573 家,这个数字较为复杂,因为前三个月每月发放一次,4 月

---

① 楼嘉军:《上海城市娱乐研究(1930—1939)》,文汇出版社 2008 年版,第 109 页。
② 《公共租界工部局年报》1930 年有文字记载:"之前执照捐每月收一次,经经济委员会决定,从 1930 年 4 月 1 日起执照(licences)三个月收一次。"

份起换为三个月发放一次,所以计算该年茶馆平均数据时需要特别注意①。

"拨开云雾见天日",在对有关统计原则、方式了解后,查阅便顺利多了。在查阅英文版的《公共租界工部局年报》后,根据相关统计资料制作了"1896—1942年公共租界茶馆演变趋势图"②。

趋势图显示:19世纪末,公共租界茶馆数量缓慢增加,至1916年达到最多,从1896年的377家增至704家,20年内增加了近一倍。之后缓慢回落,20世纪20年代在600家上下徘徊。20世纪30年代减少到600家以下,且逐年减少,1937年骤减,仅有400多家,1938年减至最低谷299家。之后的几年虽有恢复但速度缓慢。从1896年的377家至1942年316家,四十多年茶馆的发展正好经历了一个轮回。

作为传统休闲方式,晚清时期茶馆得到了较快的发展,租界茶楼更是因与租界商业、娱乐业的交相融汇,被时人当作休闲娱乐的重要场所。所以租界茶馆从无到有,从19世纪60年代开始起步至90年代发展到近400家。不过都市并不总是青睐于茶馆业,自19世纪90年代起茶馆发展中的一些不利因素已经开始出现。"一些小茶馆被有钱人替换为其他场所";"小茶馆关门的同时,许多投资高档茶馆的商人转为投资旅馆";"茶馆捐似乎没有像其他店铺那样有更为灵活的趋势。因为毫无疑问现在出现了许多提供欢乐聚会的场所,如旅馆、私人俱乐部,越来越多,且拥有各业顾客"③。上述工部局年报中的相关资料说明19世纪末20世纪初茶馆在发展中已经开始受到其他娱乐行业的挤压。后来,当局禁娼、禁烟力度进一步加大,这些曾与茶馆业共存共荣的行业的萧条也必然累及茶馆业。

曾在商务编译所工作过的谢菊曾老人回忆,当他1913年来到上海时,棋盘街上"已没有烟馆,而旅馆和妓院已各搬了场,至茶馆只有广东路口同芳居一家了"④。不过从茶馆在20世纪初期的发展数据来看,在1916年达到704家,说明在1916年

---

① 刚开始并没有认识到这个数字的复杂性,在制作"1896—1942年公共租界茶馆演变趋势图"时,发现如果根据《公共租界工部局年报》上的"average number",那么1930年的893家在前后数年中显得很突兀。细细思考,年报中的"893"这个数字并不可靠,应该是租界当局作相关统计时忽略了该年茶馆执照征收方式前后的不同。如果按照前后不同的征收方式来计算,1930年茶馆平均数应该在600家左右。所以在制作茶馆演变趋势图时,把1930年的茶馆数量定为600家。

② 对于茶馆数据的统计,不论是租界还是战后茶楼业同业公会都没有把茶室包括在内。因为在时人眼中,附设于酒楼、公司的茶室与传统茶馆有着很大的不同。

③ 《公共租界工部局年报》1897年、1901年、1903年。

④ 谢菊曾:《十里洋场的侧影》,花城出版社1983年版,第82页。

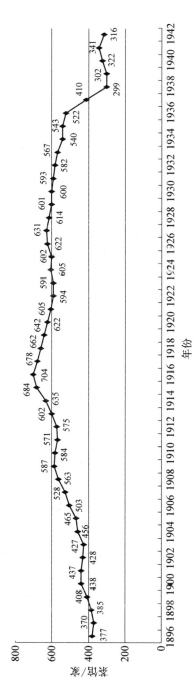

图 1-6 1896—1942 年公共租界茶馆数量演变趋势图

以前茶馆作为传统休闲方式的重要性仍不能令人忽视。1917年茶馆数量逐渐减少，1922年、1923年跌破600家。这一时期茶馆业受到了相对之前更为明显的阻挠。以南京路为例，百货公司相继建起，至20世纪20年代成为百货商业核心区。茶馆受此打击不小：1917年，先施公司在易安居地址上建起，1918年永安公司取代了陶陶居。而这似乎预示着茶馆业在百货业繁盛下的挤压与衰退。同时福州路、广东路上的大茶馆相继歇业。前文在对著名茶馆时空分布的考察中，也曾提到自1922年起《上海指南》里南京路、福州路茶馆从之前的10家左右逐渐减少至个位数。

1931年之后，茶馆业衰退的趋势日益明显，商业、娱乐主干道上的大茶馆继续减少。1933年出版的《上海鳞爪》谈道："从前南京路、福州路、广东路三块地方的大茶馆，并且有广式、苏式、本地式等种种的分别。到了现在，昔称最多地方的茶馆，早已关的关、歇的歇，目今所存者已无多了。十几年前最著名的广式茶馆，如同安、易安、全安、福安、怡芳、同芳，也都一律停业。还有一家牌子很老的五龙日升楼，也因生意清淡，自动的收歇……最近在日升楼遗址，新开设一家方壶酒庐，茶馆变为酒馆，有茶癖的人们过此，只好望茶兴叹了。最近方壶酒庐也关了门，改开一爿广式酒馆。"①

在空间分布上茶馆被迫继续向交通次干道转移，呈现出明显的去中心化特征。另外，之前"茶馆到处皆有"的话语已被"茶楼在上海不甚发达"所替代。当时书籍称：茶馆在上海"仅为中下社会人士，暇时无事消遣之处。近则泥水、木作、花业、煤业、漆业等，多有固定茶楼闲谈，藉为业务上之联络与沟通，固不啻以茶楼为会场，非仅闲谈而已。馆内设备，普通均极朴素，除桌椅外，即系茶壶茶杯，别无他物"②。为什么茶馆在20世纪30年代"滑坡"的趋势日渐明显呢？观察同一时期上海城市娱乐业的现状就不难获得答案。20世纪30年代是上海城市娱乐业繁荣的鼎盛时期，电影院、舞厅、酒吧、咖啡馆等现代娱乐场所大量涌现。在各种新兴的娱乐方式的冲击下，茶馆的市场需求迅速减弱，从传统休闲业的标志降至"旧时社会的象征"，最后不得不让位于其他更受市场欢迎的现代娱乐场所。就像时人所说："上海人对于'茶'，并不十分考究。就是以'茶馆'的多少而论，比例上也决不及内地。在

---

① 郁慕侠：《上海鳞爪》，上海书店出版社1998年版，第99页。
② 柳培潜编：《大上海指南》，上海中华书局1936年版，第190页。

苏州湖州一带地方,'坐茶馆'之风很盛,以茶馆为唯一消遣地,上海就不然,本来消遣的地方很多,有了钱什么玩意儿都能办到,谁耐烦坐在嘈杂不堪的茶馆里,因此,上海的茶馆,不很发达。近几年以来,旧戏院、电影院、游戏场、弹子房、咖啡店,一家家的陆续有得新开起来,独有这茶馆,总是这几家有数的老店。可见上海人对于这茶馆,并不十分需要。"①

百货业、现代娱乐业的冲击使得茶馆在20世纪30年代遭遇极大的时代挑战,公共租界茶馆开始逐年减少。当然不能忽视的是,茶馆的发展还受到整个工商业大环境的影响。在抗战全面爆发前数年,上海工商业已呈现出不景气,"茶楼均感无法维持,西藏路之天蟾茶楼,最近卒告停业,萝春阁等茶楼,营业亦甚惨淡,此实为本市百业不景气之反应"②。1937年抗战全面的爆发更使传统茶馆业遭遇生存危机,因此在"公共租界茶馆数量演变趋势图"上,茶馆从1936年五百多家突减至1937年四百多家,1938年减至最低谷——299家,之后几年虽有缓慢恢复,总数仅三百余家。孤岛时期饮食业的短暂繁荣对于茶馆来说,它不属于传统茶馆,属于添进现代因素的茶室。所以,茶室出现繁荣是事实,"沪市茶楼业不振"也是实情③。在商业、现代娱乐业及战事的多重冲击下,茶馆业的衰退不可避免。

作为上海城市的核心区域,公共租界茶馆的兴衰大致反映了同一时期上海城市茶馆的历史变迁。

### (二) 华界茶馆的数据变迁:晚清至抗战时期

与茶馆有关的官方记录最早见于1862年4月:

朱恩培等请征收上海茶馆菜馆捐款禀

职员朱恩培、谭肇仁、费歌薰为筹捐济饷,叩祈示遵事;窃照逆氛逼近,需饷浩繁,各项货物业蒙各宪设法抽捐,借充军饷,四民同深钦感。第贼扰浦东之后,出捐之处愈狭,而费饷之处愈多,计惟有推广捐项,稍补万□[一]。

伏查沪上茶馆、菜馆两业,生意最盛,利息颇厚,尚未议捐。且依附城厢,赖有兵勇固守,得免风鹤之惊,食毛践土,自应一律□□[纳捐],□[以]资接济

---

① 徐国桢编著:《上海生活》,世界书局1930年版,第44—45页。
② 《天蟾茶楼停业:为不景气之反映》,载《申报》1936年9月3日。
③ 《沪市茶楼业不振》,载《国际劳工通讯》第八卷第一期,1941年1月。

饷需。约计城厢内外,茶馆共有四百余家,指其中等生意而论,每日不下五百余碗,如每碗捐钱一文,日可约捐钱□□□[五百余]文。菜馆共有五十余家,亦从酌中而计,每家抽捐钱千文,日可约捐钱五十千文。茶菜两项,每年约共抽捐钱十万余□□□。该业等名属细微,然捐自吃户,似无妨于政体。此等浪酒闲茶,既不惜花消之费,则急公卫己,必断无阻滞之情。且苏省□□六年间曾经举办,嗣缘挽用当十大钱,市面不通,因而中止。今沪上若定章收捐,较他处更有把握。……现在可否准行,伏析局宪大老爷鉴察批示,再由职等妥议章程,禀候出示委员给谕设局举办,实为公便。上禀。同治元年三月日呈。①

这是一份时任江苏布政使司的吴煦的部下呈上的"征捐禀"。在这份资料中,出现了当时茶馆城厢内外的数量,约计"共有四百余家"②。

太平军多次进攻上海,为筹集军饷,吴煦的几位部下呈请扩大捐税征收范围,主要针对上海的茶馆、菜馆两业。对于如此重要的事情,在向上级呈请之前,他们必定需要对茶馆、菜馆进行摸底,不可能随便报出数字。当然,茶馆、菜馆各有多少家,只能是一个约数,但与实际情况应该相差不会太大。在这里,"城厢内外"主要指整个县城以及东门和南门外沿黄浦江一带③。确定地域范围之后,我们会发现当时华界茶馆似乎有过多之虞。其实若考虑到当时众多的老虎灶,就不难理解了。老虎灶又称熟水店,主要是供应居民热水。不过上海的老虎灶往往添置桌椅几张,从而成为简易方便的小茶馆。据史料记载:该业之创设远在清道光同治年间④。

---

① 太平天国历史博物馆编:《吴煦档案选编》第六辑,江苏人民出版社 1983 年版,第 512—513 页。
② 一些学者也注意到这条资料的使用。《上海通史》第 5 卷《晚清社会》第 105 页是这样使用这条资料的:"1862 年 9 月 22 日,一位从江苏吴江避难上海的地主在当天的日记中写道:当他'徒步至黄浦滩上,又觉耳目一新。店新开者极多,不及三月,风景又变矣。'在新开的店铺中,'茶馆、菜馆两业生意最盛,利息颇厚……约计城厢内外茶馆共有四百余家。'"注释只有一条,写明引自《吴煦档案选编》。李长莉在专著《中国人的生活方式:从传统到近代》(第 460 页)对此照搬使用。这样使用容易令人产生误解,以为资料来自一份日记。所以对两处资料应该分别下注释。另外从李长莉专著中的前后文来看,误把租界的茶馆也算在"城厢内外"了。
③ 官方最早使用"城厢内外"一词是在清代咸丰末年。为防御太平军进攻,官府及士绅组织团练,将城内外分为十六段。后来战事结束,因户口繁杂,城内保甲区划太大,便在城厢内划成二十七铺。清代光绪三十一年(1905),上海先于全国展开地方自治运动,设"城厢内外总工程局",城厢外的范围,就是大东门、小东门、大南门、小南门外至黄浦,北面护城河外,是法租界,不属城厢外。西门以外,河道纵横,农田遍布,且多坟地,也不属城厢外。详见嘉祐:《上海老城厢有多大》,载《城建档案研究》1999 年第 2 期。
④ 上海市人民政府工商局经济计划处编印:《上海私营工商业分业概况》(内部资料),1951 年版,第 288 页。

因此,四百余家茶馆包括老虎灶式小茶馆很有可能。至于这份禀呈的效果,即是否得到吴煦的批示并最终征收茶馆、菜馆两业的捐税,在吴煦的档案中没有找到下文,所以这份禀呈很有可能无疾而终①。

由于资料的缺少,之后很长一段时期内上海华界的茶馆数据无法获知。直到1933年的《上海市统计》中,上海茶馆的官方统计数字才浮出水面。该书所收的"上海市卫生局核发饮食店执照分类表"列出了华界茶馆业在1927—1932年取得执照的情况。1927年国民党在北伐后于7月成立上海特别市,到1928年实际接收了原定规划30个市乡中的17个乡,管辖范围较原上海县大为扩展。下面表中数据显示,在1930年前后上海(华界)茶馆达到1500家,在饮食业中名列第一②。另外根据上海市公安局1935年的统计,全市约有2700余家茶馆③。

1929年对真如区商店的一份调查,同样证明了茶馆在饮食各业中的数量之多。真如区237类商店中茶馆数名列第一,有19所,其他超过10所的商店有:成衣铺、糕饼店各11所,南货店12所,米店15所,烟纸店11所④。真如在当时不是繁华地区,茶馆也多属小型,在各类商店中排名前列说明它有着市场需求。

表1-3　上海市卫生局核发饮食店执照分类表(1927—1932年)　(单位: 家)

| 类　别 | 1927年 | 1928年 | 1929年 | 1930年 | 1931年 | 1932年 |
| --- | --- | --- | --- | --- | --- | --- |
| 饭　店 | 309 | 643 | 812 | 821 | 616 | 648 |
| 面　馆 | 206 | 535 | 880 | 936 | 785 | 717 |
| 点心店 | 66 | 476 | 509 | 615 | 456 | 446 |
| **茶　馆** | **318** | **858** | **1 745** | **1 878** | **1 454** | **1 531** |
| 粥　店 | 53 | 207 | 287 | 243 | 215 | 171 |

---

① 从这份禀呈中看出,清政府之前并未对茶馆征收捐税。之后的很长时间,也未统一征收,只在紧急需要时抽或对部分茶馆收税,用于修理街道、开办学堂等公益类事项。后文将详述。
② 1927年、1928年茶馆数量比后面几年少了很多,很有可能是在区域变动以及卫生局工作尚未完全开展情况下的统计。
③《各地消息:上海市公安局开始办理茶馆登记》,载《警高月刊》1935年第3卷第3期。
④ 洪兰祥:《上海特别市真如区调查统计报告表册》1929年10月,出版地、出版者不详。

续 表

| 类　别 | 1927 年 | 1928 年 | 1929 年 | 1930 年 | 1931 年 | 1932 年 |
|---|---|---|---|---|---|---|
| 茶食店 | 3 | 58 | 358 | 589 | 277 | 350 |
| 大饼店 | 214 | 931 | 1 779 | 2 090 | 1 573 | 1 360 |
| 糕团店 | 51 | — | 188 | 268 | 210 | 211 |
| 热酒店 | — | 165 | 25 | 361 | 303 | 310 |
| 熟食店 | — | 127 | 21 | — | — | — |
| 冷食店 | — | 79 | 326 | 586 | 490 | 263 |
| 总　计 | 1 220 | 4 029 | 6 930 | 8 387 | 6 379 | 6 007 |

资料来源：上海市地方协会编：《上海市统计》，商务印书馆 1933 年版，卫生—17。

也许华界茶馆受到城市商业、现代娱乐业的冲击相对于租界来说会小些，但是不能忽视的是，战争对华界的影响远远超过租界。1932 年"一·二八"淞沪抗战期间，日本侵略者以飞机、重炮狂轰滥炸，闸北、宝山、江湾受害最烈，"房屋十分之六被日人飞机大炮所炸毁"[1]。商业经济也遭受了同样的巨痛深创：据战后统计，在战争中直接遭受损失的商号就有 5 745 家之多，其中闸北一区即有 4 204 家，等于是该区商业的全军覆没。1937 年"八一三"之战中，日军对上海城乡进行了持续数月之久的大轰炸。闸北、南市等地沦为火海，闸北全市几成一片焦土。据粗略统计，在日军侵占区内的商店计有 12 951 家，受损失者达 70%。闸北、南市（以及虹口的百老汇路、杨浦等处），鳞次栉比的商号店铺在日军的轰炸焚烧破坏及后来的大肆劫掠下，亦基本损失殆尽[2]。茶馆业遭到了史无前例的毁灭。城隍庙里的茶馆在抗战期间基本处于停业状态，之后再也无法恢复之前的繁盛景象。

### （三）抗战胜利后茶馆业概况

1943 年公共租界、法租界由汪伪政府接收，1945 年 8 月日本无条件投降，随后

---

[1] 上海信托股份有限公司编辑部：《上海风土杂记》，上海信托股份有限公司 1933 年版，第 12 页。
[2] 张铨、庄志龄、陈正卿：《日军在上海的罪行与统治》，上海人民出版社 2000 年版，第 48、103、132 页。

南京国民政府收回租界。抗战胜利后,统一的上海茶楼商业同业公会成立,公会对成员数量进行了统计。由于抗战胜利后上海市政府设立了30个区,所以茶馆数量包括了上海城区①。从公会的统计来看,1947年5月至1949年5月上海茶馆数量基本上在700—800家左右②。

实际上许多茶馆并没有加入公会,对此公会组织者也是清楚的,也曾留下记录,如在1948年称浦东区、杨树浦区未成为会员的茶馆很多③。据中华人民共和国成立之后的一份调查,初期会员达740家左右,非会员达570家左右④。可以看出,未加入同业公会的茶馆是较多的。据1947年对茶馆进行的统计,称截至该年12月底共有茶馆1 241家⑤。因此,抗战胜利后几年中上海茶馆应在一千家左右。

抗战胜利后不久,国共内战爆发,随之而来的是通货膨胀、物价上涨,上海经济在短暂复苏后很快陷入困境最后全面崩溃。在这样的环境中,上海茶馆要想有大的发展实属天方夜谭。所以在一千多家茶馆中,大茶馆少之又少,更多的是设备简陋的小茶馆。这可以从小茶馆所占的比例得到更为直观的认识。

抗战胜利后上海茶馆正式划分等级,分为特等、甲等、乙等、丙等、丁等。有时取消特等,归入甲等。划分等级的依据主要是各茶馆拥有的桌数:甲等(包括特等),有13桌至100桌;乙等,有7桌至13桌;丙等,老虎灶有四五桌及单卖茶同;丁等,老虎灶另设一桌或二桌⑥。特等、甲等是大茶馆,乙等为中型茶馆,丙等、丁等是小茶馆。表1-4中,特等、甲等茶馆并不多,所占比例很少,不到5%;乙等茶馆不到20%;小茶馆遍及各地,占到近80%,考虑到丁等茶馆未统计浦东区,若统计进去,

---

① 抗战胜利后上海原划分为31个区,因江苏省迟迟未将马桥、塘湾划归上海市,故实际只有29个区。1946年3月市政府将大场、新泾两区内的旧真如地带划出,恢复成立真如区。所以,上海全市在1949年以前实际共有30个区。参见王国忠主编:《上海旧政权建置志》,上海社会科学院出版社2001年版,第36页。
② 公会统计茶馆数量:1947年5月为734家,1948年3月为798家,1949年5月为740家。见上海市档案馆藏:《上海市第二商业局关于上海市茶楼商业同业公会会员名册》,Q232—1—22;《上海市茶楼商业同业公会本会会员名册(一)》,S344—1—20;《上海市茶楼商业同业公会经营情况、户数、资本额、从业人员及盈亏情况等调查资料》,S344—4—35。
③ 《上丙等海市茶楼商业同业公会理监事会议记录》,上海市档案馆藏,S344—1—7。
④ 《上海市茶楼商业同业公会经营情况、户数、资本额、从业人员及盈亏情况等调查资料》,上海市档案馆藏,S344—4—35。
⑤ 上海市政府统计处编印:《上海市统计总报告:民国三十六年》,"卫生—21"。
⑥ 《上海市茶楼商业同业公会理监事会议记录》,上海市档案馆藏,S344—1—7。

小茶馆比例将更高。20世纪40年代末,上海大茶馆已经失去了原先的光彩风貌,剩下寥寥数家,取而代之的是大量的小茶馆。

表 1－4　1947 年各等级茶馆数量及比例表

| 等级 \ 情况 | 会员数(家) | 比例(%) |
| --- | --- | --- |
| 特　等 | 4 | 0.55 |
| 甲　等 | 31 | 4.22 |
| 乙　等 | 135 | 18.39 |
| 丙　等 | 524 | 71.39 |
| 丁　等 | 40 | 5.45 |

资料来源:《上海市第二商业局关于上海市茶楼商业同业公会会员名册》,上海市档案馆藏,Q232—1—22。

其实中小茶馆在各个时期都存在,大茶馆毕竟是少数。这从各时期著名茶馆数量和同时期茶馆总数相对照也可以清楚看出。小茶馆不似大茶馆那样杰阁三层、装饰华丽、茶具精良,往往是一间平房,几张四方桌加上狭而硬的长凳,不讲究茶叶好坏,有的甚至用的是茶末。在冷僻地带的茶馆,偶有客人光顾,便临时扇起风炉,煮起茶水的,称之为"来扇馆",那就更简陋了[1]。

说起小茶馆不得不提老虎灶。老虎灶出现于清代道光、同治年间,最初叫七星灶,原来是提供热水,满足老百姓在家烧水不便的需求,所以又叫熟水店[2]。1906年出版的《沪江商业市景词》形象地描绘了老虎灶卖开水的图景:"巷口街头炉遍设,卖茶卖水闹声盈。炉火炎炎暮复朝,锅储百沸待分销,一钱一勺烹茶水,免得人

---

[1] 郑逸梅:《旧时的茶馆》(上),载《艺海一勺》,天津古籍出版社1994年版,第185页。
[2] 老虎灶之得名释法不一,比较可信的有两种。一说认为,老虎灶的烟囱与一般家庭烟囱不一样,它通过屋顶开在屋顶之上,英文屋顶写作 roof,读音近沪语的"老虎",沪语中已有把设在屋顶的窗叫作"老虎窗"的先例,于是这种烟囱开在屋顶上的灶就被叫作"老虎灶";另一说见于1906年版的《沪江商业市景词》,云:"灶开双眼兽形成,为此争传老虎名。"原来早期的老虎灶是一个连膛灶,灶口设二锅,可以使锅水轮流煮沸,及时供应开水,在灶膛通烟囱的位置再设一大锅,既可以储水,也可以利用余热加温,这样,前两锅形似虎眼,后一大锅颇似虎身,而高竖的烟囱又如虎尾,于是被叫作"老虎灶"。

家灶下烧。"①除了卖热水,老虎灶到夏天附设澡堂。布幔一拉,即成一简易澡堂。不用时再把粗布取下,简洁方便。为了增加营业,老虎灶往往兼营茶馆。摆上一两张、最多四五张桌椅就是供人喝茶的地方了。天冷时茶客们缩在屋角饮茶,门口用棉帘挡风,夏天则把桌凳移到门口。环境、设备的简陋,自然茶客多来自下层社会。工人、小匠、做苦力的,是这里的常客。他们挣扎于疲劳之中,来到老虎灶,花费几枚铜元,泡上一壶清茶,既解渴喉,又消疲劳,提神醒脑,为之一畅。若遇熟人,相互扯谈一番,各自分散,其乐融融。

受整个茶馆业不景气的影响,20世纪30年代小茶馆歇业的不少。不过有人认为小茶馆虽然落伍但不会被时代淘汰:"小茶馆在上海,林林总总,可说是没一条街道上没有。上海社会的风趋,顷刻变化,只是小茶馆,却从不会受时代淘汰。而宣告落伍,原本是天经地义。"②从抗战胜利后茶馆数量的统计来看,小茶馆确实是没有被淘汰。

无论如何抗战胜利后上海茶馆的衰退是事实,时人也常把茶馆与咖啡馆进行比较。有人说:"茶馆的房屋陈旧,甚至破败;茶馆的布置简陋,甚至肮脏;那种桌椅、茶杯,和一切陈设,都远非新派的咖啡馆之类所可比拟了。"③有人质疑:在上海,当咖啡馆正在用打蜡地板、沙发"鸳鸯座"、音乐与暗淡的壁灯吸引着顾客的时候,这样的茶馆会生意兴隆吗?④ 来自其他现代娱乐业的冲击继续着,而政局动乱、经济凋敝、物价飞涨的大环境对于茶馆业的打击更是致命性的。1948年8月,国民党试图通过发行金圆券、限制物价挽救经济危机。两个多月后,国民党金圆券改革失败,上海物价在受限解除后步入更为快速的飞涨中,茶馆与其他小商业一起,再次卷入漩涡中,茶价最多五日一次的调整跟不上物价的每日狂跳,因此每日所得不能维持生计⑤。中华人民共和国成立前夕不缴纳所得税的茶馆越来越多,地方法院的催缴文书也越来越多⑥。因此,营业艰难、惨淡经营是抗战胜利后茶馆的真实

---

① 《沪江商业市景词》,载顾炳权编:《上海洋场竹枝词》,上海书店出版社1996年版,第96页。
② 《上海的小茶馆不受时代淘汰》,载《社会日报》1936年9月27日。
③ 孙山:《闲话茶会》,载《新民晚报》1946年12月19日。
④ 《咬得米粒方知此不易 白色世界掌握百万生灵》,载《新民晚报》1948年3月14日。
⑤ 《上海市茶楼商业同业公会经营情况、户数、资本额、从业人员及盈亏情况等调查资料》,上海档案馆藏,S344—4—35。
⑥ 1946—1949年涉及"上海地方法院关于××茶楼违反所得税法案的文件"有18件,即有18个茶馆接到上海地方法院的催缴文书。

写照。

  在开埠以后上海茶馆的嬗变轨迹中,我们清晰地看到茶馆业与城市发展、社会变迁之间的紧密联系。同这座城市一样,开埠对茶馆业的兴起也有着里程碑的意义。从此,茶馆业的发展在很长时期里与租界的发展同步。晚清时期,公共租界主干道的依次崛起使茶馆业获得空间的拓展,之后茶馆遍布于租界中区。从著名茶馆分布所在区域看,公共租界密度最大,华界次之,法租界为末。晚清租界茶楼风光,明显体现了上海这座城市的特征:近代化的飞速发展,中西文化、区域文化的交融,以及带来的一些附属品(如茶楼的色情化)。20世纪30年代茶室兴起,在空间分布上突破公共租界中区,向法租界发展。茶室是这座城市发展的产物,同时也是特定时期这座城市的一个缩影。茶室的兴起,其实已经宣告传统茶馆业的衰弱。在诸多新式消费娱乐场所面前,传统茶馆就像一个老学究,因无法紧跟时代潮流而逐渐落伍。战争的硝烟、政局的变化、经济的凋敝,加快了传统茶馆业的衰弱。因此,开埠以后茶馆业的嬗变既受到城市、社会变迁的影响,同时又反映了城市和时代的变迁。

# 第二章　茶馆店主的经营

作为茶馆的经营者,店主对茶馆的规模、风格、收益等起着决定作用。本章着眼于这批小商业者,对他们的基本概况、经营方式以及生存状态展开较为清晰的论述。店主的籍贯、年龄、受教育程度、经济状况以及社会背景,影响着茶馆的经营态势。从茶馆选址、取名到环境布置、氛围营造,从经营茶水到茶水之外的经营,从广告宣传到利用各种手段,从员工使用到管理,在各具特色的上海茶馆背后是店主经营理念和管理方式的展现。另外,茶馆的收入和支出是店主最为关心的。由于资料限制,20世纪40年代末的档案资料显示的是那个特殊时期的茶馆收支情况,从中可以看到抗战胜利后茶馆店主所处的生存困境。茶馆业同业公会是店主群体的组织,一方面公会代表广大会员的利益,对茶馆的经营进行指导、规范,另一方面公会又受制于抗战胜利后的国民政府,会员的利益诉求无法实现从而影响他们的生计。

## 第一节　店　主　概　况

店主对于茶馆来说影响很大。比如,店主的来源地即籍贯,影响茶馆的风格类型。晚清以来上海茶馆一直有广式、苏式、本地式等种种的分别,这些分别自然与经营茶馆的商人来自哪里紧密相关。比如,店主的经济状况影响茶馆的规模、档次。租界商业区的大茶楼多为有钱的商人承租房子,自己担任经理;20世纪30年代勃兴的茶室多是酒家或公司附设,其主人之经济状况一目了然。许多小茶馆,尤其是老虎灶式的茶馆,普遍是自做形式,即茶馆内的活儿包括泡茶送水、收拾茶桌等主要由店主及其家人包揽,有的雇了一两个堂倌帮忙。中等茶馆介于茶楼、小茶馆之间,从茶馆内的布置、茶具、堂倌人数等都可以看出店主在经济上与前两者的区别。

茶馆的经营主体是店主,所以要增进对茶馆的了解,必须关注店主的情况。由于缺乏晚清时期关于店主的资料,而20世纪三四十年代茶馆店主的资料相对来说较为丰富,所以这里对店主概况的分析集中于20世纪三四十年代。这一时期茶馆业的发展已处于衰退期,分析会有一定的局限性。不过茶馆业作为传统行业,虽有兴替变化,但沿袭性较深,脱离不了它的固定模式①。因此这样的分析仍有代表性。

## 一、基本情况

抗战胜利后上海共有30个行政区,加入茶楼商业同业公会的茶馆在700—900家,对于如此多的茶馆店主的基本情况进行统计似乎不可能也不可行,因此选取有代表性的区域的茶馆作为考察对象②。

老闸区、黄浦区是昔日公共租界中区,是上海最繁华的地区。比较而言,西部的老闸区更为繁华。这两个区是大中茶馆的集中地,其中5家特等茶馆——青莲阁、长乐、乐园、一乐天、全羽春均在老闸区,此外拥有较多的甲等、乙等茶馆。邑庙区是旧时上海县城的所在地,除了城隍庙、外滩一带的甲等、乙等茶馆外,老虎灶式的小茶馆占了一半之多(34家茶馆中有18家写明"兼水")。静安寺、江宁区以丙等小茶馆为主。大场区则全部是丙等小茶馆。以这几个区作为重点考察区,统计各区茶馆店主的年龄、籍贯情况,制成表2-1。

开埠后随着华洋分居变为华洋杂处,租界的日益繁荣与时局的动荡、天灾人祸的影响,使得上海外地人口越来越多,逐渐成为一座移民城市。经营茶馆业的店主籍贯,带上了移民城市的显著特征。从各区茶馆店主的籍贯来看,主要是上海、江苏、浙江三地,其他地区的仅占个别。据邹依仁统计,自开埠以来邻近的江浙就成

---

① 茶室店主不是本节考察对象。
② 对于茶馆店主基本情况有记载的档案主要存在于《上海市茶楼商业同业公会本会会员入会志愿书》,共有8卷,记录总数为1252家,时间跨度从1946年至1949年。这一千多份中还存在重复现象。这里选取有代表性的行政区的茶馆作为对象来考察店主的基本情况,应该可以视作抗战胜利后上海茶馆店主的整体情况。

为来沪的移民大省,1934 年上海"华界"人口中,除了本籍人口占总数的 25% 以外,江苏省籍贯人口占 39%,浙江省籍贯人口占 19%。公共租界有类似的情况。抗战胜利以后,上海人口籍贯的构成也有类似的情况①。从表 2-1 中对抗战胜利后上海人、江苏人、浙江人和其他地区人经营茶馆的人数统计来看,江苏人明显占得优势,人数最多,上海人次之,浙江人再次之,其他地区人最少。当然,各区仍有区别。在老闸区、黄浦区昔日的中心区,上海本地人与江苏人、浙江人势力均等,相差不大。而在邑庙区、静安寺区、江宁区,江苏人则占得优势。大场区则是上海本地人为多。

表 2-1　1946—1948 年老闸区、黄浦区等区茶馆店主年龄、籍贯统计表②

| 情况<br>区域 | 平均年龄(岁) | 籍贯统计(人) | | | |
| --- | --- | --- | --- | --- | --- |
| | | 上海 | 江苏 | 浙江 | 其他省份 |
| 老闸区 | 48 | 9 | 8 | 4 | 2 |
| 黄浦区 | 45 | — | 2 | 3 | |
| 邑庙区 | 46 | 6 | 19 | 4 | 4 |
| 静安寺区 | 37 | 2 | 4 | 1 | 1 |
| 江宁区 | 43 | 5 | 28 | — | 2 |
| 大场区 | 40 | 16 | 2 | | |
| 合　计 | 43 | 38 | 61 | 12 | 9 |

资料来源:《上海市茶楼商业同业公会本会会员入会志愿书》(一)(二)(三)(四)上海市档案馆藏,S344—1—10,S344—1—11,S344—1—12,S344—1—13。

邹依仁对市区、郊区本籍人口的比重有过统计和分析:市区的本籍人口的比重比较低,郊区的本籍人口的比重比较高,抗战胜利前后都是如此③。这是因为上海

---

① 邹依仁:《旧上海人口变迁的研究》,上海人民出版社 1980 年版,第 42 页。
② 老闸区有 24 份茶馆店主的入会志愿书,其中宁波人吴财贵一人经营两家茶馆,中鑫茶馆店主庄凤山没有写明年龄。邑庙区 34 份入会志愿书中有一份没有写明店主籍贯。大场区有 20 份入会志愿书,有两份没有写明店主籍贯。
③ 邹依仁:《旧上海人口变迁的研究》,上海人民出版社 1980 年版,第 41 页。

是一座移民城市,移民多是到市区经商谋业,因此市区的外地商人非常多。郊区本地户口的农民以耕田种粮为生,因此上海本地人口为多,大场区开设茶馆的多为本地人,与邹依仁对郊区户籍人口的分析是一致的。另外,江苏籍店主虽然人数众多,但是以丙等、丁等小茶馆为主。而且开设这些小茶馆的又以江苏北部即苏北人为多,一定程度上反映了苏北人在上海的谋生方式①。

总体上看,抗战胜利后各区茶馆中浙江商人并不占优势,广东商人则不见踪影。其实浙江、广东商人在上海是比较出名的,抗战胜利后仍是如此。时人称:"上海商人的势力,向分两大帮,即宁波帮和广帮。宁波人的势力,遍布全沪,甚至每一家商店,每一家住户,都是宁绍人厕居其中","广东人的势力,虽没有宁帮人的普遍,但势力雄伟,经营的商业,都不屑耗巨资,专究装潢,像著名的永安,先施,新新,大新等四大公司,都为粤商的大本营。所以粤菜(即广东馆)业,近年来非常发达"②。在茶馆业中,虽然浙江籍店主不多,不过在老闸区的5家特等茶馆中,3家为浙江人所开。青莲阁店主是浙江海盐的吴麟坤,长乐、一乐天为浙江宁波的吴财贵开设。浙江人善于经商仍是体现一二。广东商人这时已基本退出传统茶馆业,不光是表2-1中几个区,即使是之前广东茶馆较多的虹口区,也不见广东茶馆踪影③。不过正像时人所说的那样,"势力雄伟"的广东人经营了永安、先施、新新、大新四大公司。而这些公司都附设了茶室,所以这时广东商人只是远离了传统茶馆业,颇具眼光地投资于现代化的茶室中。

至于茶馆店主的年龄,从表2-1中看到平均年龄是43岁。开茶馆不是技术、力气活,由中年人来开合乎情理。而在中心地带老闸区、黄浦区,开设大茶馆需要更丰富的经验,因此店主年龄也偏大。

茶馆店主的受教育程度又如何呢?资料有限,只有以蓬莱区、新成区的情况作一比较。表2-2反映:在茶馆店主中,不识字者占到近一半,接受过私塾、小学、中学教育的也有50%以上。开茶馆的并非如一般人所想的都是目不识丁者,作为小本生意的经营者,受过一定的教育可以帮助他们在取名、装饰、记账、管理等方面做

---

① 苏北人到上海多以干苦力活为多,如黄包车夫。因此在上海的苏北人塑造了底层民众的形象,由此引发对他们的偏见。参见韩起澜:《苏北人在上海,1850—1980》,上海古籍出版社2004年版。
② 冷省吾:《最新上海指南》,上海文化研究社1946年版,第104页。
③ 查阅了虹口区的入会志愿书,确实不见广东茶馆的踪影。这与虹口区在抗战期间遭受日寇破坏密切相关。

出更为明智的决策。当然,许多小茶馆并不计较取名、装饰等,店主会进行简单的计算就行,所以不识字对生意的影响不大。总体来说,茶馆店主的受教育程度不高,这与行业性质密切相关,但是也给今人详细了解茶馆的收支状况带来了障碍,因为绝大多数中小茶馆不备有账册。

**表 2-2　1946 年蓬莱区 44 家茶馆、1948 年新成区茶馆店主教育程度的统计表①**

| 受教育程度 \ 情况 | 1946 年蓬莱区 | | 1948 年新成区 | |
| --- | --- | --- | --- | --- |
| | 人数(人) | 比例(%) | 人数(人) | 比例(%) |
| 师　范 | 3 | 6.8 | — | — |
| 中　学 | 3 | 6.8 | 2 | 5.6 |
| 小　学 | 10 | 22.7 | 3 | 8.3 |
| 私　塾 | 6 | 13.6 | 14 | 38.9 |
| 不识字 | 22 | 50 | 17 | 47.2 |

资料来源:《上海警察局蓬莱分局特种户调查》,上海市档案馆藏,Q135—3—16。《上海市警察局新成分局关于调查本区升平茶楼、福园茶社等 39 个单位内部组织情况记录表》,上海市档案馆藏,Q142—3—39。

以上的统计、分析针对的是茶馆店主这一整体而言,还可以细化到"个体"。茶楼商业同业公会自成立后设立了理事长、常务理事、理事、候补理事、监事、候补监事等职,他们是公会的主要组织者。公会先后有两届理监事。这些理监事都是大茶馆店主。通过对理监事基本情况的分析,可以看到当时大茶馆店主的情况,同时也是对整体情况的印证和补充。

在表 2-3 中,从籍贯来看,上海、江苏、浙江籍的理监事仍是主体(第二届理监事中有安徽籍一人),比例上看江苏籍仍是最多。不过两届的理事长都是上海人。从年龄上看,仍是绝大多数在 40 岁以上,另外 50 岁以上人数明显增多,占了一半。就学历而言,两届理监事没有不识字的,明显不同于新成区、蓬莱区的情况;另外接

---

① 蓬莱区分局调查对象有 46 家茶馆,其中 2 家店主未填写"教育程度"一栏。新成区分局所辖 39 家茶馆中,3 家店主未填写"教育程度"一栏。

受小学教育的最多,同时还有高中毕业的。总体而言,并没有超出店主整体的情况,只不过体现了大茶馆的一些特征。

表 2-3 茶楼商业同业公会理监事基本情况表

| 基本情况 | | 第一届理监事(人) | 第二届理监事(人) |
| --- | --- | --- | --- |
| 籍贯 | 上海 | 7 | 9 |
| | 江苏 | 10 | 11 |
| | 浙江 | 2 | 4 |
| | 安徽 | — | 1 |
| 年龄 | 50 岁以上 | 10 | 13 |
| | 40—49 岁 | 6 | 5 |
| | 30—39 岁 | 3 | 7 |
| 学历 | 高中 | 2 | 2 |
| | 初中 | 2 | 6 |
| | 小学 | 15 | 17 |

资料来源:《上海市茶楼商业同业公会本会成立宣言、章程和第一、二届理监事履历表及上报市社会局等机关的批复和立案的有关文书》,上海市档案馆藏,S344—1—1。

## 二、经济状况[①]

等级高、规模大、设备精的茶馆大多是由资金充足的商人所开,而这些商人有的并不仅仅经营一家茶馆,有的除茶馆外另有投资项目。所以称他们老板或经理更为合适。

早期阆苑第一楼、青莲阁(前身华众会)等租界大茶楼,往往集茶楼、烟馆、弹子房于一体,成为综合性娱乐场所。青莲阁甚至被认为是商场,店主则被称作商场经

---

[①] 这里的经济状况不是指店主经营茶馆的经济收入,而是影响茶馆规模、档次的店主的资金状况。

理。此外还有其他的投资方式。比如,清末文明雅集主人俞达夫同时经营照相馆;20世纪20年代春风得意楼书场张姓老板同时是与豫园一墙之隔的品华坊的大房东①。而对于黄楚九来说,经营萝春阁不过是其众多成功事业之外的一项副业。旧上海鼎鼎有名的黄楚九,起家于药业,开创"中法药房",在成为上海西药业的巨头之后踏入娱乐业,由兴建"楼外楼"到创建当时被誉为"远东第一大游乐场"的"大世界",后来又经营小囡香烟、日夜银行等。因此黄楚九晚年开办的萝春阁茶楼是其众多事业中不显眼的一种。因其地理优势及经营特色,萝春阁是20世纪30年代名气响亮的一家茶楼。令黄楚九没有想到的是,萝春阁虽只是一茶楼却成为传世美谈②。20世纪40年代,吴财贵一人同时经营长乐、乐天两家特等茶馆,特等茶馆乐园的老板沈吉堂还经营九江路的洗清池浴室。仝羽春老板马文林兼做其他生意,如在1948年与宝达丰行达成协议,替宝达丰行代购牛油,从中获取利润③。

众多的中小茶馆的店主们,他们不像大茶馆老板们腰包里鼓鼓的,只能依据自己的经济实力开设店面。尤其是自做形式的小茶馆,店主连雇用职工的钱都舍不得出,他们的经济状况可想而知。

## 三、社会背景

在旧上海复杂的社会环境下生存,并不是一件容易事。1946年朱光慈在《清帮实录》中称:"所有江湖上的三教九流,无不入帮,否则,休想在社会上立足,党、政、军、农、工、商各界亦多数在帮,抗战全面爆发前,尤其在上海一带兴盛一时,抗战期间,内地也颇风行。"④这里的入帮,指的是加入帮会。旧上海帮派林立,帮会势力异常猖獗。朱学范曾指出上海工人入帮会的情形:"上海的在业工人最多,失业工人最多,入帮会的工人也最多。"⑤保守的估计,上海工人中至少有

---

① 参见姚霏:《实践与方法的重奏——上海城区史研究中的口述运用》,载《史林》2010年增刊。作者一家四代居住在品华坊,据作者祖父回忆为这一情况。
② 黄楚九的曾外孙女曾宏燕在《上海巨商黄楚九》书中称"萝春茶阁,绝笔之作传世美谈",见该书(人民文学出版社2004年版)第414页。
③ 《上海地方法院关于宝达丰行诉马文林、钱瑞昌等交货案》,上海市档案馆藏,Q185—3—19058。
④ 转引自陆其国:《民国上海帮会》,文汇出版社2009年版,第200页。
⑤ 朱学范:《上海工人运动与帮会二三事》,载《上海文史资料选辑》第54辑《旧上海的帮会》,上海人民出版社1986年版,第2页。

20%是帮会成员①。

那么茶馆店主们的社会背景如何呢？老上海傅湘源说道："在旧上海凡是开设茶馆酒楼和戏院浴室的老板，一般都有他们的社会势力，如衙门中的卯捕头、'青红帮'里的有名人物，或者背后靠山倚势。否则很难经营。就是开设在小巷的七星灶老板，也有他的小撑棒在后面支持哩！"②杜月笙门下黄国栋讲到洪帮在各业的情况："据我所知，洪帮在上海的势力不大，参加者大多是北方人，因为这一帮原来流行在北方，在上海，多数属于理发、菜馆、浴室、茶馆的老板和从业人员。"③时人对于茶馆店主的背景也有大致相似的认识。比如在20世纪30年代茶馆业不景气的时候，许多小茶馆依旧开设，并对捣乱之辈从容应对，有人认为"上海小茶馆，既有如此困难，所以开设的人非具有相当势力不可，故而目下充任小茶馆老板者，大部分是'大亨'而'兜得转'的"④。旧上海曾出现一种夜茶馆，是那些干苦力者晚上睡觉的场所，称为"泡夜茶"，一般从晚上十二点至第二天早晨六点。夜茶馆在上海并不能公开，都是秘密经营着。有人对此发表议论："据说开夜茶馆，都要有相当的势力才行，否则难免逢到拆梢、拘捕或打击了，所以现下如西门、闸北、南市几个夜茶馆老板，非包打听，即是兜得转的大亨们。否则，是不可胜任的。"⑤夜茶馆为当局所禁止，店主当然要具有背景。小茶馆也并不是只在困难时期需要有势力的店主，茶馆店主加入帮会是一种普遍情形。中华人民共和国成立初期在对新成区茶馆调查时发现，有一家老虎灶式小茶馆——亦乐园在同业中颇得肯定，赞扬该茶馆店主数十年来既不拜任何人为师也不招徒的良好作风⑥。看来在旧上海的茶馆业，"拜老头子"确实较为普遍⑦。

或者"拜老头子"，即加入帮会，或者帮会中人开设茶馆，这都说明帮会势力向

---

① 苏智良、陈丽菲：《近代上海黑社会研究》，浙江人民出版社1991年版，第22页。
② 傅湘源：《上海滩野史》（上册），上海文化出版社1991年版，第148页。
③ 黄国栋口述，罗醴泉整理《杜门话旧》，载《上海文史资料选辑》第54辑《旧上海的帮会》，上海人民出版社1986年版，第254页。
④ 香司：《上海的小茶馆不受时代淘汰》，载《社会日报》1936年9月27日。
⑤ 骨销：《泡夜茶：属于贫苦民众的玩意》，载《社会日报》1936年11月29日。
⑥ 《上海警察局新成分局关于调查珠宝业、车胎行、汽车行、学校、医院、书店、妓院、茶馆等单位内部有关负责人姓名、职工人数记录表》，上海市档案馆藏，Q142—3—92。
⑦ 《上海市茶楼商业同业公会经营情况、户数、资本额、从业人员及盈亏情况等调查资料》，上海市档案馆藏，S344—4—35。该档案记载："开茶馆的人需要有背景及拜老头子，否则就不能开，尤其茶馆情形比较复杂，什么吃讲茶、打架、赌博等情形都会在茶馆内发现。""拜老头子"是旧上海20世纪三四十年代的流行语，指拜帮会中的一些人物为师，从而求得保护。

茶馆业的渗透。在资料查阅中,发现帮会中人开设茶馆的不乏其人。黄国栋提到杜月笙外出时的近身侍卫陈秦鹤,是台州白相人,开办有多所旅馆、剧场,还在东自来火街开设恒雅茶馆①。顾竹轩也曾在闸北开设德胜茶楼②。还有一个姓白的帮会分子,公共租界开茶馆,在他的管辖范围内,流氓之间发生纠纷,都到他那儿"吃讲茶"③。位于福建中路广东路交叉处的万商茶楼,是由湖北人张先道于1938年开设。张系洪帮中人,且在湖北汉口等地是吃得开的帮会头子。张本人吸食毒品(鸦片及海洛因),并包庇一批帮会流氓往来于沪汉间,贩运毒品④。朱顺林是黄金荣的徒弟,称霸于沪西曹家渡一带,人称沪西"杜月笙"。孤岛时期他在沪西开设顺园茶馆,暗中从事贩卖鸦片和抽头聚赌的勾当⑤。

除了以上数位,还有两位"白相人"值得一提。一位是复兴公园、林森公园茶室的老板杨果森,另一位是特等茶馆仝羽春老板马文林。杨果森是复兴公园和林森公园中茶室的承包商。他为流氓白手起家,横行于淮海中路及复兴公园一带,先后曾广收门徒数百名之多,经常敲诈勒索,无恶不作。日本投降后,他又令其子杨自强拜国民党特务头子单文玉为干父,其依仗单文玉的势力,与其子杨自强各佩手枪一支,更加为非作歹。1946年因与复兴公园主任有矛盾,他曾带领手下十多人殴打其致重伤,工务局判令杨果森的茶室停业三天,在市长吴国桢"依法严办"的批文下,未见法院裁决,最后私下赔偿了事。1949年2月,杨果森又与工务局因复兴公园茶室招标一事产生纠葛⑥。相较于杨果森,马文林更是轰动一时的人物。马文

---

① 黄国栋口述,罗醴泉整理《杜门话旧》,载《上海文史资料选辑》第54辑《旧上海的帮会》,上海人民出版社1986年版,第254页。
② 顾乃庚:《关于先父顾竹轩生平事迹的订正》,载《上海文史资料选辑》第57辑,上海人民出版社1987年版,第209页。
③ 吴成芳:《在革命工作中运用帮会关系的片段资料》,载《上海文史资料选辑》第54辑《旧上海的帮会》,上海人民出版社1986年版,第26页。
④《关于万商茶楼交易情况报告》,上海市档案馆藏,B98—1—34—36。
⑤ 陈文令:《敌伪时期的沪西赌场》,载《上海文史资料选辑》第73辑《文史荟萃》,上海人民出版社1993年版,第197页。
⑥ 解放后杨果森被判5年。有关资料:《上海市军事管制委员会判处反革命罪犯的决定书》,上海市档案馆藏,B1—2—1094;《上海地方法院上海工务局诉杨果森伤害案的文件》,上海市档案馆藏,Q185—2—13633;《上海市工务局有关杨果森承包复兴公园茶室经过及殴伤园主任盛承师情形文书》,上海市档案馆藏,Q215—1—4012;《上海市政府有关杨崇侠茶室纠纷文件》,上海市档案馆藏,Q1—11—588;《复兴公园茶室承包人杨果森控上海工务局非法开标启事》,载《申报》1949年2月8日;《韩步蟾驳杨果森启事之启事》,载《申报》1949年2月9日;《启事》,载《申报》1949年2月10日;《复兴公园茶室原承包人杨果森紧要启事》,载《申报》1949年3月21日。

林,河南商丘人,自年轻时即自恃精于拳术到处寻衅敲诈、聚众斗殴。加入帮会后广收理发匠等为徒弟,约逾千名。在抗战期内,与敌伪勾结,被派任装订业联谊会会长、针织业联谊会会长,继而组织"东亚反共同盟会",并兼任敌宪兵队情报主任,杀害爱国人士及无辜同胞甚多。抗战胜利后以汉奸嫌疑被起诉,并于1946年5月被捕。之后很快交保,1947年3月,马文林被处有期徒刑三年,其不服上诉,于1948年4月更审,被宣告无罪。在案件审理中,马文林四处活动,因此当时就有舆论称其有行贿嫌疑。对于对马文林无罪的判决,市民黄宝华列举了七点疑惑。为此,国家司法行政部与上海高检处多次往来电报,上海高检处对司法行政部的质疑给予解释,并提到了一位为马文林保释的重要人物——时任国防部长的白崇禧,还认为黄宝华因私怨而检举马文林。能使白崇禧出马,看来马文林确实"神通广大"。而黄宝华与马文林之间确实因为仝羽春的经营权有过私人恩怨,牵涉进来的还有原先拥有仝羽春经营权的朱耿寿和仝羽春地产拥有者哈同洋行,这几方为了各自的利益多次产生法律纠纷。最后的胜利者依然是马文林。虽然法院宣判仝羽春交由哈同洋行,但是哈同洋行最终并未收回,马文林至上海解放前仍然经营着仝羽春①。

## 第二节 经营之道

### 一、常规经营

　　开办一家茶馆,所需资金视规模、等级、地段而定。在大马路、四马路等闹市中心开设茶馆,所租房子属于洋行地产,租金昂贵,规模较大,所需资金自然不少。总体来说,茶馆的开设较之其他行业是简易、价廉的,店里的生财设备即桌椅、茶碗等

---

① 解放后马文林被判死刑。相关资料有:《茶馆老板为虎作伥》,载《申报》1946年5月8日;《仝羽春茶楼老板马文林附逆被拘》,载《申报》1946年5月14日;《马文林案:一封密告信牵涉四律师》,载《申报》1947年4月6日;《上海市参议会为市民黄宝华检举汉奸马文林事给司法行政部的代电》,上海市档案馆藏,Q109—1—1759—1;《遵电呈报办理马文林匪件经过情形》,上海市档案馆藏,Q188—1—426;《上海市军事管制委员会判处反革命案犯的决定书》,上海市档案馆藏,B1—2—1066;《上海地方法院关于俪穗哈同遗产管理处诉仝羽春荣记茶社欠租案》,上海市档案馆藏,Q185—3—4362;《上海地方法院关于朱耿寿诉马文林交屋案》,上海市档案馆藏,Q185—3—18685;《日伪上海地方法院关于黄宝华诉朱耿寿、杨泉声、吴振声妨害自由案》,上海市档案馆藏,R43—2—2926。

准备妥当即可开张。

　　一些茶馆独资经营,一些茶馆实行合伙制。档案《入会志愿书》上"营业性质"一栏提供了茶馆是独资还是合伙经营的信息,综览后发现绝大多数茶馆是独资性质,在那些实行合伙制的茶馆中又多为大茶馆,如老闸区的特等茶馆青莲阁、长乐以及甲等茶馆东升、上海茶社,也有少数中小茶馆实行合伙制。合伙出资可以筹集到更多资金,雄厚的资金可以保证茶馆规模、档次、装修、设备等方面的优越。它也存在一些弊端,在茶馆经营理念、利益分配方面容易产生矛盾。而对于那些投入少数资本就可开办的中小茶馆而言,合伙出资并非必要。

　　茶馆取名是店主需要考虑的,对那些大茶馆来说,取名尤其重要。大茶馆,即茶楼的取名一般都很有讲究。比如"春风得意楼"出自唐诗中"春风得意马蹄疾,一日看遍长安花"之句,"青莲阁"的"青莲"两字取之于唐代诗仙李太白的雅号"青莲居士","仝羽春"为小说家吴趼人所取,取古代品茗二名人卢仝、陆羽的二字而成而为之,等等。由于茶楼取名往往颇有诗意、蕴涵,有人针对清末英租界的茶楼名称集成《鹧鸪天》一阕,词云:"四海升平引凤来,三元同庆百花开。沪江第一青莲阁,风月长春得意回。金凤阙,玉龙台,五层楼峙白云隈。玉壶春向洞天买,碧露龙泉乐也该。"①正好集合了当时英租界的四海升平楼、凤来阁、引凤楼、三元同庆楼、百花楼、沪江第一楼、青莲阁、风月楼、长春楼、得意楼、五层楼、鹏飞白云楼、玉壶春、一洞天、碧露春、乐也楼、龙泉楼17家茶楼的招牌名。相比之下,小茶馆的取名较为简单、朴素。以20世纪40年代江宁区的小茶馆为例,名称有:桃园、兴隆园、玉泉、三民、林园、双龙、泉福园、南园、顺园、同兴、春泉、龙兴等②。

　　茶馆地点是影响客源的重要因素之一,闹市中心、交通要道、火车站、公园等处是店主青睐的地点③。在这些地方开设茶馆,店主不愁没有客源。不过在选择店址时,店主也得视各方面情况而定。一些有财力的店主选择在闹市中心如四马路、大马路开设茶馆,在这样的地方楼上有阳台是必要的,因为它是店主的"招财宝"。在

---

① 陈无我:《英租界茶楼小令》,载《老上海三十年见闻录》,上海书店出版社1997年版,第2页。
② 《上海市茶楼商业同业公会本会会员入会志愿书》(一),上海市档案馆藏,S344—1—10。
③ 在以水路交通为主的时期,茶馆临河而建是最佳位置,因为这是人来人往的交通要道。如十六铺沿黄浦江一带、洋泾浜两岸、苏州河两岸,皆有茶馆开设。这在乡镇上显得更为突出,因为各地往往是因河成市,沿河两岸是集镇中最热闹的所在,所以也是茶馆最为集中的地方。而在城市,尤其在上海,在租界马路改造、陆路交通发展的情况下,茶馆沿河而设很快失去其主体地位,陆路交通发展下的商业中心成为店主开设茶馆的最佳选择地。

平时总有悠闲的客人或坐着或依着栏杆观望街上来来往往的红男绿女,有时观看马路上发生的各种景象,如某凶横马夫撞伤妇人儿童还破口大骂等①。在特殊时段,阳台为店主带来更多的人气。新年里兜喜神方是妓院里的习俗,即打扮得花枝招展的妓女乘马车在四马路一带走马灯似的兜圈子,马车总是由望平街兜到三马路,再由石路转弯,又到四马路。这时一班有闲阶级,往往在四马路的茶馆沿阳台泡壶茶,密切注视着马车里的"粉白黛绿婴婴宛宛之流",有时还恶作剧,预先买了许多金钱纸炮,等到马车驶过,纷纷抛下金钱纸炮来,噼啪作响②。1908年上海首次行驶电车时,作为试车,经过南京东路闹市,沿途观看者人山人海,茶馆沿马路的阳台也是挤满了人③。有时店主借机抬高茶价,往往能赚得一笔。1911年6月22日为英皇加冕之日,英租界举行庆典,中心区各酒店、饭馆人满为患、生意兴旺。《申报》称:"大马路一带茶肆则亦大获利市。其沿马路近阳台之座位,每碗需洋两角,其稍后者需洋一角,且须付茶资,此种特别涨价亦鲜有也。"④1917年11月18日,这一天是盛宣怀出殡日,报纸早就预料到当天会出现万人空巷的场景,四马路各茶馆也提前开出了高价,有人调查各茶馆所开茶价:"蕙芳:上午卖茶每人五角;长乐:上午每人一元;升平楼:每人一元;青莲阁:未详;第一楼:每人五角。"⑤所以店址对于茶馆来说是非常重要的,店主在开办茶馆时会慎重考虑。

至于茶馆的经营方式,在很长一段时期是承包拆账制,即店主将堂口由职工领班承包经营服务,领班要交若干押金给店主。有人回忆道:

---

① 《马夫凶横》,载吴友如:《〈点石斋画报〉·大可堂版》(第9册),上海画报出版社2001年版,第74、152页。
② 钱化佛口述,郑逸梅撰:《三十年来之上海》,上海书店1984年版,第21页;郑逸梅、徐卓呆编著:《上海旧话》,上海文化出版社1986年版,第9—10页。
③ 郑逸梅回忆:"那时尚年幼,曾跟着先祖父在日升楼泡茶观看,迄今印象犹留脑幕。"郑逸梅:《旧时的茶馆》(上),载《艺海一勺》,天津古籍出版社1994年版,第186页。
④ 《二十六日之见闻记》,载《申报》1911年6月24日。
⑤ 小珠:《盛杏荪死后之惠》,载《民国日报》1917年11月14日。之所以出现万人空巷场景,是因为盛宣怀之出殡规模大、队伍长、可看点多。过去有钱人家一般都很重视出丧,排场都是比较大的,所以租界四马路一带的茶馆还"见证"过其他出殡场景。小说《二十年目睹之怪现状》对此也有描绘:督办的姨太太死后大出丧,大马路、四马路拥挤不堪,"我"和继之要找一家茶馆去歇歇脚,"谁知从第一楼(当时四马路最东之茶馆)起,至三万昌(四马路最西之茶馆)止,没有一家不是挤满了人的"。参见吴趼人:《二十年目睹之怪现状》,中州古籍出版社1995年版,第372页。"大获利市"在其他地方也会碰到,比如1912年初孙中山离沪赴宁履任中华民国临时大总统时,聚集于火车站的人群如山如海,有欲睹孙中山风采的,有送行的,导致"一时车马纷纭,道途填塞,附近车站之各茶肆莫不利市三倍"。见《孙大总统赴宁履任》,载《申报》1912年1月2日,"本埠新闻"。

店主负担生财设备水电煤火茶叶,领班负担毛巾、肥皂及茶客欠账,领班则雇用帮工数人。民国初期,每壶香茗价铜元 10 枚(小铜钱 10 个合铜元 1 枚),店主拿 9 枚,领班拆到 1 枚,他再向茶客收取小账加二即铜元 2 枚,每天分拆,领班一人要分拆到帮工一人的 3 倍,至于伙食,帮工自理,领班可以享受饭吃、小菜自理。抗战胜利后取消小账,改为拆账制,即店主拿营业收入 67％、职工拿 33％,但仍照过去由领班承包办法。①

这种承包拆账制主要针对大中茶馆而言,小茶馆大多是自做形式,不存在承包制。当然回忆也有错误,抗战胜利后劳资是以七七、二三分拆,即店主拿营业收入的 77％、职工拿 23％②。六七、三三分拆到 1950 年 1 月全业劳资协议后才实行③。

茶馆营业时间受到当局的管制。从现有资料看,清末民初时当局对茶馆的收市时间较为重视。租界、县城茶馆"至迟限于晚间十二点钟闭门",否则将受到惩罚,至少"罚一元以上"④。1917 年之后华界各处规章略有改变,比如上海县警察所规定茶馆夜间收市不得过九点钟,闸北茶馆在晚十时以后不得逗留坐客,浦东茶馆唱书不得过晚十点钟、闭门不得过夜十二点钟⑤。国民党控制时期,对茶馆的营业时间作了明确限定,"每日营业时间以上午六时起至下午十时为限",汪伪时期曾有细微改变:"茶肆每日营业时间以午前六时起至午后十一时为限。"⑥只要不早于上午六时,茶馆开市的具体时间由各店自由掌握。对于许多中小茶馆来说,早些开门意味着多进账,所以它们一般较早地开始营业。而那些在闹市中心的大茶馆往往在上午八九点才营业。清末著名小说《二十年目睹之怪现状》中,主人公"九死一生"第一次在晚上来到四马路升平楼"泡茶乘凉",觉得"茶客太多,人声嘈杂",第二

---

① 徐起:《城隍庙茶楼书场话旧》,载陶人观主编:《上海文史资料存稿汇编》(11),上海古籍出版社 2001 年版,第 54 页。
② 《茶楼业职业公会、茶楼商业同业工会为工资纠纷向上海市社会局呈文》,上海市档案馆藏,Q6—8—255。
③ 《上海市工商行政管理局关于上海市茶楼商业同业公会 1954 年行业年度总结报告》,上海市档案馆藏,B182—1—649。
④ 见《上海指南》1909 年、1912 年、1914 年,卷二·地方行政。
⑤ 《县警所取缔茶馆新章》,载《民国日报》1918 年 5 月 15 日;《闸北警员取缔茶馆》,载《民国日报》1917 年 12 月 8 日;《浦东取缔茶肆规则》,载《民国日报》1917 年 9 月 26 日。
⑥ 《上海特别市市政府市政公报》第二十一期(1929 年);《上海市管理茶馆规则》,载《上海市政府公报》第 158 期(1935 年);载《上海市政公报》第八期(1941 年)。

天早起后又去升平楼,"走到升平楼看时,门是开了;上楼一看,谁知他那些杌子都反过来,放在桌子上。问他泡茶时,堂倌还在那里揉眼睛,答道:'水还没有开呢。'我只是惘惘而出。取出表看时,已是八点钟了。在马路逛荡着,走了好一会,再回到升平楼,只见地方刚才收拾好,还有一个堂倌在那里扫地。我不管他,就靠栏杆坐了。又歇了许久,方才泡上茶来"①。看来,大茶馆是"宜于夜而不宜于早的"。

茶价视茶馆档次、时间、座位及其他情况而定。大中小茶馆中的茶价自然不一样,即使是同一档次的茶馆也会存在差异。茶水分上午、下午、晚间三种,也有不提供晚茶的。一般来说早茶廉于午茶,也有早茶贵于午茶的,还有早晚同价。从1909年《上海指南》提供的资料看,不光有早午晚茶的区别,而且有茶水等级的区别。一些茶馆如广东茶馆供应的是乌龙、水仙等高级茶,茶价自然比别处高出一等。其他江南茶馆一般供应的是红茶、绿茶,"大抵宜绿多,宜红少"②。城隍庙里的一些茶馆,如春风得意楼、桂花厅、乐圃阆三家茶馆的茶水分为上等、中等、下等,茶价不一。茶馆楼上、楼下茶价也不同,楼上茶价高于楼下。南市外马路一带的一些茶馆还提供外茶,外茶的价格约是馆内茶水的三分之一③。茶馆喝茶向例两人一碗或一壶,也有数处是每人一壶(晚清至民初以"碗"为主,民国中后期以"壶"为主)。通常茶客人数与茶碗(茶壶)数是对应的,茶馆不会让茶客白坐。李伯元在出版于1906年的小说《文明小史》中有相关描述:姚老夫子与儿子、徒弟共五人到石路的大观楼茶馆,"堂倌泡上三碗茶,姚老夫子只肯两碗,堂倌说他有五个人,一定要三碗。后来姚老夫子说堂倌不过,只得叫他放下"④。五个人对应的是三碗茶而不是两碗茶,这是茶馆店主的生意经。

## 二、茶水之外的营业

### (一) 茶馆里的小吃

茶馆提供的主要商品是茶水,按理说一碗或一壶好茶是茶馆竞争力的体现。

---

① 吴趼人:《二十年目睹之怪现状》,中州古籍出版社 1995 年版,第 118 页。
② 上海信托股份有限公司编辑部编:《上海风土杂记》,上海信托股份有限公司 1932 年版,第 49 页。
③ 《上海指南》1909 年,卷八游览食宿·茶馆。外茶的确切意思不清楚,据推测是过路客可以带走的廉价茶。
④ 李伯元:《文明小史》,江西人民出版社 1989 年版,第 129 页。

但是上海民众对于茶水的要求并不高,有好茶固然好,如"松风阁以茶胜",没有也无所谓,因为喝茶并不是茶客的唯一目的。而茶馆光凭提供茶水也是难以为继的,它必须经营多种业务来满足茶客的需求,也为自身谋取更多的利润。

广东茶馆自落户上海便显示出优势,除了提供莲子羹、杏仁酪及各色包子,还有其他新奇食物,如汽水、西式糖果等。同芳居的一种舶来品糖果——"摩尔登糖",貌似围棋棋子,分红黄两色,曾经深深吸引诗僧苏曼殊,他来同芳居饮茶,必定带些回家①。当然广东茶馆重点推出的还是它的粤式点心。20世纪20年代,虹口区的广东茶馆中属小壶天较享盛名,而小壶天以叉烧包为招牌点心。一位茶客描述小壶天叉烧包出笼时的"遭抢"情形:

> 茶客非常多,大多是短衣赤足,一足竖在椅上,一足垂向地下的。等到点心出笼,堂倌双手捧着蒸笼,迈步向着客人处走来,喊着"叉烧包来了",于是一处要四只,一处要八只,好像不要钱买的一样;轮到我的座位时,已经是四大俱空,一无所有了。我只好忍着食欲,再候机会。等到出"鸡包"的时候,蒸笼才从厨房搬出,座客都一齐立起欢迎,一、二、三!大家都离了座,直奔向蒸笼处,急急拿了碟,自己动手,不到一会,完全抢光!那抢到的对于那吃不着的,大有自鸣不凡之意,大家都说:"一分银一只鸡包,是要蚀本的!"那时所有点心,是每件俱售价一分的。鸡包当然不肯多做,吃的人哪能不抢呢?②

广东茶馆出售的各类点心颇具广东风味,由于美味可口,深受人们喜爱。当然,在江南茶馆中也能吃到各类小吃。由于同属饮食服务行业,茶馆与其他点心店往往紧挨而开,有的就在茶馆底层,楼上则为喝茶处。因此,喝早茶的一般连带吃早餐。《文明小史》中讲到姚老夫子与儿子、徒弟共五人到大观楼茶馆,要了茶后,"姚老夫子叫儿子向楼底下买了五块麻刂饼,拿上来叫大家充饥。贾家兄弟身上都带有零钱,进来的时候,早已瞧见楼下有馒头烧卖出卖,当有贾葛民下楼,又买了些上来,彼此饱餐一顿"③。有时,茶客若不想自己去买点心,可以交待堂倌,堂倌

---

① 郑逸梅:《旧时的茶馆》(下),载《艺海一勺》,天津古籍出版社1994年版,第188页。
② 张叶舟:《十年嗜茶客:漫谈上海茶》,载《上海生活》第三年第三期,1939年8月16日。
③ 李伯元:《文明小史》,江西人民出版社1989年版,第129页。

会为茶客买来。除了这种与茶馆紧挨而开的点心店,茶馆里还穿行着一群流动小贩,向茶客售卖各类小吃。正是由于在茶馆能吃到各类风味小吃、点心,所以在上海(包括江南一带)到茶馆不称"喝茶",称为"吃茶"。"吃"这一个字把茶水、各类小吃都包括进去了,确实符合上海茶馆的饮食特色。

在众多茶馆中,城隍庙的茶馆因坐拥于各类风味小吃食品摊中,特别受到群众的青睐。城隍庙的上海小吃可说是集南北城乡的大成,各色品种繁多,讲究烹调,现做现卖,味道好、价钱公道。各小吃摊多与茶馆相邻,一般在茶馆楼下摆摊或设店。乐圃阆门口的徽州韭菜饼,饼香脆味美,恰到火候,"游客买好饼就茶铺边啖边饮以为乐";得意楼下的蟹壳黄酥饼,入口香酥可口,被称为"庙饼";里园茶楼底下的常州麻糕(即重油酥饼),吃客一致赞好①。这些小吃价廉味美,楼上茶客只要招呼一声,马上送到,非常方便。因此人们常把城隍庙茶馆作为请客的理想场所之一。20世纪20年代中期,当时就读上海中医专科学校的陈存仁因投稿《申报》副刊得到一元稿费,这是他生平用文字换钱的第一次,"当天意兴豪发,拉了六七位同学到邑庙春风得意楼去吃茶,茶资是铜元八枚,各种小吃,如生煎馒头、蟹壳黄等,又吃掉了铜元二十余枚,在那几位同学看来,简直是一件豪举"②。城隍庙茶馆除了相邻的各类点心铺以外,经常有流动摊贩进各茶馆叫卖各类小吃,而且风味绝妙。有个叫王有发的跛人,夫妇善制鸽蛋圆子,形似鸽蛋,小巧玲珑,皮子精滑,馅心糖水,入口化而不凝,甜凉爽口,拿到各茶馆叫卖,深受饮迎,可称独一无二。某某年间,各茶馆间常有一人托盘至座前兜售糖食,其人即糖盘阿四。盘中糖食有糖葫芦、山楂糕、冰糖桂花杏仁、走油桃肉、白糖花生米以及花色蜜饯,所备必精必洁,老主顾非阿四盘中糖食不屑染指,其魔力甚大。糖盘阿四外,还有一人托盘来往茶座之旁,盘中食品则易甜为咸,五香豆尤为著名。其人南京籍,盘中堆积满泛,只手独擎。食品以甘草五香豆为主,此外有咸橄榄、制酸梅、甘草黄莲头、腌荠菜、椒盐陈皮、咸花生等,随时节更易供应③。对于这些制作精细、味美价廉的小食品,老年人记忆很深。有人回忆幼时随父亲到春风得意楼听说书:"那时里面正在说《杨乃武

---

① 徐起:《老城隍庙摊头话旧》,载陶人观主编:《上海文史资料存稿汇编》(11),上海古籍出版社2001年版,第49—50页。

② 陈存仁:《银元时代生活史》,上海人民出版社2000年版,第24页。

③ 沈瑞麒口述,朱梦华整理:《老城隍庙史话》,载上海市文史馆、上海市人民政府参事室文史资料工作委员会编:《上海地方史资料》(一),上海社会科学院出版社1982年版,第236—237页。

与小白菜》,我也记不清演员是谁了,也定不下心来听故事,眼睛却盯住穿梭于茶桌之间手腕挎着提篮卖五香豆、金花菜、甘草梅子和油炸锅巴的小贩,并缠着老爸要这买那,不达目的誓不罢休。当我将色泽土黄、酸甜可口的金花菜塞进嘴巴时,这才安静地听起书来。"①城隍庙内的各种风味小吃,一经茶客品尝,评论优劣,促使各饮食店摊,提高质量,于是城隍庙"小吃王国"之名远播全国。

另外,偷鸡桥畔(今浙江路天津路)萝春阁茶馆在点心供应上也独具匠心——它的生煎馒头驰名上海滩。20 世纪 30 年代末一位文人这样描述萝春阁的生煎馒头:"如果问问一般上海老吃客说:'生煎馒头何处好?'毫无疑问地,跷着大拇指回声'萝春阁',所以一般汽车阶级有时慕名而坐汽车到这里来买呢!"②其他茶馆也出售生煎馒头,为何萝春阁的最有名呢?主要在于它的制作技艺。当然这归因于老板黄楚九请到了一位好师傅③。在萝春阁楼下开设生煎馒头店铺之后,茶客稀少的情况得到了改变,茶馆生意日益红火。据知情人讲,最初萝春阁的生煎馒头一直是亏本的,茶楼是靠其他收入来维持收支平衡的。物美价廉的生煎馒头为萝春阁带来了人气,不少人慕名而来,这些茶客在茶馆里的消费,即可用以弥补生煎馒头亏本的损失④。另外据老上海沈寂回忆,黄楚九利用萝春阁茶客盈门大做广告,"艾罗补脑汁""小囡牌香烟""百龄机""人造自来血"以及"大世界节目单"等,销路大增⑤。可见,黄楚九精明的品牌意识和经营之道,即使在他经营的一个小小的茶馆里,也得到了充分的体现。

同是点心供应,各茶馆形式不一。像广东茶馆,点心供应已完全融入茶馆的经营中,由店主雇佣点心师傅,有堂倌负责服务茶客。江南茶馆中,点心店与茶馆相邻的,多为独立经营,双方是一条经济链上的双赢关系,如城隍庙各茶馆与周围的点心店铺。茶楼底层的点心房,有的是茶楼店主租于他人经营,有的是自家雇人经

---

① 林苟步编:《吃得有趣》,汉语大词典出版社 2001 年版,第 275 页。
② 秉钧:《海上二茶楼》,载《上海生活》第二年第四期(1938 年 9 月 16 日)。
③ 关于萝春阁做生煎馒头的师傅是怎么请来的,民间流传着这样一段故事:黄楚九每天早晨从家里坐车到茶楼时,必定要经过福州路,常见一弄堂口卖生煎馒头,从早到晚,生意兴隆,他曾买来吃过,果然馅满汁多,鲜美可口。某日,那生煎馒头摊突然停业。买客却围着不走,不断吵嚷。黄楚九下车询问,馒头师傅气愤回答:"老板嫌我馅子放得太多,而且外加肉冻,嫌我花费成本太大,就停我生意。"黄楚九一听,立即请这位能手到"萝春阁"去。见沈寂:《老上海小百姓》,上海辞书出版社 2005 年版,第 135 页。
④ 曾宏燕:《上海巨商黄楚九》,人民文学出版社 2004 年版,第 416 页。
⑤ 沈寂:《老上海小百姓》,上海辞书出版社 2005 年版,第 135 页。

营。清末著名茶楼阆苑第一楼底层点心房原先租于他人,后来因点心师傅拖欠房租等情况收回自做,并登载广告:"本号点心房向租于王司务,今因拖欠房钱,兼之出货不佳,于六月初六日业已收回自做,格外精致道地,以前倘有各号货色银钱往来,向王司务收取,与本号无涉,特此声明。"①20 世纪 30 年代初出版的《上海风土杂记》载:"大茶楼楼下多附设生煎馒头摆摊,凡吃生煎馒头须赴茶楼,点心店并无出售。"②书中描述的便是像萝春阁那样,点心店已属于茶馆一部分的情形。

### (二) 茶馆里的其他便民服务

除了卖小吃的小贩,茶馆里还有其他各类小商小贩,诸如卖报的、卖花的、卖药的或卖其他用品的,还有理发师、算命先生、擦皮鞋的,等等。他们是茶馆文化形成的重要参与者。因为他们的存在和提供的各种服务,茶馆吸引了更多的茶客,而茶客的茶馆生活也显得更加丰富多彩。

茶馆里的报纸可以或买或租。时人题咏人们在茶馆里阅报消闲的场景:"松风阁上品茶经,汇报新来阅一程。字样整齐文理软,个中主稿未分明。"③一些清末小说形象地介绍了茶馆中卖报、租报的实际情形。李伯元《文明小史》中,姚老夫子与儿子、徒弟共五人到大观楼茶馆,"正说话间,只见一个卖报的人,手里拿着一叠的报,嘴里喊着《申报》《新闻报》《沪报》,一路喊了过来。姚老夫子便向卖报的花了十二个钱,买了一张《新闻报》,指着报同徒弟说道:'这就是上海当天出的新闻纸,我们在家里看的都是隔夜的,甚至过了三四天的还有。要看当天的,只有上海本地一处有。'卖报的人,见他说得在行,便把手里的报一捡,捡了十几张出来,说道:'如要看全,也不过一百多钱,倘若租看,亦使得。'姚老夫子便问怎么租法?卖报的人说道:'我把这些报统统借给你看,随便你给我十几个钱,等到看过之后,仍旧把报还我就是了。'"④租报或买报,都随茶客。

在各类物品中,药品的兜售是较为常见的。火雪明在《上海城隍庙》中记载,春

---

① "阆苑第一楼告白",载《申报》1885 年 7 月 20 日。
② 上海信托股份有限公司编辑部编:《上海风土杂记》,上海信托股份有限公司 1932 年版,第 49 页。
③ 留月主人:《沪城口占仿竹枝词二十首》,载《申报》1874 年 11 月 26 日。
④ 李伯元:《文明小史》,江西人民出版社 1989 年版,第 130 页。另外,陆士谔在《新上海》中也有相似描述:梅伯与雨香到湖心亭喝茶,谈话间,"只见卖报人挟了许多报纸走来。梅伯道:'我们买一张瞧瞧。'雨香道:'不消买得,茶馆里可以租来瞧的。全上海大小各日报,我们通通瞧了,只要给他二个铜元就是了。'梅伯到:'这真便利之极了。'遂租了十多张报纸,慢慢地瞧阅"。陆士谔:《新上海》,上海古籍出版社 1997 年版,第 77 页。

风得意楼内常有一道人发出"阿要仙丹"的尖锐触耳之音①。孙玉声的记载则更为完整、清楚:"沪壖有道人焉,黄冠布服,日徜徉于邑庙豫园之各茶寮间,手携一青布囊,高呼售九仙草,其声清以柔,骤聆之若发自童子,绝不类六十余岁老人,而行路蹒跚,则又颇现其衰迈之态。性和易,每与人言九仙草能治劳伤,且可愈吐血,信其言者或购之,得资即欣然去,不购亦未尝出恶言,即茶博士或与之嬉笑亦绝不露嗔怒色,一似犯而不校,涵养甚深也者。"并称其为大力道人②。药品的功效常常会被售卖者夸大,因此不免有上当者。有次,一乐天茶馆内一些茶客因贪便宜买了日人所售的"灵宝丹",吸入鼻内不到两分钟,喷嚏声大起,涕泪交流,形似烟瘾将至,约一刻钟始止③。

有的小贩会采取迂回的方式兜售物品或向茶客要钱。比如,卖耳挖的小贩先将竹筒里的耳挖向有人的桌子掷去,不取分文,不打招呼,但不一会儿,他回来了,目的是向茶客讨个铜板,同时也可说是租费④。

剃头师傅经常在各茶馆中出现。他们有时在专设的房间里为茶客剃头,有时则直接在茶客座位上为其剃头。清末,一位德国记者记录了他在茶馆看到的茶客理发情形:"人们挤坐在一起,喝着茶并不断争辩着什么。一个理发师正在给一个中国人理发,辫子放开,头发垂到了地上,他的头被浸到一个盆子里,盆子放在客人面前的架子上。"⑤《清代日记汇抄》中一位商人在日记中记载,1898年12月13日,乘船来到上海已是中午,"择居既定,遂到泰元馆一面,第一楼茗话剃头"⑥。选好旅馆,吃完午饭,就到茶馆"茗话剃头"。20世纪30年代中期,一位观察者描述茶馆内"剃头司务都在兜揽茶客们的生意"⑦。茶客在喝茶之余,还可以理发,可谓喝茶剃头两不误。

茶馆内还不时有拆字、算命先生来回走着,有竹枝词描绘拆字先生:"茶楼烟室

---

① 火雪明:《上海城隍庙》,青春文学社1928年版,第52页。
② 孙家振:《退醒庐笔记》,上海书店出版社1997年版,第72页。
③ 允臣:《一乐天之喷嚏》,载《民国日报》1917年12月11日。
④ 孙琪:《茶楼巡礼》,载《红绿》第二卷第一期,1936年6月15日。
⑤ 《1898:记者高德满(Goldmann)眼中的上海》,载王维江、吕澍辑译:《另眼相看——晚清德语文献中的上海》,上海辞书出版社2009年版,第186页。
⑥ 何荫柟:《鉏月馆日记》,载上海人民出版社编:《清代日记汇抄》,上海人民出版社1982年版,第357页。
⑦ 孙琪:《茶楼巡礼》,载《红绿》第二卷第一期,1936年6月15日。

托盘游,衣破行寒为食谋。标写吉凶能预决,拆开一字七钱收。"①为了混口饭吃,拆字先生口吐莲花,总之要让茶客信以为真。这样的拆字先生往往是江湖骗子,小说《新上海》对这种人的欺骗伎俩曾有形象描述②。

小商小贩到茶馆,主要是谋生行为,但确实为民众提供了便利(当然"无商不奸",茶客在寻求服务时需要擦亮眼睛)。还有一类人群,来到茶馆并不为茶客带来任何服务,这类人就是乞丐。新春时节是茶馆内乞丐最活跃的时候,这时乞丐虽然衣衫褴褛,但往往想出乞讨的新鲜主意③。大多乞丐可怜无依地向茶客乞讨,有时也有乞丐向茶客强硬索要钱财的现象④。

茶馆里的剃头师傅往往是店主所雇,至于其他小商小贩与茶馆店主之间的关系究竟如何,并不容易探明。作家火雪明在描述城隍庙各茶馆中的小贩时,这样写道:"邑庙各茶肆,小贩之前往兜售物品者,亦须具有资格;非可贸然前往也!"⑤这种资格的真实意思不得详考。也许只是口头上的知照,茶馆允许某些小贩进入,有名者更是首先考虑。因为小贩与茶馆之间是一种双赢关系。也许小贩需要支付店主一定的费用才得以进入茶馆。不管怎样,在城隍庙内的各茶馆,小贩并不能随意出入。不过,不同时期、不同茶馆存在着不同情形。资料显示:1885 年 6 月,阆苑第一楼一卖丝带的小贩与正在理发的茶客"论价争殴,吵闹不休",店主禀报捕房,之后捕房即派一名华捕守在门口,禁止小贩入内⑥。从这则资料来看,小贩随意进出的可能性居多。因为如果店主与这些小贩之间有约定,店主就不需要禀报捕房来解

---

① 《沪江商业市景词》,载顾炳权编:《上海洋场竹枝词》,上海书店出版社 1996 年版,第 174 页。
② 陆士谔在小说《新上海》写道,作者与沈一帆到四马路奇芳居喝茶,在谈话间,"说着,只见一年约三十岁左右、瘦刮刮面孔的鳖老官,一宕一宕走过来。我把他打量一番,见他穿着件竹布长衫,旧的已不逞成样子,颜色不像蓝又不像白,前襟已挂下了一块,前后补丁,足有八九个,从领圈里望进去,也没甚棉袄儿衬着。下身穿着已变成灰色的白洋布裤子,那裤子也与袜子差不多颜色,一双鞋子,倒是京缎的,不过头上已开了两个眼珠子,大约是垃圾堆里搜罗来的。满脸的烟容,短发已有半寸多长,太阳穴里,倒还贴上两方头痛膏药,手里抬着一只小木匣,上帖两方红纸,写着'触机'两个字。匣内贮着无数纸卷儿,还搁着一面小镜子,逼紧着喉咙向我道:'可要谈相测字,谈谈流年,看看财运,不准不要钱。'听这声音,分明是吸苏膏烟吸哑的。这鳖老官见我向他瞧看,只道要作成他生意,站住了不肯走开,向我道:'一笔如刀,劈破昆冈分玉石;双瞳似电,照清沧海辨鱼龙。'我听他口气大不过,不觉笑了一声,随摇头回他不要,才走开了"。该书第 268—269 页。
③ 小说《新上海》采用讽刺的手法描述了一名红顶花翎、装扮似上海道的乞丐向茶客拱手贺年、口喊"恭喜发财"的乞讨全过程。参见陆士谔:《新上海》,上海古籍出版社 1997 年版,第 190—191 页。
④ 《强乞》,载《申报》1878 年 6 月 29 日。
⑤ 火雪明:《邑庙人物志·卖糖阿四》,载《上海城隍庙》,青春文学社 1928 年版,第 84 页。
⑥ 《茶肆派捕》,载《申报》1885 年 6 月 29 日。

决问题。大茶馆尚且如此,中小茶馆应该也相似。

茶馆内来来往往的这些"非茶客",与茶客一起构成了一幅热闹、喧哗甚至吵闹的图景。这种热闹、喧哗的场景始终存在于茶馆中。郁达夫在1935年底描述上海茶楼时,提到"随茶店而起的副业,也要必然地滋生出来。第一,卖烧饼、油包以及小吃品的摊贩……第二,是卖假古董小玩意的商人了;你只教在热闹市场里的茶楼坐他一两个钟头,像这一种小商人起码可以遇见到十人以上。第三,是算命,测字,看相的人。第四,这总算是最新的一种营业者,而数目却也最多,就是航空奖券的推销者。至如卖小报,拾香烟蒂头,以及糖果香烟的叫卖人等,都是这一游戏场中所共有的附属物,这算不得上海茶楼的一种特点"①。

不管怎样,诸多便民服务使得茶馆更具日常生活气息,增加了茶馆的吸引力。同时各类人群的"济济一堂"表明了茶馆的巨大包容力,这些人共同构筑了一个多元而丰富的空间,塑造了富有特色的茶馆文化。

### (三) 茶馆里的娱乐

第一章提到,晚清租界茶楼往往是一个综合娱乐消费场所,除了喝茶楼层外,其他楼层或为弹子房,或为烟室,或提供哈哈镜等娱乐设施。但有这种分层娱乐消遣格局的主要存在于几家大茶馆。从茶馆大众娱乐的角度看,戏曲、评弹这类说唱表演艺术与茶客的联系更为密切。

不过,茶馆里虽有戏曲表演,但茶馆和那些专事表演的演出场所并不相同,应该区别对待。首先应认清茶馆和茶园的关系。一般认为,按照演出场所的改变,上海戏曲经历了茶园时期、舞台时期、大剧场时期②。要注意的是,这里的戏曲是指当时被官方认可的、可以登台演出的戏曲,如昆曲、徽剧、京剧等主流戏曲。茶园时期从道咸年间开始至1907年新舞台出现,这段时期戏园被称为"茶园"③。咸丰元年(1851),上海县署西南侧(今南市四牌楼附近)的一家名为三雅园的茶园开张。这是开埠以后上海最早的具有对外营业性质的戏园,是上海戏曲演出走向商

---

① 郁达夫:《上海的茶楼》,载《良友》画报第112期,1935年12月11日。
② 盛丰、佴晓笛:《上海:二十世纪三十年代的中国戏曲文化中心》,载《复旦学报》(社会科学版)2002年第3期。
③ 早期戏园为什么称作"茶园"? 相关论述可参考薛林平:《上海清代晚期戏园研究》,载《华中建筑》2009年第1期。

业化的开端,所演为当时风行的昆曲文戏。资料上记载,三雅园上午卖茶,下午演戏①。按这种说法,三雅园合茶馆、戏园为一体。不过后来陆续出现的戏园,有名的如三雅园(与原来不同,原来的老三雅园在1854年小刀会撤退时毁于兵火)、满庭芳、金桂茶园、丹桂茶园、天仙茶园等,都已没有上午卖茶的情形,已成为专业的戏园。它们与茶馆的联系在于,内部布局仍如茶馆一样,同时听戏者都有茶水一杯②。俗语所说:"戏曲是我国用茶汁浇灌起来的一门艺术。"源头即在于此。不过茶园和茶馆有着营业性质上的本质区别,因此当时的主流戏曲与茶馆没有多少联系。

另外应区分晚清书场和茶馆。晚清书场主要指向女书场,即由"女唱书"(即书寓女弹词③)登台演唱的书场。19世纪80年代是女书场的兴旺发展时期,尤其在查禁女子出入茶馆时期,"茶馆生意日见其清淡,而书场日增月盛,四马路一隅几于比屋皆是"④。当时租界著名书场共有十二楼,都在四马路上⑤。从清末相关竹枝词或其他文字来看,都把茶馆和书场视为两个不同场所。如香鹭生《海上十空曲》中,"女书""茶馆"各为其一;池志澂的游沪八事中,书场、茶馆各为其一。因此,书场和茶馆各有所指,不能因书场的布局、服务和茶馆相似而把两者混淆⑥。当然,在当时对国人来说很容易区分两者,而对西方人来说则很难。所以,当1886年华界官府以书场中歌女弹唱内容充斥淫荡对此限制、需要租界协同查禁时,在工部局董事会会议上,"茶馆中歌女卖唱"(Women in Tea-Shops)成为讨论话题。显然,西方人把书

---

① 王荣华主编:《上海大辞典》(中),上海辞书出版社2007年版,第1313页。
② 1891年有人描述当时上海茶园的内部布局和观众的听戏情形:"楼上两旁除包厢外,楼中及楼下池座,俱列方桌,被以红缎桌围。每桌排列单靠椅六张,定为六客。客俱盖碗茶,瓜子四碟,戏半出热点四盆,手巾频频,伺应周到,弥觉舒适。"参见拙庵:《近三十年来海上剧场之变迁记》,载《申报》1927年1月1日。茶园的布局等面貌在《点石斋画报》《申江胜景图》等晚清画报中也多有描绘。
③ 清末,书寓女弹词与妓女合流。
④ 《正本清源论》,载《申报》1885年10月17日。查禁女子出入茶馆内容详见第三章"茶馆禁妓"。
⑤ 十二楼名称:"曰天乐窝,曰小广寒,曰桃花趣,曰也是楼,曰皆宜楼,曰万华书屋,曰响遏行云楼,曰仙乐钧天楼,曰淞沪艳影楼,曰九霄艳云楼,曰四海论交楼,曰引商刻徵羽楼。"参见池志澂:《沪游梦影》,上海古籍出版社1989年版,第157页。
⑥ 一些书籍中常把晚清茶馆和书场混淆。如有说"上海开埠初期,即有茶楼书场出现,以福州路、福建路、棋盘街一带最为集中,尤其福州路上的'天乐宫''小广寒'等人称'十二楼'最为著名。这些书场大都是茶楼附设,设备简陋,方桌加长板凳"。参见叶又红主编:《海上旧闻》,文汇出版社1998年版,第184—185页。

场误作茶馆①。

　　辨别晚清时期的茶馆和茶园、书场,关键看其以经营什么为主。而茶馆容易与这些场所混为一谈的原因在于茶馆里也常有戏曲、曲艺演出。为吸引茶客,一些茶馆往往会聘请艺人(多为女唱书)搭台唱戏。孙宝瑄在其1901年8月17日日记中记载:"是夕至茶楼,听歌伎奏曲,皆靓装联袂而坐,或抱琵琶,或执箫管,画中人也。"②不过,在查阅资料时没有发现租界大茶楼如阆苑第一楼等有这种演出。县城内的茶馆倒是很早就是说书之处。王韬在1860年2月的日记中数次提到茶馆里"说平话"的女郎③。到19世纪70年代末,县城内茶馆附设书场"不下三十余处"④。城隍庙里的春风得意楼等茶馆更是成为说书能手集中之地。在官府针对评弹剧目的查禁时期,春风得意楼因违反禁令多次遭到惩罚。另外,当时不入流的滩簧常在茶馆演出,因此长期遭致官府的严厉取缔⑤。

　　民国后,地方戏曲、评弹等逐渐获取"合法"身份,茶馆书场开始普遍设立。晚清时书场有时专指说书,有时则涵盖其他戏曲;民国以后也大抵如此,主要分说书、滩簧两种,不过与说书联系更为密切⑥。与晚清书场完全不同的是,茶馆书场针对茶馆兼营书场而言。茶馆书场主要有两种形式,一是茶馆内附设书场,称为一般书场,即平时为喝茶处,有表演时则搭台;二是茶馆设置特别书场,喝茶处和书场是分开的。前者主要存在于中小茶馆,后者主要存在于大茶馆。

　　随着评弹、地方戏曲的发展,游戏场、旅馆等专设书场逐渐出现,不过茶馆书场在各种书场类型中始终占有一席之地。1922年《上海指南》上说:"近来书场所存者

---

　　① 对于华界官府建议,董事会最初不予理睬,经领袖领事的几次催促,最终决定通知各书场老板:务必按照所领执照规定,严格禁止卖唱淫荡歌曲;捕房业已奉命,凡违犯此次规定者,一律予以拘捕,并押送会审公堂。参见上海市档案馆编:《工部局董事会会议录》第九册,第572页。由于西方人对书场、茶馆分辨不清,对于他们撰写的文字也应小心使用。比如德国记者高德满(Goldmann)、蔡博(Zabel)曾先后在清末来到上海,对福州路上的歌女卖唱都有详细描述,称她们(Sing-song-girl)"从一个茶馆到另一个茶馆","这些姑娘不属于任何一个固定的茶座酒楼,一晚上要跑不同的场子"。详见王维江、吕澍辑译:《另眼相看——晚清德语文献中的上海》,上海辞书出版社2009年版,第188—190页、第214—215页。他们称为茶馆,但很有可能是当时的专门书场。

　　② 孙宝瑄:《忘山庐日记》上册,上海古籍出版社1984年版,第381页。

　　③ 王韬著,方行、汤志钧整理:《王韬日记》,中华书局1987年版,第133—136页。

　　④《新禁评话》,载《申报》1879年3月17日。

　　⑤ 参见第三章第二节"茶馆禁戏"。

　　⑥ 在旧上海,书场分为说书、滩簧两种,其中说书更为普遍,所以后来书场主要指说书场。说书是评弹的俗称,评弹分为评话和弹词两种,是用苏州方言进行说唱、表现的地方曲种。

无几,大概附设于茶寮中,有午后开场者,有晚上开场者,其价多则一角,少则数十文。"①1936年《大上海指南》中称:"上海说书场,以城隍庙为最多,盖首先成立于此,迄今已有数十年历史。说书能手,均集中于此,但各书场之设备尚系半新半老,稍为逊色耳。特区方面,远东、爵禄等旅馆,亦均附设书场。又青莲阁、萝春阁两茶馆,规模最大,有特别书场之设置。此外,各处茶馆之附设简易书场,设案开讲者,几在在皆有,不可胜数。"②青莲阁、萝春阁有特别书场,主要指向于地方戏曲。其实,在20世纪三四十年代这种有特别书场的著名茶馆,还有乐园的时代剧场、长乐剧场、一乐天剧场等。就数量而言,一般书场,即说书场,远远多过演出地方戏曲的书场,这是和评弹在上海的兴盛密切相关的。20世纪30年代,有人说"城内各茶肆都附有说书,一般住在城厢间的老听客,都是风雨无阻地前往听书"③,可见评弹拥有广大的市场。

茶馆附设书场究竟是怎样的一幅场景? 郑逸梅回忆道:

> 凡附设书场的,茶馆内列置长几若干,便于安置茶壶茶杯,茶客可以随听随喝。室隅筑一小坛,壁上左右分挂三弦和琵琶。茶馆门口悬着一块黑牌,用白粉写上艺人姓名和所说的书名。每逢岁末,有说会书之盛况,一场会书聘请多位评弹艺人出场献艺,各自拿出"响挡"折子书,如受茶客欢迎,茶馆老板将与艺人续订来年合同,否则,将被另请高明。当时茶馆内是没有麦克风的,艺人说书运用丹田之气,第一排客人不感震耳,最末一排也听得清清楚楚,这就是艺人的功夫了。茶馆内所用铜吊,也与众不同,擦得锃亮,壶嘴特别长,便于远距离冲茶,一些有腕上功夫的茶役,可以将沸滚壶水在空中呈弧形冲在客人面前茶碗内,不会溅出碗外。④

申曲泰斗筱文滨回忆自己年少时去茶馆观看滩簧场景:"13岁左右(笔者注:应为1917年前后)时,我还到金陵东路的'乐意楼''如意楼'、小东门十六铺的'聚宝楼'看滩簧,唱的戏与大篷里差不多。演员有唐春霖老先生,施兰亭、施竹亭老先生

---

① 商务印书馆编译所编:《上海指南》,上海商务印书馆1922版,第29页。
② 柳培潜编:《大上海指南》,上海中华书局1936年版,第132页。
③ 灵犀:《书场》,载《社会日报》1933年8月11日。
④ 郑逸梅:《旧时的茶馆》(下),载《艺海一勺》,天津古籍出版社1994年版,第188—189页。

有时也去唱。那时茶馆里还有'翻牌'（即点唱一节戏），点'翻牌'的人大都是家中生活还可以，又是本地人，喜欢听滩簧。"①

为吸引观众，一方面，茶馆书场需要布置得当、服务周到，更为关键的是需要在所请艺人上凸显优势。因此茶馆店主在聘请艺人方面对艺人的要求甚为严格，名家到来自是表示欢迎。春风得意楼是旧上海有名的茶馆书场，相传咸丰年间苏州光裕社四大名家——马如飞、姚士章、赵湘洲、王石泉都曾到此献艺。民国时期艺人以能来此演唱为荣。1936年，弹词名家夏荷生来此，听众蜂拥，200个座席竟挤足400多人②。如果不是名家，那店主在意的是艺人的演出是否能招来观众。丁婉娥在1936年创办"婉社儿童申曲班"，当时被称为"小囡班"。丁婉娥遇到的最大困难是为孩子们找演出场所。她先找了徐家汇一乐天茶园的前台老板。老板问她：一群十来岁的小孩子，从没上过台，能卖出筹子吗？（旧式茶馆场子用竹片作筹子，以筹代票，作为入场看戏的凭据。）由于从未试过，丁婉娥心里也没底，更不敢打包票。老板笑了笑，婉言拒绝③。

茶馆店主与艺人之间是共生互惠的关系。有了茶馆书场这个舞台，许多艺人竞相展示才华，甚而一炮走红。对于评弹艺人来说，如能在江浙码头书坛上站住脚跟，叫作"码头响"，如又能在上海书场占一席之地的话，那就叫"满天飞"。前者只是"码头响档"，成为后者——"上海响档"——是评弹艺人的最高追求④。因此20世纪20年代之后苏州评弹艺人纷纷来到上海的茶馆书场。比如李文彬等编演的《奇冤录》（后改名《杨乃武与小白菜》）、朱少卿等编演的《张文祥刺马》、朱耀祥和赵稼秋的《啼笑因缘》等都是因在萝春阁书场初演后出门，这些书目也成为书坛主要书目。难怪20世纪30年代时人说："目今上海说《啼笑因缘》的朱（耀祥）赵（稼秋）档，有如此的吃香，还是以此为发祥地呢！"⑤而像城隍庙的春风得意楼书场、玉茗楼书场、群玉楼书场等，更是成为说书能手的集中地。"据说上海的说书人，只要在柴

---

① 筱文滨：《我的自传》，载《上海文史资料选辑》第62辑《戏曲专辑·戏曲菁英》（下），上海人民出版社1989年版，第264页。
② 吴宗锡主编：《评弹文化词典》，汉语大词典出版社1996年版，第226页。
③ 茅善玉主编：《沪剧》，上海文化出版社2010年版，第63页。
④ 姜兴文：《审时度势，噱而求新》，载上海曲艺家协会编：《评弹艺术家评传录》，上海文艺出版社1991年版，第4页；唐耿良著，唐力行整理：《别梦依稀——我的评弹生涯》，商务印书馆2008年版，第38页。
⑤ 秉钧：《海上二茶楼》，载《上海生活》第二年第四期，1938年9月16日。

行厅登台说过,听众也就刮目相看了"①。1933年入城后第二代本滩艺人的领军人物邵文滨被人枪杀,徒弟筱文滨挑起戏班胆子。他先把班子拉到师兄赵阿龙开的茶馆,居然一炮打响,座无虚席。在以后四五年时间里,筱文滨的班子总是在一些茶馆演出,也经常唱一些堂会②。

关于茶馆书场的经营方式,这里以城隍庙茶馆书场为例:

> 当时书场的经营方式是卖筹子(亦叫扦子)入场,每根筹子铜元13枚,每客奉上香茗一壶,场东和艺人是四六拆账:场东拿六成,艺人拿四成,每场分拆,艺人说毕就拿回封包(行家叫扦子钱)。③

专业书场兴起后,一般茶馆书场生意受到影响,但由于价格低廉,因此仍拥有一群老听客。有人就说:城内茶馆"茶钱也不贵,所以营业都很好"④。不过有人认为茶馆书场虽然价格便宜但茶水质量、服务水平存在问题:"普通书场大都附设在茶馆里,单是一壶茶钱要七八分钱,而书场里的书钱,连茶每位也至多一角钱,有时还不到七八分钱,不但听书奉陪,茶钱也格外便宜,因为书场里的茶,不但蹩脚得毫无滋味,并且手巾和开水也不大光临的。"⑤由于一般茶馆书场确实落后于一些新兴的专业书场,如沧州、东方、大陆等书场,再加上茶馆行业本身的衰弱,因此20世纪30年代之后茶馆书场昔日的光辉逐渐逝去。

### (四) 其他副业

随着茶馆业的衰弱,茶馆的生存越来越不易,兼营他业是茶馆的最好出路。上海解放后,政府调查茶馆业,发现1949年底在850家同业公会会员中跨业会员占40%。1950年在对827家茶馆的调查中,对兼营副业有了较为详细的记录:兼营熟水的有388家,兼有书场的有53家,兼有其他业务的有10家⑥。档案资料显示了

---

① 上海通社撰:《上海通》,上海透视出版社1948年版,第31页。
② 茅善玉主编:《沪剧》,上海文化出版社2010年版,第42页。
③ 徐起:《城隍庙茶楼书场话旧》,载陶人观主编:《上海文史资料存稿汇编》(11),上海古籍出版社2001年版,第55页。
④ 灵犀:《书场》,载《社会日报》1933年8月11日。
⑤ 状元枱上人:《弹词漫谈》,载《现世报》第三十四期,1938年。
⑥ 《上海市茶楼商业同业公会经营情况、户数、资本额、从业人员及盈亏情况等调查资料》,上海市档案馆藏,S344—4—35。

茶馆副业中最为普遍的是兼营熟水。兼营熟水的多为小茶馆,许多老虎灶因兼售茶水成为小茶馆的重要组成部分。一则资料对20世纪30年代浦东小茶馆售水的情况有过介绍:"浦东若干老虎灶,多数带做着小茶馆生意。他们一半壁卖开水,一半壁放着几张桌子,供客人泡茶,这样一来,比较要多赚几个钱。"①兼售熟水的小茶馆和兼卖茶水的老虎灶,由于经营形式的相同,两者很难真正区分。因此茶水、熟水哪个为主业、哪个为副业根本无法分清。不管怎样,供应开水的老虎灶式小茶馆为居民生活提供了很大方便,因为自家烧水费时费钱,因此"上老虎灶泡水"成为居民的习惯并形成一种风俗。

茶会,尤其是茶会市场,是茶馆收入的重要来源。茶馆并不是茶会的组织者,而是受益者,它通过提供场所来受益。这些茶会的组织、参与者,往往以包台子或包场子的形式,与茶馆店主之间达成协议。对茶馆而言,虽然包台子或包场子的茶价比散茶便宜,但是拥有了常客,是细水长流的生意,所以各茶馆对于茶会表示积极的争取。当然,大茶馆因其优势往往成为赢家,尤其在茶会市场的场地竞争中。由于带来的经济利益,至20世纪40年代末,茶会市场繁盛一时,从而成为大茶馆在战后凋敝的经济中获得生机的主要途径②。

聚赌抽头是茶馆经营的另一项副业。赌博是历届政府严厉禁止的,但是茶馆中的赌博从来都是顽强地存在着。在翻阅《申报》时,经常看到茶馆捉赌、店主受罚的记载。在抗战胜利后的几年间,茶馆中的赌博愈演愈烈。通过提供场地从而抽头渔利,这是众多中小茶馆店主脑中的生意经,即使面临惩罚的危险也"在所不惜"③。

## 三、经营手段

### (一) 媒介宣传

宣传是公开而广泛地向民众传递信息的重要表现方式,利用媒介宣传则是晚清上海文化业逐渐发达后的产物。1861年10月上海第一份中文报纸——《上海新

---

① 窈究:《浦东的老虎灶》,载《社会日报》1937年6月12日。
② 有关茶会的介绍详见第四章第三节。
③ 关于茶馆赌博及与政府、社会、民俗之间的交错关系在后文详细展开。

报》由英商字林洋行业主达伦创办，1872年4月的《申报》创刊，之后各类中文报纸先后创办，而《申报》独树一帜，很快成为最具影响力的一份报纸。早期在报纸上登载商业广告是一件"时髦"的事。在笔者查阅晚清时期的《上海新报》《申报》后，发现当时茶馆业也积极参与了这件时髦事。通过对这些广告的分门别类，晚清时期茶馆与报纸广告之间的密切联系得以清晰展现，同时跃然纸上的是茶馆店主如何利用广告处理各类业务的经营方式和手段。

第一类是招股广告。在众多广告中，仅发现一则招股广告。光绪八年(1882)9月，阆苑第一楼经理李大雪在《申报》上登载招股广告，广告对招股时间和每股金额作了说明：自八月初七起限二十天以内，每股计九十八元五十两①。合股开办自然资金雄厚，这也为阆苑第一楼后来得以成为"租界茶楼之冠"奠定了牢固的经济基础。

第二类是宣传广告。这里的"宣传"是以狭义而言，主要指向于采用各种方式吸引茶客前往茶馆的广告。宣传广告中最主要的是开张广告，其次是其他各类形式的广告。1862年8月，租界较早开设的松风阁开张前在《上海新报》上陆续登载广告，这是租界第一张茶馆广告。之后茶馆开张广告不时出现。开张时间、具体地点在广告中在必定出现的，除此之外广告内容、方式则各有特色。1879年9月2日《申报》登载了一则"新开荣昌茶楼"的广告："本楼巧制粤东茶食、蜜饯糖果、各国番饼，自办官礼名茶，铺在上海棋盘街，准于十六日开张，货真价实，童叟无欺，仕商赐顾请认招牌为妥。"②突出"粤东时款点心"和"外国洋糖饼干"③的提供是广东茶馆的宣传模式。广东茶馆的最大特色在于它丰富多样的小吃，这点当然需要大力宣传，而广告词中提到西方食品，说明此时西方食品已进入茶馆，而且成为茶馆宣传的"卖点"。1882年阆苑第一楼高调开张，广告中称："本号创造三层洋楼，新设弹子房，刻已工竣，兼仿洋式，置办沙露清泉各色香茗，具备细点。""洋楼""弹子房""仿洋式"是阆苑第一楼的最大特色。另外如其他一些广告词："新造洋房，内专办东西官礼，茶食随意，西洋小酌，奇巧佳品一应俱全。"④中西结合在晚清茶馆经营中可窥一

---

① "阆苑第一楼招股"，载《申报》1882年9月18日。
② "新开荣昌茶楼"，载《申报》1879年9月2日。这是发现的《申报》上第一份茶馆广告。
③ "新开易安茶居"，载《申报》1899年9月1—27日。
④ "新开福来茶楼"，载《申报》1880年9月22日、23日、24日、25日。

二。有的广州茶馆在广告中弱化茶水服务而强调广州食品的供应,如怡珍茶居的广告:"本号开上洋棋盘大街五马路口,巧制广东蜜饯糖果、各色茶点、龙凤礼饼、腊味各货,仍在栈房发售,俟正铺装修工竣,择吉开张,诸尊光顾,请至五马路怡珍栈交易是荷。"①开张之日,怡珍再次登报声明②。

大多开张广告是茶馆新开所作的宣传,有时会在开张不久后作宣传:"静安寺东首新设印泉楼茶室,已于新正元旦开张,结构虽小,幽雅可观,又有后园广计二十余亩,拟建楼台亭阁,择吉兴工,他日高成,更添游者之逸兴矣。"③从广告中可以看出店主欲将印泉楼建成园林式茶馆,品茗、游园是印泉楼的亮点。福来茶楼在开张不久后再次登载广告,详细介绍茶水、酒菜的价格④。有时一些茶馆在重新装修、堂室扩充后登载广告,如同安茶居⑤。五层楼在新建后楼竣工后这样宣传:"本楼新建后楼工已告竣,择初二日开张,高搭宁式异样彩牌楼,满堂悬灯结彩,精增花露各品茗茶,久年清陈宿膏,新增京庄绍酒,随意小酌,减价发售。"⑥"宁式异样彩排"显示五层楼由宁波人经营,除茶水外,还提供烟膏和酒,并"减价发售"。由于清末吸烟仍有着很大市场,许多大茶馆兼为烟馆,在广告中也往往突出这一经营特点。有时专门发布"批发零售烟膏"的广告,有时在广告词中出现"公烟出售"的字样,有时直接在广告标题中显示,如"新开茶烟馆""心方烟号,财源茶楼"⑦。

为吸引顾客,茶馆使出各种招数。也是茶楼于清代光绪十年九月三十日(1884年11月17日)登载广告:"特请江西素心唱班","每位只取香茗一钱","十月初一夜八点钟起,十一点钟止"⑧。阆仙楼绿云居经营茶烟馆和书场,它在开张广告中打出"助赈"的旗号,称:"启者目前东省水灾未已春赈孔亟。诸大善士劝捐筹助力尽筋疲,同此以仁存心,苦于绵力无济,特集资本于本埠四马路中市定安里内开设阆仙

---

① "新开怡珍茶居",载《申报》1887年10月6—25日。同芳居开张时也持相同内容,"同芳成记茶居",载《申报》1883年4月27日、28日。
② "新开怡珍茶居",载《申报》1887年12月20日。
③ "新开茶馆",载《申报》1884年2月4—6日。
④ "福来茶楼",载《申报》1880年10月7日、10日。
⑤ "廿六日同安茶居开张",载《申报》1900年5月21日、23日。
⑥ "五层楼",载《申报》1892年5月28日—6月3日。
⑦ "阆苑第一楼启",载《申报》1883年1月9日;"新开汇芳园",载《申报》1901年5月31日—6月3日;"新开茶烟馆",载《申报》1885年7月25日、26日;"心方烟号 财源茶楼",载《申报》1900年3月19日、20日。
⑧ "奉送唱班",载《申报》1884年11月17日。

楼茶寮、绿云居烟室,茶分红绿,既教烦渴之消除,膏选清陈,又乐烟云之供养,更复笙歌叠奏,萧管齐鸣,乐事相因,任人茇止,拨余资以助赈,行乐之内实存行善之心,望贵客之遥临,消遣之端隐窃消灾之意,此启。"①以"助赈"作广告,可谓新颖独特。

1909年,怡珍茶居在经营二十多年后再次作修整并登载广告②,见图2-1。这是所查到的字数最多、内容最丰富的一张茶馆广告,它从茶水食物提供到经营环境到服务水平作了全面的介绍,以示修整后怡珍茶居的崭新面貌:一是聘请了广东头等名师专制各类点心,并特别注重食物卫生(当时租界正宣传食品卫生,怡珍茶居此举既是对政策的积极响应又能消除顾客之虑,可谓抓住"重点");二是装饰一新,设备改良,"夏日装置风扇","冬天添设火炉",风扇、火炉对众多茶馆来说还是"奢侈品",因此怡珍茶居特别注明;三是提供各类名茶、品种丰富,还有清陈宿膏;四是堂倌招呼周到,能使顾客产生宾至如归之感。在传承旧有方式的基础上,怡珍茶居加入了新的元素,期望以此吸引顾客的到来。

图2-1 《怡珍茶居广告》

在众多宣传广告中,有一则是比较特殊的。清代同治九年三月廿一日(1870年4月15日)起,《上海新报》连续登载了一则"福仙园茶馆告白"的广告,见图2-2。该广告的特

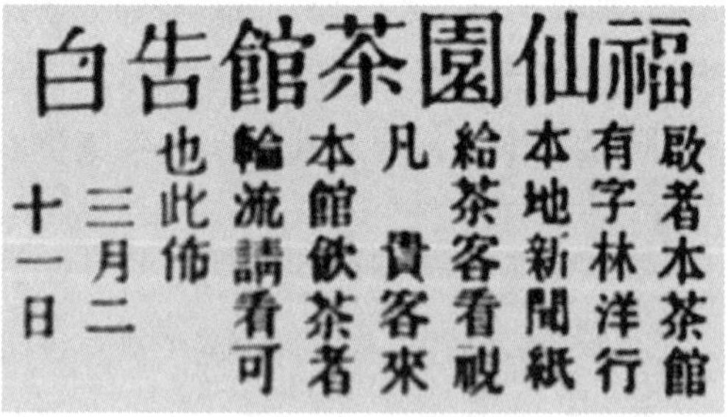

图2-2 《福仙园茶馆告白》

---

① "新开书馆烟室",载《申报》1886年4月19日。
② "怡珍茶居广告",载《申报》1909年3月20日。

殊性在于：一是其陆续登载了数月，从4月至12月初共登载了49次，是所有茶馆广告中登载次数最多的；二是其宣传内容，称有"字林洋行本地新闻纸"给茶客阅读，"字林洋行本地新闻纸"即是指《上海新报》。从登载时间、方式（往往登载在第一版第一行）和内容来看，该广告应该是福仙园茶馆和《上海新报》报纸媒介合作的结果。福仙园茶馆借助《上海新报》登载广告吸引茶客，《上海新报》借助福仙园茶馆这一公众场所宣传该报、吸引读者，双方互惠互利。

第三类是召盘广告。店主因各种原因不再经营茶馆，试图出租或出盘于他人。较早的一则召盘广告："兹法马路宝兴里口宝泉楼三开间茶馆及老虎灶等装修什物俱全，如有合意者或租或盘，即至新宝顺洋账房内面议可也。"①在广告中，茶馆地点、情形及联系方式都清楚告知。不过通览召盘广告，出租的比例很少，绝大多数是准备出盘。出盘的原因有多种，法租界工露春茶馆"因乏人照管欲将店召盘"，宝善街松风阁茶馆"因敝东物故，经手乏人"，四马路洪园茶馆"因股东意气不投，情愿拆开另立基业"，大观茶烟馆"因各股东意见不合"，岳阳楼茶馆"因店主欲就别业，无暇及此"，有的不说原因，只说"其价格外"②。其实在各种原因里，生意冷清是最主要的。阆苑第一楼在召盘广告中即直接挑明："迩来市面萧然，生意日清，开缴固难再省，添本复乏张罗，且本号负欠甚巨，恐难以卒岁，辗转思惟情愿将本号房子及一切生财等悉行召盘以归各款，倘欲盘者不论中西人等至本号面议可也。"③有的茶馆在召盘广告中详细说明茶馆生财状况："兹有紫铜大炉子两只，黄白烟袋百念只，及面盆、红木挂牌并有戏馆用自来火火头百多个，预买者至宝树胡同谢家。"④

第四类是盘店广告。茶馆召盘成功，即有新店主接手，一般新店主会登报作盘店声明，以澄清新旧两店间的经济瓜葛。四海升平楼在盘下富贵楼后，登报声明："四马路富贵楼全副生财装修等今盘于新主，暂停改造，择吉开张，所有富贵楼一切该项票据押包等向前主理取，与新主无涉，恐未周知，特此布告。"⑤就盘店声明内容而言，各广告具有相似性：如果原茶客与原茶馆之间有尚未理清的款项——一般是

---

① "召盘"，载《申报》1879年4月10—23日。
② "茶馆召盘"，载《申报》1880年8月17日；"召盘"，载《申报》1882年9月11—20日；"召盘"，载《申报》1885年3月16—21日；"招盘"，载《申报》1900年3月21—30日。"召盘"，载《申报》1899年10月31日—11月9日；"召盘"，载《申报》1885年5月1—3日。
③ "召盘"，载《申报》1886年1月10日、11日。
④ "茶店生财"，载《申报》1886年1月6—11日。
⑤ "盘店声明"，载《申报》1891年1月26—28日。

茶馆欠茶客,或茶客有押包在茶馆——茶客应向原茶馆求得解决,与新店无关。不过在盘店后改名上各茶馆并不相同。四海升平楼是完全改掉旧称;有的取其相似名称,如“岳阳楼”改为“一阳楼”;有的是名称不改,而是改“庆记”为“协记”;也有如四马路阳春烟雨楼被盘后仍沿用原名①。在盘店声明中,大多是新店主所作,不过也有例外。19 世纪 80 年代华众会两次易主,都由原主人登报告白。第一次告白:“本众会一应生财自十月初一日统租于沈汪两公开设加号义记,嗣后进出账目概归于义记承认,与本众会无涉,至九月份以前往来等项仍由本众会清理,此布。”第二次告白:“启者四马路华众会义记今于四月初一日起另换利记接做,嗣后往来账目统归华众会利记接洽,惟在四月初一日以前所有外面一应账目仍向义记清理,与华众会利记无涉,恐未周知,特此登报。”②华众会先是加号义记,后改为利记,都由原店主登报声明。

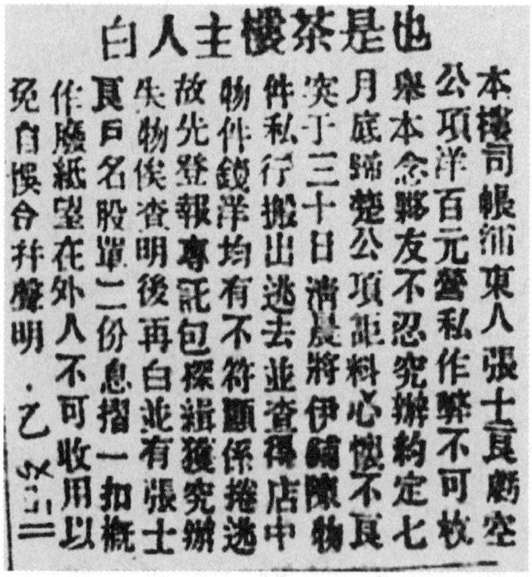
也是茶樓主人白
本樓司帳浙東人張士真虧空公項洋百元營私作弊不可枚舉本念鄉友不忍究辦約定七月底歸楚公項詎料心懷不良突于三十日清晨將伊鋪陳物件私行搬出逃去並查得店中物件錢洋均有不符顯係捲逃故先登報專託包探緝獲究辦失物俟查明後再白並有張士真戶名股單二份息摺一扣概作廢紙望在外人不可收用以免自悞合并聲明．乙

图 2-3 《也是茶楼主人白》

第五类是业务说明广告。当店主觉得有必要把一些情况公布于众时,店主会登报陈清或说明。1883 年 3 月阆苑第一楼发现有人冒用自家牌子出售烟膏,马上登报陈清,“只此一家”,别无分店③。之后在收回点心房自做时又登载广告说明情况,广告中还提醒与点心师傅有银钱往来的向其收取④。1885 年 9 月,也是茶楼登载广告,说明本店司账亏空、卷五私逃情形及之后处理事宜,如图 2-3。

除以上五类广告外,还有一些较为特殊的广告。说其特殊,是因为广告登载者并不是茶馆店主,而内容上茶馆只是作为背景出现。清代光绪六年十月廿九日(1880 年 12 月 1 日)《申报》登载一则“庙园设谜”的广告,语句精短:“十一月初一日

① “声明”,载《申报》1876 年 1 月 19 日;“盘店声明”,载《申报》1891 年 1 月 11—13 日;“盘店声明”,载《申报》1888 年 6 月 20 日、21 日。

② “告白”,载《申报》1885 年 11 月 12—16 日;“告白”,载《申报》1886 年 5 月 4—10 日。

③ “只此一家”,载《申报》1883 年 3 月 25—27 日、4 月 10—16 日。

④ 。“阆苑第一楼告白”,载《申报》1885 年 7 月 20 日。

复在庙园湖心亭谨候。"①猜谜在上海曾流行一时,发起者往往借助茶馆召集爱好者前往参与活动。广告显示湖心亭将有猜谜活动,显然活动发起者已经与湖心亭茶馆联系妥当。租出场地是湖心亭经营策略之一,而类似的广告则会招来更多的顾客。1891年7月22日、23日《申报》连续两天登载一则"蒙邀茶叙"的广告:"春翁鉴日前蒙邀南清芬堂茶楼一叙,阔谈衷曲,幸该茶楼阳台东南朝向,大堪避暑之境,且值堂每呼殷勤,叙谈良久,直至该茶楼收市,仅恋恋不舍忘返之心,惜翁隔日即返珂里,晚蒙赐良言教我,感激此谢。晚程志念具。"②该则广告是程志念感谢"春翁"蒙赐良言的告白,不过在字句上颇多对清芬堂茶楼的介绍和肯定,无意中是对该茶馆的一种宣传③。

晚清报纸上出现了形式多样、内容丰富的各类茶馆广告,使我们对当时茶馆业的状况及店主的经验理念和宣传方式有了进一步了解。当然,早期在报纸上登载广告确实是件时髦事,价格不菲的广告费用也并非普通茶馆所能承担得起。因此广告中的茶馆以租界大茶馆为主,而资金雄厚的广东茶馆更是"榜上有名"。

民国时期很少见茶馆在《申报》上登载广告,20世纪30年代青莲阁曾大张旗鼓地宣传。1931年,青莲阁因年久失修,成为危房,于是茶楼主人另觅新址重建,从福州路山西路西首迁至福州路湖北路口。开幕之日,在《申报》上登载:"四马路青莲阁茶楼,因旧址房屋拆造,迁至大新街口新建三层钢骨大厦,布置堂皇,装设瑰丽,三楼特开雅座,增设饮冰室,专为高尚雅士茗谈消遣之所,兹定于今日(十三日)正式开幕,大赠品,每位赠送名贵香烟一包、茶券一纸云。"④青莲阁在开幕时还有赠品送与茶客,可谓新时期的促销方式。除此之外,青莲阁还使用了其他宣传方式。且看一位新闻界人士所作的一篇小文:

> 青莲阁三字,沪滨妇孺,几无不知之者。自新迁往神仙世界对门后,力事整顿,面目焕然一新。今日之雅洁,迥非曩昔之卑陋可比。一昨为弥月之期。经理孙绍瑞君,邀请报界,声明改革青莲阁之性质,藉使骚人墨客,知所问津

---

① "庙园设谜",载《申报》1880年12月1日。
② "蒙邀茶叙",载《申报》1891年7月22、23日。
③ 虽然这则广告很有程志念故意替清芬堂茶楼宣传的嫌疑,但缺乏实证,所以说其是无意的宣传。
④ 《青莲阁今日开幕》,载《申报》1931年6月13日。

焉。△主人口中之今昔。孙君略谓当初所设青莲阁于四马路时，为下流人裹玩之所。青年工人，堕落于此者，不可胜数。我咎实难辞。因畴改革之方，然困于环境，一时难以实现。今此处新屋落成，乃即迁移而来，营业性质，与前此不同。设备亦殊。二楼为普通书场，及各业贩卖接洽处，三层则特设雅座，专为骚人墨客论文之地。△日报记者之失望。上海每日新闻记者堤一朗，及菅藤春庭两君，是昔亦准时列席。两记者以为今日来此，得一啖中国菜矣。不孙君因三楼特设日本料理部，今日特以日本料理飨客。两记者大失所望。然我国报界中人得尝异邦风味，非常欢忭云。△日本料理之创设。日本料理，其中亦不乏佳味。今国人之嗜东味者日众，然皆须往日本虹口料理店，取价甚昂，国人苦之。孙君有鉴于斯，特开该部，在上海实为创设。取价甚廉，所以取回利权。且招待日本新闻记者，力事宣传。俾木屐儿亦丛集于此，则其用意更深长矣。△剧坛人怜之招待。三楼之特别雅座，有女招待焉。中有能日语者，孙君嘱予试验其程度若何。予详询之。知彼妹年方二八，其父曩尝经商于日本横滨，任中国志成会会长。一时颇有声誉。不幸中道溘世，伊乃飘零回国，竟流落为女招待。当其父在世时，门下多清客门仆，故伊所操日语，皆系对下属之言语，而非敬语。然操此生涯，非用最敬语不可。噫世道不可凭。今日之乞食者流，宁非曩昔之车马盈门者乎。感慨所至，不能无言，因并志之。①

　　从这篇文章中看到，青莲阁经理邀请了中日报界中人。意图很明显，先把青莲阁迁址后的新情况告知报界，再由报界向外报道。文章作者也在被邀之列，写就的这篇文章也是对青莲阁的一种宣传。可见时代的发展使得茶馆业的宣传方式较之前有了很大不同。宣传中迁址后的青莲阁有三方面的特色：第一，改变之前为"雉妓大本营"的营业性质②；第二，布局较之前有很大不同，设置了喝茶处、书场、雅室；第三，三楼特设日本料理部，并雇用女招待。由于提供日本料理，青莲阁经理特意

---

① 王沿津：《新青莲阁小记》，载《申报》1931年7月14日。
② 直至20世纪20年代末，青莲阁在世人眼中的印象依然不佳，《上海常识》中这么介绍："凡是初到上海的人，必到青莲阁赏光一次。其实青莲阁也没有什么特殊的，却是福州路一带的雉妓大本营，到青莲阁喝茶的人，除了上午，是有几帮商人的茶会，下午起到夜间停市止，差不多都是雉妓盘踞在上，凡上流社会和束身自好的人，平日无事，万不肯踏进青莲阁，负那嫖雉妓的恶名。"红鹅：《茶馆》，载《上海常识》第42期，1928年9月19日。

邀请了日本报界人士,意图吸引日人来此品尝。青莲阁的转变和创新,跃然纸上,宣传详细而生动。

不管怎样,晚清时期茶馆广告的那种盛况到民国后再也没有出现。有两种可能:一是茶馆业的极盛时代已然过去,花花绿绿的电影、药品、香烟等宣传广告宣示了另一个都市时代的到来;一是茶馆在时间的涤荡中逐渐融入民众的日常生活,对于一个历史经久、家喻户晓的传统行业,不需要广告宣传。对于这两种可能,前者更有说服力。

(二)其他招数

城隍庙一带游玩、烧香之人常年络绎不绝,因此茶馆不愁没有客源,尤其是老店湖心亭。外国游客也往往慕名前来。为了体验中国文化,其中一些人甚至成为湖心亭的茶客。20世纪20年代末火雪明这样提道:"外国人到湖心亭喝茶的倒也不少。"不过对于外国人入内喝茶,店主提供的是"特别茶",这种茶掺进了糖精①。之所以这样做,应该是担心茶水味苦不符合外国人口味。这也是湖心亭茶馆的"生意经"。

允许妓女出入茶馆也是吸引茶客的招数之一。虽然此举有危险,将受到惩罚,但比较于因妓女而带来的商业利润,茶楼经理更是乐意承担一定的风险。各茶楼为了争取妓女的光临,还采取了一些措施。1920年,有人调查"招待淫业的茶楼",发现茶楼发茶券给妓女,这样妓女就不会因为拉不到客又赔茶钱而不来茶楼,所以这是茶楼替妓女谋便利。当然,首先发行茶券的茶楼会占得一时先机,后来各茶楼都发行这种茶券,一个妓女得到好几张,这茶券也就不发生效力了②。

文人黄式权在《淞南梦影录》中记载了两则关于茶楼吸引茶客的事例。广东茶馆同芳居曾经有过人鱼展览、出售。人鱼"长一尺余,卷发凹睛,须如猬刺,颇如泰西种类。而指上螺旋,颊边毫细,无不一一如生。惟是腰以下,则仍作鱼形耳"。人鱼售价不低,需洋二十元。人鱼因其昂贵而无人问鼎,但是人鱼带来的人气使得同芳居大赚了一笔茶水费。阆苑第一楼原为三层楼,之所以后来再建一层,是与对面杏花楼餐馆竞争的缘故。杏花楼刚开始生意并不好,于是兼备清茶。第一楼店主

---

① 火雪明:《上海城隍庙》,青春文学社1928年版,第49页。
② 王无为:《上海淫业问题》,载李文海主编:《民国时期社会调查丛编·底边社会卷》(下),福建教育出版社2005年版,第428页。

"欲与争胜,遂加上第四层危楼"。这样第一楼在竞争中获胜,"裙屐翩翩,咸乐舍彼就此"①。

开办于1908年、坐落于九江路小花园附近的文明雅集茶楼另辟蹊径,在"雅"字上做文章。茶楼老板俞达夫擅长书画,是大画家任伯年的入室弟子,在人物花鸟画方面尽得师传。由于主人的雅趣,文明雅集与当时其他茶馆很不同。从屋内环境、设备看,窗明几净,一尘不染,藤椅相伴。更有特色的是,茶楼设有主题不同的多个小房间,有书画室、琴棋处、丝竹场、金石斋、女客楼、品茗厅、小酌所、花草棚、聚宝轩、电话间②。沪上文人雅士、骚人墨客在文明雅集或泼墨作画,或文枰对弈,或管弦丝竹,或考古论今,茶楼生意倒也盛极一时。

抗战胜利后的几年间,各茶馆为求生存,不良竞争常有发生。1946年3月,青莲阁茶楼老板吴麟坤向同业公会反映:"乐园茶园丁君庚葆身为公会理事长竟以不正当之竞争手段挖取棉布业茶会",丁庚葆自认失当,允诺将该茶会迁回,"但逾时多日未见照办"。并称若不解决将不再接受公会议价之约束。事情的结果如何材料中并未显示,但可以想到的是丁庚葆作为公会理事长为树形象、易管理,应该会履行承诺。另外,在公会的统一茶价过程中,也时常发生一些不当竞争,如龙泉茶楼私印茶券一事③。为了生存,茶馆店主不再以公会规定为准则,这是特殊时期的非正常手段。

## 四、员工组成

茶馆的员工组成怎样?每家茶馆需要多少员工呢?以1944年日伪时期对一些茶馆的调查为中心,摘录其中涉及员工的信息制作成表2-4。

不同等级的茶馆,需要的员工数肯定是不一样的,等级越高,即茶馆的规模越大,员工需要越多。表2-4中显示,特等茶馆雇用17人以上,甲等茶馆的员工在4—15人之间,员工人数是4人的属于甲等中较差的茶馆,乙等茶馆大致在2至6人之间。

---

① 黄式权:《淞南梦影录》,上海申报馆清代光绪年间1875—1908年,第145、149页。
② 《上海指南》卷八,商务印书馆1909年版。
③ 后文将详细涉及。

表 2-4　1944 年部分茶馆员工统计表①

| 名　称 | 等　级 | 员工总数 | 员工具体组成 |
| --- | --- | --- | --- |
| 长　乐 | 特　等 | 22 人 | 堂倌 21 人，账房 1 人 |
| 乐　园 | 特　等 | 19 人 | 堂倌 16 人，账房 3 人 |
| 一乐天 | 特　等 | 18 人 | 堂倌 14 人，剃头 3 人，灶炉 1 人 |
| 仝羽春 | 特　等 | 17 人 | 堂倌 12 人，剃头 3 人，出店 1 人，灶炉 1 人 |
| 青莲阁 | 特　等 | 17 人 | 堂倌 9 人，学徒 8 人 |
| 自由谈 | 甲　等 | 15 人 | 茶房 6 人，其他 9 人 |
| 万　商 | 甲　等 | 10 人 | 茶房 6 人，学徒 2 人，账房 2 人 |
| 中　鑫 | 甲　等 | 7 人 | 堂倌 5 人，学徒 1 人，理发 1 人 |
| 快　阁 | 甲　等 | 6 人 | 堂倌 4 名，理发 2 名 |
| 天福楼 | 甲　等 | 4 人 | 堂倌 4 人 |
| 壶中天 | 甲　等 | 4 人 | 茶房 4 人 |
| 一林春 | 乙　等 | 6 人 | 堂倌 4 人，女仆 2 人 |
| 荟　芳 | 乙　等 | 4 人 | 堂倌 3 人，账房 1 人 |
| 锦　春 | 乙　等 | 4 人 | 堂倌 4 人 |
| 一言楼 | 乙　等 | 2 人 | 2 人（注：原文如此，应是堂倌） |

资料来源：《日伪上海特别市经济警察第一大队关于各茶馆业商店调查表》，上海市档案馆藏，R27—1—100。

再看员工的具体组成，表 2-4 中出现的员工有：堂倌（茶房）、账房、剃头（理

---

① 等级为笔者补充。1948 年的《上海市茶楼商业同业公会本会会员入会志愿书》（一）上也有各茶馆职工人数情况，在总数上与日伪时期的调查表大致相似，不同的有两家，一家是青莲阁，记载有职工 37 人，一家是自由谈，有职工 5 人。见上海市档案馆藏，S344—1—10。在 1950 年的一份档案中，记载了青莲阁有职工 43 人，自由谈有职工 3 人，见《上海市茶楼商业同业公会经营情况、户数、资本额、从业人员及盈亏情况等调查资料》，上海市档案馆藏，S344—4—35。由此可见日伪对青莲阁、自由谈两家茶馆的调查有误。

发)、灶炉、出店、学徒、女仆。账房负责收茶资,有财产管理权,一般为店主信赖之人。特等茶馆一般都需要至少一位账房,表2-4中长乐有账房1人,乐园有3人,这是正常的情况。而一乐天、仝羽春、青莲阁竟然没有雇用账房,很有可能是调查者的失误。甲等茶馆中只有万商有账房2人,其他都没有。灶炉又称炉司,负责烧水,有时该工作由堂倌兼做,灶炉在空闲时也会端茶倒水,因此灶炉与堂倌之间没有严格的界限,这应该是表2-4中一些大茶馆没有灶炉一职的原因所在。旧时在商家担任接送货物等杂务工作的员工称作出店,茶馆没有特殊需要一般并不设置该职,表2-4中也仅提到仝羽春一家茶馆雇有出店。一林春茶馆雇有女仆2人,这在茶馆中很是少见①。(茶室与传统茶馆不同,普遍雇有女招待)由于调查没有涉及,所以不清楚这两位女仆具体是做什么的。在职工中还有一类人相当特殊——剃头师傅,表2-4称作剃头、理发。根据资料,剃头师傅应该很早就是茶馆雇用的员工之一②。一乐天、仝羽春各有3位剃头师傅,快阁有2位,中鑫有1位,茶馆雇用剃头师傅并非普遍(至少在20世纪40年代是如此),各茶馆视需要而定。

  表2-4中还有一类员工需要特别说明,他可以视作茶馆的"灵魂"——堂倌。堂倌又被称作茶房,从大范围讲,堂倌包括学徒,不过学徒级别较低,不属于正式员工,所以表2-4中把两者分开,以示区别③。有学徒的茶馆很少,仅有3家,说明学徒制在茶馆并不普遍④。关于堂倌与茶博士之间的关系,王笛认为在成都技术高超的堂倌被称作茶博士。不过有时茶博士也被作为堂倌的雅称。《图画日报》上有一

---

  ① 1947年初,警察局蓬莱路分局对境内熟水店、茶馆进行调查。在151家熟水店、茶馆(许多熟水店兼营茶水)中,工友绝大多数为男性,仅有5位女性。《上海市警察局蓬莱路分局境内各业工会、社团、会馆公所、医院、浴室、旅馆、娱乐场所、佣工介绍所、银楼金融机关、典当、旧货业、运输业、茶园等之调查表》,上海市档案馆藏,Q135—3—19。

  ② 1911年10月某日凌晨福州路万华楼茶馆发生火灾,《申报》对此作了连续报道,称"该茶馆内一理发匠,扬州人,小唐竟葬身火窟",其他伙友(即堂倌)、学徒顺利逃出火海。剃头师傅与堂倌们一起住在茶馆里,对他们的雇佣身份是很有力的证明。见:《福州路大火纪闻》,1911年10月10日;《福州路大火后闻》,1911年10月11日;《研讯起火情形》,1911年10月22日。

  ③ 在旧社会当学徒,有明确的不成文的规定:一是当学徒必须学三年,如不到三年自己跑掉,要追回吃饭钱。二是学徒期间只管吃饭,不给工钱,三年满师后视情况还得白做一个时期。三是一切听师傅的,要打要骂家人不得干预。

  ④ 王笛对成都茶馆的研究也表明茶馆几乎没有学徒工。王笛解释说:"这说明茶馆与其他行业不同,缺乏一种充分发展的培养未来茶博士的学徒制度。没有资料对这个现象进行解释,但我估计应该与工作性质有关。在茶馆里,一个没有经过专门训练的新手,仍然可以提供端茶、掺水等基本服务,但要成为一个茶博士,则非要有长期的工作经验不可。"见王笛:《茶馆:成都的公共生活和微观世界(1900—1950)》,社会科学文献出版社2010年版,第288—289页。

幅茶博士的营业写真图,图上的文字清晰地对茶博士作了介绍:"茶馆做个茶博士,一天到夜冲开水。铜壶一把手不离,还要扫地揩台端凳子。茶馆时有官场来,闻呼博士惊欲呆。何况茶堂分正副,有人兼挂正堂衔。"①这里的茶博士应该指向所有堂倌。这里还涉及,有的茶博士兼做正堂。正堂在茶馆员工中级别是最高的,是员工的领班②。

堂倌干的是辛苦活,"一天到夜冲开水"外,还要扫地揩台端凳子。冲开水是一项技术活。堂倌站在方桌边一定距离(不靠桌子,不磕碰人),右手拎起开水壶,左手揭开茶壶盖,只见冲壶嘴向下一点、二点、三点,开水正好满壶而不外溢,桌上滴水不沾,行话叫做'凤凰三点头',干净利落,堪称一绝③。如果掌握这项技术,那么称之为茶博士是名副其实的。好的堂倌还需待客有道。茶客一进门,堂倌就应热情招呼,指引茶客在空位坐好,冲茶递毛巾要勤快利索。对于老茶客的需求,堂倌要心领神会。一位老人回忆他幼时与父亲"从城隍庙的湖心亭到英大马路的日升楼、从福州路的青莲阁到二马路的文明雅集"喝茶的经历:"那时一进茶馆,老爸一声不吭,坐定后将右手食指伸直。跑堂的心领神会,刹那间就端来一壶绿茶。后来才知道老茶客要茶都以手示意:食指弯曲是红茶,五指齐伸微弯是菊花,握拳是玳玳花,伸出小指是白开水。"④由于茶客来自三教九

图 2-4 《茶博士》(摘自《图画日报》)

---

① 《图画日报》第 5 册,上海古籍出版社 1999 年版,第 68 页。
② 抗战胜利后劳资双方签定劳资纠纷调解笔录,规定资方不得兼任正堂。之前存在资方或劳方兼任正堂的情形。
③ 沈毅:《老茶客谈日升楼茶馆》,载政协金山县委员会文史资料工作组编:《金山文史资料》第 7 辑,1988 年版,第 307 页。
④ 林苟步:《吃得有趣》,汉语大词典出版社 2001 年版,第 274 页。

流,五方杂处,吵嘴、打架在所不免,此时堂倌应"排难解纷",说几句妙语,把双方刚升起的"火"平息。因此堂倌的挑选和管理对于店主来说是至关重要的。

小账到抗战胜利后才取消,因此很长一段时期堂倌向茶客收取小账成为上海各茶馆的一项陋规。20世纪二三十年代,各茶馆的价牌上,大都标明"早茶每壶若干文,午茶每壶若干文,小账分文不取。倘使强索,告明账房,立即斥退"。写的是明明白白,但是真正分文不取是很少的。堂倌收资时,"必于额定外要加收二三十文,或五六十文不等,才放你走出。倘使你照价牌上给资,他必一百个不愿意,并说还要叨光小账"①。"叨光小账"即小小账,是小账之外的小账。以上是著名报人郁慕侠对上海大多数茶馆收取小账的描述。当然也有个别茶馆是不收取小账的。《民国日报》1917年7月29日报道了一则消息:"春风得意楼向无小账陋习,故人咸乐就之,生意发达,为邑庙之冠。日前忽有堂倌私取小账事被经理张季华察觉,以其有违定章,罚洋十元,拨充中国红十字沪城分会经费"②。春风得意楼对于违规收取小账的堂倌进行罚款,并拨充红十字会,这项举措在当时茶馆甚为少见。城隍庙内还有一家茶馆也有不收小账的规定,20世纪20年代末火雪明这样称赞湖心亭:"湖心亭还有一种好处,就是他们所雇的堂倌,对于手巾小账的,的确分文不取的!"③

管理堂倌是店主的职责,不过由于堂倌素质的参差不一,有时仍会造成茶馆里的冲突。《点石斋画报》描绘了阆苑第一楼一个堂倌戏弄妓女女仆,双方恶语相向最终扭打起来的图景④。

还有一类员工在表2-4中并未提及。在城市自来水尚未普遍前,各茶馆都雇用挑水夫。挑水夫每天清晨来回挑水,很是辛苦,而所赚极少。若是幸运,则能在所挑之水中捡获杂物或钱包,当然这种可能性是很小的⑤。不同于市区,浦东等郊区的自来水设备直到民国以后尚未完善,因此茶馆在很长一段时期都需要挑水夫⑥。

---

① 郁慕侠:《上海鳞爪》,上海书店出版社1998年版,第100—101页。
② 《茶社尚知恪守定章》,载《民国日报》1917年7月29日。
③ 火雪明:《上海城隍庙》,青春文学社1928年版,第50页。
④ 《博士肇事》,载《〈点石斋画报〉·大可堂版》(第1册),第191页。
⑤ 《点石斋画报》图文并茂地描述了南市洞庭春茶馆的一位挑水夫在将所挑之水倒入水缸时发现一纸包,内有大洋七元五角,挑水夫大喜过望,庆幸今冬衣食不愁,这就是所谓的"馈贫粮"。见《馈贫粮》,载吴友如:《〈点石斋画报〉·大可堂版》(第10册),上海画报出版社2001年版,第35页。
⑥ 直到20世纪30年代,浦东的老虎灶式茶馆仍不用自来水,而用黄浦江水。窈窕:《浦东的老虎灶》,载《社会日报》1937年6月12日。

## 五、茶室特色

茶室虽由传统茶馆演变而来,但在很多方面两者有着天壤之别。因此在经营上茶室有着自身特色。

### (一) 注重广告宣传

民国后在《申报》以及其他报刊林林总总、五花八门的各类商业广告中,茶馆的身影并不多见。但是对于酒楼、公司附设的茶室来说,宣传经费自不成问题;作为与传统茶馆不同的、添进现代化因素的新行业,茶室有向大众广泛宣传的需要。因此在《申报》广告上经常可见茶室的身影。历史悠久的新雅是《申报》广告上的常客,在翻阅 1931 年 1 月至 8 月的《申报》时,新雅的那张老面孔经常可见,见图 2-5。有时连续数天出现,有时隔日出现,这样密集的宣传频率在茶室中堪称首家。从形式上看,这时期的茶室广告已没有晚清时期那种字数繁多的特点,而是大字突出,更具鲜明性。

图 2-5 "新雅"广告;"大东茶室"广告;"浦东大厦六楼茶室"广告

茶室勃兴的孤岛时期,广告更是铺天盖地。除了《申报》,其他报刊上也常登载茶室广告。以《文汇报》为例,从1938年创刊至1939年4月底,在茶室勃兴的这段时期,共登载有茶室广告39则。其中各茶室开张广告屡屡出现,如孤岛、璇宫、立德尔、上海等茶室;还有宣传广告,有纯粹的宣传如锦江、大东等茶室,有特别的宣传,如大东茶室在圣诞节特备中西大菜,沪江茶室经粉饰焕然一新、名点佳肴无不应有尽有①。

### (二) 建筑、设备上的现代化

茶室褪去了传统茶馆的陈旧色彩,从里到外换上了一身新装。走进茶室,看不见传统茶馆桌椅的拥挤和单调,而是厅堂宽阔,圆桌(或方桌)和火车座兼备,而且设备考究、装饰精良。著名的大东茶室是长方形的屋子,白色壁、白色顶、白色灯球,靠阳台悬着草绿色的窗幔,屋子里有百余张小方桌,小方桌的布毯有米色的、橙黄色的、天蓝色的,也有跟窗幔一样的草绿色,布置优雅、干净②。于1936年开设的锦江茶室是又一家著名茶室,创办人董竹君是这样描述锦江茶室的设计、装修的:

> 茶室的门面是用淡黄色新式砖砌墙,横装一排大红色霓虹灯(霓虹灯在当时还不普遍)招牌,显得朴素雅观。一进门,分左右两道边门进去,生意最好时也不显得拥挤。进大门便是大厅。面对大门,整个大墙壁挂了一幅"四川灌县索桥"大油画。有时换挂"地中海峡"大油画。由于画面的气势雄伟,为大厅增色不少。
>
> 进边门向左转弯有一大间雅座室,在右雅座室顶上建有半边楼的雅座室。楼下雅座分左右两边,沙发座椅,桌上放有鲜花,墙端装置着一盏盏倒挂茄子形的米色蜡烛电灯。左边墙上装有两盏法国式五彩瓷盘蜡烛壁灯。室的末端设有红木雕刻琴桌,摆有盆花。右角是有专人看管的卫生厕所。从左侧的座位起,整个墙壁是一幅"荷兰农村风景"大油画。
>
> 从雅座室左角开始,随着半圆形的磨砂玻璃柱转到楼上。屋顶和周围墙壁都以柚木板包装,沃克木打蜡地板。左右两边设有十四套双人沙发桌椅。左边桌墙上开了十四个圆顶小窗口,窗口下吊一盏西班牙式的绿色磨砂玻璃

---

① 根据《文汇报》1938年2月14日至1939年4月28日的茶室广告统计、整理。
② 《大东茶室小景》,载《申报》1936年8月31日。

灯,若遇逢年过节换上红色的。两边座位桌上都有鲜花,墙上也有倒挂的茄形磨砂灯,顶上无灯。靠窗口座位的顾客,从窗口望外面,面对一幅大油画,则不致有身居斗室而郁闷之感。总之,这里活像火车间,而且是世上少有的火车间。

这样小巧玲珑,玫瑰红沙发椅、五彩靠垫、暖气,美感舒适,尽管满座但不嘈杂,颇有情调,人们称它为"铸情楼"。①

不是所有的茶室都能像大东、锦江茶室那样装修豪华,不过有些小茶室,也是设备精致、充满格调。20世纪40年代新光大戏院附近转角上的华安茶室,是一家小茶室,该茶室内部划分为十个小房间,宛如旅馆,室小而雅,环境清静,壁上按有电灯,横列桌一张,两边有茶几,每室可容纳四五人②。不管大小,茶室的装修、设备都是传统茶馆无法比的。这样的环境,加上冬有水汀电炉、夏有风扇冷气,自然吸引了一批有闲、有钱阶级③。

### (三) 精于管理

茶室并不以售茶为主,点心的供应是其吸引客人的"撒手锏"④。因此茶室一般分为茶水部和点心部两个部门,又以点心部为主,聘请专业点心师傅。通常早市点心分咸甜两种,以咸著称的是叉烧包、虾饺、烧卖、大包、香肠卷等,以甜著称的有马拉糕、蛋挞、猪油包、莲蓉包、椰丝包等⑤。点心供应方式较为特别:各种广式甜咸点心装在瓷盆里,用车子推到桌边来,听任客人选取,既不用去柜台预先买筹,也不用当场开票付款,规定一律"先吃后惠钞"。要离去时,只要招呼声,服务员很快来到桌边,验视瓷盆边沿的标记(大东茶室以"○""△""□"等作标记,有的茶室以黑圈做标记),心里做加法,马上告诉客人该付多少钱,丝毫不差⑥。到了午市,各茶室还会别出心裁地创制几种新奇的点心(早市点心午市时如常供应),午市的点心

---

① 董竹君:《我的一个世纪》,生活·读书·新知三联书店1997年版,第273—274页。
② 应东:《小茶室的风趣》,载《新民晚报》1947年2月14日。
③ 夏天有闲、有钱阶级多仕茶室跑,因为"南京路各人茶室,多有冷气设备,下午无事可做,就去泡一壶香茗,吃几道点心,所费只几角钱,等太阳西下之际,才算账出门,那时热浪略减,可把其中的时间,完全消磨在里面"。《往有冷气的地方去》,载《社会日报》1938年7月17日。
④ 有些茶室,如大东茶室,客人喝茶必带上份点心,否则茶资以倍计。应东:《小茶室的风趣》,载《新民晚报》1947年2月14日。
⑤ 萧剑青编:《上海向导》,上海经纬书局1937年版,"茶楼"。
⑥ 里里:《孵"茶室"》,载《新民晚报》1984年8月19日;里昂:《喝茶与茶室》,载《民生周刊》第三期,1940年1月14日。

每星期改换一次。茶室将十几种点心分为两项,本星期推出甲项,下星期推出乙项,谓之星期美点①。有人评价龙井等茶室的点心:"龙井茶室之湖州粽子,确实不错,每客一只计国币一角,物美价廉,博得吃客称赞不止。京城茶室之冷面,其滋味不亚于冠生园,如能价格再减低一点,则益发讨好吃客矣!孤岛茶室曾一度暂停营业四天,现已复业,内部大加整顿,各式点心已见进步不少。"②由于茶室往往在中午、晚上兼卖饭菜,因此各茶室除了提供点心外,还提供其他各种美味菜肴。如新雅以咖喱鸡特别热售③。

　　雇用女招待是茶室的重要亮点。20世纪30年代之后,上海各商场、游乐场、酒楼雇用女招待已较为常见④。茶室中的女招待被称为"茶花女",有人还对该称谓进行"考证"⑤。"茶花女"是茶室中一道亮丽的风景线。她们大多长得年轻貌美,工作时穿着一式的制服。剪裁得体的白色或绿色或其他颜色衣裳外,罩上雪白的围裙,两根带子飘在后面。烫着波浪形的卷发,脸上薄施脂粉。她们或托着喷银盘,或提着白铜吊,或推着玻璃水果车供应时令鲜果,还代为削皮。"茶花女"为茶室增色不少,也带来更多的人气。有人总结大东茶室生意红火的原因:"第一是设备较为精雅瑰丽,第二是点心临时托盘兜售,另有风光情调,而最大的原因,却归功于公司大班选择女招待有聪明的眼光,……在这一点噱头上,无形中发出一种磁性吸力,会把顾客的心灵,引起酵母作用。"⑥大东茶室的"茶花女"无论从长相、身材还是服务质量,在当时各茶室中是出名的,也可以看出她们经过了较为严格的挑选、培训和管理。受时代所限,一些茶客戴着有色眼镜看待这些"茶花女",甚至对她们品头论足。有些茶室也故意迎合一些客人的口味,不重服务而重容貌,利用她们作为茶室的活动"广告",招揽生意。锦江茶室在招选、培训女招待时,特地打破此规则。据董竹君介绍,当时在应聘的女招待中,多数是高、初中毕业生。进店后对她们进行

---

① 急性:《欢喜到广东茶室的朋友都应该知道》,载《社会日报》1936年5月19日。
② 《茶室漫步》,载《现世报》第六期,1938年6月11日。
③ 张叶舟:《十年嗜茶客:漫谈上海茶》,载《上海生活》第三年第三期,1939年8月16日;盛佩玉:《盛氏家族、邵洵美与我》,人民文学出版社2005年版,第118页。
④ 最初女子进入服务业可以追溯到19世纪70年代烟馆女堂倌的出现,但不被官府允许,遭到严厉查禁。进入民国,风气渐开。神仙世界游乐场首先使用女招待,之后在游乐场逐渐普遍。不过游乐场的女招待有卖身之嫌,被时人称为"玻璃杯"。
⑤ 丁大元:《"大东茶花女"考》,载《社会日报》1936年6月17日。
⑥ 《茶室风光》,载《社会日报》1939年5月23日,"每日画刊"。

严格的管理、监督,所以这些女招待服务灵活周到,态度好,作风正派,顾客方面亦未发现有轻举妄动者,博得社会舆论的好评①。

从场地、设备、装饰到点心、食物,从管理到服务,茶室的经营特色处处体现。有人对几家著名茶室进行调查比较,发现它们各有特色:

大东茶室:有着秀色可餐的女侍;一方占地利之宜,适居中心地点,取价极廉,所以营业可以说十分鼎盛;夏季还有冷气开放,一般小市民把它当作海上庐山而来避暑了。

大新茶室:四壁桌椅一色为苹果绿,映入眼帘,非常好感;座椅比大东为舒适,茶价均为一角,点心也较大东来得便宜些,五分的很多,而多实惠;里面仆役制服清洁,传递生送卖点心,童幼而活泼,似比大东女侍好得多;地板蜡得很光亮,想营业前途定不亚于大东也。

大三元:地点适中,规模不小,里面全是广色点心,价格也相当的便宜,唯广东风气极厚,一般广东同乡特别欢迎;茶价每壶六分,生意也很鼎盛,不过上海帮和宁波帮嫌它广气太厚,不大光临。

新雅:茶叶很考究,而茶价比较贵些。至设备上也可说是相当精究,座有电灯,桌游电铃,呼唤如意,侍奉称心。点心非常精致可口,唯嫌太贵族化些。酒菜等颇不便宜,倘三五知己进去,便要花上五六元。也有冷气设备,雅座极佳,可称上乘。

冠生园:营业也很不错,东西也极可口,定价并不十分贵。它们最著名的马拉糕,是全市广东式的茶室中首屈一指的一家。②

茶室自然不适合短衣赤足辈出入,也无法吸引老年茶客的目光。不过只要是口袋里稍有余钱、身份尚算体面的年轻一代,大多舍茶馆而就茶室。收入中等的阶层乃至"少爷小姐",更是喜欢到茶室喝茶聊天、交友办事。有人认为,虽然茶资稍贵,但"出入于克罗米大门,梯阶软垫,舒适异常,白衣仆役殷殷问所用红茶还是淡茶,及茶罢出门,启门小郎恭然相送,如此排场,俨然外交大楼上的贵宾,而今只花

---

① 董竹君:《我的一个世纪》,生活·读书·新知三联书店1997年版,第278—279页。
② 易人:《茶室》,载《上海生活(上海1937)》第二年第一期,1938年6月16日。

一区区毫钱,受此荣幸,穷小子也可扬眉吐气矣"①。当年大东茶室的一位常客年老时回忆,茶室环境舒适、设备现代化、服务优良,满堂茶客,却是"精刮"者多,"摆阔"者少,"以现在眼光看,像大东这样的茶室是没有人要做的,本重利轻"②。从茶客对茶室的评价,可以看到茶室之所以出现乃至发展的原因所在,它确实满足了一批人的消费需求。

## 第三节 收入和支出

### 一、收支情况

茶馆的收入来源中,不仅仅是茶水,还有其他收入,诸如书场与艺人的拆账、熟水、理发等。不过在茶馆向政府部门汇报情况时,往往将情况简单化,在汇报中茶水收入成为茶馆收入的唯一来源。例如,1946年宛在轩(即湖心亭)、乐圃阆两家茶馆在"营业计算表"中只是列出每月售出茶壶数及相应收入。而"支出计算表"则较为详细,两家茶馆需要支出的项目基本相同,有煤、茶叶、福食、杂费(什费)、修理费、薪金(工资)六项。宛在轩、乐圃阆均为甲等茶馆,不过两家茶馆在各项费用的支出比例上存在区别。对宛在轩来说,煤的耗费是最高的,达到总支出的42%;福食是给员工的膳食和福利,加上工资,两者占到18%;修理费不知具体所指,和杂费(什费)加起来占了19%;茶叶费用在各项支出中是很少的,不及11%。在乐圃阆的各项支出中,茶叶支出仅有2.6%,煤的耗费不到20%,福食和薪金占23%,修理费最多,达到31%,杂费也达到24%③。在茶叶的开销上,两家茶馆都没有花费太多,这说明在上海喝茶,茶叶质量及多少并不为茶客所特别在意④。在煤和茶叶的开销

---

① 陈忠豪:《茶室风光》,载《小姐》第六期1937年3月10日。
② 里里:《我孵过大东茶室》,载《新民晚报》1988年5月21日。
③ 根据档案《上海市茶楼商业同业公会会员户成本计算表及茶价资料》整理、统计,上海市档案馆藏,S344—1—28。
④ 王笛在对成都甲等茶馆收支统计中指出,燃料是最大开销,茶叶则是第二大开销(占成本的18%)。见王笛:《茶馆:成都的公共生活和微观世界,1900—1950》,社会科学文献出版社2010年版,第206页。

上,乐圃阆远远少于宛在轩。煤和茶叶的开销与售出茶水量有密切联系的,乐圃阆平均每天出售 149 壶,宛在轩是 190 壶,不过后者在煤和茶叶的开销上是前者的两倍多。虽然存在进货渠道的差别,但最有可能是相比较于"上级茶客"光临的宛在轩,茶客为"工人阶级"的乐圃阆购买的是质量较差、价格低廉的茶叶和煤。

宛在轩、乐圃阆两家茶馆的"营业计算表"和"支出计算表",还清晰透露了物价飞涨给茶馆收支带来的影响。1946 年 1 月,每壶茶的价格为 70 元,之后茶价逐渐上涨(多为两个月一涨),到 12 月每壶茶卖到 600 元。茶价上涨的背后自然是各项支出的不断增加。从 1946 年 1 月到 12 月,宛在轩所用煤的采购费用从 437 000 元增至 1 000 000 元,茶叶从 40 000 元到 230 000 元,福食、工资、杂费的增幅是最大的,增至原先的十倍。乐圃阆的各项支出也经历着上涨,煤从 90 000 元涨到 400 000 元,茶叶从 14 400 元涨到 60 000 元,修理费上涨了 20 多倍,从 40 500 元到 917 000 元,杂费增长了 15 倍,从 50 700 元涨到 705 000 元①。抗战胜利后上海经济的通货膨胀从这些庞大数据上一览无遗。

宛在轩、乐圃阆两家茶馆的"营业计算表"和"支出计算表"是目前为止所能找到的有关茶馆收支细目的唯一一份资料。由于经营方式的沿袭性,它使我们对晚清民国时期茶馆在成本支出方面——包括茶馆之间的区别——有了较为完整(虽不透彻)的了解。当然表格的编制者最想提供的信息是:抗战胜利后茶馆经营面临着不景气。这是向政府要求同意涨价(茶价)和减税的依据。因此数据的完全真实性值得怀疑,不能排除茶馆故意夸大茶馆所面临的困境,向政府高报支出、低报营收的可能性。

不过要注意的是,抗战胜利后国民政府对各业加强了监督和控制,财政部上海直接税局为征收各业税收,严格抽查各业经营状况,因此随心所欲地编制数据并不可能。所以上述资料虽不完全真实,但应是对实际情况的大致反映。在同业公会向政府提交的茶馆收支信息中,还有一份这样的资料,见表 2—5:

表 2—5 显示了四家甲等茶馆在 1946 年的盈亏情形,包括上面提到的宛在轩和乐圃阆②。四家茶馆的盈余在 35 万元至 100 多万元之间,实际的盈余可能会略高。这样的数字在那个年代代表什么呢? 1946 年初,上海物价开始逐步攀升,至 1946

---

① 《上海市茶楼商业同业公会会员户成本计算表及茶价资料》,上海市档案馆藏,S344—1—28。
② 这份资料是笼统的记录,前份资料则是两家茶馆详细收支记录,都是呈交给政府的。

表 2-5　1946 年度部分茶楼收入状况调查记录表① 　　　　（单位：元）

| 等级 | 茶楼 | 资本额 | 营业总额 | 支出额 | 盈或亏 |
|---|---|---|---|---|---|
| 甲等 | 中鑫 | 3 000 000 | 15 000 000 | 14 250 000 | +350 000 |
| 甲等 | 乐圃阆 | 6 000 000 | 18 356 400 | 17 611 400 | +745 000 |
| 甲等 | 宛在轩 | 5 000 000 | 21 600 000 | 20 483 500 | +1 116 500 |
| 甲等 | 万商 | 7 000 000 | 27 536 861 | 26 382 626 | +1 154 235 |

资料来源：《上海市茶楼商业同业公会部分会员申请减免所得税和延期缴纳营业税的一般事务性文书》，上海市档案馆藏，S344—2—4。

年底，上海的物价指数相对于 1945 年来说全年上涨了 7.7 倍，米价从每石 7 625 元涨至 62 333 元，上涨了 8.2 倍②。在当时的情况下，甲等茶馆每月用于煤、茶叶、职工薪金、杂费等的支出也很大，宛在轩、乐圃阆两家茶馆分别从 1946 年 3 月、4 月起支出达 100 万元以上，到 12 月底，两家茶馆的月支出已达 230 万元以上③。一年盈余 100 多万元根本抵不上一个月的支出。再与当时上海家庭的每月开支进行比照。1946 年 2 月 20 日，据国民党控制的报纸《前线日报》所报道社会调查的结果，当月上海一个 5 口之家最低生活费为 15.6 万元④。有调查显示，从 1945 年底到 1946 年底物价指数每月平均增长 16.9%⑤。按照这个比例估算，到 1946 年底，上海一个 5 口之家维持最低生活标准需要支出约 75.3 万元。而甲等茶馆一年盈余 100 多万元实在谈不上高，还不够两个月的基本生活费。1947 年经济形势恶化后，茶馆的境遇更加糟糕。当然，各茶馆自有它的生存方式，比如茶会市场、雀战抽头、兼营熟水等，所以抗战胜利后到上海解放的这段时期茶馆数量基本稳定。不过在如此恶劣

---

① 再早些的有关茶馆收入状况的资料没有搜集到，所以这份资料成为唯一一份可以利用的。"等级"一栏为笔者查询后填写，"盈或亏"一栏下的"＋""－"符号为笔者所加，为了一目了然各茶馆盈亏情形。另外要注明的是，在对青莲阁收入状况的记录上，青莲阁该年亏本 1 834 887 元。青莲阁在抗战胜利后成为上海最大的茶会市场，据常理似无亏本理由，也许是因为 1946 年有特殊开支造成该年亏本。
② 中国科学院上海经济研究所、上海社会科学院经济研究所编：《上海解放前后物价资料汇编（1921—1957 年）》，上海人民出版社 1958 年版，第 34 页。
③ 《上海市茶楼商业同业公会会员成本计算表及茶价资料》，上海市档案馆藏，S344—1—28。
④ 转引自陈明远：《文化人的经济生活》，文汇出版社 2005 年版，第 276 页。
⑤ 中国科学院上海经济研究所、上海社会科学院经济研究所编：《上海解放前后物价资料汇编（1921—1957 年）》，上海人民出版社 1958 年版，第 50 页。

的环境下,高收入对茶馆来说几乎是空想,能维持营业、养家糊口已属不易①。

## 二、税务负担

在茶馆业的各项管理中,征税自然是最受政府重视的。自租界、华界分别征税以来,直至南京国民政府前期,在征税方式上租界、华界大致相同,征税数额则各依情况而定。1885年3月,租界原定以执照捐名义分等级向茶馆收洋1—6元,后来在抗租风潮后改为按茶桌征税,每桌每月1角3分②。再后来改为既按等级又看茶桌的方式,"每茶台每月预缴捐洋一角至二角,按等酌定"③。这种方式延续了下来,之后变动不大,主要在于税额的增加。20世纪30年代后期法租界对茶馆(包括酒店)的税则规定是:1—5桌,一元四角;6—10桌,二元;11—15桌,三元五角;16—20桌,五元;21—25桌,六元五角;26—30桌,八元;31—35桌,九元五角;36—40桌,十一元;41—50桌,十三元五角;51—60桌,十六元;60桌以上(每20桌或不及20桌),六元;每房间,四角二分④。华界政府自1913年起决定对茶馆一律收捐,最初仿照租界按茶桌征税的方式,"每一茶桌每月收捐银一角,点明桌数,按月统收"⑤。

南京国民政府上台后,前期征税仍按茶桌数,但楼上楼下税额不同:楼上每桌一张月捐大洋一角,楼下每桌一张月捐大洋五分;茶几及靠壁茶桌减半征捐,茶榻以全桌论⑥。后期,南京国民政府改变以往按桌收税的方式,而是定税率收取营业税和营利事业所得税⑦。抗战胜利后由于通货膨胀,税率一直在变动中。

---

① 1950年的一份档案提道:"1948年及1949年解放前,本业一般情况是亏本,但这时候小型茶馆皆有雀战抽头,尚可维持。"《上海市茶楼商业同业公会经营情况、户数、资本额、从业人员及盈亏情况等调查资料》,上海市档案馆藏,S344—4—35。
② 上海市档案馆编:《工部局董事会会议录》第八册,上海古籍出版社2001年版,第615页。
③ 1909年、1912年、1914年的《上海指南》上都是相同的内容。
④ 《上海法公董局公报》1937年12月31日。从这份资料看,租界以桌数定等级,按等级每月收税。原来对其中的60桌以上(每20桌或不及20桌)每月六元不是很理解,后来在1938年12月29日出版的《上海法公董局公报》上获得解答:六十桌以上每加二十桌(或不及二十桌),每月加税六元。
⑤ 《一件征收茶馆酒馆及纸卷烟店摊月捐以充地方经费案》,载《上海公报》第四期,1912年。
⑥ 《上海特别市财政局征收茶馆捐规则》,载《上海特别市市政府市政公报》第十期,1928年4月;《茶馆捐要则》,载《工商必备》第三期,1936年1月。
⑦ 1931年6月,南京国民政府颁布《营业税法》。1936年9月,南京国民政府颁发《所得税暂行条例施行细则》。向茶馆业征收营业税、所得税较晚,从资料看应是从战后开始征收的。

1948年初茶馆营业税从千分之十五提高到千分之三十,所得税课税纯益率为6.81%①。

  作为小本生意的经营者,税收对他们而言是一种负担,因此茶馆店主竭力抵制缴税。当1885年3月公共租界决定征收茶馆执照捐后,大小茶馆店主集体抗议,这是第一次也是规模、影响最大的一次抗捐风潮②。华界向茶馆统一征税较晚。在1880年,上海士绅建议采取苏州收取茶米捐的方法,以此作赈灾善款③。1901年上海县拟抽收茶捐资助受灾严重的陕西,"但茶捐数目零星,难集成巨款,无裨赈需"④。清末华界官府、士绅虽倡议办理茶捐,不过时机尚未成熟,以致有"茶捐难办"的感慨。据资料显示,直至1912年,除城隍庙内茶馆月收茶捐以充学务经费外,华界内其他茶馆尚未征收。1913年华界统一征税后,茶馆业认为华界多为中小茶馆,而捐额与租界相似,均以营业艰难为由拒绝缴纳。后来政府改为减半征收,不过征收起来仍是困难⑤。南京国民政府上台后,前期征税仍按茶桌数。1928年市西辖区征税时,有6家茶馆不交,后来财政局请公安局处理才解决⑥。1938年,因日伪上海市财政局的高额茶馆捐,沪西5家小茶馆停业逃捐⑦。抗战胜利后,上海经济经历了短暂复苏到很快陷入困境最后全面崩溃的过程。在恶劣的环境下,还要面对政府的各种捐税,小本生意的茶馆业倍感艰难。这时由同业公会与政府进行交涉,请求减税。减税是政府所不会同意的,所以公会唯一可以采取的措施是缓交⑧。随着经济凋敝,税务日益成为茶馆业的一项负担。1947年后,不缴纳所得税的茶馆越来越多,明显标志是地方法院的催缴文书越来越多⑨。

---

  ①《上海市茶楼商业同业公会本会成立大会和年会的会务报告》,上海市档案馆藏,S344—1—2。
  ② 由于涉及租界与华界之间的利益之争,将在后文详细展开。
  ③《书劝捐茶米以济直省工赈启后》,载《申报》1880年8月1日;《急劝茶米捐以济赈款公启》,载《申报》1880年8月18日。
  ④《茶捐难办》,载《申报》1901年6月14日。
  ⑤《一件董事会交议水炉茶馆一律征捐案》,载《上海市公报》第十六期,1913年12月。
  ⑥《上海市财政局市西稽征处呈报茶馆捐开征及催征欠税》,上海市档案馆藏,Q432—1—570。
  ⑦《日伪上海市财政局开征茶馆捐及征收茶馆捐规则卷》,上海市档案馆藏,R32—1—400。日伪时期,茶馆捐比原先高出数倍,"繁盛区:一等,楼上每桌一张月捐四角,楼下每桌一张月捐三角;二等,楼上每桌一张月捐三角,楼下二角。偏僻区:一等,每桌一张月捐二角;二等月捐一角"。
  ⑧ 详见后文。
  ⑨ 1946—1949年"上海地方法院关于××茶楼违反所得税法案的文件"共有18件,即有18家茶馆接到上海地方法院的催缴文书。

对于店主来说,名目繁多的各类捐款成为他们的另一种负担①。从所存档案来看,1946年10月至1947年8月,捐款对象有清寒学子、苏北难民、国粹义校、市航空建设协会、圣心育婴堂、聋哑同人合办幽默画社等,同业公会捐款数额共计一百二十余万②。这类捐款是面向各业的,也是各业向社会奉献爱心的体现。不过,这类捐款大多是政府安排给各同业公会的任务,带有强制性,属于变相的税收。对于经营小本生意的茶馆业来说,是一笔额外的开支。

## 第四节 同业公会

茶馆的经营主体是店主,而店主一方面指向于个体,另一方面指向于群体,即同业组织。据资料记载,在茶馆业无公会组织之前,南市有一水炉公所之地,专为同业聚合宴会等用,不过作用发挥极其有限。1939年,新华、一乐天、怡园、东方等茶馆二十多位店主发起组织了"上海市茶馆业同业公会"。一年后在日伪当局指示下更名为"上海特别市茶园业同业公会",吸收对象包括了游乐场剧场内茶室部及熟水业兼营者,理事长为湘园茶园(主要经营熟水业)店主储卿。与此同时,在南区一带也有刘富笙、高森等另外发起组织的茶楼业公会(这就是当时流行一时的南北公会)③。至抗战胜利,进行了重新改组。1946年3月11日,统一的"上海市茶楼商业同业公会"(以下简称"茶馆业公会"或"公会")正式成立。相比较于其他行业,茶馆业公会成立很晚。其完整的记录直到1946年之后才有。本节根据这些档案记录,集中考察1946—1949年间上海茶馆业公会的内部结构及其功能,从而揭示它在茶馆行业和政府之间扮演的角色和发挥的作用。

---

① 清末是茶馆业的兴盛时期,这时期有一些大茶馆自动捐款,与后期茶馆业衰败后的被动捐款并不相同。在上帅倡议下,1886年英租界各茶楼通过加收茶钱的方式主动捐款,来赈济灾荒、救济灾民。1886年4月14日《申报》登载《茶捐记数》的文章,写道:沪北栖流公所收到二月份各茶楼所缴捐钱,计颜玉楼除去经收日捐人之辛资饭食外存钱五千七百四十二文,也是楼三千五百三十一文,洗心泉三千三百六十文,长乐园二千零七十三文,华艳楼一千九百三十五文,共计钱十六千六百四十一文,以上系一半捐数,尚有一半则送缴丝业会馆充山东赈济。同年4月17日《申报》登载《新增茶价》一文,提到英租界十一家茶楼议定每碗茶加钱四文,所增之款作为茶楼善举。
②《上海市茶楼商业同业公会经募各种慈善事业经费的有关文书》,上海市档案馆藏,S344—1—31。
③《上海茶楼商业历史沿革》,上海市档案馆藏,S344—3—1。

## 一、组织结构

1918年,北洋政府颁布了《工商同业公会法》;南京国民政府成立后,先后颁布过40多个有关部门同业公会的法令。可以看出,在茶馆业公会成立之前,同业公会正在经历着从传统到现代的转型,同时见证着它的制度化。所以茶馆业公会的组建是有先例可循的,它的组织结构情况大致如下。

茶馆业公会的领导集体由理事长、理事会、监事会组成,成员由选举产生,两年一次。1946年至1949年上海解放,公会产生了两届理监事。第一届理事长是刘富笙,常务理事4人,理事4人,候补理事3人,监事5人,候补监事2人,共19人。第二届理事长是丁庚葆,常务理事4人,理事10人,候补理事3人,监事5人,候补监事2人,共25人。理监事对公会负责,理事长有组织、领导权。理事会、常务理事会和监事会都有相应职权。按照规定,公会定期会议每年开会一次,临时会议有重要事再开;理事会每月至少开会一次,监事会每两月至少开会一次①。

公会聘有职员3—5人,负责一些事务的处理,诸如会议记录、公会财务管理、会员情况调查以及政府与公会间的文件传递等②。公会的经费主要来自入会费和月费。每一家茶馆加入公会都需要缴纳入会费,1946年3月甲等、乙等茶馆入会费是五百元,丙等、丁等茶馆是一千元,1947年底时入会费一律为五万元。缴纳入会费后就成为会员,会员需每月缴纳会费(即月费)。会费是公会开展工作最主要的资金来源。会费按会员等级来征收,最初征收计四千(甲等)、二千(乙等)、一千(丙等)、五百元(丁等),后来经理监事会议逐步调整,至1948年3月会费为八万(甲等)、四万(乙等)、二万(丙等)、一万二千元(丁等)③。公会入会费、月费如此大幅度上涨,主要是物价飞涨、通货膨胀的结果。虽然有资金来源,公会的支出也较多,因

---

① 《上海市茶楼商业同业公会本会成立宣言、章程和第一、二届理监事履历表及上报市社会局等机关的批复和立案的有关文书》,上海市档案馆藏,S344—1—1。
② 《上海市茶楼商业同业公会工作人员要求加薪和外单位来函劝募以及联系工作的一般性文书》,上海市档案馆藏,S344—2—1。从1946年初至1948年底,公会工作人员5次提出加薪请求,反映当时经济上的通货膨胀。
③ 《上海市茶楼商业同业公会本会成立大会和年会的会务报告》,上海市档案馆藏,S344—1—2。

此时常陷入财务收支不平衡的局面①。在入不支敷的大多数情况下,公会采取的是增加会费的措施。有时也会向理监事筹款,或者采取其他措施,比如1947年3月会员领取平价煤时要求每一会员附交手续费一万元"以补会内经费"②。经营小本生意者组成的公会,经济实力自然不雄厚,以至于公会原本筹建公所的想法成为泡影,理监事开会只能在某家大茶馆(主要在长乐)。

公会有责任举办一些公益活动,比如聘请法律顾问为会员研究或解释法律问题,聘请会计顾问为会员研究或解释纳税问题③。1948年之前,公会还聘请了外科专家顾筱严门人倪维周医师为公会会医,会员免费诊治④。这些公益活动并不是公会的主要事务,公会最经常和最重要的事务与会员的经营密切相关。

## 二、工作开展

### (一) 茶价调整

茶馆业公会成立于1946年3月,此时正是上海经济从抗战胜利后短暂恢复逐渐走向崩溃的开始。公会成立于危难之际,如何为同业谋福利共同渡过难关是摆在公会面前的最重要任务。为了提高各茶馆收入,公会需要不断地调整茶价从而来应对通货膨胀的恶劣影响。茶价问题是每次理监事会议的重要内容,最后决议都是抬高茶价,茶价抬高多少则视物价飞涨程度而定。1947年6月至9月,理监事两次召开"老闸区茶价整理会议",第一次决定茶价增加五百元,每壶分三千元、二千五百元、二千元三种,第二次议决再次增加五百元。为讨论全市茶价调整,多次召开理监事及区主任会议,茶价增加幅度不断提高,1947年10月的会议决定各区茶价普遍增加一千元至一千五百元一壶。至1948年8月,茶价最高已达每壶十二万元⑤。

---

① 《上海市茶楼商业同业公会筹募开办经费认捐名单和财务收支底稿以及内部移交清册等有关文书》,上海市档案馆藏,S344—2—6。
② 《上海市茶楼商业同业公会理监事会议记录》,上海市档案馆藏,S344—1—8。
③ 《上海市茶楼商业同业公会本会成立大会和年会的会务报告》,上海市档案馆藏,S344—1—2。
④ 《上海市茶楼商业同业公会部分会员申请减免所得税和延期缴纳营业税的一般事务性文书》,上海市档案馆藏,S344—2—4。
⑤ 《上海市茶楼商业同业公会理监事会议记录》,上海市档案馆藏,S344—1—8。

茶价的不断高涨反映了通货膨胀的严重。1948年8月,南京国民政府试图通过发行金圆券、限制物价来挽救经济危机。上海实行"八一九"限价之后,作为小本生意,茶馆业受到了极大的冲击。公会在召集各区会员代表开会讨论后向上海市社会局提出抬高茶价的请求,理由是:

1. 本业以前调整茶价与其他各业不同,每月至多一次或二次,而调查民国二十六年七月茶价分四级:一角、八分、六分、四分,其时煤价每吨24元、茶叶每斤三角、米每石十元,与现在茶价分四级:七分、六分、五分、四分,此较相差太远,尤其现在主要用品煤价每吨需120元,比战前廿六年高涨数倍而茶价反比战前减低,使本业无法维持,应呈请主管官署根据战前比例,调整茶价以予救济。2. 本业劳资双方向例以拆账制,战前劳资拆账依资方得九成、劳方得一成,现今拆账资方七成七、劳方二成三,比战前高一倍有余,经常开支比例随之增高而茶价反比战前减低,应予调整。①

公会的请求并未得到政府的同意,政府以茶馆业碰到的情况其他各业也有,应仍照八月十九日售价。之后,公会理事长丁庚葆向上海经济管制督导处(由督导蒋经国秘书接见)申述同业营业困难,并没得到解决方案。

两个多月后,国民党金圆券改革失败。上海物价在受限解除后步入更为快速的飞涨中。据资料记载:币值改革失败后,米价迅速上涨;1948年12月底物价开始掀起新一轮大涨风,不到两周,各物普遍又上涨5倍左右;1949年2月以后的物价,便完全恢复发行金圆券前的疯狂上涨之势,1—5月逐月平均上涨率高达1 149%,4、5月间物价已是天天上涨和一天数涨②。

受大环境影响,茶馆业再次卷入漩涡中。为此,公会不得不随时召开会议讨论茶价调整问题。1948年11月,在限价开放后,公会迅速调整茶价,分级售价为四角、三角五分、三角、二角五分。之后,自1949年1月10日到4月30日,三个多月里,公会共召开了13次理监事会议,七八天一次的频率不可谓不高。在4月14日

---

① 《上海市社会局与茶楼商业同业公会有关茶价问题的来往文书》,上海市档案馆藏,Q6—2—486。
② 中国科学院上海经济研究所、上海社会科学院经济研究所编:《上海解放前后物价资料汇编:1921—1957年》,上海人民出版社1958年版,第43页。

的会议上,理监事一致认为:"近来物价一日数涨,本业茶价未能日日调整,影响收支,不能平衡。以后调整应采取迅速办法以免受损。"最后议决,今后由理事长而不是由理监事会决定茶价。而由理事长决定茶价显然省去了繁琐的会议程序,主要是为了使茶价调整更为及时地顺应物价的飞涨。在这次会议上,议定茶价调整至每壶3 500元(甲等)①。从限价开放后的四角到3 500元,茶价在半年时间里增长了8 700多倍。茶价除按每壶计算外,包台价、月券等也经历了相同的飞涨过程。茶价调整的详细情况见下表。茶价的迅猛飞涨正是此时期经济崩溃的最好注脚。

表2-6　1948年底至1949年4月茶价调整一览表

| 调整时间 | 每壶茶价(分等级) | 包台子(每桌每月)、月券(每位)价格 |
| --- | --- | --- |
| 1948年11月3日 | 0.4元、0.35元、0.3元、0.25元 | 包台36元,月券8元 |
| 1948年11月11日 | 2元、1.6元、1.2元、1元 | 包台180元 |
| 1949年1月1日 | 4元、3元、2.5元、2元 | 包台360元,月券80元 |
| 1949年1月11日 | 10元、8元、7元、5元 | — |
| 1949年1月21日 | 15元、12元、10元 | — |
| 1949年2月5日 | 50元、40元、30元、25元 | 包台4 500元,月券500元 |
| 1949年2月11日 | 70元、60元、50元、40元 | 包台9 000元 |
| 1949年2月21日 | 100元、80元、60元、50元 | — |
| 1949年3月1日 | 150元、120元、100元、80元 | 包台13 500元,月券2 700元 |
| 1949年3月6日 | 200元、150元、120元、100元 | — |
| 1949年3月16日 | 300元、250元、200元 | 包台27 000元 |
| 1949年3月25日 | 500元、400元、350元、300元 | — |

---

① 《上海市茶楼商业同业公会理监事会议记录》,上海市档案馆藏,S344—1—8。在档案中,茶价(按每壶计算)都是专业术语。笔者询问了现年96岁、曾在旧上海做过账房的庞雄达老人后,才得以解开谜题。

续　表

| 调整时间 | 每壶茶价(分等级) | 包台子(每桌每月)、月券(每位)价格 |
| --- | --- | --- |
| 1949年4月1日 | 800元、600元、500元、400元 | 包台72 000元,月券14 400元 |
| 1949年4月15日 | 3 500元、3 000元、2 500元、2 000元 | 包台315 000元 |

资料来源:《上海市茶楼商业同业公会理监事会议记录》,上海市档案馆藏,S344—1—8。

在"八一九"限价实施之前及取消之后的时段中,上海茶馆业公会拥有调整茶价的自由权。这与成都茶馆形成强烈反差,成都茶社业公会在正式宣布涨价前必须得到政府批准,因此公会议定的茶价多次遭到政府的否决,公会理事长王秀山因经常处于尴尬地位而提出辞职,一些自行涨价的茶馆受到政府的严办[①]。相比于成都茶馆的严密价格控制,上海茶馆业公会在很长一段时期并未受到来自政府的压力,而由公会根据市场情形自行调整茶价。这是口岸通商城市与内地城市的不同。当然,即使在口岸通商城市,这种权利也是有限的。在上海实行"八一九"限价时期,公会提出的涨价请求没有得到政府的同意。在政府的强权面前,公会是无能为力的,只能按照政府的意愿办事。

在茶价调整过程中,公会还需处理同业之间的各种冲突。在公会成立之前,茶价紊乱。因此统一茶价是公会规范行业、遏制不正当竞争的首要任务,而在物价飞涨、经济凋敝的时期,完成这项任务显得更为艰难。1948年上半年,因茶价上涨一事导致邑庙区茶馆起纠纷。里园、乐圃阆茶价照旧,经公会多次派员调查督促,茶馆反映:虽同为甲等茶馆,但"宛在轩为上级茶客,乐圃阆为工人阶级",应不同对待。1948年底,龙泉茶楼不遵守公会议定的每壶一元六角的茶价,假借书场名义售价每壶一例八角,且私印茶券订成小本,每本三十张,售二十四元,逢人兜发。不先收价,强拉茶客。遭到湘园茶楼店主的告发:"卑鄙龌龊手段言难尽状,视此情形刁恶已极,若不严究恐影响全市同业受害不浅矣。"[②]在湘园向公会告发龙泉之后,公会议决每月补贴湘园茶楼煤二十斤以补损失,派员劝导龙泉茶楼,如不遵规应受会

---

[①] 王笛:《茶馆:成都的公共生活和微观世界,1900—1950》,社会科学文献出版社2010年版,第255—261页。
[②]《上海市茶楼商业同业公会会员反映部分同业不遵议价和有关业务纠纷以及要求调整茶价的一般事务性文书》,上海市档案馆藏,S344—2—2。

章处分。不过 12 月初湘园再次向公会提出,因龙泉照旧私印茶券自己也不得已降低茶价,请公会解决。公会议定的解决办法是:制止龙泉印发茶券,设法调解双方减价行为。同月,公平茶楼向公会报告附近西园茶社二人泡一壶、妨害营业,请公会制止。公会给予的答复是:派人调查如实应制止①。在会员不配合甚至发生不良竞争的多次事例中,公会的表现令人失望。当会员不遵守议价或假借名目任意减价时,公会只是给予警告和调解,制止的方式不够强硬,效果当然不明显。不像成都茶馆,茶社业公会背后有政府的有力支持,不听公会劝止的,公会可以让政府将其关闭②。在奉行"商业自由""自由竞争"的上海,平常时期茶价调整事宜都由公会自主决定,行业内部冲突也由公会自行解决。在缺乏政府的支持下,公会的对内约束作用发挥得极其有限,对"不听话"的会员无可奈何。要使"不听话"改为"听话",则只能在政府的高压下。在"八一九"限价时期,出现个别茶馆不遵限价的传言。顺风茶园被同业密告售价超出限价一节,该茶园马上请公会去函向嵩山分局说明情况:在"八一九"以前分红,绿茶每壶法币 10 万元,龙井、菊花每壶法币 12 万元,与泰山区其他茶馆相同,未曾加价③。在政府的强权面前,各茶馆丝毫不敢越雷池半步。

### (二) 其他事务

针对抗战胜利后捐税的繁重,公会多次与政府展开交涉。当政府要求公会填报三十四年度(1945)所得税时,公会拒绝填报,认为"本业之情形较异他业"。政府催促其迅速填报,并警告若不填报将强制分配其应付之税款。公会理监事讨论后议决,延长报缴,同时以所得税过重、无力负担向上海直接税局请求减税。税局的答复是:"限于成案碍难照准。"只是给予缓交期限。最后结果可想而知,公会所能做到的当然只是缓交而已。1947 年,公会为减低所得税税率,通过市商会向税局呈文:请比照卷烟皂烛业标准计税。当时卷烟皂烛业的纯益率是 4.73%。税局不允,后来双方数次交涉,决定茶馆业比照酒菜业标准——纯益率 6.81%。1948 年初,当听说所得税要预征八倍、营业税按千分之三十课征(原千分之十五)时,公会

---

① 《上海市茶楼商业同业公会理监事会议记录》,上海市档案馆藏,S344—1—8。
② 参见王笛:《茶馆:成都的公共生活和微观世界,1900—1950》,社会科学文献出版社 2010 年版,第 267 页。
③ 《上海市茶楼商业同业公会会员反映部分同业不遵议价和有关业务纠纷以及要求调整茶价的一般事务性文书》,上海市档案馆藏,S344—2—2。

立即请市商会代为向主管当局呼吁收回成命①。对于变相的捐税,公会也努力为会员争取减免。1946年中国航空建设协会上海市分会以支援航空建设的名义向各业征集会员。成为会员需要交纳一定的会费。茶馆业公会接到这个任务后,理监事开会决定暂缓实行,后来由时任常务理事的丁庚葆交纳5万元成为航空建设协会会员,就算交差了事。1947年10月,兵役协会来函募新兵安家费1亿元,公会议决向政府申请免除募捐,"因本业营业情形不胜负担"②。

战后茶馆业所需燃料煤斤疯狂上涨,为降低成本,1946年12月公会向市燃料管理委员会申请配给平价煤。第一次申请如石沉大海,经再次申请,同时请市政府、社会局、市商会援助,1947年3月终于得到了政府配给的平价煤。原来按734家会员申请824吨煤,政府发给了74吨③。这是抗战胜利后几年间茶馆业得到的唯一一次平价煤。之后,在物价飞涨下,公会再次提出配给平价煤。这次没有那么好运了,数十次的请求换来的是市燃料管理委员会于1948年7月给予的答复:"查近来煤运受阻,本会煤斤供应各项公用事业及铁路轮船等重要用途尚感不敷,所请碍难照办。"④

由于营业性质的相近,茶馆业与熟水业之间时常发生不愉快的事。公会刚成立时,按照当时规定,熟水业附设茶馆(不管几桌)须同时加入茶馆业公会。可是附设茶馆的老虎灶不愿加入茶馆业公会,主要症结在于会费。当茶馆业公会向这些老虎灶征收每月会费时,它们拒绝给予。公会不得不请出社会局,令熟水业施行规定。1946年6月,社会局召集双方进行协商,最后结果是:熟水业兼营茶水者可最多设一二桌,设三四桌者须加入茶馆业公会;茶馆兼售熟水亦须同时加入熟水业公会;会费则向两公会各交一半。为省却麻烦,社会局让双方以后若有纠纷自行协商

---

① 《上海市茶楼商业同业公会部分会员申请减免所得税和延期缴纳营业税的一般事务性文书》,上海市档案馆藏,S344—2—4;《上海市茶楼商业同业公会关于所得税计算标准率请市商会转税局核定的有关文书》,上海市档案馆藏,S344—1—30;《上海市茶楼商业同业公会理监事会议记录》,上海市档案馆藏,S344—1—7。
② 《上海市茶楼商业同业公会理监事会议记录》,上海市档案馆藏,S344—1—7;《上海市茶楼商业同业公会理监事会议记录》,上海市档案馆藏,S344—1—8。
③ 《上海市第二商业局关于上海市茶楼商业同业公会会员名册》,上海市档案馆藏,Q232—1—22;《上海市茶楼商业同业公会理监事会议记录》,上海市档案馆藏,S344—1—8。
④ 《经济部上海区燃料管理委员会有关茶楼商业同业公会申请煤斤核定数量来往函件》,上海市档案馆藏,Q473—1—762。

解决①。之后,麻烦还是接连而来。1947年3月,长福园茶馆在得当局准许后,兼营熟水,在前往熟水店公会要求入会时遭到拒绝。因为按照熟水业公会会规,新开设者须距离旧店东南西北各四十家住户。茶馆业公会在向社会局交涉时,社会局认同熟水业规章,认为长福园应专营茶馆②。茶馆业与熟水业之间的纠纷,再加上对茶馆数量的控制,社会局于1947年6月规定:领商业登记证须具保不准附设熟水店方得领证,合法者例外。这里的合法者应是指那些符合熟水业规章,即熟水店须左右四十家。出具保证书的职责在于公会和各区保长,档案中保存有部分保证书,选取其中一份看具体内容:"今保证会员青莲阁等二十五家(详册列后)确系经营茶楼业务并无兼营熟水店,如违章(合法者例外)愿负责饬令停业,否则愿受处分。特此证明。"③对于社会局的这一规定,茶馆业公会是不满的。因为只是对茶馆提出要求,对兼营茶水的熟水店却听之任之,因此会员业务深受妨害。为维护同业利益,公会数次与社会局交涉但无效。1948年9月14日,公会备文呈请市参议会"为同业开设熟水店苦衷仰祈请市府取消熟水店管理规则",终于得到市参议会的同意,取消该规则④。

1946年3月茶馆业职业工会成立,4月职业工会向公会提出,改善职工待遇。对于劳方(工会)提出的三七分拆(劳方得营业收入的30%,资方得70%),资方(公会)不满意,提出二八分拆。双方数度交流,最后在5月10日达成一致,签定劳资纠纷调解笔录:

> ① 劳资以二三、七七分拆。劳方得二三,资方得七七(包茶例外);② 膳宿由资方供给,依二饭一点为标准;③ 零赏资方不得分拆;④ 无故不得开除工友,工友亦不得任意辞退;⑤ 资方不得兼任正堂,小股东及职工会会员不在此列,双方愿意例外;⑥ 一切应用物件均归资方自理;⑦ 账房不得分拆,炉子间司务若帮助者除外,不帮忙者由资方出薪[注:司务帮忙指做工友的活];⑧ 职

---

① 《上海市茶楼业同业公会成立案》,上海市档案馆藏,Q6—34—348。
② 《上海市政府、财政局、社会局等机关关于分明茶楼熟水店两业申请营业牌照规则及本会会员呈请调处跨业经营的业务纠纷和熟水业公会拒绝入会等问题的往来文书》,上海市档案馆藏,S344—1—29。
③ 《上海市茶楼商业同业公会会员为申请商业等级和营业牌照、要求本会出具证明的一般事务性文书》,上海市档案馆藏,S344—2—5。
④ 《上海市茶楼商业同业公会理监事会议记录》,上海市档案馆藏,S344—1—8。

**工会会员不得为非同业会员服务,同业公会会员不得雇用非职工会职工。**①

上述笔录签定后,个别茶馆并不履行,于是职业工会代表职工向同业公会诉求,公会给予了解决。

从以上介绍的公会主要开展的事务,人们可以看到,公会在茶馆业中扮演了十分重要的角色。公会的理监事等职务由会员选举产生,会员每月缴纳会费维持公会的正常运行。公会的同业组织性使得为同业谋利益成为公会功能的最主要体现。在平价煤、减税以及"八一九"时期的茶价调整这几个事关同业生存的问题上,公会竭力以集体力量与政府进行交涉。交涉的结果有喜有忧。平价煤毕竟得到了一次,税收虽不能减,但得到了缓交期限,偏向于熟水业的不公平规则最终取消。从中可以看到,公会的努力没有白费,它也可以代表整个行业与政府讨价还价,并获得一定的成效。不过,公会也清楚,在关键问题上政府是不会退步的。减税不可能成功,平价煤也只能领一次,"八一九"限价政策也只能贯彻实施。其实这一切公会应该早就预料到。不过为了同业的利益,公会还是这样做了,因为他们希望看到"奇迹"。奇迹是不可能发生的。在政府的强权和高压下,公会所能获得的依旧是有限的。

公会需要解决的还有来自同业内部的很多问题。在劳资纠纷处理中,公会和职业工会都作出了让步,从而使事情得到了较为圆满的结果。令公会头疼的主要是来自会员的不和谐之音。按照会规和业规,各茶馆应该服从公会的领导、接受公会的建议。不过在那个特殊年代,生存是第一要则。所以在公会统一价格的要求下,一些茶馆并不服从公会决议。为了生存,会规、业规都已抛在脑后。由于缺乏惩罚那些违规茶馆的强硬措施,公会的调解是很难发生效用的。所以,虽然公会拥有一定的自主权,例如平常时期的茶价调整,但是在没有政府权力的依靠下,公会在同业内树立权威的努力又将受到会员的挑战。在营业自由和权力干预之间,公会处于两难处境。

上海茶馆店主的籍贯构成显示了上海移民城市的特征,江浙沪粤(包括茶室)

---

① 《上海市茶楼商业同业公会职工会函请本会协助劝导职工入会及双方签订劳资纠纷调解笔录和向社会局报备等往来文书》,上海市档案馆藏,S344—1—24。

的主体构成形成了上海茶馆风格的多样化特征。店主年龄偏高、受教育程度不高，并不影响他们对这项服务消费行业的经营。经营大茶馆的店主往往同时有着其他投资，而对众多中小茶馆店主来说，茶馆是他们维持生计的唯一行当。店主与帮会的紧密联系印证了旧上海帮会势力的无孔不入。除了那些在帮会中担任头目的，许多茶馆店主只是把拜"老头子"作为经营茶馆的护身符。

不管是地址选择、分档经营或是茶水之外的营业，还是利用各种宣传手段，或对员工的使用和管理，店主的目的是明确的，那就是招徕茶客，使生意更加红火。为了增加收入来源，即使违反禁令，店主仍然搞"地下活动"，如让妓女随意出入，摆设赌具供人赌博等。茶馆里有着各类小商小贩，他们塑造了一个悠闲舒适的日常生活空间。这里既有店主的"生意经"，同时也是传统习惯使然。20世纪30年代兴起的茶室，在宣传方式、装修设备、服务管理等方面远远超出同时期的传统茶馆，成为人们休闲娱乐的新场所。

作为广大店主的组织，同业公会为会员利益与政府或其他组织展开谈判，有时还得处理"内部"矛盾，在内外矛盾的处理中，公会的角色、所处状况清晰体现。另外，对政府而言，有效的管理和控制是第一要务，监管同业公会只是众多管理项目中的一项。

# 第三章  行政当局的管理和控制

上海特殊的政治格局导致一城分治,租界、华界当局因理念的差异和权力、利益的争夺,早期曾发生摩擦。从历届的管理模式来看,既有前后的传承和延续,也有后期对前期的完善和创新,不过总体上大同小异。近代以来,历届行政当局的管理和控制并不总是有效,尤其碰到茶馆中存在的"顽症",因此禁妓、禁戏、禁赌、治乱接连在茶馆展开。这是一场场旷日持久之战,是当局权力与基层社会之间的较量。为更有效地控制茶馆,南京国民政府包括日伪政府试图对茶馆进行空间重组,但成效微弱。

## 第一节  早期磨合:晚清华洋分治下的茶馆管理

19世纪60年代之后,租界迅速崛起。在租界崛起的同时,华界仍是原地踏步,很快两者之间的差距越来越大。租界成为繁华、文明的象征,而老城厢地区呈现出衰败、落后之景象:一个秩序井然,一个秩序混乱;一个灯火通明,一个黑暗世界;一个道路宽阔、干净,一个狭窄、污秽遍地。上海老城厢地区的发展严重滞后在中外人士的心中留下了一致的印象。早期欧洲人游沪时,常常把"中国城"①视为"另一个世界":这里"美丽宽敞的大街没有了,只有数不清的迷宫式的窄小的、宽度不超过7英尺的小弄堂,里面挤满了人。这里很阴暗,是阳光丝毫也照不到的地方。污浊的空气里充斥着臭味,加上叫喊声和人群相互推搡,使人觉得憋闷和晕眩。既没

---

① 西方人把筑起城墙的老城厢称为"中国城"。

有巡警,也没有下水道,遍地肮脏不堪"①。国人在目睹租界和华界的强烈对比后,也对老城厢地区的落后给予批评:"犹可恨者,莫如城隍庙之豫园耳,溺桶粪坑,列诸路侧,九曲池内死水不流,且其中掷瓜皮者有之,倒垃圾者有之,甚至清洗马桶者亦有之,以最雅之处,忽而为龌龊之城,西人游览到彼,无不掩鼻。"②

城市的"两重天"在茶馆业也有明显的体现。租界茶楼沾染西方色彩,从建筑、设备到经营模式,与之前已不可同日而语③。就以各茶馆的用水来说,老城厢地区茶馆的用水情况不断遭到世人指责。1861年3月,普鲁士外交特使团来到上海。在他们的考察报告中,"中国城"是肮脏、无序、残败的,其中有涉及茶馆的简单描述:"人们从浑浊的水塘里打上水来,用明矾沉淀后饮用。在众多的茶馆里,大茶壶在炉子上烧煮的就是这种饮用水。"④这种"饮用水"能吃吗?在他们眼中满是问号。十多年后,老城厢里茶馆的用水卫生依然如此。1874年1月26日《申报》上的一篇文章提到:

> 上海洋场经工部局照西国例收捐修整洁净,不论大小街道逐日按时打扫,各河滨内不准倾倒龌龊,所有大小茶坊及老虎灶水清而熟,民人饮之不致生病。至于城内较之城外不啻天涯,……乃开设老虎灶者多半江宁溧水等县之人,雇佣水夫,不肯远至黄浦挑水,均图就近,或于城外护城河内,或于城内河滨甚至不通活水之大沟内挑水烧卖,不知城外之护城河紧靠码头,其旁设有粪厕屎池。屎粪往往从码头流入河内,潮水来时挑夫以桶舀之,虽云来潮活水,实系和入上流尿粪,挑之入城,烧熟即行发卖,又不候其煮之滚而又滚,草草舀付。请问秽水不熟,人饮之岂不易生病症哉?⑤

先进的市政建设、管理使得租界那边别有一番天地,成为华界学习的榜样。不

---

① 《1861:随船牧师柯艾雅(Kreyher)日记中的上海》,载王维江、吕澍辑译:《另眼相看——晚清德语文献中的上海》,上海辞书出版社2009年版,第69页。
② 《中外纪闻》,载《上海新报》1868年9月12日。
③ 租界茶楼的风光在第一章已有详细论述,此处不赘。
④ 《1861:普鲁士外交特使团报告中的上海》,载王维江、吕澍辑译:《另眼相看——晚清德语文献中的上海》,上海辞书出版社2009年版,第10页。
⑤ 《除秽水以免致病论》,载《申报》1874年1月26日。

过,清廷一方并不完全认可洋人的那一套,同时不忘以主人的身份向对方指手画脚;而租界一方虽然不在自己的领土上,但从枪炮中获得的特权是他们的护身符,他们积极维护自身利益。所以,在晚清茶馆管理方面,华洋两界不时产生摩擦、冲突。这里面既有理念的差异,也有利益的冲突和权力的争夺。双方展开交涉,也互有妥协和让步。这是早期华界与租界当局围绕茶馆管理和控制的一段无法绕过的历程,斗争中合作、合作中斗争成为华洋分治下的一个明显特征。双方的相互交织主要体现在以下几个方面。

## 一、关于茶馆捐

1860年3月,在经历十多年的城市建设后,工部局董事会决定向英租界内所有赌场、公开的妓院和公共娱乐场所征收执照捐。不过英国公使和法国公使加以反对,此事因而搁置。两年之后,即1862年,工部局开始对上述场所征收执照捐。

1871年1月,工部局董事会接受捕房总巡的建议,对华人开设的旅馆、酒馆、茶室分等级收取营业执照费,其中对酒馆和茶室的分类及执照费的收取办法如下:头等,每月4元;二等,每月3元;三等,每月2元;四等,每月1元;五等,每月0.50元①。"茶室"是否指向所有茶馆,还有为什么会把"茶室"和酒馆放在一起共同分类,这些在董事会会议中并没说清楚。至于该建议是否真正实施也存在疑问。有资料表明,1885年2月底,工部局发布征收茶捐告示,从而引发了茶馆业的一次抗捐风潮。这份"议加茶馆月捐告白"的具体内容是:

> 工部局谕英美租界开设茶馆人等知悉:本局于英二月十三号即华去年十二月廿九日邀集众商在本局会议,议得租界田章程第三十四条款内应收茶馆月捐,今议定按照大小等数抽收月捐,自一元起六元止,于英三月一号即华正月十五日一律起收,为特出示,仰英美租界内开设茶馆人等知悉,至期一体照付,毋违特示。②

---

① 上海市档案馆编:《工部局董事会会议录》第四册,上海古籍出版社2001年版,第769页。
② "议加茶馆月捐告白",载《申报》1885年3月8日、9日。茶馆风潮出现后,工部局才在《申报》上登载加捐告白,以示强调。

从这份告白的字里行间,可以看出这应是第一次对茶馆收捐。正因为是第一次收捐,才会详细告知征收依据。如果是增加捐税,则应该说明增加的理由。也正因为是第一次收捐,店主才会有如此大的反应,产生了第一次规模、影响较大的抗捐风潮。

工部局的这一收捐告示首先引起了公共租界二百余家老虎灶小茶馆的抗议。1885年2月29日,他们中的代表先后在豫园钱粮厅、北泥城墙外第一楼茶馆聚集、商量。3月1日,租界老虎灶一律罢市,他们"同赴邑庙候道宪拈香时环求工局免捐",同时他们广发传单:"以迩来生意清闲本难支持,倘工部局再增月捐,势更不能敷衍。"3月2日,老虎灶主七八十人齐至英公堂,联名禀请照会领事转致工部局董事会免捐。租界派出包探一再知照各老虎灶:兼卖碗茶的老虎灶,门面一间捐洋一元,二间捐洋一元半,专卖热水的概不收捐。同时包探稽查为首之人。3月3日,老虎灶一律开门,而向来兼卖碗茶的老虎灶也都改为专卖热水。茶馆中,除阆苑第一楼、华众会两家外,租界其他茶馆一律未开,以示抗议。至3月6日,租界茶馆有的开,有的关。其间老虎灶主数十人又齐至英公堂,称可否容设二三桌略售碗茶。面对茶馆风潮,工部局坚持原定加捐方式,各茶馆也无计可施,于3月7日一律开市。3月9日,老虎灶主再次向工部局提出免捐请求。3月中旬,工部局作出让步,规定:各老虎灶按月只捐洋二角,各茶馆则照收收捐。不过,茶馆在加捐后马上提高了茶价。所以有人感慨:"惟每碗茶加价一文,如是则非捐之茶馆而捐之茶客矣,一二热闹之处所得加价反余于捐款,而生意冷淡者则未免有向隅之憾也。"①茶馆风潮发展到这里似乎已结束,之后《申报》也没有这方面的再次报道。其实没这么简单,茶馆店主的抗议之声尚未真正爆发。

工部局决定收捐后,茶馆店主对于收捐方式极为不满。工部局首先受到了公平洋行的来函,内称所有该洋行的茶馆承租人均对收捐的方式不满,因为有些茶馆租金高,但生意做得多,比只做一半生意和付一半房租的茶馆并没有多纳税,因此该洋行建议应按房租的比例收捐。董事会会议决定通知公平洋行:工部局将尽量

---

① 相关报道详见:《茶肆聚议》,载《申报》1885年3月1日;《茶肆聚议续述》,载《申报》1885年3月2日;《茶肆求恩》,载《申报》1885年3月3日;《茶肆纪闻》,载《申报》1885年3月4日;《茶肆余谈》,载《申报》1885年3月5日;《相持不下》,载《申报》1885年3月6日;《茶馆开市》,载《申报》1885年3月7日;《茗捐续记》,载《申报》1885年3月10日;《茗捐定议》,载《申报》1885年3月16日。

关注此事,以使收捐尽可能公平,但捐税不能按照房租的比例收取,因为在确定税额时,必须考虑到茶馆的所在位置、茶桌的数目、生意多少、茶费若干。1885年3月中旬,工部局照议收捐后,工部局很快收到了税务监督的报告,内称有很多茶馆业主,由于拒绝缴纳执照费,于3月24日、25日受到会审公堂的传讯,但谳员黄承乙并未强制这些业主缴纳,因黄认为工部局没有征收此种捐税的任何权利,如果没有道台的命令,他不认可工部局有这样做的权力①。

由茶馆店主的抗捐引发了华界官府和租界当局的正面交锋。华界认为,租界虽有独立的行政机构,但是在租界有关华人事宜上没有完全的执政权、司法权。就茶馆执照捐而言,工部局若要征收此种捐税,必须事先征得道台的同意②。在工部局方面,原是根据《土地章程》附律第34条征收茶馆执照捐的,不过该条针对的是租界内的娱乐场所,所以当时领袖领事认为以该条为依据致函道台并不恰当。当然他们不会就此作罢,领事团向中国官员施加压力,奥—匈领事夏士(Haas)与中国谳员黄承乙进行讨论后,双方达成了协议。中国方面同意在一定条件下征收茶馆捐,在征收方式上不再按照之前分等级收洋1—6元的规定,而是按照每家茶馆所设桌数征收茶馆捐,每桌每月收洋1角3分,至于老虎灶,如果只设有两张桌子,则予以免税③。在茶馆捐征收上,华界和租界最终达成了一致意见。虽然捐税额有所下降,茶馆店主有所受益,但是这次交锋的最后赢家是租界。在华界尚未向茶馆业征收捐税的情况下,租界首先取得了中国官府的正式承认,之后就再也没有羁绊了。

## 二、关于茶馆中的妓女

娼妓是个古老的行业。上海自开口通商后,随着商业的繁荣,人口的聚集,娼妓业很快兴旺起来。至19世纪六七十年代,上海的妓业之盛成为全国首屈一指之地。据《上海新报》1869年的一篇报道说,洋泾浜有"堂名"的正式妓馆有数千家,加上无名号的所谓花烟间,妓女不下万余人④。时人惊叹于上海妓女的泛滥:"然他处

---

① 上海市档案馆编:《工部局董事会议录》第八册,第610、614页。
② 此时华界也未对茶馆征收捐税。
③ 上海市档案馆编:《工部局董事会议录》第八册,第614、615页。
④ 《中外新闻》,载《上海新报》1869年10月23日。

不过论十论百,犹僻处于背街曲巷,稍知敛迹,骤然过之而不觉,未有如上海之盈千盈万,遍于大市通衢。"①妇女出入于公共场所原本就被视为有伤风化之事,妓女的参与使得情况显得更为复杂。1868年时任江苏巡抚的丁日昌发文公告:"省城内外,所有茶馆,均不准招集妇女入内饮茶,有违禁者即拿该茶保杖责,枷号两月,游街示众。"②当时上海县城内也不准妇女进入茶馆。不过此类禁令对租界来说并不具有任何效力③。

租界茶楼自开设起就与妓女结缘,丽水台、万仙台、松风阁、华众会等茶楼先后成为莺莺燕燕云集之处。至19世纪80年代初,作为四马路上重要冶游场所的茶馆烟间,妓女云集的繁盛情况日益凸显。有人深以为忧,发出禁止妇女入内的呼吁。他认为正是妇女出入茶馆烟间的风气,促进了这些消闲娱乐行业的兴旺发展,"烟馆有增无减,茶楼翻陈而出新,所以举国若狂,趋之如鹜者,正以有此等妇女勾留顾盼,而入其中者始迷而不得出也"。也正是由于妇女兴起上茶楼、烟馆游乐之风,才使得男女私相交结如打野鸡(即嫖暗娼)、上台基(即男女私相租屋欢会)等事日渐增多:"抑无茶楼可以并坐倾谈,互相撮合,吾知姓名居处非可于旁人访求也。"能不受其诱惑者有几人哉?"以烟馆茶楼为搜括之地也,呜呼,尚可久乎,能勿禁哉"④?之后,又有禁止妇女进入茶馆烟间的呼声⑤。

在呼吁声中,1885年8月上海县官葛蕃甫(兼任会审公廨谳员)将查禁的触角伸到了租界,发出告示,严禁华界、租界妇女喝茶吸烟:"该店主如遇妇女来肆尤须引示相告不令入门,倘敢阳奉阴违,一经查获定即追提该夫男到案从重惩办,该店主贪利售吸并干严究,勒令闭歇,无耻妇女立予枷示,不稍宽待。"⑥而对于上海县官的查禁举动,租界不以为然。当捕房督察长向公共租界董事会询问是否要执行这些告示上的规定时,董事会的决定是:这些告示可予以张贴,但上面不要盖工部局

---

① 忧时子:《论妓》,载《上海新报》1872年7月13日。
② 丁日昌:《禁妇女上茶馆》,载《抚吴公牍》卷8。
③ 《申报》1874年1月23日的一篇文章《杜渐防微》写道:"上海城厢内外除外国租界之外各茶肆中不准妇女入馆吃茶,历奉各宪查禁,令出遵行,固已禁之净绝,可谓大挽颓风。"邑庙后园之四美轩以及罗绅殿两处茶馆为珠宝玉器茶会,原不禁中年妇女入茶馆做生意,后来一些艳妆妇女"似是而非,杂坐玉器会中,居然男女混杂。经叶邑尊访闻,恐启妇女入馆之端,立即封禁,连茶会亦遭鱼池之殃及矣"。文章最后感叹:"惜乎租界之相近难以为力耳。"
④ 《烟馆茶楼宜禁妇女说》,载《申报》1884年6月23日。
⑤ 《广弊俗以防其渐论》,载《申报》1885年7月23日。
⑥ 《示禁浇风》,载《申报》1885年8月6日。

印章,捕房也不要采取任何措施去执行①。显然,公共租界采取了听之任之、消极合作的方式。当然,到处贴满的告示对茶馆起到了震慑作用,很快阆苑第一楼、华众会等处的妓女几近绝迹②。

为实施取缔规定,华界过段时间即重申禁令,又派差役协同地保按户告知③。在华界官府的严厉压制下,仍有一些茶馆违禁。1885年9月5日,某差役发现阆苑第一楼有两女子对榻横陈,拘拿时一女子逃去,仅逮捕另一女子。该女子自称谢陶氏,是堂倌谢阿三之妻。当时送衣物给他,偶坐榻上。审讯官员早已查知谢阿三之妻已故,应是其姘头。最后判谢陶氏掌颊一百六十下,枷号一月,谢阿三笞臀二百板,枷号两月,发阆苑第一楼门前示众④。一男一女同枷于阆苑第一楼门口,吸引了大批游观之人,导致繁忙的福州路交通堵塞。后来转移他处。对于华界官方的这一举动,公共租界董事会提出了强烈抗议。董事会认为,茶馆已缴纳捐税和执照费,妓女出入茶馆对租界的治安没有妨害,因此该女子不应遭到逮捕。在得知逮捕状已由德意志帝国总领事盖过章的情形后,董事会致信领袖领事,请他特别注意这类事件,并提议:今后中国当局在租界逮捕华人,不仅要有逮捕状,还应有工部局巡捕协同。董事会还建议,今后这类性质的告示送来请求张贴时,应将其退还知县,并通知他,他不能干扰租界内的和平华人居民⑤。

华界与租界之间的矛盾在华界官方的再次逮捕行动后进一步升级。1885年10月14日,华界差役在五云日升楼发现妓奴三人共坐啜茗,将她们以及店主直接带至会审公堂。审讯从晚上9时至凌晨2时。三名妇人称到沪找寻生路,偶至该茶楼,实不知已奉禁令。店主马裕顺称,误犯禁令,情愿罚款。审讯官员称要重办:"店主始可正本清源,如店主果能守法奉公,堂倌亦何敢擅自违禁,妇女更何敢任意上楼。"最后妓奴三人被判各掌嘴20下,店主被判在店门前枷号五天⑥。华界的这次逮捕并未出示逮捕状,也没有英租界巡捕陪同。在10月19日工部局董事会会议上,认为这是对租界居民进行了无正当理由的干预。因此决定致信领袖领事:如果

---

① 上海市档案馆编:《工部局董事会会议录》第八册,上海古籍出版社2001年版,第633页。
② 《令出惟行》,载《申报》1885年8月7日。
③ 《重申禁令》,载《申报》1885年8月17日;《重申禁令》,载《申报》1885年10月12日。
④ 《男妇同枷》,载《申报》1885年9月7日。
⑤ 上海市档案馆编:《工部局董事会会议录》第八册,上海古籍出版社2001年版,第638、640页。
⑥ 《违禁啜茶》,载《申报》1885年10月16日。

听任华界谳员对未曾犯罪的和平居民进行逮捕和惩罚,则对华人居民的整个管理权将从工部局手中转到中国衙门之手。总董还要求提请各领事注意此事,以便采取措施防止此类事件再次发生①。

对于租界当局来说,端正风俗并不是他们关注之事,只要茶馆照章纳税,妇女出入茶馆不需限制。刚开始租界并不想与中国当局发生冲突,所以允许张贴禁令告示。而当中国当局越界捕人时,租界极力反对。他们在意的是租界中司法权的掌控问题。原先中国当局所发逮捕状,一经领袖领事或陪审官付署,即可在界内拘拿人犯,如果不予付署,亦可发生效力。华界官府的两次逮捕事件给予租界当局以借口,他们企图提高华界官府越界捕人的门槛,从而逐渐掌控租界司法权。事态也随着这个趋向发展。当工部局董事会致信领袖领事后,领袖领事致函上海道台邵友濂,请他指出谳员在逮捕证未得到领袖领事正式签署和盖章以及要求捕房提供协助以前,不可逮捕住在租界内的华人。道台竟于十一月五日复函同意,声称已指示谳员按照这些规定行事②。在租界茶楼妓女查禁一事上,租界当局并未直接反对华界官府的禁令,可以说一定程度上给予了配合。不过有限的让步换来的是司法权的逐步掌控。正是由于查禁租界茶楼妓女一事,使得原先华界、租界当局共同掌控的租界司法权开始发生变化,朝着有利于租界当局的方向发展。

## 三、关于其他方面

在租界、华界的交界地带,双方也会发生一些冲突。一次,北老闸区(北苏州路383号)一家茶馆聚赌,华界官府派差役逮捕了赌徒。官府认为,警所在这里已设立了好几年,地方当局有权收税、捕人。工部局认为,这所房子位于租界内,茶馆的老板已在那里设馆12个月,并按章纳税。按工部局条款,中国官员的警所不能在北老闸区征收税款。根据双方协议,中国官府无权任意逮捕界内华人。领袖领事也对中国官员的这种行为表示十分愤怒,并称全力协助工部局③。事情结果如何,没有资料予以说明。不过华界官府向租界当局妥协的可能性较大。

---

① 上海市档案馆编:《工部局董事会会议录》第八册,上海古籍出版社2001年版,第645页。
② 同上,第648、729页。
③ 上海市档案馆编:《工部局董事会会议录》第十册,上海古籍出版社2001年版,第784页。

在茶馆管理上租界当局并不总与华界官府为难,在他们衡量利益之后,会给予积极配合。1889年6月,上海县官和会审公堂谳员向公共租界领袖领事发去一份公函,内称,他们拟发布一项告示,命令所有在静安寺附近的茶馆均需在夜间11时打烊,以便维持良好秩序,减少夜间的车辆交通。领袖领事同意并向工部局申请命令捕房协助,以便切实执行。捕房督察长向工部局报告:这项规定十分必要,因为整个夏季经常有人抱怨马车通宵来往连续不断的噪声,他建议对在静安寺路和周家嘴路的所有娱乐场所都应实施这一规定。董事会很快作出决定,对地方当局的命令予以合作,并建议将该项规定在其他界外马路上的所有茶楼酒馆以及娱乐场所实施。由于领袖领事通知华界官府将该项规定面向租界内的所有茶馆,谳员再次向工部局征询,工部局让督察长直接通知谳员,该项规定只适用于租界外马路上的茶馆①。

"华官之权不行于洋场",不过租界当局也无法排斥华界官府的插手。以租界茶馆事务为例,由于双方存在理念的差异和权力、利益的争夺,冲突必不可免。在几次交锋中,租界始终占据上风。有时也作出让步,但让步之后是利益、权力的获得。即使是让步之后的合作,租界当局也是敷衍对待。比如查禁妇女喝茶吸烟,租界当局并不始终执行,只是给予华界官府一定配合。租界当局的消极查禁使得后来茶馆内流妓啜茗再度兴旺。另外,就许多茶馆事务而言,在后来的董事会会议上几乎没有提到,说明与华界官府之间没有发生大的冲突。而双方应遵循的准则、规定,在早期的磨合中已经确定。因此这是一段无法绕开的历程。

## 第二节　管理模式:不同时期的大同小异

体制、观念的不同和利益、权力的争夺使得租界、华界经历了一段较长时间的磨合期,但是城市管理制度上的相互借鉴和管理方式上的合作又是双方不得不面对的话题。因此,就茶馆管理模式而言,租界、华界的趋向同一性是不足为奇的。当然双方的差异也是明显存在的。另外考察不同历史时期的茶馆管理模式,又可

---

① 上海市档案馆编:《工部局董事会会议录》第九册,上海古籍出版社2001年版,第725、729页。

以发现,前一时期为后一时期奠定了基础,后一时期在制度、方式完善等方面强于前一时期,而不同时期的管理重点有着不同。用"大同小异"来形容不同时期政府对茶馆的管理模式是较为恰当的。

## 一、规章解读

涉及茶馆管理规定的文字主要可以分为两类,一类是总体管理规则,一类是专项管理规约。笔者收集了晚清至民国历届政府涉及茶馆管理规章的资料,可能不全,但通过解读这些规章,可以窥探不同时期历届政府的茶馆管理模式。租界与华界的异同、各时期的异同在规章中有着较为清楚地展现。

### (一) 总体管理规则[①]

晚清时期,这类规章公共租界当局称为捐照章程,华界官府并没有专门针对茶馆的管理规章,统一在总工程局巡警章程中。清末以后,公共租界、法租界,还有北洋政府、南京国民政府乃至日伪政府,都称之为茶馆营业取缔章程。主要从以下几方面来考察:

#### 1. 营业登记

营业登记在晚清时只是一项常规的手续,不需作特别说明。20世纪30年代起,南京国民政府对工商业管理的规范性逐渐体现,而对于茶馆开设的要求趋向严格。店主在开店申请书上要写明馆主或经理人姓名年龄籍贯住址、牌号、开设地点、资本数额、房屋建筑状况、消防卫生等设备情形、茶桌数目,还得对环境情况做一说明:附近三十丈内有无其他茶馆;是否所属农村;倘系乡镇该镇上共有正式店铺若干家,已设茶馆若干家;附近有无车站轮埠。填写需如此详细是因为政府对茶馆开设有着特别的要求:凡偏僻乡村除有车站轮埠者外一概不准开设茶馆;乡镇内

---

[①] 总体管理规则主要有:"公共租界工部局各项捐照章程",载《上海指南》1912年、1914年;《法领取缔茶肆章程》,载《申报》1910年1月24日;"上海总工程局巡警章程",载《上海指南》1909年。《县警所取缔茶馆新章》,载《民国日报》1918年5月15日;《闸北警员取缔茶馆》,载《民国日报》1917年12月8日;《浦东取缔茶肆规则》,载《民国日报》1917年9月26日。《上海特别市政府社会、公安局茶肆营业取缔规则》,载《上海特别市市政府市政公报》第二十一期(1929年);《上海市管理茶馆规则》,载《上海市政府公报》第158期(1935年);《上海特别市警察局茶肆营业取缔规则》,载《上海市政公报》第八期(1941年)。

正式商店不满十家者不得开设茶馆,有十家以上二十家以下只准开设茶馆一家,二十家以上者得酌量地方需要情形给予增设;附近三十丈内已有茶馆之处不准开设茶馆;凡房屋不坚固有危险之虞者不准开设茶馆。另外,开设茶馆还需两家以上殷实铺保的推荐、保证。政府对茶馆数量的严格限制从中可见一斑。

**2. 营业时间、环境、卫生等**

就营业时间来说,公共租界、法租界规定茶馆收市时间不得晚于夜间十二点。清末民初华界上海县、闸北、浦东各处规定不一,分别以晚九时、十时、十二时为收市时间。南京国民政府规定早上六时至晚上十时为营业时间,汪伪时期以十一时为收市时间。针对茶馆的设备、环境及卫生情况,历届政府也有相应规定。公共租界、法租界较为重视茶馆火灾的预防,要求店内自来火灯及其他各灯至少须距离木料二尺,所有门户均须朝外开门,应预备舒畅出路,倘遇火灾,使在内之人均可逃出。针对华界各茶馆情况,政府对茶馆设备及用水卫生给予特别要求:房屋台凳及供应茶客应用之物务须收拾洁净,水缸必加覆盖免落灰尘及不洁物质,未开之水和还魂茶不得供应茶客。

**3. 禁止事项及店主责任**

各时期的禁止事项或详或略,核心内容离不开这四项:吃讲茶、赌博、唱淫戏、过时未收市。说明这些问题自晚清至民国在茶馆内持续而顽固地存在。其他还禁止茶客无故喧嚷互相殴打,男女杂坐做种种狎亵行为,茶客信口开河捏造谣言、鼓动众听等。20 世纪 30 年代之后还添加了几项,不准容人售卖淫书淫画及违禁物品,不准乞丐入馆向茶客纠缠求乞,不准疯癫酗醉及恶疮者入座。规章中写明,一旦这些禁止事项在茶馆内发生,店主有责任劝止或通知警局。除了这些,店主对茶客的另外一些行为也负有通知警局之责,如茶客带有军械及违禁物者,茶客携带妇女或幼童行近诱拐者,来历不明之人迹近匪类者,言语举动形迹可疑者,不知来历之茶客忽患疾病者,茶客去后有遗忘物件者,审知系未发觉之匪人或罪犯之在逃者。明确茶馆店主的职责后,规则中还规定对茶馆店主的奖惩措施。如果店主能把店内违章事件及时通知警局,将得到酌量的奖赏。如果任由违章事件在店内发生,一经查获,轻则拘所罚办重则勒令歇业。

在租界的捐照章程或取缔章程中,禁止事项不如华界详细。租界对于这些问题并不如华界这么重视,只要没有影响治安、秩序,租界并不会过多干涉。往往是在华界官府的要求下,才把相关问题提上议事日程。所以在租界茶馆内禁止事项并不如华界这么繁多,不过有些如吃讲茶、聚赌也是被禁止的。

除了以上述及各项,清末民初时还列有茶捐这项内容。公共租界、法租界均在章程中写明纳捐方式和数额。上海县则特别说明:茶捐原系取诸茶客,每至月终必悉数缴纳市经董办事处,俾助公益不得任意拖欠。

**(二)专项管理规约**

这类规约主要针对总体管理规则中的某一项(有时溢出其外),作出专门约定。它有两个明显特征。

第一,多样性。这针对其形式而言。有的是专门的规则、章程。针对茶馆内的影戏、书场等各项娱乐,政府有专门的规章。民初对茶馆准演影戏的章程是:男女不准混杂;不得有淫亵之影片;停场时刻至迟以十二钟为限;准巡警随时查察;此照不准顶替之用。南京国民政府上台后,规范了对工商业的管理,制定了专项征收茶馆捐规则。新生活运动时期,政府对茶馆的卫生作了特别的规定。抗战胜利后公园茶室由工务局招商承办,针对这种新的经营方式,政府特地制定了《上海市工务局公园商营茶室及摄影室管理规则》。规则中对招商承办规定手续、承包人所应遵守规定等作了详细阐述。除了规则、章程外,有时通过传单广而告之,如工部局为制止民众在茶馆等公共场所的吐痰恶习,将禁止吐痰的传单张贴于各处(同时让茶馆等处设置痰盂)①。不过很多时候为文告、告示形式,也可以称之为禁令,主要针对茶馆内的吃讲茶、赌博、妇女入内等问题。这方面的规约在不同时期经常出现,所以可以看出专项管理规约的第二个特征。

第二,反复性。清代光绪二十二年六月底(1896年8月)华界官府发布示文:"为出示严禁事照得茶馆之内聚赌、讲茶、混杂妇女最为风俗之害,迭经悬宪示谕严禁有案,现查各茶肆中仍有无赖之辈或赌钱文或吃讲茶,无耻妇女混乱入座,藐玩禁令,实堪痛恨,本局为整顿地方维持风化起见,此等恶习应厉行禁止合行出示晓谕,为此谕仰各茶馆及各该地方人等一体知悉,白示之后,各茶肆内如再有赌博及

---

① 《准演影戏》,载《申报》1911年2月11日;《上海特别市财政局征收茶馆捐规则》,载《上海特别市市政府市政公报》第十期,1928年4月;《茶馆捐要则》,载《工商必备》第三期,1936年1月;《上海市茶楼酒馆厉行新生活办法》,载《警察月刊》,1935年第3卷第12期;《上海市工务局公园商营茶室及摄影室管理规则》,载《上海市政府公报》(本府法规补辑),1946年3月;《工部局张贴禁止吐痰传单》,载《申报》1924年3月17日。

吃讲茶、男女杂坐等情事,定当分别拘局,从严惩罚,绝不姑息。"①在这份示文中,可以看到针对茶馆内聚赌、吃讲茶等情形官府已经屡次发出禁令,但效果甚微,于是再次发文禁止。其实这种禁令的重申自晚清至民国极为常见。后文将详述隐藏在这些反复禁令下的一场场较量,从而对这些禁令的反复及效力有更深入的了解。

除了主要针对茶馆的总体管理规则、专项管理规约外,还有一些非单独面向茶馆的规章也对茶馆管理作出了相关规定。比如对专业娱乐场所包括茶馆附设书场或滩簧场,规定按要求办理营业许可证②。还有饮食店管理规则等③。

## 二、特殊时期的管理

规章是一种笼统规定,反映了租界与华界、历届政府在管理风格、方式上的异同,在一定程度上也能看到一定时期的管理重点和难点。但是更细微的内容并不是仅仅通过规约内容可以展现,必须结合一定的时代背景才能得到更深刻的阐述。另外,规约是平常时期所应遵循的准则,特殊时期在规章制约下的具体管理场景会是怎样?

近代上海在19世纪60年代起开始了第一次腾飞,而腾飞带来的并不仅是喜悦。就如茶馆,茶馆的兴起是晚清娱乐消费业发展的一个重要标志,茶馆日渐成为民众消费、休闲的主要场所。可是树大招风,当招来的是一股"淫风"时,官府的苦恼随之而来。妓女的随意出入、"淫戏"的日益炽盛,尤其是前者,使得官府第一次对茶馆"大开杀戒"。维持风化是封建官僚的重大使命,茶馆里竟然出现了关乎风化的问题,当然马上成为官府的关注焦点。对于茶馆禁妓问题,前文已谈及中外当局的权利之争,后文还将详述其漫长历程。

民国建立,眨眼间袁氏执政,再眨眼间一个个军阀粉墨登场。在军阀林立、政

---

① 《示禁茶馆赌博讲茶文》,(民国)《上海市自治志》公牍·甲编·各种示文,第513页。资料上在这份示文标题下方标明日期是清代"光绪二十二年六月三十日",查阅《中国近代史历表》后发现该年没有六月三十日。
② 《未领许可证之公共娱乐场》,载《申报》1931年3月26日。
③ 《管理本市饮食店规则经修正通过》,载《申报》1946年7月20日;《上海市饮食店管理规则》,载《上海卫生》,1947年第1卷第2、3期(合刊)。内容为:应设稳妥有盖之垃圾容器及适当之排水沟;窗户门扇应装铁纱,以防苍蝇;炉灶不得装置店内;应备妥善有盖之痰盂,并须加入消毒用剂;每月应选适当时间,至少举行全部清洁大扫除;室内须光线充足,空气流通。

局飘摇的时代,动用警力控制社会是军阀们惯用的伎俩。人多口杂的茶馆很快进入了警局的监视、控制范围。

1916年3月,对袁世凯来说是一段备受煎熬的时期:复辟遭来护国军的起义,战场上袁军屡次失利,同时短暂的复辟又遭来世人的唾骂。为掩饰战场上的败绩,"凡民间据实直谈之言亦指为谣诼",因此北洋政府特订取缔办法通电各省遵照办理。淞沪警察厅厅长徐国梁在查悉城厢内外的茶馆中时有谈论时局、讽刺时政的言论后,除发布告示,还派遣侦缉队士分赴各茶馆酒楼等热闹之处秘密侦查,称如有捏造谣言摇惑军事者立即拘送就近警区解办。在警察厅的监控下,时有民众因在茶馆谈论时局而被拘。在袁世凯自行宣布取消帝制后,"南市及邑庙内一带茶楼亦时有啜茗之人评论一切",警察厅仍不许民众谈论国事,依然派遣侦缉队士便服入茶馆探听民言、拘捕民众①。

在另外一些时期,警察厅也往往干涉民众在茶馆的言论,并拘捕谈论国事之人。如1917年张勋复辟时期,有人在豫园某茶馆大发议论,被拘送警察厅。军械借款的消息传开后,警察厅派便服队士分赴城厢内外各茶楼酒肆暗中稽查,如有谈论借款之人,即行拘送警署②。当然,"莫谈国事"的禁令一般是在特殊时期才会执行。抗战胜利后,国民党正式接管租界、内战的爆发、政局的混乱使得政府加强对民间言论的控制,这时上海茶馆再次接到了"莫谈国事"的禁令。广西路有一茶馆名"自由谈",然堂内贴有"莫谈国事"字条,时人讽刺道:"'自由谈'不自由矣。"③

北洋政府时期军阀林立、时局混乱。为防止革命势力的扩大,政府处处压制,企图赶尽杀绝。在这场斗争中,茶馆依然成为政府严密监控、防范的重要对象。1916年4月初,淞沪警察厅下令,在紧要地点各派双岗站巡,严查外来人员,同时所有茶馆酒肆每晚提早收市,并劝导商民夜间勿得外出。警厅如此紧张是因为有消

---

① 《总是防民之口》,载《民国日报》1916年3月6日;《又有以谈论时局被拘者》,载《民国日报》1916年3月13日;《不许百姓开口》,载《民国日报》1916年3月16日;《仍不许谈国事》,载《民国日报》1916年3月27日;《千夫所指之独夫》,载《民国日报》1916年3月30日。
② 《讨逆中之杂讯》,载《民国日报》1917年7月7日;《警察厅钳制民舌》,载《民国日报》1917年11月11日。
③ 《自由谈茶楼不自由》,载《文汇报》1946年8月12日。上海是通商总会之区,多元文化的交融使得上海并不似内地那样钳制民众言论,相对来说是一个言论自由的大都市。在搜查资料时,禁止民众在茶馆发表言论的资料确实不多。

息称"胡匪"(北洋政府对当时中华革命党的称呼)欲招兵买马,而这些兵马正从外地蜂拥入沪。4月下旬,警厅探得韩玉桥等奉陈其美、韩恢等命令至各处招集革命新军三营,共计一千三百多名,均系前次遣散游兵,派委刘张宋三人为营长,每天每名发给口粮,小洋六角或四角三角不等,每日上午十点钟由财政长向海潜等在租界各茶馆给发,与前次招集之先锋队、炸弹队、敢死军、义勇铁血队二千数百名分居华洋各处,候党首命令乘机起事。军警各官厅侦悉后,除水陆一并严防外,特选派秘密侦探十名,每日至租界各茶馆秘密侦察该党举动,午后回署报告。同时取缔所辖境内茶馆夜市,令每夜以九时为限一律收市,一面再派侦探留心调查以免党人匿迹①。1917年底,当警厅得知有民众散发传单想在某茶馆邀众开会时,因恐有别情,以现在戒严期内禁止开会给予取消②。

孤岛时期是上海历史上又一个特殊时期。对于茶馆业来说,是传统茶馆衰微、茶室异军突起的时期。茶室引起当局的关注要点在于:茶室往往领用餐馆执照;茶室内女招待的年龄;茶室内的娱乐活动常常通宵。为此,公共租界工部局订立了茶室营业执照章程三十七条,定于1939年1月1日起实行。规定茶室必须按手续办理营业许可证;不得雇用未满十五岁之女子从事歌唱或招待;营业时间自上午六时起至深夜二时为止③。

日伪时期,伪政府面对各处的抵抗,不得不借助警力加强戒备,从而茶馆成为当局密切关注的公共场所之一。1938年4月,东昌路发生炸弹事件,伪政府立即下发关于严防与查缉东昌路炸弹案的训令及布告,命令警察局有所行动。在五条命令中有一条是这样的:取缔东昌路各茶馆,悉令迁移他处营业。1938年在"八一三"纪念日到来之前,伪警局更是加强戒备,"对于茶馆、酒肆及公共场所与无人居住之处所,派警加意查察,以防危害,如认为有混乱情状或有混乱之虞时,即强制驱散之"。后来制定了"九一八"临时戒严实施办法,其中包括:对茶店茶客不能证明其善良身份者,加以拘捕。其他重要纪念日也是参照"九一八"纪念日临时戒严实

---

① 《警界戒严状况》,载《民国日报》1916年4月5日;《革命新军》,载《民国日报》1916年4月22日;《取缔茶肆夜市》,载《民国日报》1916年4月24日。
② 《借口戒严禁集会》,载《民国日报》1917年12月10日。
③ 《布告:第5025号(为茶室执照事)》,载《上海公共租界工部局年报》1938年9月第52期;《沪市茶室勃兴,限领执照》,载《申报》1938年12月28日;《上海公共租界工部局规定茶室女侍最低年龄》,载《国际劳工通讯》第六卷第一期,1939年1月。

施办法办理,如纪念1940年汪伪与日本政府缔结中日基本条约的缔结周年纪念①。在征税等其他各项管理上,日伪政府大致参考了南京国民政府的举措。有一点需要加以说明:日伪政府也注意到同业公会的作用,因此把它纳入了管理范围,1942年公会成员有142名②。

抗战胜利后,南京国民政府加强了对茶馆业的管理和控制。利用同业公会便于对茶馆业的管理,但远不能达到控制的目的。因此政府需要另外采取措施。为限制茶馆数量,政府对战后茶馆的开业、复业、改名等进行严格审核。同时茶馆业被列入特种营业(其他还有浴场、舞厅、妓院等),警察局各分局对所辖区茶馆进行了全面的调查。调查包括所辖区茶馆数量,茶馆店主的基本概况、茶馆资金、茶客成分、生意状况等。1947年起,各茶馆申请营业执照需要各区保长对店主品行、有无受过刑事处分以及茶馆资本、店铺详细情形进行摸底,并提供证明。1948年警察局加强对特种营业商店的管理,规定每周派人对妓院、茶馆进行检查,检查报告表"应按周呈报"③。时值内战爆发、政局不稳,社会问题迭出,茶馆自然成为政府的严密监控对象。

特殊时期或阶段,当局对茶馆的管理更加严密,控制的意图也更为明显。政府对茶馆的管理和控制,最终是为了维持和巩固统治。不过在政府眼中,茶馆时刻在制造着麻烦和纷扰,因此控制也无时不在。

## 第三节 控制效力:禁令下的较量

茶馆里的一系列问题时刻困扰着当局:娼妓的进入,吃讲茶的出现,流氓、帮会等黑势力的捣乱,等等。这些问题可以归纳为风化和秩序问题。为了维持风化和秩序,当局不时重申有关禁令。可是这些问题并不是光靠禁令所能禁止的,由于有着肥沃土壤的滋润,它们就像小草一样有着顽强的生命力。因此,这一场场的较量

---

① 上海市档案馆编:《日伪上海市政府》,档案出版社1986年版,第147、241页。
② 《日伪上海市特别市政府茶园业》,上海市档案馆藏,R1—13—94。
③ 《上海市警察局行政处关于茶馆复业开业改名停歇审核登记》,上海市档案馆藏,Q131—4—2481;《上海警察局北四川分局调查茶馆申请执照报告》,上海市档案馆藏,Q148—5—110;《上海市警察局黄浦分局关于特种营业商店妓院茶社检查报告表》,上海市档案馆藏,Q132—4—26。

是旷日持久的。旷日持久的较量极大地降低了当局对茶馆的控制效力。而反观当局的措施、力度,又发现控制效力的微弱还来自本身存在的问题。

## 一、茶馆禁妓

时人大量的竹枝词描绘了19世纪70年代至80年代初的茶馆"百花图"①。在茶楼,莺莺燕燕笑颜托腮、斜转眼波,到处寻郎。而在茶楼中穿梭的妓女,大多是"野鸡"②(又称雉妓),有部分是"家鸡"(来自妓院里的)及陪同她们的大姐、娘姨。小说《海上花列传》第五十四回描绘了妓院的娘姨阿珠和大姐大阿金至四马路华众会喝茶的情景③。据资料记载,书寓往往鄙视上茶楼拉客的"野鸡",对服侍自己的大姐、娘姨也多有约束。小说《海上繁华梦》中有段主人公少安对书寓花笑春女仆阿香说的话:"不是我要催你,还是快些走罢!不要被报馆里有人看见,明天登载报上,说花笑春家的阿香在福安居楼上拉客。那时你家先生晓得倒了他的名气,只怕真要怨你。"④

为招揽生意,"野鸡"大多厚颜无耻,强拉强卖,"一个个打扮得妖精相似,说笑话寻开心,做出许多的丑态,演出许多的恶形"⑤。少数"野鸡"在茶楼拉到客人后,到住处便采取各种方法夺取客人钱物。法界某妓女孙蔡氏便用此法猎取了多位嫖客许多贵重物品,为此有人专门在报上登载广告,提醒他人(嫖客)注意,不要入其网中:"法界丑声四播,遁至四马路万华楼、浔阳楼、三万昌各茶馆,以显媚人之术,入其彀中。寄语寓沪士庶,盍防今之念殃,毋入圈套为幸耳。"⑥

一年中到了端午节、中秋节和春节那几天,各茶楼会格外拥挤,因为大姐、娘姨

---

① 详见第一章第三节。
② "野鸡"之称,沪谚本指有业而无归宿之人或物,如野鸡车子、野鸡扛夫、野鸡轮船等,后来,往来于各茶馆烟间的游妓也被称为野鸡。《野鸡考》,载《申报》1891年5月28日。
③ 韩邦庆:《海上花列传》,上海古籍出版社1994年版,第428—429页。娘姨、大姐在茶馆不仅为喝茶,也有与人结好的。"侍儿心性爱风华,奔走街头笑未暇。寄语阿郎来订约,松风阁上一回茶"。就是对娘姨与外场(男仆)在松风阁订好的描述。参见顾炳权编:《上海洋场竹枝词》,上海书店出版社1996年版,第55—56页。
④ 孙家振:《海上繁华梦》(上),江西人民出版社1988年版,第250页。
⑤ 陆士谔:《十尾龟》,辽沈书社1993年版,第25页。李伯元在《文明小史》中对中年"野鸡"在茶楼厚脸拉客的情形也有生动描述,参见李伯元:《文明小史》,江西人民出版社1989年版,第154—155页。
⑥ 陈无我:《老上海三十年见闻录》,上海书店出版社1997年版,第256页。

大多在此时讨取嫖账。正所谓"看那些娘姨大姐讨嫖账的,来往如梭"①。高明些的,会在报纸上登载广告。有一则《尊客请看》这样写道:"敬启者:秋节酒局等账,请迅速赐下,开销泰和馆言茂源支款抵用。莫怪无情,实因力薄,况与别家不同,三节虽有贵客漂账,从不行大姐、娘姨等在四马路、五层楼寻找。为此节漂账诸君从未做过,何忍自壮场面阔大,叫卖气力,与你还钱。人生前程远大,何苦作此行为,害得人家诸债临门,掉头不出。如诸君十日内付洋,自然消账;如不付下,知当表德扬名。小如意敬启。"②不在四马路各茶楼讨取嫖账,而是登载广告,小如意的这招可谓绝也。

自华界官员于1885年8月开始严厉查禁妇女喝茶吸烟起,茶楼妓女的生活打破了常规。在令出惟行期间,妓女只能小心翼翼,而禁令的时松时弛和华洋分治的优势给了她们喘息复出的机会。她们就如人胆的老鼠,与官方这只二心二意的猫玩起了长时间的游戏。

1885年8月自发出告示后,华界官府令出惟行。两次逮捕及严惩,产生了杀鸡儆猴之效应,英界茶楼短时期内不见妓女的踪影。不过,杜绝这种不端之风对十里洋场的上海来说为时尚早。在禁令刚出没多久,有人就泼冷水:葛大令之告示不几为渊驱鱼、为丛驱雀。就像之前查禁烟馆女堂倌时,向居法界者遂迁至城厢内外,自葛大令严禁"野鸡",于是向在英界各茶肆者且群至法界,各烟馆中短榻横陈、孤灯相对,总之不离乎姘头搭脚者。近日以来第一楼等处座客寥落,无异晨星,而法界烟馆反因之获利③。

不管怎样,英租界一些茶楼在"严打"期间生意受到了影响,莺燕云集的阆苑第一楼打击最为严重,因此有将所有生财盘于他人而歇业的计划④。俗语说,祸不单行。1886年2月12日夜里三点至五点第一楼突然起火,焚烧两个多小时后茶楼尽成焦土⑤。火烧后,有些人趁火打劫,第一楼中的一些值钱东西如烟膏被人劫走不

---

① 小说《负曝闲谈》中的主人公黄子文在中秋这一天来到四马路升平楼,看到娘姨大姐讨嫖账。后来黄替他老乡周策六付了嫖账。蘧园:《负曝闲谈》,上海古籍出版社1985年版,第89—90页。
② 陈无我:《老上海三十年见闻录》,上海书店出版社1997年版,第252页。
③ 《雉媒未绝》,载《申报》1885年8月8日。
④ "召盘",载《申报》1886年1月10日、11日。
⑤ 《第一楼灾》,载《申报》1886年2月14日。《点石斋画报》也对此作了图文描述,见《第一楼灾》,载吴友如:《〈点石斋画报〉·大可堂版》(第2册),上海画报出版社2001年版,第288页。

少。火灾后有人为股东们估计损失,高达一万五千两,认为第一楼巨资斥建、盈利千万,称其为上海繁华的标志并不为过①。第一楼的被焚令一些维持世俗风化的文人感到欣喜,因为自第一楼建成后"家鸡""野鸡"麇集于此,"痴男姹女日引诱于其中,堕节丧行,造孽无穷",他们认为有此巨资何业不可做,因此特意登文奉劝各股东"勿再建楼卖茶"②。

第一楼遭火灾尽成焦土后平地而起的会是什么建筑呢?人们拭目以待。可以想到的是,在此黄金地段,又是都市娱乐的中心,自然仍以有利可图的消闲娱乐业为主。而茶楼仍为当时人们游艺的首要场所,所以"更上一层楼"的平地而起也在意料之中。"更上一层楼"建起后,装饰华丽、设备精良,兼卖烟茶,与第一楼相比有过之而无不及。很快莺莺燕燕又云集而来。面对诸处茶楼中的这种现象,有人提出:禁令刚出之时,"此风为之稍衰,兹因日久玩生,所有败柳残花仍招展于四马路诸茗寮",应重申禁令③。

竹枝词有云:"列坐居然杂绮罗,穹楼高处雨云窝。茶经岂是鸳鸯谱,争奈时人渴病多。"④"层楼高筑畅幽情,雀舌龙团气味清。四面明窗宜小坐,隔墙犹可唤卿卿。"⑤"四海升平路不迷,桃花源内草萋萋。桑弧蓬矢浑无用,只向茶寮打野鸡。"⑥面对茶楼妓女如云、依旧如故的情形,有人再次发出严禁"野鸡"入茶楼的呼吁。文章指出,"野鸡"比长三、花烟间女子危害更大,"妓院固不必禁,独此野鸡则不可不禁,野鸡即或不禁,而其上茶楼则不容不禁",因为世人"或偶至茶寮,彼即眉语目挑,谑言秽语,甚至牵其衣袂",致人失足。为禁"野鸡"上茶楼,"当请捕房及会审分府责令四马路各茶楼主出具切结不准容野鸡上楼,有故违者从重罚锾不贷,犹恐茶楼主贪图生意阳奉阴违,则多派探捕公差分投巡缉,见有野鸡踵至,即拘拿解讯,不

---

① 有人说:"天下之繁华以沪北为甚,沪北之繁华以四马路为甚,四马路之繁华以阆苑第一楼为甚。"《阆苑第一楼被焚说》,载《申报》1886年2月15日。
② 《奉劝第一楼各股东启》,载《申报》1886年2月15日。
③ 《禁革浇风》,载《申报》1887年1月4日。
④ 锄月轩居士:《申江竹枝词》,载《申报》1889年6月15日。描述对象是更上一层楼。
⑤ 《申江百咏》,作于1887年,载顾炳权编:《上海洋场竹枝词》,上海书店出版社1996年版,第83页。原注是:茶楼如华众会、四海升平诸处,俱四面玻窗,而隔墙窗口皆往青楼,如相识与之语,媚态丛生,众目彰彰,不以为怪。
⑥ 刘梦音《上海竹枝词》,作于1889年,载顾炳权编:《上海洋场竹枝词》,上海书店出版社1996年版,第417页。原注:士女共楼吃茶,客若属意,便与通情,名曰打野鸡。

稍宽容,如此则野鸡不致顿绝生机而少年之因啜茗而陷溺其中者或可日渐减少"①。言语中并不认同禁绝"野鸡",因为会使其失业,赞同的是禁"野鸡"上茶楼,这样少年可以少一失足之处。

"野鸡"是否应禁绝,"野鸡"上茶楼与少年失足之间有怎样的联系,这里暂且不论。不过这时"野鸡"频繁出入烟间的客观事实倒是引起了官府的关注。1891年5月末,道台聂缉规发照会致法领事转饬工董局请禁"野鸡"入烟馆,法工董局致书于英工部局问可禁与否,英局答以若贵局禁止敝处亦可相济禁止②。对于英法两界共颁禁令的通力合作,华界社会舆论给予肯定,并充满期待,"望之深而视之切矣"③。针对租界只禁烟间不禁茶楼,到时烟间成清净之处而茶楼仍不能屏除脂粉之气的怀疑,有人答复:妇女入茶楼本干例禁,华界官府早已三令五申,不需要再申明禁止;而近午烟间野鸡明目张胆,且烟间男女对卧一处、调笑不忌,情形比茶楼更为严重;很有可能在烟间之禁后英法两局会再次共同讨论茶馆之禁④。

与之前华界只与英工部局协商查禁妇女入茶馆烟间相比,这次会同英法两界共同禁止"野鸡"入烟间,从地理空间上说扩大了打击范围。不过一些文人认为"野鸡"啜茗当与吸烟同禁,否则成效不大。因为自有吸烟之禁,"野鸡"啜茗者必转多,一些烟馆将增设茶桌借以吸引"野鸡"。"倘竟禁其一而驰其一,在售茶者方以为得计而售烟者且不免有怨气,言谓禁令之有所偏倚也"⑤。

文人的担忧并不是多虑。租界、华界共同查禁妇女上烟馆,似乎有把之前的茶馆之禁高高挂起的嫌疑。所以,"野鸡"恢复如前,云集于茶馆。《点石斋画报》曾图文并茂地描绘了"野鸡""自烟馆中无所容身乃相率而啜茗,顿使茶博士利市三倍"的场景⑥。1894年《申江时下胜景图说》对此时的更上一层楼中妓女云集的状况有生动描述:

---

① 《禁约野鸡流妓议》,载《申报》1891年5月11日。
② 《野鸡宜禁》,载《申报》1891年5月??日。
③ 《论禁野鸡》,载《申报》1891年5月23日。
④ 《书工部局禁野鸡告示后》,载《申报》1891年6月24日。在另一篇文章中,也对先禁野鸡入烟间后禁野鸡入茶馆充满期待。见《循轨篇》,载《申报》1891年7月20日。
⑤ 《违禁吸烟》,载《申报》1891年7月6日;《论流妓啜茗当与吸烟同禁》,载《申报》1891年7月10日。
⑥ "雌雉翔集",载吴友如:《〈点石斋画报〉·大可堂版》(第8册),上海画报出版社2001年版,第141页。

阆苑第一楼经火废重行修筑改颜曰更上一层楼,其装饰之华丽、楼台之峻高,独称巨擘,无过于斯。至晚间八九下钟为野鸡妓聚集之所,寻花问柳者大都于此问津,不过所费一二洋蚨,即可亲承香泽、偎傍花枝,是以来游兹土者无不欲至此啜茗、一扩眼界,每日十分热闹,真茶寮之首屈也。①

图 3-1 《无故相惊》(摘自《点石斋画报》)

更上一层楼延续了阆苑第一楼的热闹繁华、妓女如云。不过有了一次火灾,茶客变得异常警惕,由此发生了一场虚惊。某日晚上,有茶客因对面书场门前一盏纸灯被风吹着大叫"起火",又有十多人一起起哄,导致茶客争相逃命。从《无故

---

① 梅花庵主:《申江胜景图说》卷下,东方寰化书局1970年版。

相惊》这幅图里可以看到,在逃生的人群中,男女夹杂,女子的打扮显示了她们的妓女身份。关于更上一层楼的"野鸡"图景,还可以列举两个例子。1892年1月3日《申报》报道了一条消息:乡下人王某在更上一层楼见到曾为他童养孙媳、现已为"野鸡"的李氏,扭住她至公廨,后来李氏被暂寄栖流女所①。郑孝胥在其日记中记载,1897年6月30日夜间在更上一层楼喝茶时,被一位江北"野鸡"王爱林抢过扇子,"固邀过其寓略坐,需钱甚急之状可笑,遂俱登所居楼,付一元赎扇而返"②。

有人或许会说,妓女上茶楼,租界固然不会上心,华界管辖区域内应该情况良好。这话说对了一半。华洋两界相比较,在风化攸关一事上,华界比租界重视,自然情况也好过租界。但是这种现象并没有在华界完全消失,在禁令的松弛阶段,这种现象时有抬头。

华界官府查禁"野鸡"上茶楼的力度和持续性明显强于租界当局。1898年新正元旦以来,城隍庙内春风得意楼违反禁令,连续数十日容留妇女品茶兼有弹唱淫词小曲。官府得悉后,传令停唱勿卖女茶,茶楼执事人(即主管经营者)姚兰元无视禁令。1月28日,探捕前往拘拿姚兰元,姚自恃是文生,坚不从命。官府命令发封茶楼,姚先请某绅董说情,但没起作用。姚得知封条发出后,再次请求多位有威望的绅董前往官府说情。这次保甲总巡大人发话:既然求情,准免茶楼封闭,罚洋一千元充作修理城厢内外街道及县城花草浜沿河木栏等经费。在再三求减下,最后判定罚洋三百元③。

屡申禁令,依然有茶馆违令。春风得意楼为县城内有名茶馆,以它开刀,正好起到杀鸡儆猴之功效。不过,为追逐利益,仍有不少茶馆甘冒风险,阳奉阴违,依旧容留妇女入内喝茶。在春风得意楼事件后一个多月,华界官府再次发出禁令④。1898年7月至10月,沪南马路工程局会办委员兼城厢内外保甲总巡帮办朱森庭在让各铺地甲呈明所辖各段内茶馆具体情况后,多次召集各茶馆店主训话,令勿犯禁

---

① 《茶肆鸡谈》,载《申报》1892年1月3日。
② 《郑孝胥日记》第二册,中华书局1993年版,第605页。日记中记载:"绕至四马路,登第一楼小憩。"此时第一楼早毁于火灾,应为更上一层楼。也有因第一楼名气太响时人仍用旧称的可能。
③ 《整顿风俗》,载《申报》1898年1月29日;《说情无益》,载《申报》1898年1月31日;《茶楼封闭》,载《申报》1898年2月2日;《茶肆罚锾》,载《申报》1898年2月4日。
④ 《挽回风化》,载《申报》1898年3月18日。

令,一经查出或被告发,定即照例重究、决不宽贷①。多次召集茶馆店主谈话,说明此类问题的持续存在。1902年,华界再次出示晓谕严禁妇女入茶馆,实贴各茶肆,并传集各铺地甲令对所辖茶馆严加管束②。

不管怎样,与华界查禁力度相比,英法租界显得无所作为,妓女上茶楼依旧如故。1898年5月8日《申报》报道了四马路五层楼失火的情形:"楼头所悬火油灯忽然压下,火球滚滚,满室通红。啜茗之人争先逃避,诸娼更惊慌失措,以致遗簪漏珥,离乱仓皇。"③失火逃生、妓女纷杂于茶客间的情形与之前更上一层楼如出一辙。妓女上茶楼租界未发禁令,而禁止妓女上烟馆的禁令也只是实施一时。1898年11月底,法界撤销妇女入烟馆的禁令,理由是:"各烟馆自禁妇女开灯以来市面日行寥落,捕头体恤商艰,传谕弛禁。"④烟馆生意寥落,将影响到烟馆所缴捐税,这才是问题的实质所在。英法租界对"野鸡"的放纵,使得"野鸡"上茶楼愈加肆无忌惮。竹枝词对20世纪初十年租界茶楼中的这种现象多有描述:

茶寮高敞粤人开,士女联翩结伴来。糖果点心滋味美,笑谈终日满楼台。⑤
路草闲花看不完,沿途摆满野鸡摊。黄昏茶肆咸充斥,漫说同安与易安。
升平楼上尽山梁,燕瘦环肥尽品量。试上状元台上看,洪家姊妹共称扬。⑥
宵夜半洋肴五味,何妨小酌暂停车。无须骑鹤上扬州,只上青莲阁一游。
寄语看花休立足,谨防背后扯衣钩。⑦
青莲阁上野鸡窝,飞来飞去似织梭。最是扬帮真老脸,做媒双手把衣拖。⑧

---

① 《茶肆造册》,载《申报》1898年7月25日;《严谕茶肆》,载《申报》1898年8月26日;《局员谕话》,载《申报》1898年10月25日。除禁止让妇女入内外,还要求茶馆店主遇到流氓入内喝茶、进行拆梢等事及包探聚会时应即时禀报。
② 《整顿风俗》,载《申报》1902年6月2日。
③ 《茶楼失火》,载《申报》1898年5月8日。
④ 《烟馆弛禁》,载《申报》1898年11月21日
⑤ 《沪江商业市景词》,作于1906年,载顾炳权编:《上海洋场竹枝词》,上海书店出版社1996年版,第135页。
⑥ 《海上竹枝词》,作于1909年,载顾炳权编:《上海洋场竹枝词》,上海书店出版社1996年版,第188页。
⑦ 同上,第192页。
⑧ 管斯骏:《四马路竹枝词》,作于1905年,载顾炳权编:《上海洋场竹枝词》,上海书店出版社1996年版,第423页。

青莲阁过一层楼,痴蝶狂蜂次第游。细问芳名呼小姐,秋波斜转似含羞。①
青莲阁上一杯茶,闲坐凭栏看马车。恨煞野鸡三两辈,硬拖衫袖到侬家。②

从竹枝词看,青莲阁尤为当时妓女所中意。而在青莲阁因故停业一段时间里,四海升平楼接替青莲阁,成为"野鸡嘈杂"处,见图3-2。图中吟诗两首:

晚上升平去吃茶,群雌粥粥太喧哗。苏头扬脚同称妙,厚粉浓脂且尽搽。圈子狂兜心痒痒,阑干斜靠眼巴巴。有人领略其中趣,转说家花逊野花。

花一月茶资只两洋,招徕生意闹嚷嚷。打情骂俏偏多趣,强曳横拖也不妨。肥瘦莫将环燕比,往来好似蝶蜂忙。娘姨逼着家中去,乾泾今朝必要装。

有人对出入于茶楼的"野鸡"品头论足,指出:"上等者在南京路同安、易安、全安及福州路之福安等处,次等者则升平楼、青莲阁、第一楼为多。"③同安、易安、全安及福安,都是广东茶楼。广东茶楼在时人认为是档次较高的茶楼,所以虽然"野鸡"人数比不上青莲阁等,但"野鸡"等级高于青莲阁等茶楼。

在华界官府的要求下,英法租界并非不禁"野鸡"上茶楼。可惜力度太小,1911年7月,青莲阁因容留"野鸡"在茶堂内拉客,被判罚洋五元充公④。

到20世纪20年代,妓女上茶楼渐趋减少。有人调查,这是由于游戏场的兴旺,"野鸡都到游戏场去拉客,各茶楼就大受影响,一时著名的茶楼,倒闭了好几家",能够仍旧做招待淫业生意的茶楼就剩下了青莲阁。20世纪初期起,青莲阁成为上海最为著名的茶楼,也成为"野鸡"聚集的中心。据民国七年(1918)夏季的一份调查,福州路以东,出没于青莲阁的扬州野鸡有970名。"但眼前青莲阁所出没的野鸡,都是下等野鸡,游冶子到茶楼也寥如晨星,不像从前的繁华热闹,稍微老于上海的人,

---

① 管斯骏:《野鸡竹枝词》,载顾炳权编:《上海洋场竹枝词》,上海书店出版社1996年版,第424页。
② 蒲郎:《上海竹枝词》,载顾炳权编:《上海洋场竹枝词》,上海书店出版社1996年版,第426页。
③ "郎若闲时来吃茶",载《图画日报》第六册,上海古籍出版社1999年版,第506页。这里的第一楼应该指的是更上一层楼。
④ 《茶馆受罚》,载《申报》1911年7月26日。

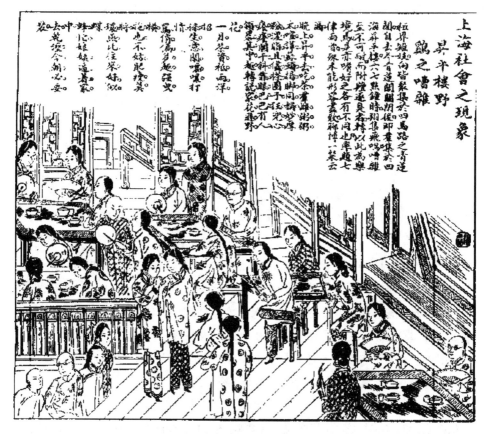

图 3-2 《升平楼野鸡之嘈杂》（摘自《图画日报》）

不只平常不到这种茶楼,就是要打野鸡,也不到那里了"①。新兴娱乐场所的出现给予传统行业有力打击,茶楼不再是重要的游艺场所了,它的辉煌时代已然过去。"野鸡"们又找到了新的阵地,伴随"野鸡"而去的是大茶馆的没落。

作为"一枝独秀"的青莲阁,还能支撑一段时期。1923 年 3 月日本作家村松梢风来到上海,在这个被他称为"魔都"的"摩登城市"中"经历了各种各样的生活体验"。某天晚上,他和友人上了福州路上的青莲阁,"楼上的人熙熙攘攘、往来上下,

---

① 王无为:《上海淫业问题》,载李文海主编:《民国时期社会调查丛编·底边社会卷(下)》,福建教育出版社 2014 年版,第 415—416、429 页。

犹如街市。我们刚一登上楼梯,就忽地被'鸡'(娼妓)捕获。在这竖立着一根根柱子的宽广的二楼上,也许能容纳下几千客人……在这些人之间,无数的'鸡'左右穿梭着。有的缠绕着客人,有的玩笑嬉闹的,有的一起在桌边喝茶闲聊。香烟的烟雾袅袅蒙蒙遮蔽了电灯的光线。混杂喧骚令我茫然无措。不久,回过神来,才去看捕获我们鸡的脸,我的朋友的那个是正当妙龄的圆脸大眼姑娘,我的那个看起来只有十四五岁,活像个用赛璐珞做成的洋娃娃,但两个人都算不上美女。我的朋友用上海话喝退她们,但她们就是不离开"①。青莲阁"野鸡"充斥、恣意拉客的图景在村松梢风的笔下得到了完整勾勒。1930 年出版的专著《上海生活》也对青莲阁妓女现象有过描述:青莲阁,实质上是一处"最污秽的地方",一到上灯时节,"热闹无比,假使走上楼梯一看,那些下等妓女们的百般勾引茶客,以及那些茶客对于妓女的任意调笑,真是不堪入目。"因此,青莲阁和四海升平楼,"其热闹占各茶楼之冠,不过里面空气污浊不堪,自好之辈,都视为畏途"②。其实,从 20 世纪 20 年代开始,青莲阁等茶馆就不断受到有识之士的指责,"雉妓大本营""泄欲介绍所""泄欲处"一再被民国文人作为青莲阁的代称③。

随着社会禁娼呼吁声的响亮,以及中外当局废娼的实际举措,茶楼中的"野鸡"越来越无所遁形④。谢幕的时候终于到了。1931 年 7 月,青莲阁迁移新址,店主自称"营业性质,与前此不同"。不过改头换面之后的青莲阁生意日趋滑落,到 1935 年营业"大有不堪支持之势"。有人分析:"究其原因,实因受野鸡茶会解散之影响。可见野鸡与市面之繁荣,确有密切之关系。"⑤青莲阁"野鸡"的解散,代表了妓女在茶楼拉客现象的最终消失。

上海茶楼里妓女的出现和猖獗,充分体现了近代上海娼妓业的畸形繁荣。"野鸡"把茶楼当作做生意的重要场所,茶楼老板视"野鸡"为客源增多的重要保障,利益的驱使使得他们敢于一再违抗禁令。而一项禁令的真正实施,需要华界、租界两

---

① [日]村松梢风,《魔都》,小西书店 1924 年版,转引自《中华读书报》2001 年 7 月 18 日。
② 徐国桢编著:《上海生活》,世界书局 1933 年版,第 94 页。
③ 红鹅:《茶馆》,载《上海常识》第 42 期,1928 年 9 月 19 日;初一:《青莲阁》,载《上海生活(上海1926)》第二号,1926 年 11 月 15 日;梁得所:《上海的鸟瞰》,载《未完集》,上海良友图书印刷公司 1931 年版,第 5 页。
④ 进入民国,禁娼舆论逐渐兴起。受大环境影响,"野鸡"上茶楼不似以前频繁。1920 年至 1924 年,公共租界中妓院的分期关闭更是给予娼妓业以重击。
⑤ 《半月社会》,载《社会评论》第二卷第五期,1935 年 12 月 1 日。

方三局的通力合作。清末时期英法租界当局的不配合,令租界内妓女上茶楼无所顾忌。民国后,禁娼、废娼舆论逐渐兴起,租界不得不给予配合,由此妓女上茶楼现象逐渐消失。茶馆内的一场旷日持久之战最终如官府所愿落下帷幕,但不容乐观的是,妓女因茶馆衰落转移到了游乐场等休闲娱乐场所。

## 二、茶馆禁戏

中国传统戏曲成熟于元代。因戏曲具有宣扬道德、教化民众等功能,纵观元明清三代,统治者并未禁止民间戏曲演出活动,不过却基本持消极态度①。这种消极态度最鲜明的体现,就是颁布各类文告谕示,对戏曲剧目、演出时间、演员、观众群体等方面,尤其是戏曲剧目进行管制②。那些官方看来有悖于纲常礼教的戏曲被统称为"淫戏",遭到抵制和禁止。晚清上海自开埠以来,随着商业、文化的繁荣,"淫戏"日盛,同样遭到官方的查禁和传统文人的口诛笔伐③。茶馆开演"淫戏"自然也在所禁之列。

官方禁止在茶馆、戏园等公共场所开演"淫戏",主要有"两怕"。以19世纪30年代晚清江苏的一则告示为例:"一应昆、徽戏班,只许演唱忠孝节义故事,如有将水浒、金瓶梅、来福山歌等项奸盗之出在园演唱者,地方官立将班头并开戏园之人,严拿治罪,仍追行头变价充公。其各处茶馆弹唱文词,亦毋许男女杂坐,闹至深更。"④"两怕"在告示中清楚明了,一怕"淫词""淫戏",一怕茶馆这类公共场所男女杂坐且易滋生事端。比起戏馆,茶馆更被官员所重视。原因在于在官方看来茶馆是下层民众聚集的地方,人多杂乱容易产生治安问题,同时男女杂坐容易导致伤风败俗之事发生。另外,不同于戏馆中的昆曲、京剧等"高雅"剧种,所禁者主要在于一些剧本。茶馆禁演"淫戏"则更为复杂,有时查禁某些剧本,有时则采取"扫地出

---

① 参见周宁:《想象与权力:戏剧意识形态研究》,厦门大学出版社2003年版,第52—58页。
② 参见王利器辑录:《元明清三代禁毁小说戏曲史料》(增订本),上海古籍出版社1981年版。
③ 魏兵兵对晚清上海"淫戏"的兴盛情形、原因以及官府的查禁、文人的批驳进行了详细的论述,不过在具体论述"淫戏"时主要针对戏园中的戏曲剧本。参见魏兵兵:《"风化"与"风流":"淫戏"与晚清上海公共娱乐》,载《史林》2010年第5期。
④ 《裕谦训俗条约》,载王利器辑录:《元明清三代禁毁小说戏曲史料》,第130页。裕谦于清代道光十四年(1834)升为江苏按察使,1839年以江苏布政使署理江苏巡抚。该条约为裕谦任江苏按察使期间发布。

门"的方式,所禁者在于戏曲本身。

从上文告示中可以知道,19世纪30年代官方允许苏州评弹在茶馆弹唱,查禁的主要是《水浒》《金瓶梅》等曲目。不过《水浒》《三国演义》《封神榜》等是当时评弹中最受观众欢迎的曲目,对其查禁影响到了茶馆评弹的兴盛。而且是否为"淫词"则由官方说了算,因此评弹在晚清上海常常遭到取缔。

清同治七年(1868),江苏巡抚丁日昌出台了三条禁令:禁淫词、禁淫书、禁女性入茶馆。禁令使得评弹在它的中心地苏州遭遇制约,而上海的繁荣尤其是租界宽松的环境令大批艺人转移阵地,上海评弹兴盛一时。《上海新报》1872年2月1日登载一篇《禁止女子弹唱》的文章。文中提道:"上海茶馆,无不说书之处,即无不听书之人",道出了此时上海茶馆评弹的兴盛。当然文章本意在于反对茶馆说书,尤其反对么弹词登台献唱①。之后,官方屡有查禁茶馆演说评弹的举动。1879年,上海县城保甲局发出告示,禁止《水浒》《三国演义》《封神榜》等在茶馆弹唱。主要原因在于:"盖以评话虽演说忠孝节义等事而其中容涉奸盗淫邪,听者足坏心术,故着将《水浒》《封神》《三国演义》《金瓶梅》等四书永禁,不准演说。且书场环集多人,男女混杂,匪类混迹,在白昼间犹可稍原,若黄昏犹复挨挤错杂,实亦不成事体。"②城隍庙一带的茶馆书场为评弹的集中区,官方对其关注更甚。1898年新正,春风得意楼因违反禁令,连续数十日容留妇女品茶兼有弹唱淫词小曲,最后被罚三百元。1901年有报道称:"豫园中各茶肆近因贸易清寥,召集柳敬亭一流人演说《倭袍》《水浒》各小说。"1910年12月底,春风得意楼因招李文彬"演讲《小白菜》淫词,生意颇盛,男女混杂,攸关风化",店主王兰亭被罚洋六元③。相关报道并没有明确说明官方的查禁是针对评弹曲目还是针对评弹本身,不过从评弹在江南一带的传播来看应该是针对曲目而言。

与评弹不同,花鼓戏遭到了更为严厉的查禁。花鼓戏发源于乡村,原是一种田头山歌和乡间俚曲。又被称为滩簧,按其形成地区可以分为申滩、常锡滩簧、宁波滩簧、姚滩等。申滩,上海本地人称为本地滩簧(简称本滩),亦称东乡调④。诸联在

---

① 《禁止女子弹唱》,载《上海新报》1872年2月1日。
② 《新禁评话》,载《申报》1879年3月17日。
③ 《整顿风俗》,载《申报》1898年1月29日;《整顿风化》,载《申报》1901年12月24日;《小白菜伤风败俗》,载《民立报》1910年12月22日。
④ 东乡是指浦东一带地方,东乡调便是浦东腔。由此看来申滩最早起源于浦东一带的乡村。

《明斋小识》中对本滩的形成过程有简短的描述："花鼓戏传未卅年，变者屡矣。始于男，继以女；始于日，继以夜；始于乡野，继以镇市；始盛于村俗农氓，继沿于纨绔子弟。胡琴弦子，俨号宫商。"①从这段描述来看，本滩应当产生在乾隆四十年前后，三十年间发生了诸多变化，包括表演形式、时间、区域和观众。这段文字也可视为对早期各地滩簧形成过程及特征的描述。花鼓戏"男敲锣，妇打两头鼓"的表演形式以及多涉及男女之间情爱的唱词、内容，被官府和传统文人视为"诲淫的东西"②。因此晚清官府对花鼓戏戏曲本身进行了严厉查禁。

丁日昌在任江苏巡抚期间，严令查禁花鼓戏，从而迫使艺人从乡村来到上海城区，尤其是租界。据称，当时一部分进入到上海租界演唱，一部分在苏州盘门外青阳地（前日本租界）演唱。上海演出在十六铺万里春、法大马路（即现金陵路）等一带，最初只是搭棚演唱，后来"称心""如意楼""乐意楼""财源聚宝楼"等茶馆成为花鼓戏的避难所，同时也是花鼓戏走向都市的开端③。租界是早期花鼓戏的避难所，不过在华界官府的要求下，英法租界先后颁布禁令，从此花鼓戏在禁令中走上了一条艰难的发展之路。

公共租界最先答应与华界官府合作，于1874年3月颁布禁演法令，并预备在一月之内禁绝界内花鼓戏。之后，法租界也同意查禁花鼓戏④。在一段时期内，禁令确实产生了效力。可是好景不长，1875年2月，被视为"天下之最易坏人心术者"的花鼓戏在浦东洋泾镇热热闹闹地开演了七天。后来地保及茶馆店主遭到重责，令不准复演⑤。洋泾镇茶馆中花鼓戏的上演和查禁只是开了一个口子，之后花鼓戏在演与禁之间虽不似决堤之水却如小河流水般漫延长流。1880年6月，《申报》文章称："英界一隅之地，凡唱花鼓戏之茶馆，共有四五家。虽则坐唱，并不演剧，然若再

---

① 诸联：《明斋小识》，江苏广陵古籍出版社1983年版，卷九。
② "花鼓戏素来公认是诲淫的东西。表演时的情景、唱词、宾白，有不少挑拨色情的地方。演唱者大抵因花鼓戏这名称不名誉，所以屡次改换名称"。参见上海通社编：《上海研究资料》，上海书店1984年版，第565页。
③ 《花鼓戏流亡都市，茶馆成了避难所》，载《文汇报》，1951年3月6日；朱恒夫：《滩簧考论》，上海古籍出版社2008年版，第112页；茅善玉主编：《沪剧》，上海文化出版社2010年版，第29—30页。
④ 《法界查禁花鼓淫戏》，载《申报》1874年3月5日；《禁演花鼓淫戏日期》，载《申报》1874年3月14日。
⑤ 《惩禁花鼓戏》，载《申报》1875年2月18日。

不设法严禁,恐将来效尤者日盛矣。"①到1882年,《申报》文章称茶馆里花鼓戏盛行②。同时相关报道不时见诸报端:英租界大马路凤鸣茶馆开演坐唱形式的花鼓戏;某小茶馆内乡人男扮女装,演唱花鼓戏;英租界新桥堍复兴楼茶馆有两男一女搭台演唱。"光天化日之下何来此桑间濮上之音哉?""痴男怨女都来倾听,屡禁而屡犯耶。"类似感慨不时从正统文人口中发出③。同时,报纸主笔者通过茶馆因演花鼓戏纠纷不断的事件"警醒"世人:"英租界志远街口之庆兴园老虎灶茶馆近来夜间有男女坐唱花鼓戏,听者颇为热闹,前夜八点多竟踏断楼板三块以致人皆跌下受伤者约五六人。""虹口某小茶馆每夜唱说花鼓淫戏,常有无赖辈在场外喧嚷以致听客不能心领神会,昨夜该茶馆戏班中预备打手以禁喧嚷,其意不过欲使听客适意,有二人恰在外人声对话,亦被殴。"虹口某茶馆先邀陆某做木人戏,因茶客少故邀张某唱花鼓戏,陆某寻衅打坏碗盏④。文人士绅的口诛笔伐和呼吁意在推动租界当局对花鼓戏的查禁,可是租界当局也有他们的考虑。1900年3月,因市面清寥,法租界允许演唱对白滩簧(即坐唱滩簧)。此后茶馆开演花鼓戏日新月盛,报道称:"不料此端一启,靡然从风,自公馆马路及小东门外各茶肆,每晚黄昏时节,座客常盈,秽语淫词不堪入耳。"⑤英租界四马路明玉楼等茶馆也阳奉阴违,屡次开演花鼓戏。在华界要求下,英租界再次先于法租界发布查禁花鼓戏的告示⑥。

　　华界官府对犯事者往往采取杖责、枷号的方式。如1892年四马路渭泉楼演唱花鼓戏,唱戏者中屡犯者被责一百板,并枷号一月,其余枷号一月。而茶馆店主刘阿四判枷号一月⑦。英法租界则采取拘案押候、罚款的方式。如1909年松鹤楼茶馆演唱花鼓戏,将唱戏之周明寿、俞进才等拘案押候,两礼拜后开释。店主董阿庆被判罚洋三百元,又因冒挂洋商牌号判押捕房一月⑧。

---

① 《淫戏宜禁》,载《申报》1880年6月7日。
② 《花鼓盛行》,载《申报》1882年9月26日。
③ 《淫戏宜禁》,载《申报》1879年11月23日;《淫戏宜禁》,载《申报》1883年6月27日;《淫戏宜禁》,载《申报》1884年7月22日。
④ 《听曲伤人》,载《申报》1880年3月30日;《唱戏滋衅》,载《申报》1881年3月4日;《戏班殴人》,载《申报》1882年9月8日。
⑤ 《禁唱淫词》,载《申报》1900年3月5日。
⑥ 《论英界查禁淫戏事》,载《申报》1900年12月20日。
⑦ 《诲淫被获》,载《申报》1892年10月26日;《补提肆主》,载《申报》1892年10月27日。
⑧ 《将次开释》,载《申报》1909年3月18日;《仍须罚洋》,载《申报》1909年3月27日。

以上根据《申报》相关报道对晚清时期花鼓戏在茶馆的演唱历程作了简短描述。这又是一场禁令下的较量。花鼓戏并未在禁令中消失，反而愈禁愈烈。不管其是否存在淫秽内容，花鼓戏在民间扎根甚深①。

1913年，上海县知事吴馨委任李济为上海通俗教育事务所主任，专任文化改良的工作，净化剧目。本滩艺人施兰亭等人响应政府号召，从事本滩改良，将本滩易名为"申曲"。《申报》1914年4月12日刊载了《改良滩簧准予开唱》的文章："南市第一区境内德兴楼茶馆拟附设改良滩簧，遵章认缴同捐，补注地方公费。会经呈请上海工巡捐局，給谕在案。兹经朱局长函，由第一警区查明，该茶楼附设之滩簧确系改良小说，并无淫词秽语，自当照准。故于昨日批示，准予开唱，给发执照矣。"②改良滩簧允许在茶馆演唱，说明花鼓戏终于迎来了其发展历程中的"春天"。之后，茶馆以改良滩簧名义、保证不唱"淫词"即可获得执照③。不过官府对滩簧并没有完全开禁，仍会以违章未领执照、演唱涉及"淫词"等缘故对茶馆滩簧进行查禁。受到查禁的开演者常被报纸主笔者称为"无业游民""拆白少年"，"伤风败俗""大伤风化""引诱年轻妇女"仍是滩簧受到指责的主要内容④。1918年起，震动一时的宁波滩簧事件发生了。这起事件明确针对外来滩簧，然而官府的查禁和文人士绅的口诛笔伐仍然无法使宁波滩簧悄然离去。

据老艺人回忆，第一批到上海演出宁波滩簧的艺人是邬拾来等人。清代光绪二十六年（1900），上海茶馆老板马德芳和王章才邀请邬拾来、杜通尧等人到位于法租界小东门的"凤凰台"和"白鹤台"等茶楼演唱。演唱的效果极佳，宁波籍人奔走相告，于是一日演出数场，场场都聚集起很多观众。宁波的滩簧艺人纷纷北上来到上海⑤。在官府的查禁中，宁波滩簧艰难生存和发展。1918年的这起事件，起因于一批文人的口诛笔伐。2月24日，《民国日报》登载署名瘦菊的一份投函，揭发九亩

---

① 花鼓戏充满乡土气息和农民情调，虽不是庸俗，但不排除有些内容含有低级趣味。
② 《改良滩簧准予开唱》，载《申报》1914年4月12日。
③ 《工巡捐总局批示》，载《民国日报》1917年5月10日；《苏滩戏园均领执照》，载《民国日报》1918年8月3日；《唱书自称劝善》，载《民国日报》1918年12月14日。
④ 《取缔茶馆淫词》，载《民国日报》1917年2月2日；《紧闭海淫茶寮》，载《民国日报》1919年2月15日；《淞沪警察厅批示》，载《民国日报》1919年2月5日；《公民请禁花鼓戏》，载《民国日报》1919年2月9日；《花鼓戏即宜惩办》，载《民国日报》1919年4月9日；《花鼓戏违章惩办》，载《民国日报》1919年4月21日。
⑤ 朱恒夫：《滩簧考论》，上海古籍出版社2008年版，第144页。

地大地共和春茶馆每晚开演宁波滩簧,举动轻狂、言语猥亵,男女趋之若鹜,而岗警近在咫尺,不闻不问①。之后,又有系列文章揭露详细情形:一、大地共和春茶馆本为蓄鸟者的聚集地,不知何故茶客相引他去,生涯骤落,数易其主,遂以演文明新戏为由,"招集无赖弹唱宁波滩簧"。二、戏班以生角沈春林为班领,旦角小阿友为台柱,丑角烂桃子副之,其余杂旦净丑等,不下二十余人。小阿友在宁波滩簧旦角中鼎鼎大名,与小木匠同为个中巨擘。之前在法租界唱时,曾为法捕房拘罚两次。第一次小木匠、小阿友两人共罚洋一百元,第二次共罚洋三百元。"小阿友既负重名,余以为虽不能丰姿绝伦,要亦玲珑绰约。不料相见之下竟属腰大十围膀阔三停之巨无霸也。至其身段面貌之如何,当可与秦旦淫伶郭蝶仙相比拟,不知小阿友者,亦可默想见其风采矣。然小阿友固何自而得名耶,曰:肯下身分也。据闻小阿友富有雌性,待人接物均极冶媚,故人好暱就之。人言昔与昼锦里丝线店主某暱,今小阿友年将三十,不知仍干其旧营生否?"对小阿友极尽挖苦、讽刺和人身攻击。三、内部仿照戏园中前后台拆账方法,小阿友进账最多,"闻开演以来每晚最少二百余座,最多四百余座,平均约在二百五十人以上。小阿友每日所得约须九元有余,每月亦须二百七八十元",茶馆据闻仅少有盈余。四、所演之戏除全本大庵堂相会外,"悉系极不堪之戏。一言足以蔽之曰:吊膀轧姘而已。而所说词句,又极秽亵,闻之掩耳"。还兼卖女座,"此中危险不忍言之矣"。"庵堂相会全本今岁仅演过两次,每演则观者云集,较之演他戏之卖座,殆将倍之"。以上是对茶馆开演宁波滩簧的缘由、戏班及小阿友情况、茶馆和戏班收入以及所演剧目展开的详细调查和报道,言论激烈,不乏攻击之意。此外,文章强烈指责警局的不作为和社会人士的麻木。"警厅故作痴聋,工巡捐局亦不吊销执照,即上海公正之士亦未闻有反对之声,此至可怪者也"。"司地方之责者既听其自然,关心地方风化者,将任其玷污社会乎?抑群起而驱逐之乎,吾将于是觇上海人之趋向矣"②。在舆论攻讦下,宁波同乡会函请淞沪警厅严行查禁,并倡议永远禁止③。之后,警察厅出面给予查禁。其间又反复发生一些情况。先是滩簧戏班拟再迁至方浜桥附近华园茶馆开唱,遭到警局吊销

---

① 坚:《驱此社会之蠹》,载《民国日报》1918年2月24日。
② 《警厅查禁淫词》,载《民国日报》1918年3月18日;小珠:《宁波滩簧之调查》,载《民国日报》1918年5月20日;阿大:《嚼舌头》,载《民国日报》1918年5月20日;小珠:《宁波滩簧之调查续》,载《民国日报》1918年5月21日;小珠:《宁波滩簧之调查再续》,载《民国日报》1918年5月22日。
③ 《宁波同乡会请禁淫词》,载《民国日报》1918年5月25日。

执照；接着大地共和春茶馆改为振市万华楼，仍由小阿友等演唱滩簧。警局将两茶馆发封并传店主究办①。不过，"野火烧不尽，春风吹又生"，宁波滩簧在茶馆开演遭到禁止后又转移阵地，以"文明时曲"之名来到了新世界、新群仙等游乐场、戏园，依旧盛行，小阿友也依旧"为其间最著者"。1920年3月1日，《申报》登文发表："本年新正以来，已各大张旗鼓，社会风化可见一斑。"②

宁波滩簧在查禁与舆论指责声中并未销声匿迹，依旧盛行。它是各地滩簧民国初期遭遇的缩影，显示了民间戏曲强大的生命力和扎根民间的深厚根基。滩簧是一种贴近民众、为大众喜闻乐见的戏曲艺术，官府的查禁、文人士绅的指责和反对在声势浩大的民众面前，都发挥不了作用。民国中后期，滩簧紧跟时代潮流，在剧目、音乐、表演、化装、布景等方面作了很大改进，融入当时的戏曲艺术中，逐渐得到政府和有识之士的认可。1927年以后，申曲开始演出文明戏和时事剧。1941年上海沪剧社成立，申曲正式改称沪剧。其他各地滩簧也先后改名，成为富有地方特色的戏曲剧种。民国时期，滩簧演出主要转向游乐场、剧院和空中电台，一些茶馆也依然附设滩簧场。从晚清至民国期间，滩簧艺术几度兴衰，历尽坎坷，道路曲折。茶馆开演是滩簧艺术发展道路上最关键、最重要也是时间最长的一段时期，在这段时期历经官府查禁和有关文人士绅的指责，然而却赢得了大众的喜爱和发展的契机。

幻灯片、电影在早期被称为影戏，两者同为西洋来的玩意，其中电影与茶馆有着不解之缘。前文对电影在茶馆放映的情况已有介绍，这里再作一点补充。电影在茶馆的放映也受着官府的重重制约，制约也无非与风化、治安有关。1898年董家渡江南一枝春茶楼设台放映电影，往观者蜂屯蚁聚，拥挤异常，喧闹之声几如鼎沸，后来捕头遣捕房前往阻止，观者遂纷纷散去。1910年1月，小南门外太和楼茶馆每晚放映电影，轰动男女聚集观听，恐有无赖混入借端肇祸，被禁止不准再演③。1911年，官府规定茶馆放映电影的章程：男女不准混杂；不得有淫亵之影片；停场时刻至

---

① 《淫词居然禁止》，载《民国日报》1918年6月8日；《伤风败俗之新戏》，载《民国日报》1918年8月12日；《茶肆唱淫词发封》，载《民国日报》1919年1月16日；《警厅查禁滩簧》，载《民国日报》1919年1月4日。

② 《宁波滩簧之盛行》，载《申报》1920年3月1日。

③ 《阻演影戏》，载《申报》1898年9月20日；《禁止影戏》，载《申报》1910年1月3日。

迟以十二钟为限;准巡警随时查察;此照不准顶替之用①。遵守该章程的即可缴费领证,准予放映。电影在茶馆放映的历史并不是很长,随着娱乐业的发达和影院的陆续建成,电影逐渐脱离茶馆,有了专门的放映场所。

## 三、茶馆禁赌

### (一) 茶馆聚赌与政府查禁历程

赌博的历史源远流长,赌博何时进入茶馆也已不可考。上海在开埠以后逐渐发展为通商大邑,乡村到沪谋生的人员越来越多。在辛苦谋生之余他们需要消遣来解除身体的疲劳和内心的苦闷情绪,同时投机心理下的发财迷梦使得他们把目光投向了赌博。无疑,大街小巷随处可见的小茶馆提供了便利的场所。至清末,上海城区茶馆赌博现象日益凸显。

由于赌博小则废时失业、大则倾家荡产,容易滋生纠纷、诱发罪恶,引起社会不安,因此清政府历来禁止赌博,茶馆中的赌博自然也在此列。1880 年 10 月 25 日《申报》报道:租界士绅谢荣施等在老闸大桥北首唐家弄地方置有房产,其租开乾丰园、德胜园、新兴园等茶馆或并和或牌九,日夜赌博,该绅等令人喝示不依,业已禀请陈司马出示晓谕,如敢故违立即提就不贷②。可以看到,地方士绅是政府禁赌的同盟。19 世纪 90 年代起,茶馆聚赌日益严重。1896 年 8 月华界官府发布《示禁茶馆赌博讲茶文》,布告中把聚赌、吃讲茶、混杂妇女并列为茶馆内三件最为风俗之害之事,厉行禁止③。

茶馆赌具、赌法多样,历时而变。赌具有传统的纸牌、牌九、骰子等,后来麻将兴起,搓麻将(又称叉麻雀)从此历久不衰④。在欧风东渐下,洋式赌博漂洋过海,首先在江海之交的上海、广州登陆。扑克、跑马、轮盘赌、打弹子等在上海风行一时。很快,茶馆里出现了洋式赌具。1902 年 4 月初官府访悉洋人克买克将赌钱机器放

---

① 《准演影戏》,载《申报》1911 年 2 月 11 日。
② 《禀禁赌博》,载《申报》1880 年 10 月 25 日。
③ 《示禁茶馆赌博讲茶文》,载(民国)《上海市自治志》公牍·甲编 ·各种示文,第 513 页。
④ 涂文学经过考证,认为麻将始于道咸年间的江南一带。麻将牌一旦形成,立即风靡全国,成为独领赌坛风骚的后起之秀。清末,无论是通都大邑,还是偏僻山乡,无论是官绅、士商,抑或平民百姓,无不嗜好此一博戏。涂文学:《赌博纵横》,民主与建设出版社 1997 年版,第 89—93、95 页。

置在指南白玉楼、江南一枝春等茶馆中诱人赌博,借以猎取钱财。后来十六铺地甲报称此赌箱一设,人多一掷数元,受害不浅,请求一律禁止①。翁太守限令迁移,而克买克阳奉阴违,仍把赌箱放在各茶馆。随即捕头将看箱人及赌箱押至公堂。克买克称已得美总领事准照,请发还赌箱。官府未准,最后下令封固赌箱②。赌箱风波终于平息。在洋式赌具中,后来被茶馆参赌者接受的主要是扑克,赌法有斗沙蟹、二十一点等。赌具的翻新、赌法的多样,为茶馆赌博注入了"新鲜血液",赌徒们乐此不疲。

　　重申禁令是官府遏制茶馆聚赌现象蔓延的常见措施。1903年1月,保甲总巡查得城内各茶馆时有赌徒麇集,饬地甲传谕一律严禁。1916年10月淞沪警察厅查知城厢内外"各小茶肆均备有各种竹牌赌具,名虽为茶客消遣之用,实则为聚赌抽头之机",从而发布禁赌文告:"赌博一事,为害最烈,无论何时,严禁开场,如敢违反,定干拘罚,为此布告,懔遵切切。"1928年10月,由于吴淞各地茶馆内抽头聚赌的普遍,吴淞公安局发布"严禁赌博"文告③。不同时期类似文告实在太多,而尤以新年期间最为密集。新年是放松休闲的时刻,民众往往聚集一起、以赌为乐。因此茶馆聚赌在新年时节极为普遍,"各茶馆每逢新年均摆设赌台抽头渔利"④。为了遏制新年期间赌博的猖獗,官府在此时需要重申禁令⑤。文告、禁令的发布,只是遏制赌博的第一步,关键是落到实处。在这方面,官府并非无所作为。1909年闸北黄正巡官到任后严厉禁止新年聚赌事件,1910年2月,该巡官恐仍有阳奉阴违之事,所

---

　　① 从地甲描述中可以看到赌箱即是"投币式自动赌博机"(Slot machine),俗称"吃角子老虎"或"独臂匪徒"。该赌博机于1887年由美国旧金山一位德裔机工发明。赌博者将一枚硬币投入机上狭孔,一扣扳机,各滚轮即开始转动。停止后,运气好的就有数枚硬币掉出来,但这种中彩的概率是极其有限的,绝大多数时间内它总是免开尊口。参见刘志琴主编:《赌博纵横》,民主与建设出版社1997年版,第147页。
　　②《赌具翻新》,载《申报》1902年4月5日;《请禁赌机》,载《申报》1902年4月8日;《赌箱解案》,载《申报》1902年4月9日;《未便发还》,载《申报》1902年4月10日。
　　③《严禁聚赌》,载《申报》1903年1月17日;《警厅禁赌文告》,载《民国日报》1916年10月30日;《吴淞公安局严禁赌博》,载《申报》1928年10月1日。
　　④《华界禁赌之严厉》,载《申报》1911年2月2日。
　　⑤ 翻阅《申报》发现新年时节往往发布禁赌令,这与此时赌博较平时为炽有关。1911年2月有多条:《聚赌赛灯之禁令》《巡警局出示禁赌》,载《申报》1911年2月2日;《禁赌条示》,载《申报》1911年2月3日;《严禁赌博》,载《申报》1911年2月3日;《捕房重申禁赌》,载《申报》1911年2月3日。1920年3月有:《徐警厅长禁赌之布告》,载《申报》1920年3月2日。《重申赌禁之部令》,载《申报》1920年3月8日。《新年禁赌》,载《申报》1931年2月14日。

以亲自率领一干人严密巡查各茶馆①。1929年6月23日《申报》报道：南市城厢一部分之警区警所，均派巡长分乘自由车，对于茶馆均前往察视有无聚赌情形，以便拘究②。在茶馆禁赌一事上，租界当局并没有与华界官府为难。从一例例茶馆赌徒被获案中，可以看到租界当局禁赌态度并不与华界相违背。

可是，一再查获的茶馆聚赌事件恰好证明政府的严行查禁并没有取得良好效果。城区茶馆尚且如此，乡镇茶馆更遑论也。上海各郊区乡镇茶馆聚赌情形较城区更为严重。作于1925年左右的《三林乡志》谈到镇上茶馆聚赌情形："镇上各茶馆，新年放汤（任其自然曰放汤）数日。汽油灯昼夜燃点，明目张胆，较之曩年为烈。浪传每年开销，半取于是。进出之巨，概可想见。而平时仍不敛迹，实一乡愚之销风窟也。若非设法取缔，只许闭不准开，违则重罚房主，实无良法。"③另外新编《上海县志》记载："旧时大多在集镇茶馆聚赌，赌具有麻将、挖花牌、龙牌、骰子、扑克牌等，常见有搓麻将、大牌九、小牌九、斗沙蟹、摇宝、廿一门头等。清代盛行摇宝。民国时期盛行搓麻将，解放前遍及乡村，逢年过节尤盛。"④乡村茶馆聚赌，往往通宵达旦，并有留人住宿之事，官府也一再发布告示⑤。1918年，浦东高陆两行鉴于乡村各茶馆赌害之烈，发出勒闭乡村茶馆的布告：除镇市茶馆仍准照常开设外，其余各乡村之小茶馆自阴历十月初一日起一律歇业，不许再开⑥。可是在禁令之下各乡镇茶馆聚赌现象依然"高调"存在。1924年，沪江大学社会调查班的学生曾去上海东北部的小镇——沈家行进行社会调查，发现："麻雀牌是茶店里最普通的赌品。当我去调查的时候，一家茶店，有三张赌桌；另一家有二张；又一家则有一张。赌博本为法律所不许，而受警察之管束。所惜者，警察不是长住在沈家行的，以致管束方面不甚严密。"⑦看来查禁不严是乡镇茶馆赌博猖獗的重要原因之一。1929年宝山

---

① 《华界禁赌之严厉》，载《申报》1910年2月13日。
② 《华界厉行禁赌》，载《申报》1929年6月23日。
③ （民国）《三林乡志残稿》，"上海乡镇旧志丛书"（14），上海社会科学院出版社2006年版，第73页。三林乡，浦东新区西南，原属上海县。
④ 王孝俭主编：《上海县志》，上海人民出版社1993年版，第1103页。
⑤ 《查禁各乡村茶馆聚赌：不是一张告示的事》，载《民国日报》1919年11月26日；《查禁乡村茶馆设诸之省令》，载《申报》1923年8月16日。
⑥ 《防赌害勒闭小茶肆》，载《民国日报》1918年10月28日。
⑦ 张镜予编辑，白克令指导：《社会调查——沈家行实况》，载李文海主编：《民国时期社会调查丛编·底边社会卷（下）》，福建教育出版社2014年版，第39页。

县县长微服私访,目睹大场乡赌窟——同意春茶社的聚赌情形,最后查封了该茶馆①。但官员偶尔一次微服私访的作用显然是微弱的。

孤岛时期,在日伪势力的侵入和放纵下,上海烟赌公开盛行②。1939年初,沪西各镇茶馆几成赌场,嗜赌之徒莫不废寝忘食,沉湎其中,朱家行、长桥、梅陇各镇,恃日军之管理,呼幺喝六、日夜不辍。1940年1月,南市成另一赌窟。"自九亩地至城隍庙,所有房屋已为土行及赌场预定,邑庙豫园内大茶馆,已改作赌窟,而九亩地之花会筒则已开幕,每日赌徒往来如山阴道上"③。连城隍庙内的大茶馆,皆已成为赌窟!

抗战胜利后,上海茶馆聚赌并未消停,在政治动乱、经济凋敝的时代,反而更为猖獗。1947年上海市参议会第四次大会上,参议会以茶馆公开赌博、警局置之不理向市政府提请切实禁止茶馆赌博④。市民杨时辉阅报见到参议会提议禁赌后,写了一封信给警察局长,信中提到上海战后茶馆赌风日甚一日。揭发了一些茶馆,"最可恨者游手好闲群集本市最繁盛茶楼为老闸区,其间赌风最甚为四马路浙江路快阁茶社",还有"广东路口云南路口自由谈茶社、浙江路底中兴楼、福建中路北京路口某茶社、北京路浙江路口东鑫,老闸区为最多,茶楼禁令有重申之必要。"信中提议先处理快阁茶社,杀一儆百⑤。在这封信中,可以看到战后由于生意萧条,处于城市繁盛中心的老闸区一带的许多大茶馆(快阁、自由谈都是甲等茶馆)都已成为赌徒根据地。与以往小茶馆是聚赌中心、大茶馆基本不参与相比,这是战后茶馆聚赌的一个新情况。

当然,在困难时期,聚赌抽头仍然是众多小茶馆赖以谋生的重要法宝。上海郊区情况更为恶劣。抗战胜利后,奉贤县除少数狂赌者聚在私人家庭进行外,各城镇

---

① 《微服私访之两县长》,载《申报》1929年3月4日。
② 上海沦陷期间,沪西成为烟赌娼猖獗的"歹土"。有好莱坞赌场、秋园赌场、荣生公司、华人乐园等,1940年合并为六国饭店。还有永源俱乐部、愚园饭店赌窟、三二一俱乐部等。其他如设在沪西里弄的各小赌台、赌摊多得数不尽数。另一个赌场集中的地方是老城厢南市一带。其中最有名的是西园、绿宝、永安、同庆、大生、华民,号称老城厢六大赌窟,各家均能容纳一二千人,雇工达二三百人。参见陈文令:《敌伪时期的沪西赌场》,载施福康主编:《上海社会大观》,上海书店2000年版,第237页;张晴、余培:《旧上海老城厢六大赌窟》,载《新民晚报》1991年2月1日。
③ 《沪西各镇,烟赌盛行》,载《申报》1939年2月26日;《烟赌公开》,载《申报》1940年1月18日。
④ 《上海市参议会请市府切实禁止茶楼赌博的文件》,上海市档案馆藏,Q109—1—472。
⑤ 《上海市警察局训令各分局所严禁茶楼酒肆赌博案》,上海市档案馆藏,Q131—5—6933。

乃至小集镇上的赌台均设在茶馆内，茶馆店主公开抽头聚赌。"1945年11月，全县经登记核准营业的大小茶馆100余家，其中南桥20家、庄行14家、萧塘6家、道院9家、新寺7家、青村15家、奉城8家、四团6家、法华桥4家、钱家塘6家、齐贤桥10家、头桥8家，都有不同规模的聚赌抽头，特别到秋收以后和春节期间，除麻将以外，还有大牌九、小牌九，一掷千金，为害甚烈"①。1948年，上海市警察局杨思分局对辖区茶馆进行了详细调查，其中周家渡白莲泾辖区共有茶馆18家，平均茶桌在5—8张。具体情况见表3-1。

表3-1 1948年杨思分局周家渡白莲泾辖区茶馆情况表

| 序号 | 名　称 | 经　营　状　况 |
|---|---|---|
| 1 | 隆记茶园 | 一家六口以靠卖茶糊口，以网船帮占多数，有麻雀小赌，有楼一小间供赌客集聚 |
| 2 | 雅普茶园 | 一家八口以靠茶园度口，茶客以划子帮占多数，糊口不够以摇骰子贴补 |
| 3 | 沪东第一楼 | 一家四口靠卖茶糊口，有其他贴补，茶客以网船帮为多，有麻雀小赌 |
| 4 | 兴隆茶园 | 赌以大多码头工人，多数山东人 |
| 5 | 西春园 | 负责人仍在市区作鞋匠，下午由菜行秤菜，贴补开支，每天有麻雀一桌以上，赌客以菜贩及附近邻居为主 |
| 6 | 东春园 | 靠该园生活，茶客以附近邻居占多，每天赌总在二桌以上 |
| 7 | 中兴园 | 一家四口生意清淡，生活不够，下午秤菜贴补家用，茶客以附近邻居占多数 |
| 8 | 合兴园 | 生意清淡，开支不够，有其妻卖菜贴补 |
| 9 | 义和园 | 生意清淡，不够开支，有负责人兼带码头工头贴补 |
| 10 | 新兴园 | 该园不靠卖茶，全仗赌博开支，每天到晚总有六桌麻雀以上，下午至晚十一时有两场说书 |
| 11 | 林兴园 | 生意繁盛，茶客最复杂，有网船、竹排等人，赌每天总在七桌以上 |

① 陈佐时、马勤根主编：《奉贤警察志》，上海社会科学院出版社1998年版，第236页。

续 表

| 序号 | 名 称 | 经 营 状 况 |
|---|---|---|
| 12 | 圻丰园 | 查该园负责人未开茶园以前品行不端曾受徒刑,赌每天总有二桌以上茶客以本帮人为主 |
| 13 | 同春园 | 茶客以码头工人占多数,负责人仍兼带码头工头 |
| 14 | 南兴园 | 一家三口勉强糊口不够,由下午菜行贴补,茶客以菜贩为多 |
| 15 | 新兴园 | 一家四口,营业不佳,勉强开支,日夜两场说书,每天麻雀一桌 |
| 16 | 南新园 | 一家四口以卖茶糊口,下午秤菜贴补,茶客以农夫占多,赌以麻雀 |
| 17 | 颜兴园 | 一家五口靠卖茶根本不够维持,有不动产贴补 |
| 18 | 良心园 | 生意尚属不差,尚有盈余,茶客以本帮人占多 |

资料来源:《上海市警察局杨思分局第二股关于警卫人员名册、辖区茶馆调查表》,上海市档案馆藏,Q157—2—56。

如表 3-1 所示,18 家茶馆大多为小茶馆,营业不佳,其中有 11 家存在聚赌情形,比例达 61%。聚赌抽头,店主只为求生存。其他没有聚赌抽头的茶馆,往往有其他收入贴补家用。

抗战胜利后,国民党把茶馆作为特种营业加以特别重视,自参议会提请后市警察局下达茶馆禁赌令,令各区分局严格执行。1948 年 5 月开始,黄浦分局对辖区茶馆每日检查,是否存在赌博是检查的主要内容[1]。警察局还试图通过设立义务警察来加强对茶馆的管理,此举被嘉定警局所仿照[2]。另外,市民积极揭发茶馆聚赌行为在抗战胜利后较为普遍,许多茶馆聚赌案是在民众的密告信中得以查办。可是不管政府如何查禁,抗战胜利后茶馆聚赌之风仍是日甚一日。看来,要拔除这块顽固"毒瘤",不是那么容易的。

(二) 茶馆里的赌徒和冲突

没有赌徒,茶馆就聚不成赌。茶馆赌徒的具体情况怎样?

---

[1]《上海市警察局黄浦分局关于特种营业商店妓院茶社检查报告表》,上海市档案馆藏,Q132—4—26。

[2]《嘉定试办义务警察,严禁茶馆赌博》,载《文汇报》1946 年 12 月 31 日。

在茶馆这样"低档"场所的参赌者,自然不同于进出总会、公馆、大赌场等处的赌博者。茶馆里的赌徒并不在意环境的好坏,只要有简易的桌椅,提供赌具,有密室则更好。在这种场合参赌的人员往往是那些挣扎在生存线上的社会底层百姓。晚清至民国前中期,在有关茶馆聚赌案被破获的报刊报道中,很多没有明确说明参赌者的身份,不过"小茶馆""小茶肆"以及惩罚时"无力缴洋改押×天"的提法对于参赌者的身份则是一种无形的暗示。在前文周家渡白莲泾辖区11家存在聚赌的茶馆中,赌徒的身份较为清晰:有码头工人(因茶馆大多开设在黄浦江边)、附近邻居(本地人)、农夫、菜贩。

抗战胜利后茶馆聚赌破获详情在档案中多有体现,其中警察局对聚赌人员的询问笔录能进一步看到茶馆赌客的详细情况。

1946年3月闸北分局破获了新疆路225号德盛茶园聚赌案①,共抓获赌徒5人。1946年5月新闸路卡德路西首小弄内龙泉茶室聚赌,共抓获20人,其中1人——孙长根为组织者(召人聚赌)、19人为赌徒。1947年10月,在西康路东瀛里53号福兴园茶馆中,抓获赌徒7人。三次茶馆聚赌案中,共抓获32人(包括组织者1人)。他们在警局人员的询问中供认了他们的籍贯、年龄和职业。根据询问笔录制作表格见表3-2。

表3-2 新疆路德盛茶园聚赌案中赌徒情况表

| 姓　名 | 籍贯 | 职　业 | 年龄 | 有无前科 | 备　注 |
| --- | --- | --- | --- | --- | --- |
| 贾安泰 | 盐城 | 收买碎纸业 | 34 | 持械强盗嫌疑 | — |
| 马应洪 | 安徽 | 塌车夫 | 31 | 盗窃前科两次 | 每天下午即赌 |
| 范顺宝 | 武进 | 银匠 | 25 | 无 | — |
| 周书福 | 盐城 | 小工 | 19 | 无 | — |
| 姜光春 | 盐城 | 黄包车夫 | 48 | 无 | 不出车时即赌 |

资料来源:《上海市警察局关于调查新疆路222号得胜茶园聚众赌博抽头渔利解送地检处讯办》,上海市档案馆藏,Q131—5—6856。

① 档案标题写的是新疆路222号得胜茶园,从档案内容看应是225号德盛茶园。

表 3-3 龙泉茶室聚赌案中赌徒情况表

| 姓 名 | 年 龄 | 籍 贯 | 职 业 | 备 注 |
| --- | --- | --- | --- | --- |
| 孙长根 | 37 | 宁 波 | 船 员 | — |
| 李学玉 | 37 | 阜 宁 | 捐 客 | — |
| 陈如发 | 34 | 阜 宁 | 旧 货 | — |
| 叶年耀 | 49 | 余 姚 | 柴 业 | — |
| 丁大照 | 46 | 宁 波 | 洋 布 | — |
| 颜如新 | 40 | 山 东 | 柴 业 | — |
| 潘贵龙 | 38 | 泰 州 | 鞋 业 | — |
| 陈锦根 | 30 | 上 海 | 鱼 贩 | — |
| 孙金龙 | 43 | 上 海 | 鱼 贩 | — |
| 陶学海 | 35 | 盐 城 | 柴 业 | — |
| 李庭秀 | 40 | 盐 城 | 车 夫 | — |
| 陈阿毛 | 39 | 宁 波 | 小 工 | — |
| 张金福 | 33 | 无 锡 | 轮 船 | — |
| 项锡堂 | 35 | 宁 波 | 无 业 | — |
| 吴金宝 | 39 | 阜 宁 | 布 业 | — |
| 秦孝政 | 44 | 盐 城 | 报 贩 | — |
| 阙永福 | 26 | 苏 州 | 无 业 | — |
| 陆三海 | 35 | 南 通 | 小 贩 | — |
| 严福祥 | 45 | 无 锡 | 商 人 | — |
| 崔冯银 | 35 | — | 家 务 | 唯一女性 |

资料来源：《上海市警察局关于调查龙泉茶室聚赌案》，上海市档案馆藏，Q131—5—6866。

表3-4　福兴园茶馆聚赌案中赌徒情况表

| 姓　名 | 年　龄 | 籍　贯 | 职　业 |
| --- | --- | --- | --- |
| 冯雅金 | 41 | 江　北 | 旧　货 |
| 王惟章 | 48 | 盐　城 | 小　贩 |
| 俞济良 | 35 | 盐　城 | 运　输 |
| 李宝范 | 57 | 江　北 | 人力车 |
| 杨长君 | 43 | 安　庆 | 车　夫 |
| 戴利秀 | 37 | 阜　宁 | 车　夫 |
| 王有明 | 34 | 江　北 | 船　夫 |

资料来源：《上海市警察局关于调查地痞流氓设茶馆赌博抽头渔利拘获杨长君等法办》，上海市档案馆藏，Q131—5—6944。

三张表格清晰地呈现了茶馆赌徒们的详细面貌。参赌者中，女性仅一人，其余皆为男性。从年龄来看，以年富力强的中青年为主：30—40 岁之间有 20 人；40—50 岁之间有 8 人；30 岁以下有 3 人，50 岁以上仅有 1 人。他们中虽有江南一带的，但大多来自苏北的阜宁、盐城、泰州。他们的职业一目了然，商人仅有 1 人，其余都是干苦力活的底层民众，有车夫、小贩、小工等，还有无业人员。正是这样一个群体构成了上海城区茶馆赌客的主体，他们处于社会最底层，年富力强、精力旺盛，在繁忙的都市生活中渴望消遣、娱乐来解除身体和心理上的疲惫，同时又做着摆脱自身困境的发财梦。

干苦力活的社会底层民众是茶馆聚赌的主体，当然其他群体也有参与赌博的行为。警局人员的介入是茶馆聚赌中的一个特殊群体，这类新闻时有登载。清末民初之际，华界巡士、租界华捕中都有介入茶馆聚赌一事。有时他们是在一处不显眼的小茶馆内聚赌，有时胆大包天，会在巡警总局隔壁的茶馆聚赌；有时亮明身份纠众聚赌，有时扮作乡人在小镇茶馆聚赌[①]。警局人员的赌博曾引起有关官员的重

---

① 《巡士犯赌》，载《申报》1909 年 1 月 26 日；《巡士宜究》，载《申报》1909 年 1 月 29 日；《巡警不法》，载《申报》1909 年 1 月 28 日；《巡士聚赌》，载《申报》1909 年 2 月 3 日；《巡士纠众聚赌》，载《申报》1910 年 2 月 21 日；《又一巡捕聚赌》，载《民国日报》1919 年 2 月 15 日。

视,也对此采取过诸如"除罚款外,罚操十天"的措施①。不过这样的惩罚效果甚微,警员涉足茶馆聚赌之事仍屡有发生②。警员在茶馆聚赌的情形,透露了赌博的泛滥,同时它也为茶馆禁赌添进了更为复杂的元素。

参与赌博者大多怀着投机、发财心理,情绪容易激动是他们的共同特征。因此,赌博过程中的一件小事都极易引发赌徒之间的口角之争乃至打架斗殴。茶馆里的赌徒又以社会底层民众为主体,身心压力下的他们更容易为金钱而斤斤计较。所以,茶馆赌徒之间的冲突时有发生,茶馆里闹声震天、碗碎桌倒成为常态。报纸期刊上时常登载"因赌互殴""赌徒争斗""赌徒大闹茶馆"的新闻③。这些新闻之所以会被报道,是因为赌徒之间冲突太大、闹声太响,社会影响过于恶劣,造成警方介入。在冲突中,有人受伤是经常性的。相关新闻也总以赌徒被抓为结局。不过很多茶馆聚赌案是无法被侦查到的,考虑到这点,新闻报道中所揭发的应该只是冰山一角。

茶馆里的冲突除了来自茶馆赌徒之间因聚赌而起,还有一类时常发生的冲突则是因禁赌而起。茶馆赌徒遇到警局干涉,有把警员咬伤、抓伤的,有与茶馆店主一起大闹大喝、将警员吓走的。更有甚者,带枪赌徒将禁赌警员击中,警员受伤而死④。警员便服下乡禁赌时,这类冲突更易发生。《民国日报》1917年10月15日报道一则淞沪巡警在闸北某镇与茶馆赌徒之间发生冲突的新闻:"乡农在茶馆吃茶并抹小纸牌消遣,习以为常。巡警闯入,乡民见不穿警服,疑为强盗打劫,双方起冲突,将巡警四人捆绑,后真如分所派人过来,捕获乡民3人,用皮鞭抽打"⑤。乡农误以为强盗打劫而将警员捆绑,确实不该,但警员捕获乡农之后酷刑对待,更是不该。如此禁赌,非常容易造成警民之间的冲突。有时在禁赌中,一些在场茶客会无端受

---

① 《谕禁华捕禁赌》,载《申报》1910年2月28日。
② 也有已革警员、军人在茶馆聚赌的事例。《军人干犯赌禁》,载《民国日报》1918年3月5日;《革捕纠众聚赌》,载《民国日报》1918年2月12日;《革警锁示招告》,载《民国日报》1919年11月26日。
③ 相关报道很多,列举几例:《赌徒逞凶》,载《申报》1880年10月21日;《赌徒宜办》,载《申报》1900年11月17日;《因赌互殴》,载《申报》1909年2月24日;《因赌互殴》,载《申报》1909年2月24日;《因赌冲突》,载《申报》1911年1月15日;《赌徒大起冲突》,载《申报》1911年2月23日;《赌徒大闹茶馆》,载《申报》1916年2月9日;《并非炸弹手枪》,载《民国日报》1917年5月29日。
④ 《茶馆聚赌》,载《申报》1909年2月16日。《赌徒岂怕受罚乎》,载《申报》1911年3月3日。《茶楼聚赌,吓走警员》,载《新民晚报》1948年9月9日。《巡官被匪枪伤(二)》,载《民国日报》1916年8月8日。
⑤ 《巡警又与乡民冲突》,载《民国日报》1917年10月15日。《图画日报》也曾描绘一幅《小茶馆汛弁捉赌》图,参见王兴康、吴旭民:《图画日报》第八册,上海古籍出版社1999年版,第60页。

到牵连。例如：某学堂两学生到杨思桥某茶馆内喝茶,适逢该茶馆内有驻防营兵与人聚赌,事被营弁查知前往拘获,责以军棍,两学生同时被辱。浦东某镇糟坊经理在临镇的畅叙楼茶馆啜茗,适巡警前来捉赌,将其捉去,该经理被不问情由地罚了70元。此事惹得该镇商民大动公愤,联名禀控①。

(三) 禁赌中的问题

晚清民国时期茶馆禁赌条令一再发布、茶馆聚赌案也多有查获,可是茶馆聚赌现象自始至终存在。茶馆聚赌是晚晴民国时期赌博泛滥、渐成重大社会问题的一个缩影,同样考察茶馆禁赌也可以管中窥豹。

清末有人探讨各处赌风甚烈的缘由,他认为大清律例在惩赌上不可谓不严：凡赌博不分兵民枷号两个月杖一百,提供场所抽头聚赌者初犯杖一百徒三年,再犯杖一百流三千里等。定例如此之严而各处赌风仍不能绝,"推原其故,总出地方官不能严密查拿而徒以一纸文言谓足了事"②。认为地方官多是重申禁令而做不到严密查拿,这是禁赌中存在的主要问题。这种分析同样适用于茶馆禁赌中。当茶馆赌博之风浓烈时,官府发布禁赌告示。有时只是把告示贴于各茶馆或令地甲传知各茶馆店主,但禁赌"不是一张告示的事"③。在禁赌告示广传之后,警局也会对一些在风口浪尖上仍"作案"者采取措施给予惩罚。这事尤其容易发生在新年之际,因为这时是"严打"时期。但在杀鸡儆猴之后,官府很快疏于查拿。禁赌的时效性十分明显。没有一以贯之的查禁,赌博又怎能绝迹?

至于大清惩赌律例,至清末逐渐发生变化,尤其在通商口岸、中西文明交流碰撞的上海。在发生变化之前,官员也没有完全按照律例惩戒赌徒、茶馆店主,而是按照实际情况,惩罚或轻或重。有时判赌徒荷枷一月,有时判重则四百板。茶馆店主虽提供赌博场所,但没有律例上徒三年、流三千里的重惩。20世纪初,惩赌方式逐渐发生改变,由租界首先开始。对于华界官府的荷枷、打板子等惩戒方式,租界当局虽不干涉但并不赞同,他们认同的是经济惩罚。所以在租界查获的茶馆聚赌,赌徒、店主多为罚款。以1909年4月为例,租界查获三件茶馆聚赌案,店主罚款三元、五元、十元不等。这种罚款的惩赌方式,逐渐被华界官府接受。

---

① 《无端受辱》,载《申报》1909年3月1日;《舅爷做区员》,载《民国日报》1917年5月13日。
② 《禁赌论》,载《申报》1900年4月21日。
③ 《查禁各乡村茶馆聚赌:不是一张告示的事》,载《民国日报》1919年11月26日。

表3-5 1911年茶馆聚赌案破获及惩罚情况表

| 序号 | 年 月 | 地点 | 受惩对象 | 惩 罚 措 施 |
| --- | --- | --- | --- | --- |
| 1 | 1911年2月 | 英租界 | 斗殴赌徒 | 各罚洋五元 |
| 2 | 1911年3月 | 南市 | 赌徒 | 拒捕之陈阿宝罚洋两元,其余各罚一元充公 |
| 3 | 1911年1月 | 闸北 | 店主、赌徒 | 赌徒徐曹两人各责二百板,店主郭某罚洋五元 |
| 4 | 1911年1月 | 闸北 | 赌徒 | 判印某责四百板枷号半月,沈等三人各责三百板,罚作修路苦工十天 |
| 5 | 1911年2月 | 英租界 | 赌徒 | 判施押十天,姚罚洋十五元,孙胡各罚洋五元充公 |
| 6 | 1911年2月 | 法租界 | 店主、堂倌 | 判万罚洋十元,汪前已罚过此次又敢违抗,着再罚十五元 |
| 7 | 1911年2月 | 英租界 | 两茶馆店主 | 姜罚洋十元,朱氏罚洋五元 |
| 8 | 1911年3月 | 英租界 | 店主 | 判押一月 |
| 9 | 1911年3月 | 英租界 | 赌徒 | 从宽着各罚一元,如无力缴洋改押两天 |
| 10 | 1911年3月 | 南市 | 店主 | 两元 |
| 11 | 1911年3月 | 英租界 | 店主 | 押一礼拜 |
| 12 | 1911年4月 | 南市 | 店主、赌徒 | 赌徒罚洋五角,店主罚洋四元 |
| 13 | 1911年4月 | 英租界 | 店主 | 十元 |
| 14 | 1911年4月 | 英租界 | 店主 | 二元 |
| 15 | 1911年4月 | 英租界 | 店主两人 | 各罚洋二元,无洋改押两天 |
| 16 | 1911年5月 | 英租界 | 店主两人 | 各罚洋十元 |
| 17 | 1911年5月 | 英租界 | 店主屡次违章 | 罚洋三十五元 |
| 18 | 1911年6月 | 英租界 | 店主两人 | 各罚洋十元,无力缴洋改押七天 |
| 19 | 1911年9月 | 闸北 | 店主 | 罚洋五元 |

资料来源:根据1911年《申报》有关资料整理。

为对清末租界、华界惩赌方式的转变有更清楚的了解,我们以赌博炽盛、禁赌也有力的1911年为中心进行考察。从表3-5中看到,该年共查获19件茶馆聚赌案。在这些茶馆聚赌案中,对店主(包括堂倌)、赌徒的惩罚以罚款为主要方式,罚款数额依据情况有所不同,提供场所、容留他人聚赌的店主、堂倌罚款数额又比赌徒为多。对于无力缴洋的,以施押为代替。如果屡次违章的,罚款数额加倍。表中有两例仍是判荷枷、杖责,是在该年1月份的闸北地区,后来9月份的一次已经改作罚款。从这可以看到华界惩赌方式转变的过渡性。

这种惩罚为主、施押代替的惩赌方式被沿袭下来,整个民国时期大体如此。经济惩罚给赌徒、店主带来了沉重的经济负担,不过在利欲熏心下,很多人是只记甜头、不计后果的。对于这种经济惩罚,有人认为太轻,应该对茶馆店主采取更为严厉的措施,比如吊销营业执照。但是这种措施并没有广泛实施,仅是个别案例。战后对违章的茶馆店主,惩罚方式是罚款并勒令歇业数天①。或许,惩罚措施更为严厉一些,茶馆聚赌将会稍稍敛迹。不过也只会稍稍敛迹,因为在禁赌时松时驰的情况下,利益才是最大的驱动力。

官府没有严密查拿是导致茶馆赌风炽盛的重要原因,而没有严密查拿的背后是权力系统(主要是警局)本身存在问题。前文提到警局人员也会参与到茶馆赌博中,而警局人员不光存在参赌现象,有的还开设茶馆纠人聚赌。民国初年,大东门内东街东兴楼茶馆系淞沪警察厅侦探数人与前清县役合资开设,因生意不佳,在楼上设置密室一间,日夜聚赌,平时以麻雀、挖花、碰和等赌,必有数场抽头,新年则赌摇宝牌九,输赢甚巨。该茶楼与警厅离开不远,但警厅充耳不闻②。抗战胜利后政府在各地设立义务警察,闸北义务警察分队长朱某竟然开设新品芳茶园,公开聚众赌博③。相比于参赌或开设茶馆纠人聚赌来说,庇赌、索取陋规则更为普及且危害

---

① 《民国日报》1917年12月3日《警厅总批示一束》中,提到某茶馆因容留赌博,予以停业。这种直接勒令停业的惩罚方式很少发生。《民国日报》1918年4月3日《茶肆聚赌罚锾》中,南市协兴楼茶肆迭次违警,惩罚方式为:罚金五元,着具结不准再犯。一些茶馆即使被封也会再开。《民国日报》1919年2月16日《小茶肆聚赌发封》中某茶馆因聚赌被封,再次聚赌又被封。不过难保下次不再开。抗战胜利后对茶馆店主的惩罚方式主要为勒令歇业三天左右,有时加罚款。参见上海市档案馆馆藏档案:《上海市警察局取缔茶园聚赌》,Q131—4—2398;《上海市警察局关于调查密告德胜茶园聚众赌博案》,Q131—5—7042;《上海市警察局大场分局调查违警人朱小弟等在大场镇东街顺兴茶社内玩赌案》,Q131—5—6876。
② 《警厅怪现状:庇赌奇怪,罚赌尤奇怪》,载《民国日报》1916年2月16日。
③ 《闸北一地痞被拘侦查》,载《申报》1947年5月20日

更大。

　　警员庇赌现象由来已久,"盖赌徒无论在城在镇必与衙门役吏勾串通同,贿以银钱,使之庇隐,故视官宪若纸糊泥塑,毫不在心"。所以有人提出:禁赌当严办贿庇之人①。同样庇赌现象存在于茶馆聚赌中。存在两种情况:一种情况是,茶馆店主或纠人聚赌者主动向警员送礼示好,以求庇护;另一种情况是,警员借此向茶馆店主索取钱财,作为一项额外收入。警员索取陋规的例子并不少见。1910年2月17日,《申报》披露了闸北三路二区巡长潘志焜私自向龙园、凤园、同兴园各茶馆索取陋规一事。事情暴露并不是茶馆店主的揭发,而是被该区素与潘有隙的巡士罗文锐查悉,禀报上级。之后"传各茶馆店主问讯,告以实情:龙园主俞春荣及其妻俞郑氏供被该潘索去洋六元,凤园主王金开供付过钱一千文,同兴园主邓锡应付过钱七百文。证据确凿,潘受到严办"②。1917年2月13日,万裕码头里街某茶馆内聚赌者达数十人,"某警员意欲进内索费,各赌徒大起恐慌、纷纷逃窜,邻居等见此人声鼎沸,疑为盗劫,无不恐怖"③。有时警员索费不顺,便诬告茶馆店主。浦东南汇县某乡镇警员平日执勤结束后就往各茶馆收取陋规,"若不遂所欲即以匿名信函报告区员,茶馆店主往往因此被罚巨金"④。

　　警员向茶馆索取陋规多以庇赌自恃,有警员却以禁赌为理由明目张胆地向茶馆店主索费。1902年5月,浦东塘桥镇商民十余人投上海县署,"称该处巡防局蒋二尹到差后即传谕八图地保知照各烟馆茶肆必须投局具结不准容留匪徒聚赌情事,每家须出具结费洋银一元二角,差役又藉端另索小费,众皆不愿以致闭歇三月"⑤。这种所费方式倒是较为奇特,警员对于商民的压榨由此可见。

　　抗战胜利后赌风甚烈,警员收取陋规从而庇赌也时有发生。档案中记载有多起民众密告警员收取陋规或包庇茶馆聚赌导致警局介入调查的案例,对了解这一时期的茶馆禁赌详情很有帮助。1946年5月,有人密告:静安分局警员王秀藻包庇中正茶楼聚赌抽头,自己也参与赌博,并与中正茶楼老板(女)有姘居关系。中正茶馆曾因聚赌被多次关注,有一次被巡官当场抓获,因该巡官有把柄被王秀藻抓着,

---

① 《论禁赌当严办贿庇之人》,载《申报》1899年11月24日。
② 《巡长索取陋规》,载《申报》1910年2月17日。
③ 《警察庇赌怪现象》,载《民国日报》1917年2月14日。
④ 《警察捉赌酿命三志》,载《民国日报》1917年10月19日。
⑤ 《索费被控》1902年5月10日;《局员被控》1902年5月11日。

没有上报。因王过于招摇,警局再次进行调查。调查属实后王被革职①。

　　1949年3月,市警察局收到一封匿名信,称中华茶楼店主高文才开设赌台(聚赌地方有多处,中华茶楼也为其中一处),与蓬莱分局有勾结,并对四处聚赌地方以及捉拿时该注意什么作了详细的说明。在警察局置之不理的情况下,两封多人署名的署名信再次投到警察局,信中称:如再不捉拿要向司令部去控告。警察局这才出动人员,照信中所说方式去抓赌,在两处(一处即在中华茶楼)抓获20名赌徒。据中华茶楼账房供认:由于蓬莱分局的包打听有时去茶楼,从而结识,逢年过节老板高文才会给蓬莱分局有所馈赠②。

　　以上两案例中警察局调查结果与密告信所说内容相一致,可是有时事情也并不那么简单。1948年2月市民葛光照密告葛小毛贿赂当地西塘桥派出所警长童姓和张姓,包庇其所开茶馆聚赌行为。警员呈给上级的调查报告书这样写道:屡次按地址前往秘密调查,并未发现该茶馆内有赌博等情,与当地农民谈话,得知过年期间乡民在茶馆赌博消遣是有的。再查具名控告人,乡民不知,无此人。结论:"总之,具呈人呈报葛小毛即马小毛设局赌博系在古历新年而密告日期已越过赌期十天有余",乡民称葛小毛"该人平素品性端正并无非法勒民等情形"③。调查报告书中对葛小毛贿赂派出所警长一事提都未提,此事就此作罢。1947年12月市警察局调查密告卢湾分局警员向进贤路122号茶馆索贿一案,最后结果是无此事④。调查结果与密告人所说不一致,这里面既存在密告人的问题,如有打击报复可能或误听消息,也存在调查者的问题。警员、警局是否真正出力去调查,这也是影响调查结果的关键所在。

　　1946年5月有人密告龙泉茶室聚赌、老板贿通新成分局。根据密告信抓获了19名赌徒。关于密告信中所称茶室贿通新成分局一事,市警察局令新成分局严查,新成分局的呈文是:派员密查并传老板详询,老板称无此事。附陈述笔录一份:梁

---

　　①《上海市警察局关于静安分局王秀藻包庇中正茶楼聚赌抽头一案》,上海市档案馆藏,Q131—5—7760。
　　②《上海市警察局关于调查匿名信控告中华路1532号中华茶楼店主高文才为薄刀党首领开设赌台案》,上海市档案馆藏,Q131—5—7041。对于高文才有没有继续捉弄,档案资料中没有显示。
　　③《上海市警察局关于葛小毛开设茶馆并设局赌博》,上海市档案馆藏,Q131—5—6991。
　　④《上海市警察局调查密告卢湾分局员向进贤路122号茶馆索贿案》,上海市档案馆藏,Q131—5—8146。

克昌开设龙泉茶室有20年,自称不聚赌,运气不好,一次聚赌就被抓。问:可有贿赂新成分局任何官员情事? 答:没有。问:有否警士时往敲诈索费等情? 答:无,惟时有警士来小店歇脚、喝茶者有之①。在这一案例中,茶馆老板称一次聚赌就被抓,事情真得过于巧合。是否贿赂新成分局官员,也不是问问茶馆老板就能定论的。呈文中有"派员密查"一说,那最应该附上的是密查报告。另外,警员时有到茶馆歇脚、喝茶,这为警员索贿或茶馆主动贿赂创造了机会。从以上几点考虑,这一案件的调查存在很多漏洞。新成分局的执行不力是显而易见的,这里面究竟是什么原因已无从探知。

档案资料背后的故事,现在已无法完全了解。即使密告有误,密告信中提及警员索贿或受贿而庇赌这一事件本身就值得思索。如此内容的密告,自有它形成的社会背景。至少可以说:没有这样的社会现象,就不可能有这样的密告。其实当时在上海周围,如奉贤县各乡镇,"警察当局按月收取陋规,作为官警一项额外收入"已成为一项公开的秘密②。

(四) 茶馆、赌徒、官府:问责于谁?

茶馆禁赌,来自租界的阻力很小,不似茶馆禁妓般只是消极配合。在租界、华界禁令一致的情况下(后来租界收回,自然也是禁令一致),禁赌并没有取得令人满意的成绩。禁赌自然是政府的责任,可是没有赌何来禁? 茶馆赌博,究竟责任在谁?

为探讨这个问题,先来看下面这段资料:

> 本月二十日接人力车业同业公会函,称迭据属会车商报告,英租界河南路山东路附近、芜湖路十一号、西上麟三号、金隆街二十二号又四十九号,法租界敏体尼荫路爱来格路十号、自来火行东街一百零四号、自来火西街二百十七号云记等茶馆,每于下午十时后趁附近铺户停止营业之际,即将人力车辆一一排挡停置路旁,由车夫按每辆先给该茶馆铜元十枚,以作看车之费后,乃登场手谈(或赌扑克或搓麻雀),任其所好。除收茶资外,均抽百分之十。迨将所挣之钱完全输罄,垂头丧气,不复思归。甚则日间连班拉车,夜间迷于赌博,日复一日,愈赌愈输、愈输愈穷,以致日不聊生、鼠窃狗偷,比比皆是。谚云近赌近盗,

---

① 《上海市警察局关于调查龙泉茶室聚赌案》,上海市档案馆藏,Q131—5—6866。
② 陈佐时、马勤根主编:《奉贤警察志》,上海社会科学院出版社1998年版,第236页。

理固皆然。如此晨昏颠倒,奔走于车马之途,往往发生危险者,日有所闻。不特该车夫本身受其重害,对于乘客方面,亦难保其安全。尤有甚者,而车夫父母、妻子、全家生活,更属受其影响。综上所述,而车夫嗜于赌博,不得该茶馆为潜身之所,不至于此。不得该茶馆为之监视车辆,尤不至此。拨其原因,该茶馆之聚赌抽头,袖里藏刀,专害苦力车夫,湮没天良,令人日齿。无如车夫知识薄弱,能不堕其术中者有几人哉。若不严行取缔,后患无穷。据此属会为社会计,为人道计,不得不呈请鉴核,准予转函英法两工部局,将上述各茶馆之赌博严行取缔。如有知而抗违,即可吊销营业执照,以儆效尤而拯苦力。①

以上内容来自1933年5月人力车业同业公会致上海总商会的一份函。函内详述了英法租界各茶馆抽头聚赌而人力车夫深受其害的情形。各茶馆具体门牌号码罗列其上,以便于警局查禁。车夫白天拉车、晚间聚赌,对车夫自身、乘客以及车夫家庭来说危害匪浅。而产生这一潜在危险的责任在于茶馆,茶馆为抽取头钱湮没天良。函内对这些茶馆的申诉可谓字字见血、用心良苦,目的是让租界当局对聚赌的茶馆严行取缔,甚至吊销茶馆营业执照,从而制止人力车夫的赌博行为。

这份函值得深思:茶馆赌博行为的制止,究竟谁该负责?在人力车业同业公会致函上海总商会后,上海总商会转函租界当局,请租界当局从严查禁。在他们看来,这些提供赌博场所、看管车辆的茶馆是罪魁祸首,为利益而无所不为。确实,许多小茶馆为维持生计聚赌抽头,当被查获时又往往以不知违章为借口。可是,茶馆提供场所固然不该,聚赌的车夫就可以逃脱干系吗?毕竟聚赌是车夫的自愿行为,他们不去茶馆哪来的聚赌,又怎会受害?公会把希望寄托于租界当局对茶馆的严行管理。一时的查禁自然能取得效果,可是这些茶馆不聚赌,难保另外的茶馆不聚赌。茶馆禁赌,到上海解放都未能解决。即使茶馆全被查禁,车夫仍然可以到其他公共场所聚赌,因此车夫自身毫无担当是没有道理的。

泛滥的赌博,原本就是社会、文化、道德等综合因素造成的一个社会怪物、毒瘤。就茶馆禁赌中茶馆、赌徒、政府三方而言,三方都与赌风的遏制脱不了干系。

---

① 《为请禁止茶馆聚赌致工部局函》,载《商业月报》第十三卷第六号,1933年6月30日。

论其轻重,茶馆只是一公共场所,与赌博的关系最弱(没有茶馆也有其他类似场所),政府查禁方式、力度以及民众风俗、观念等的转变更为重要①。

## 四、茶馆治乱

### (一) 违令显乱的多种形态

**1. 吃讲茶**

吃讲茶是民间解决纠纷的一种调解方式,流行于江浙沪、四川一带。吃讲茶依托茶馆而生,那是因为茶能使人安静、理智,同时喝茶也是一种礼仪,寄托了民众希望在边吃边讲中顺利、和平地解决纠纷,大事化小、小事化了。吃讲茶需要调解人,或是众茶客或是当地德高望重之人。胡祖德所著《沪谚外编》里说道:"吃讲茶:因事争论,双方往茶肆中,将事由宣之于众,孰是孰非,听凭公论。"②这里指的是由茶馆茶客充当"公道人",裁定是非曲直。争端如果解决,由"公道人"将红绿茶混合倒入茶杯,奉敬双方一饮而尽,并由输方负责茶水钱。

民间传言:衙门八字开,有理无钱莫进来。因此老百姓更乐意以自己的方式来解决纠纷,所以吃讲茶在民间很受欢迎,被民众称为"民事法庭"。在"民事法庭"上,一场纷争得以消弭。有竹枝词云:"双方口角偶然生,同到茶寮讲一声。倘幸得逢和事佬,杯交合卺免纷争。"③不过茶馆评理并不都能和平进行,即使碰到和事佬也无济于事。由于缺乏强硬的约束力,稍一冲动,吵骂、打架随之而来,茶馆里的茶桌、碗具即被作为武器。更有甚者,双方邀集众人,带上家伙(长棍、铁器甚至刀具),于是一场流血斗争在所难免。这种对吃讲茶的滥用,即武力相加的吃讲茶,在民间屡见不鲜。

沪上何时兴起吃讲茶无从考察,但清末即已蔚然成风。租界茶馆兴起后,更是为吃讲茶提供了便利条件。所以19世纪70年代初时人称:"上海之叙集茶馆

---

① 新中国建立后,党和政府采取多种措施对赌博反复防禁,并开展社会主义教育运动,人们思想高度一致,使得民国时期泛滥成灾的赌风得到有效遏制。
② 胡祖德:《沪谚外编》,上海古籍出版社1989年版,第67页。
③ 叶仲钧:《上海鳞爪竹枝词》,载顾炳权编:《上海洋场竹枝词》,上海书店出版社1996年版,第302页。

评理,谓之吃讲茶,毋论城厢内外无日无之,而租界为最甚。"①茶馆评理的事由多种多样,参与之人也是各业皆有。有因婚事吃讲茶而起纷争、斗殴的,《申报》曾报道有因茶礼多少导致双方婚事结束的吃讲茶之事,主笔人感慨道:"今婚亦争殴,别事可知矣。"②有因赌吃讲茶的,斗殴则是常态,有人受伤也是常有的事③。同业之间因各种纠纷吃讲茶的也不少。1882年虹口头坝地方有撑驾码头船之某甲失去挽篙一根,查知是同业某乙窃去,随即邀集同帮数十人到该地第一楼茶馆评理,经劝解令乙将篙送还,所有茶钞着乙付讫。这是一次和平的吃讲茶,不和平的并不少。1880年8月某晚十一点,宝善街逸园茶馆有丹阳丹徒之饼师共吃讲茶,"人众拥塞约二百人,大有寻衅之势"。同年9月某晚九点,松风阁里小包作头与各木匠因核算工账相邀吃讲茶,争执之后即是扰殴以致毁坏物件。1881年3月某晚有手艺人数辈在宝善街西洋楼吃讲茶,"初犹口舌争竞,继之用武,扭成一团,纷扰多时始各散去"④。吃讲茶起因很多,但有时只因一件小事也可引发全武行的吃讲茶⑤。

女子吃讲茶并不多,但由于性别原因极易引起民众的关注。1872年12月某日松风阁茶馆集有二三十名妇女品茶争论,焦点则因赌而起。1873年7月某日傍晚,法租界巡捕房后仝腋台茶馆突来扬州妇女多人饮茶评理,纷扰之间竟将一妇人之衣裳周身剥去,一丝不挂。一时观者如云,不下千百人。"据称该众妇因拼开小烟馆亏本拆账起衅,一称店系拼开,亏应对认,一称邀开之初言明盈亏不管,不肯承认,遂有不还此款之意"。妇女入茶馆本属违禁,加上吃讲茶,则是双重违禁。违禁中竟还做出剥衣之行为,难怪被视为伤风败俗之举动。妓女吃讲茶之事也时有耳闻。1876年8月,三河楼茶馆堂倌到法公堂,称两烟妓与一男带百余人来店吃讲茶,共计茶钱一千九百八十文,因他们不给,求请追偿。究为何事吃讲茶,两烟妓支

---

① 《讲茶议婚》,载《申报》1873年10月16日。
② 同上。
③ 《争殴判罚》,载《申报》1882年1月17日;《大闹茶馆》,载《申报》1909年1月29日;《船户纠党同赌》,载《申报》1911年2月14日。
④ 《窃篙送还》,载《申报》1882年6月14日;《讲茶复起》,载《申报》1880年8月18日;《讲茶捣毁》,载《申报》1880年9月6日;《闹市罚锾》,载《申报》1880年9月7日;《敝习宜禁》,载《申报》1881年3月1日。
⑤ 《细故忿争》,载《申报》1883年4月19日。起因只是一块尿布掉到邻居房间,引起双方争执,相约茶馆评理,引发凶殴。

吾不说。后旁人说出，原为夺客事。最后判男付茶钞①。

衙门中人有时也会卷入吃讲茶中。1872 年 6 月 19 日《申报》报道了一则有关衙门中人吃讲茶的趣闻：

> 有张某者，衙门中人也，深恶讲茶之害，有时遇见伊必喝阻，并嘱茶室主人不准擅卖。有王某者亦衙门中人，两人因公事经手致有口角，彼此争论连日不息，两造邀集多人至一大茶肆中评理。有好事者高声曰：茶馆不卖讲茶而悬挂白牌，今衙门中人自吃讲茶，则事之公私姑勿具论，我只请教讲茶一事究系禁乎不禁一言而已，否则须同往衙门理论。张等一时穷于致辩，惟连称不不。好事者曰：敢是不禁乎？即写就奉宪讲茶不禁六大字贴于堂柱，并有同伴数人各写数纸，意将遍贴各茶室。张等窘极。②

张某系衙门中人，拦阻茶馆擅卖讲茶是为公，也得到众人的肯定。然而竟为私事而参与吃讲茶，前后态度、行径截然不同，由此遭到某茶客的戏谑，成为一时笑谈。

上海五方杂处、帮派林立，流氓或地棍也随处可见。他们的加入使得吃讲茶离其原义越来越远。他们并不按规则出牌，恃众凌弱是他们遵循的唯一法则，如果双方人数对等，则凭武器强硬和狠劲分出高下。有人描述上海地棍吃讲茶情形："上海地棍之吃讲茶，未必直者果胜，曲者果负也。而两方面之胜负，又各视其人之多寡以为衡，甚且有以一言不合而决裂用武者。"③成书于 19 世纪 80 年代末的《淞南梦影录》中写道："失业工人及游手好闲之类，一言不合，则群聚茶肆中，引类呼朋，纷争不息。甚至掷碎碗盏，毁坏门窗，流血满面扭至捕房者。"④吃讲茶破裂、动武的结果必然是一场惨剧。19 世纪 70 年代末马永贞被杀事件即是黑势力团伙之间暴力式吃讲茶的体现。拳师马永贞亦为马贩子，门下徒弟众多，往往令外来马贩子出"孝敬银"。河北人顾忠溪不懂马之规矩，双方结仇。最后约定在一洞天茶馆吃讲

---

① 《群芳局赌被弄》，载《申报》1872 年 12 月 6 日；《女人剥裤》，载《申报》1873 年 7 月 29 日；《妓女夺客》，载《申报》1876 年 8 月 21 日。
② 《不禁讲茶戏语》，载《申报》1872 年 6 月 19 日。
③ 徐珂编纂：《清稗类钞》第四十册《棍骗乞丐》，中华书局 1984 年版，第 16 页。
④ 黄式权：《淞南梦影录》，上海古籍出版社 1989 年版，第 110 页。

茶,双方皆带了一群人,马永贞遭到暗算,后来身亡①。

马永贞事件在当时震动了上海滩,后来又因戏曲影视界的推波助澜(与史实并不一致)而家喻户晓。其实这种帮派、流氓等黑势力团伙之间或有他们参与的暴力式吃讲茶从清末至民国一直存在。1884年3月某晚八点钟,小东门外德泉楼茶馆,先有潮州帮数十人上楼喊泡茶,茶博士睹此情形知为吃讲茶而来,婉言拒之。扶梯上又走下本地帮数十人,两下见面即打。经店主鸣捕,抓获九人扭至捕房。审讯官对所获九人一一询问,都不承认参与打斗,只说是茶客②。1917年8月底,南市专以敲诈为生的青毛党在十六铺桥南塊一笑楼茶馆大吃讲茶,为第一区警署访悉,派员捕获十七人。同年9月,青红帮中两派因摇会起纷争,在邑庙某茶馆评理,双方大斗,被巡警拘捕③。1929年,因租房问题房客陈某纠集流氓五六十人暗藏利器,将房东王某轧至小西门外福兴茶馆吃讲茶,提出条件,要拉十只台子(流氓切口,每只台子为大洋十元),王不允,遭到殴打,头部受斧伤三处,性命垂危④。1931年,浦东妇女沈杨氏因与陆某产生纠纷,遂纠集流氓十多人将陆轧往茶馆吃讲茶,索诈百元,陆不肯,被殴打致伤,回家不日死亡⑤。1935年7月,南市米船户王阿大及徐大南二人因争泊米船发生口角,约定在董家渡外滩一枝春茶楼上吃讲茶。届时双方纠集流氓共三百余人,各怀藏手枪、铁尺、斧头等武器,驰往该茶楼,声势汹汹,分据各桌,吃茶评理。且预定一言不合,即实行肉搏。后事为警察所闻,前往压制,当场拘获九十余人⑥。1939年6月,流氓曹新根向福州路小菜场肉贩戎某索取陋规不

---

① 马永贞究竟是在哪个茶馆惨死?"补白大王"郑逸梅说是在五云日升楼(见《上海旧话》第42页),之后学者吴承联在其著作《旧上海茶馆酒楼》(第36页)、作家沈嘉禄在文章《人散后,一钩新月天如水》(《档案春秋》2008年第1期)中也说是在五云日升楼。老上海傅湘源在《上海滩野史》上册第57—58页对马永贞、白癞痢之间的恩怨进行了传奇的描绘,说两人之间最后决战地在一乐天。另一位老上海沈寂也回忆在一乐天(见《老上海小百姓》第255页)。笔者在采访李志敏老人时,老人提到马永贞在一乐天被白癞痢所害。苏智良教授在其著作《近代上海的黑社会》里,对马永贞被害情形作了历史的考察,根据对《申报》的查阅,确切地点应该在一洞天。见《拳师吃苦》,载《申报》1879年4月14日;《拳师伤毙细情》,载《申报》1879年4月15日。
② 《流氓械斗》,载《申报》1884年3月19日;《打架复讯》,载《申报》1884年3月20日;《严拿流氓》,载《申报》1884年4月10日。
③ 《帮匪摇会大流血》,载《民国日报》1917年9月23日。
④ 《吃讲茶要拉十只台子》,载《申报》1929年3月23日。
⑤ 《浦东流氓凶横,四拳打死人命》,载《申报》1931年7月22日。
⑥ 梦尘:《从吃讲茶说起》,载《申报》1935年7月9日。

成,约于一言楼谈判,曹纠集四五十人将戎打伤①。1948年5月,以摇船为业的宋某因细故与码头上流氓名阿方者发生争执,阿方约他吃讲茶,宋某畏惧不敢前往。阿方竟邀集同党十余人,于今日上午四时将宋某拉上岸来,将其砍伤三刀,两刀在头部,一刀伤足部②。

20世纪40年代末南市十六铺一带为薄刀党徒活跃之地,在茶馆械斗事件也层出不穷。1949年2月初,薄刀党徒因分赃不均相约在盛丰茶园、文林园茶馆吃讲茶,当时双方各纠集党徒二三百人,手持薄刀、棍棒等凶器,展开一场混战,迨警察赶到弹压,已纷纷作鸟兽散。2月下旬,南市城隍庙得意楼茶楼上有两帮流氓因赌债纠纷相约吃讲茶,双方争执不下,有一方唆使薄刀党多人参加,发生殴斗。薄刀党群出利刀小斧,一时茶壶与板凳齐飞,得意楼上大演全武行,有彭根宝等三人被薄刀党砍伤甚重,流血极多,经邑庙分局派遣大批警员前往弹压,将八名薄刀党拘获③。

碰到帮会中人吃讲茶,一般民众为消灾避祸,只能退而敬之。老上海杨忠明是一名老茶客,他对记忆中的一次茶楼吃讲茶印象尤深:那是抗战胜利后不久一个夏天的早晨,邻居亲戚家来的一个乡下人早上洗脸随手把铜面盆中的水泼出窗外,恰好有个身着黑色香云纱衣衫手中捏着一把大折扇的彪形大汉路过,被水淋了一身,那人高声怪叫:晦气!晦气!冲上二楼大吵大闹,事闹大了,亲戚只得请来一个老头子,大家到附近一茶馆里吃讲茶,结果被敲诈了30块大洋,后听人说此摇扇横行者是杜月笙的一个徒弟,连巡捕也怕他三分④。

流氓或帮派成员加入的暴力式吃讲茶,严重影响到民众的日常生活。被流氓借故缠上的一方自然深受其害,除此之外,受其危害的无辜者首先是茶客。茶客见到这种阵势,若不能及时离开,很有可能遭到飞来横祸,搞得头破血流,所谓"茶碗飞来茶客晦气"⑤。其次,暴力式的吃讲茶令一些胆小之人产生恐惧心理,甚至发生因预约"吃讲茶"而自杀的事件⑥。还有,调解人也不好当,有时会受到一方威胁。

---

① 《流氓要挟索诈》,载《申报》1939年6月9日。
② 《约人吃讲茶,十六铺流氓行凶》,载《新民晚报》1948年5月16日。
③ 《薄刀党火并》,载《申报》1949年2月8日;《城隍庙得意楼薄刀党大殴斗》,载《新民晚报》1949年2月22日。
④ 马世武:《品茶忆旧》,载《新民晚报》2006年7月23日。
⑤ 《茶碗飞来茶客晦气》,载《民国日报》1916年5月10日。
⑥ 《争生意吃讲茶》,载《申报》1929年3月6日。

1949年3月4日下午五点半,青莲阁门口响起枪声。起因是南市某营造厂老板孙某于限价时期向新康砖灰行定购青砖十万方,后以限价不成,物价狂涨,新康砖灰行无法交货,乃由双方友人何某调解,约定3月3日交货,惟至期仍未能了清交货手续。4日下午调解人何某在青莲阁吃茶,忽来穿制服者四人,欲将何架走,至门外何某挣扎,对方竟开枪一响恫吓。幸警员闻警赶到,而四人乘乱逃逸①。

在郊区乡镇茶馆中,全武行吃讲茶的一幕也不时上演。有人描绘了乡间吃讲茶的常有情形:"有几个人围坐一张台上,放大了喉咙,你一句我一句的说个不休,这就是所谓'吃讲茶'。乡人有一种脾气,有争吵的事,动辄上茶馆评理,一言不合,大演全武行,拍台击凳,抛壶掷杯,没有旁人调解,战争决不停止。所以茶馆的台凳壶杯,有缺角的,跛足的,残破不堪,就是这个缘故。"②而在一些特殊时期,乡民的这种全武行吃讲茶会给他们带来灾难。1938年7月底,浦东洋泾镇有农民数十人,不知何故在某茶馆品茗理论,双方因言语冲突,各执棍棒,意图械斗。正好被日方宪兵队撞见,指为游击队,共被捕去七十一名,其中半数系并无关系之茶客,均被用卡车载运回队扣押③。

吃讲茶原本是民间一种处理纠纷的调解方式,暴力方式的加入使其丧失原先含有的和平之意。报纸上连篇累牍的报道使我们对各时期暴力式吃讲茶有了深入的了解。不过我们不应受先入为主感觉的牵绊,认为吃讲茶的结果必然是争殴乃至伤残④。那么为什么很少看到吃讲茶成功调解的报道呢?王笛在研究成都茶馆时对这种现象作出解释:"成功地在茶馆解决纠纷是一个常态,不成其为新闻,所以从地方报道中我们所看到的都是这个活动所引发的事件。"他认为这项活动所引发的问题被严重夸大,"其实,大多数失败的调解,也没有引发暴力行为,经常是重新议定时间,再进行下一轮'讲茶'"⑤。王笛的解释、说明应该是正确的。就上海茶馆

---

① 《青莲阁枪声》,载《新民晚报》1949年3月5日。
② 钟岳:《乡茶馆》,载《申报》1936年8月31日。
③ 《农民吃讲茶,被指游击队》,载《文汇报》1938年7月27日。
④ 在《申报》中,此类资料经常出现,文中所引用的只是一部分。
⑤ 王笛:《茶馆:成都的公共生活和微观世界,1900—1950》,社会科学文献出版社2010年版,第345页。在王笛的研究中,也多是吃讲茶引起冲突或袍哥介入后发生暴力行为这方面的例子。对于他的这种推测,笔者深表赞同。不过,王笛称精英作为中国社会的一种非官方力量(作为吃讲茶调解人),则不是很妥当,毕竟这方面的资料很为缺乏。其实,即使不提到精英,吃讲茶仍然体现了民间这种自我维持秩序、具有柔韧性的非官方力量(可能调解人很多时候是众茶客)的存在。

的吃讲茶而言,笔者还发现了个别可以用来佐证的资料。

1917年上海时事新报馆出版了震惊一时的《旧上海黑幕》,该书揭露了上海黑势力的种种犯罪手段、方式和事迹。该书提到甲乙两方吃讲茶,皆竭力邀请名气大的流氓及其手下的虾兵蟹将。"双方来到茶楼后,互占一方,犹如临阵对敌。但这种讲茶,实际是闹翻者少,讲和者多。因为双方都是有名气的'乱人'(注:上海各界人士对上海流氓的称呼),平日互通声气,多有往来,在这种情况下,大多两方提出和解,以不伤面子为主"①。"闹翻者少,讲和者多"揭开了与报纸上记载的不一样的吃讲茶结果。

如果只是平民百姓之间的吃讲茶,没有流氓的参与,那么会来得更为和平些。20世纪30年代有人说:"吃讲茶这回事,在上海很流行。"②吃讲茶的"流行"应该不是没有原因的。正如1947年有人所说:"吃讲茶,的确是一种非常合乎中国生活习惯,公平而又合理的调节方法,它富有互相批评的精神,中国人最缺乏批评人与受人批评的精神的,然而在我们的下层社会却并不缺少,吃讲茶就是一个例子。"③不过,流氓、帮派参与的吃讲茶确实给这个"民众法庭"蒙上了一层阴影。虽然暴力式的吃讲茶占的比例不大,惨剧也为偶发,但是它的存在给社会治安带来了极大的隐患,同时也掩盖不了其恶劣的社会影响。

**2. 拆梢**

何谓拆梢?拆者,朋分也;梢者,梢板也。上海流氓称银钱为"梢板"。拆梢,朋分钱财之谓也。这是字面上的解释,不过清末民初时社会上皆以"拆梢"代表敲诈钱财④。拆梢恶习,沪上早已有之,最初租界之风盛于华界,1872年有人云:"洋泾浜未设公堂之先,几至遍地皆是,故讳其名曰拆梢,现在洋泾浜虽稍知敛迹,不想竟延及南市城厢也。"⑤"稍知敛迹"只是暂时的,清末民初租界、华界拆梢之风很是盛行。以拆梢为业的这类人被称为拆梢党。

成书于清末的《绘图上海杂记》中这样描述拆梢党:

---

① 远博主编:《旧上海黑幕》上册,远方出版社1998年版,第253页。
② 梦尘:《从吃讲茶说起》,载《申报》1935年7月9日。
③ 任辛:《吃讲茶》,载《新民晚报》1947年9月5日。
④ 汪仲贤:《上海俗语图说》,上海书店出版社1999年版,第107页。
⑤ 《拆梢获究》,载《申报》1872年12月5日。

> 游荡无业遇事生风者地痞也,各处有之而名称不一,有称青皮者,有称混混者,有称流氓者,沪上则名之曰拆梢党,不知何所取义也。三五成群,以茶酒为存身地且党有大小之分。……其小者好勇斗狠,短衣窄袖,见乡愚之可欺者,或伪称旧交而索欠,或竟无端而图诈。喉咙一响,羽党皆来,不期而集者十余人二三十人,围拥乡愚,所问非所答,无从辨别。拉入茶馆及至有人排解,茶钱、烟钱、酒钱,该乡愚须一一代付,倘身无现洋,脱衣付资,如数与之而后已。此等坏俗,沪南北皆有,虽有司严办而拆梢仍旧也。①

以上描述大致反映了拆梢党的拆梢方式、地点、对象和过程,在具体的事件中,许多拆梢行为与此大体相似而又稍显不同。

有诬指欠钱抢夺钱物的:

> 某日,虹口有乡人来沪卖去花布得洋十元,途遇拆梢党,先是一人称欠其钱、殴打乡人,其他党羽假意劝架,于是拉赴茶馆评理,而此时乡人身上银洋已不见,拆梢党也早已走散。某男在路上被拆梢党跟踪,等他一到茶馆,即被拆梢党诬指欠钱,抢去羊皮短褂等物。某甲在洋行当茶房,在茶馆与友人谈事叶,突有素不相识之某乙与他谈论,他因素昧平生,只含糊应酬。后来某乙向他借钱一百文,某甲不应。等某甲走至僻静之处,乙等四人赶来将他衣裳鞋子尽行剥去,仅将旧短衫一件给他遮身。某甲高喊救命,有行路人过问,乙等回复此人曾欠银洋五元,屡讨不还。②

有强硬勒索钱物的:

> 某乙来沪购物,路上遇同族某甲,甲召集拆梢党徒三四人轧乙至某茶馆勒索五六元,乙不从,甲等欲打他,这是有丙出来排解,令乙出洋二元。乙急切不得脱身,于是答应将所带洋一元、钱七百文倾囊拿出,甲嫌少,大肆咆哮,乙无

---

① 黎床卧读生:《绘图上海杂记》卷四,文宝书局1905年版,第8页。
② 《拆梢逞凶》,载《申报》1873年12月29日;《拆梢党案》,载《申报》1874年2月6日;《拆梢故智》,载《申报》1875年9月8日。

奈又以所穿元布棉马褂质钱七百文一并给予始肯罢休。另有红木作工匠被流氓三人硬指为贼,拖入小茶肆内抄去小洋六角并将短衫一件剥下,扬长而去。还有,有父女二人某日乘人力车经重庆路,有两人拦截,声言有要事到附近茶馆谈谈。父女二人不得已随往茶馆,内有匪徒十余人,声势汹汹,诬为博徒,勒令出洋三百元了事,否则即置之死地,并动手将其衣服搜剥一空,夺得现洋十二元,又将该女手腕金镯一副抢去,值洋一百五十元。①

有耍花样"巧"为拆梢的:

事例一:某男在路上揪打一妇人,拳打脚踢,妇人高声喊救,路人问其原因,称系夫妇,只因妇与他人有私行故殴打之。有一人上前劝解,按住男人的手,让妇人逃走。该男人坚称其为自己妻子的相好,拉住不放,欲扭往衙门究办。旁边同伙伴装劝解,最后一同到茶馆,劝解之人费洋五元了事。

事例二:有售卖棉花的乡人在外虹口老街路遇数人迎面而来,其中一人手携洋瓶一个,碰到乡人身上,瓶即坠地而碎。该人将乡人扭住,称瓶中是主人嘱咐买的药水,价值洋银两元,一定要乡人索赔,并要将乡人拉至小茶馆评理。旁边有几人假作相劝,令乡人出洋一元了结。最后乡人不得已,出钱一千文哀求而去。

事例三:苏州人木匠阿新,收得工洋十余元在宝善街托某钱庄估看,被流氓周三和尚等瞥见,周即冒充包探伙上前盘诘,称有某姓失窃银洋与该洋图印相似,须解捕房。旋有其党混名强盗小王等上前相劝,暂迟解送。随后该流氓等将阿新轧至潮园茶馆,阿新不能脱身,仍有其党互相排解。令阿新会茶钞并折酒席资洋四元,方始散去。②

有女子出面拆梢的:

---

① 《聚党拆梢》,载《申报》1886年2月15日;《流氓敲诈》,载《申报》1911年7月6日;《匪徒诈财黑幕》,载《民国日报》1917年3月24日。
② 《藉诈奇闻》,载《申报》1874年12月29日;《拆梢又见》,载《申报》1882年11月10日;《拆梢类志》,载《申报》1884年5月25日。

一乡人乘火车来沪,至法租界地方,遇一妇人纠同党羽数人拖其至乐贤楼啜茗,强行拆梢不遂,动手将其衣服扯碎。《女棍吃亏》则讲述了这样一则事例:老闸西首永祥茶馆主在旧货铺内以七百三十文买得围桶一个、碗四只,嘱水夫取回,该水夫经过钟旺街,被该处著名拆梢之女棍大块头阿二看见,诬窃,勒令放下,挑水夫告以实情即被掌颊,复有旁观者某甲劝解亦被凶殴,茶馆主闻信赶到,双方各不相让,于是邀集多人至万福楼吃讲茶,众人以大块头阿二理屈,罚令出茶资七百余文了事。①

还有组党拆梢的。拆梢党只是一个笼统的叫法,以拆梢为业的各流氓群体还有各自专门的名称。1898年《申报》称:"法界素有三十六个党名目专事拆梢打架。"三十六个党并不只有三十六个人,而有数百人。平常专往茶馆从事拆梢,茶馆见到他们往往闭门,他们便采取硬闯的方式②。1917年《民国日报》称:"浑名雪骆驼者近来纠集无赖互相换帖名曰五十个党,每日散居各小茶馆专事拆梢近处商人。"③拆梢只是流氓行为的一种,往往被各流氓群体所使用。如斧头党时常从事拆梢,拆梢不遂便用斧头伤人④。

在清末民初的报纸中,记载了形形色色的各类茶馆拆梢行为,以上只是选取了较有代表性的例子。从报纸记载上看,清末民初对拆梢的定义较为宽泛。一些因露财被强行夺去的也称之为拆梢。比如,《拆梢银圆》里讲到:某篾匠在老北门外新街某茶馆喝茶,因没有口袋将银洋七元放在桌上,被拆梢一伙看中。等篾匠出门便抢其银洋。《拆梢变局》讲述:某人在茶楼小憩,把手巾裹着的一块佛饼放在桌上。突然数人飞跑过来,猛打其胸部,应声倒地。等其起身时,桌上佛饼早已不见⑤。这种强行夺物的行为更接近于现在的抢劫。当然大多对拆梢事件的记载主要反映出拆梢为敲诈之意,这也与清末《绘图上海杂记》和1935年出版的《上海俗语图说》中的介绍相一致。

---

① 《妇人拆梢罚洋充公》,载《民国日报》1917年11月28日;《女棍吃亏》,载《申报》1882年9月3日。
② 《访拿流氓》,载《申报》1898年7月21日;《流氓凶横》,载《申报》1898年7月16日。
③ 《五十个党之黑幕》,载《民国日报》1917年5月20日。
④ 《斧头党真用斧头》,载《民国日报》1918年11月6日。
⑤ 《拆梢银圆》,载《申报》1876年4月14日;《拆梢变局》,载《申报》1873年6月13日。

通过以上拆梢事件的描述，可以看到茶馆拆梢的几个特征：第一，有组织、有预谋的行为。拆梢党徒众多，往往"群策群力"，从物色到接近对象，从主要到次要分工，从劫财到逃跑，从头至尾都有精密考虑；第二，有文拆、武拆之分，有时则文武皆用。文拆指通过耍弄花样让受害者无法不出钱消灾的拆梢行为，武拆则指运用武力达到目的的拆梢行为。两者相互交叉是常有的事；第三，拆梢往往与吃讲茶联系在一起。拆梢时遇到对方反抗，党徒即把对方扭至茶馆评理。说是评理，其实无理可评，只是拆梢党试图对拆梢行为披上一件合理的外衣而已。受害者在毫无准备之下，势单力薄，无力辩解，拆梢党遂达成目的。因此，实际上拆梢党是利用吃讲茶的形式掩盖了他们敲诈的真实意图。这和一般意义上的吃讲茶还是有区别的。前文提到的吃讲茶，双方之间存在的纠纷一般都是真实存在，而拆梢过程中的吃讲茶，纠纷并不真实存在，而是拆梢党一手制造、设计的。

"拆梢"一词流行于清末民初，至民国中后期，该词不再被频繁使用。因为这一时期上海滩的流氓、帮派所使用的各种敲诈、骗术层出不穷，同时抢劫、绑架等甚嚣其上，已远远超出之前的"拆梢"时代。不过，作为"白相人"的聚集场所和青睐之地，茶馆与各类违令行为之间仍有着紧密联系。

**3. 其他**

一些大茶馆因为财力雄厚，极易成为匪徒的敲诈对象。1917年初，"四马路某某两茶楼及大马路中市新开之某茶社均接有匪徒匿名信函索借款项，函中大言恐吓，措辞悖谬"。茶馆店主认为商人正式营业不能任其强行敲诈，所以将情形报告捕房①。匪徒并不就此罢休，为达到索诈目的，他们通常在茶馆里制造爆炸一类的恐怖事件，以此威吓店主。1917年底至1918年初，青莲阁陷入了炸弹恐吓的恐怖氛围中。1917年11月某日晚上七时，青莲阁内发出巨声，茶客四处逃散。后来发现是大号洋铁罐制作的简易炸弹。1918年2月某日晚上十时，有人从青莲阁楼上扔下炸药，再次引起恐慌。这一次抓获嫌疑人三名。据青莲阁经理孙銮卿称多次接到恐吓信索诈五千元，并未理会，所以才会有投弹事件。匪徒抓获后押解公堂惩办，可是青莲阁仍未得到消停。从1918年3月至7月，青莲阁经理又七次接到恐吓

---

① 《匪徒到处索诈》，载《民国日报》1917年1月15日。

信索诈。后来抓获一嫌疑人,但因证据不足将其开释①。

许多犯罪事件的酝酿地在茶馆。比如匪徒商议图劫、盗窃等,常以茶馆为会议中心。1947年7月,盐城人刘某、许某相约在小茶馆商洽图劫,经人密报闸北一分局抓获两人,经侦讯,供称曾犯盗窃案二起:上月廿一日晚纠党至闸北兴隆茶馆抢劫饰物四百余万元;本月二日又至某户抢劫现钞一百万元②。像这种在茶馆商议图谋不轨的事例并不少见③。此外,茶馆还是犯事者的隐藏地。茶馆捕获匪徒的媒体报道并不多,这说明遭到捕获的只是少部分。不过它也清晰地透露出:匪徒在作案后认为茶馆是不易被获知的隐匿处所,因此照常在茶馆出入。其中包括外地匪徒逃到上海后也以各茶馆为隐身处,抗战胜利后一些汉奸也在茶馆或茶室被抓④。1946年棉纱、面粉大王荣德生遭到绑架,毛森介入此案调查后事情有了转机,后来在东升茶楼抓到了绑架案的首领骆老大,此案遂被破获⑤。

茶馆的乱,往往与流氓、帮会等黑恶势力紧密联系。不过,茶客之间、茶客与堂倌之间因口角之争导致打架斗殴也并不少见。茶馆的各种乱象,影响了社会治安和民众的日常生活,也成为政府治理的重点和难点。

(二) 治乱的失效

19世纪六七十年代,禁吃讲茶即已成为租界的例禁范围之一⑥。对于违令者(包括吃讲茶者和茶馆主)则有明确的惩罚措施。所以当时凡大茶室"皆有奉宪禁止讲茶之牌大书悬挂"⑦。不过禁令并不能阻止吃讲茶的持续存在。

---

① 《青莲阁之巨声》,载《民国日报》1917年11月9日;《青莲阁门首之炸声》,载《民国日报》1918年2月5日;《青莲阁炸弹案续闻》,载《民国日报》1918年2月14日;《讯押掷弹匪徒》,载《民国日报》1918年3月1日;《匪党不忘青莲阁》,载《民国日报》1918年3月18日;《吓诈并无确据》,载《民国日报》1918年7月19日。

② 《小茶肆内商行劫,二盗犯一并就擒》,载《申报》1947年7月9日。

③ 《形迹可疑》,载《申报》1876年8月16日;《桂香楼缉获匪徒》,载《民国日报》1916年4月11日;《茶楼聚会,图谋不轨》,载《申报》1939年2月8日;《茶馆聚议被捕,供述行凶经过》,载《申报》1939年2月16日;《盗匪会议被拘》,载《申报》1940年2月15日。

④ 《获盗并无确证》,载《民国日报》1916年3月11日;《新闻路获盗》,载《民国日报》1917年4月23日;《拿匪供认行劫》,载《民国日报》1917年5月19日;《茶馆门口获盗匪》,载《民国日报》1917年11月20日;《陆凤飞被拘》,1917年12月23日;《大新茶室内三男子被捕》,载《申报》1940年11月22日;《邵友仁资产茶室中拘获》,载《申报》1946年9月3日。

⑤ 毛森:《破获面粉纱布大王荣德生绑案》,载中国台湾《传记文学》1988年7月。转引自沈宗洲、傅勤:《上海旧事》,学苑出版社2000年版,第312页。

⑥ 葛元煦:《沪游杂记》,上海古籍出版社1989年版,第3页。

⑦ 《不禁讲茶戏语》,载《申报》1872年6月19日。

20世纪30年代,面对吃讲茶的盛行及其潜在危害,有人指出政府应该拿出举措严厉制止该行为:"制止吃讲茶的方法,最好由警察当局,严令本市各茶楼,以后不准让一班无赖汉有集众评理之举。万一茶楼遇到有人要吃讲茶,而无法制止亦须立刻报告警局,以便派人前往弹压。否则一经查出有吃讲茶之事,一切惟茶楼开办人是问。至对于一辈吃讲茶的主从犯,亦应严行责罚,以儆效尤。"①这些举措并无新意,历届政府也早已用过。所以,"无论南北市或特区当局,也有'禁止讲茶'的牌示,高挂各茶楼了"②,效果如何也是可以想到的。

郁达夫曾观察当时上海茶馆的情形:"从前的日升楼,现在的一乐天,仝羽居,四海升平楼等大茶馆,家家虽则都有禁吃讲茶的牌子挂在那里,但实际上顾客要吃起讲茶来,你又哪里禁止得住他们。"③

另外,由于大茶馆管得严,小茶馆成为吃讲茶的又一个阵地,于是便有了"老虎灶吃讲茶"的沪谚④。有人还专门介绍了与帮会中人"吃讲茶"的应对方式,认为应胆大能说、随机应变等⑤。直至40年代末,时人仍把"吃讲茶"称为"江湖上的协商会议"⑥。

对于茶馆内的拆梢以及其他违令行为,历届官府也都给予了严厉惩罚⑦。茶馆内流氓、帮会势力的存在是茶馆治乱难以奏效的主要原因。茶馆之所以被各类黑势力所青睐,主要是因为茶馆人多口杂,是一个易于作案、易于隐蔽、易于逃逸的理想场所。对此历届官府也早有认识。清末巡防保甲局总巡在告示中说:"向闻有等著名痞棍,以及拆梢、拐骗、剪绺、窃贼并外来流氓,三五成群,聚于茶坊酒肆,其名曰'吃讲茶';纠党串诈,横行不法,贻害地方。"⑧国民党南京政府承认"茶肆客栈素

---

① 梦尘:《从吃讲茶说起》,载《申报》1935年7月9日。
② 忻规方:《怎样应付"吃讲茶"?》,载《申报》1936年9月20日。
③ 郁达夫:《上海的茶楼》,载《良友画报》第112期,1935年12月11日。
④ 老虎灶往往放置几张桌子,供人喝茶。这种老虎灶式的小茶馆在旧上海很普及。《茶馆》,载《社会日报》1933年8月11日。
⑤ 忻规方:《怎样应付"吃讲茶"?》,载《申报》1936年9月20日。
⑥ 丰业堂:《吃讲茶,江湖上的协商会议》,载《东南风》第8卷(1946年)。
⑦ 对于拆梢党徒,清末官府的惩罚分为饬责、掌颊、枷号于犯事茶馆门口几种方式。参见《论拆梢党目伤人被县尊责押事》,载《申报》1873年9月23日;《拆梢党枷号》,载《申报》1873年12月20日;《严惩地棍》,载《申报》1883年8月15日;《拆梢荷校》,载《申报》1884年7月14日;《上海县署琐案》,载《申报》1900年5月23日。
⑧ 上海通社编:《上海研究资料》,上海书店出版社1984年版,第89页。

为流氓托足之所",敲诈、赌博等充斥其间①。

在禁令的时松时紧中,一些茶馆甚至成为各类黑势力的大本营。清末,城隍庙内的四景园茶馆为"豆腐帮"窝藏、屏障处,"茶主人于中取利,亦乐此不疲也"②。在这种场景中,店主与黑势力的结合是必然的。"补白大王"郑逸梅回忆早年的六马路(今北海路)时提到它的一个特点:"在早年,六马路并不十分热闹,但有一个特点,供白相人吃讲茶的茶馆,却开了不少,那里茶馆几乎天天闹事,真正的茶客是不敢去的。巡捕房也眼开眼闭,只要不闹出人命就是了,所以六马路在过去比较乌烟瘴气一些,一般市民不大涉足。"③钱化佛回忆云南路的玉壶春茶馆是强盗们的集合处,"玉壶春是范刚律师的尊人所开的,范刚常出庭为强盗辩护,此中自有渊源哩"④。如果茶馆为帮会中人所开,茶馆更是成为帮中成员的活动场所⑤。

不过,很多茶馆其实并不愿意与黑势力沾边,尤其是害怕打架斗殴事件的发生。虽然有时在吃讲茶武斗过后,茶馆主人可以获得茶钱的赔偿,并把积存的碎碗等冒充毁坏物品,不过茶馆主人的这种利益获得是冒着很大危险的。因为有时流氓等人并不遵循规则,打完架即走人,店主向谁去讨要赔偿? 此外,来自官府的惩罚是店主所担心的。还有流氓的捣乱严重影响了茶馆的生意。老上海沈寂先生回忆20世纪40年代,新闻路一带有不少流氓,除了敲诈外,由于抢占地盘或分赃不均,双方就在近水楼"吃讲茶",甚至发生殴斗、拳打脚踢。倒霉的是茶楼,杯壶横飞,桌椅砸破。茶客吓得不付账就逃走,"近水楼"原来生意兴隆,南北闻名,就因为流氓作乱,茶客绝迹,关门大吉⑥。碰到这种情况,茶馆店主只有自认倒霉。

至上海解放前夕,茶馆内流氓充斥其间,仍很猖獗。张兴保老人回忆,老百姓对茶馆口碑不佳,认为是"下流分子"所呆之处⑦。1948年2月20日南市市民王张桂英(女)在市参议会第五次大会召开时提出数项改革建议,其中之一即老虎灶附设的茶馆,"为流氓地痞无业游民聚集之大本营,此辈平时专事诈诈、包揽打架,无

---

① 《为据公安局呈复核议党部为流氓充斥函请布告优奖告发并取缔茶肆旅馆一案由》,载《上海特别市市政府市政公报》第二十三期,1929年。
② 《详述相徐二人摸乳荷校事》,载《申报》1872年6月5日。
③ 郑逸梅:《艺海一勺》,天津古籍出版社1994年版,第176页。
④ 钱化佛口述,郑逸梅撰:《三十年来之上海》,上海书店出版社1984年版,第24页。
⑤ 详见第二章第一节对店主社会背景的介绍。
⑥ 戴敦邦图、沈寂文:《老上海小百姓》,上海辞书出版社2005年版,第255页。
⑦ 采访张兴保,时间:2011年2月14日。老人生于1934年,13岁到上海学做生意。

恶不作,居民深受其苦",请求尽量限制或取消老虎灶附设茶馆。社会局于1948年6月4日回复:"本市熟水店附设茶馆与现行法令无甚抵触,似未便加以限制,至茶馆内倘有聚众索诈、包揽打架等情事似应由主管机关另行依法取缔。"①取缔与限制都有难处,政府的无奈由此可见。

## 第四节 空间重组:民众茶园的出现

福柯曾经指出"空间是权力运作的基础"②。国民党自组建南京国民政府后,为巩固统治,将权力触角伸向日常生活等各个向度的空间,茶馆自不例外。为换种方式解决茶馆内久治不愈的"顽症",同时也为了意识形态向社会广泛传输,南京国民政府在全国民众教育运动蓬勃发展之际决定对茶馆展开空间重组,由此民众茶园在全国普遍兴起③。上海是1928年最早设立民众茶园的城市之一④,民众茶园在上海的经历颇为起伏:1928年11月首次开办,次年11月停办,之后虽未完全销声匿迹但如死水微澜,影响甚微。总体来看,上海茶馆改良的尝试是失败的。

### 一、民众茶园的旋开旋关:1928年11月—1929年11月

在民众茶园兴办之前,一些有识之士曾提出改良乡镇茶馆的具体措施。有人提出乡镇茶肆定阅日报的必要:"盖报纸足以鼓励人之兴趣,长进人之知识,而一般目不识丁者流闻人谈国家大事或小说故事则乐而不倦、逸趣横生。"因此定阅日报可使赌博"渐行消灭",如果"因阅报而引起若辈求学爱国热忱,使若辈详悉世界之

---

① 《上海市参议会关于市民王张桂英请限制热水店附设茶馆案的文件》,上海市档案馆藏,Q109—1—1686。
② 福柯、保罗・雷比诺:《空间、知识、权力——福柯访谈录》,载包亚明主编:《后现代性与地理学的政治》,上海教育出版社2001年版,第13—14页。
③ 参考拙文《空间重组与茶馆改良》,载《内蒙古社会科学》2012年第1期。
④ 1928年为民众茶园设立的第一年,当年全国共有97家。1929年各地民众茶园迅速增多,统计达到2 419家。参见南京国民政府教育部社会教育司编:《十九年度全国社会教育概况》,南京京华印书馆1934年版,第36页。

情形,则又可为社会教育之一助"①。可惜的是,定阅报纸这项举措直到民众茶园正式设立后才得到真正实施。

1928年9月11日至24日,当时市教育局组成调查团,对各区茶馆作了调查。之后,市教育局多次召集各区市政委员开会,讨论民众茶园筹设一事。在拟定各项规程、决定设立地点、招考茶园主任、规定应有设备、刊印茶园标语以及编制各项表册等准备工作做好后,1928年11月1日,分别设于江湾、漕泾、法华、杨思、高行五个区的5所民众茶园同时开幕②。

作为空间重组,民众茶园添加了许多新的元素。在环境的布置与设施方面,民众茶园与普通茶馆有了很大不同。茶园中除了桌椅茶杯等必需品外,屋子前面中央放置了讲演台,紧靠讲演台的墙壁上方悬挂国民党党旗、中华民国国旗、孙中山遗像。屋内墙壁上张贴有各类标语,如"读书不趁早,老来哪会好"?"吃了鸦片烟,终身没有出头年"。"要想赌里赢铜钿,到了穷苦无人怜"!"多吃无滋味,多说不值钱"。"若要家不和,讨个小老婆"!等。另外,茶园内放有一些通俗图书、报纸,并提供乐器、棋子等娱乐用具。还有,茶园内附设民众问字处,用来指导当地民众识字。在民众茶园设施的清洁、美观方面,也有着高要求:用水及茶叶务必清洁,桌椅地面须时时拂拭及打扫,茶壶、茶杯、痰盂、面盆、毛巾每晚须洗涤一次,房屋须随时修理以壮美观③。民众进入茶园,必须遵守相应规约。与普通茶馆不同,民众茶园内严格实施以下禁令:禁止喧哗、禁止赌博、禁止随地涕唾、禁止携带危险物品④。

空间的重新布置、设计和规约,使民众茶园与普通茶馆有了明显的区别。对于茶园主任,当时市教育局精心挑选、严格要求,"以人格高尚、服膺党义、熟悉当地情形、热心民众教育者为合格"。尤其看重政治素质,在任期内如"违背国民党党义""违背本局民众教育方针",查明属实可以随时解职⑤。茶园主任职责清晰,除了在园内开展活动,如管理图书报纸、定期举行演讲、指导当地民众识字外,还要在园外

---

① 卓庐:《乡镇茶肆定阅日报之必要》,载《申报》1923年10月11日,"申报常识"。
② 《民众茶园:上海特别市政府教育局扩充教育业务报告之一》,上海市档案馆藏,Y8—1—100。调查团对茶馆的调查并未做精确地统计,列出了各茶馆共有的特点:上市时间多数在早上;茶价多数在铜元五枚左右;吃茶的以农民为最多;清洁多数不注意;设备多数不讲究;管理多数不得法;抽头聚赌。
③ 《上海特别市市立民众茶园暂行规则》,载《上海特别市市政府市政公报》第十八期,1929年1月。
④ 《上海特别市市立民众茶园规约》,载《上海特别市市政府市政公报》第十八期,1929年1月。
⑤ 《上海特别市市立民众茶园主任任免及待遇规程》,载《上海特别市市政府市政公报》第十八期,1929年1月。

开展工作,协助民众学校教务或事务等①。向民众演讲的内容也有规定。关于国民党党义,如中华民国国旗、国民党党旗的意义及应用、民族主义及国家主义的区别等,关于农工商业和政治,如农人与国家的关系、人民和官吏的关系、工人应有之品性技能及如何增进工作效能等,关于劝导识字,如成年失学的痛苦、识字的好处、问字处有什么用处等②。

在这样的空间中,民众既接受视觉、语言的规训,又受到举止行为的规训。民众茶园成为政治和社会教育的重要空间,南京政府希冀通过静态和动态的规训,实现休闲教化于一体的目标。

5家民众茶园开办一个月,各茶园主任向市教育局汇报:每天入园娱乐阅报和请求代写书信的,平均总在三四十人以上,兴趣十分浓厚③。1929年2月,也就是民众茶园开办三个月后,市政府发布消息:

> 上海特别市教育局第三科科长曹伯权,对于沪市社会教育,兴办不遗余力,教育部曾明令嘉奖,去岁于杨思等五区举办民众茶园各一所,迄今数月成绩颇佳,乡间民众咸于暇时前往该园看报听书,并有种种正当娱乐。决定于吴淞、真如、洋泾三区,在最短期间成立各一所。④

民众入园人数多且为种种正当休闲,这是官方对民众茶园的正面报道。因成绩颇佳,1929年3月又增设了3家民众茶园。但是,精英人士在参观民众茶园后提出了与官方报道不同的言论:

> 茶园以前生意很旺,每天可卖茶四五百壶,大有客满为患的情形。到了现在,因为革除了滩簧说书一类的娱乐事情,代以劝人读书识字、勤俭做工的一类训诂。因此茶客大大的减少。在他们看来,以为民众茶园的主任,好像是一个回店招牌,弄得老班(茶园老班即原来茶馆老板——引者注)愁眉蹙额,无可告诉,

---

① 《民众茶园主任服务通则》,载《上海特别市市政府市政公报》第十八期,1929年1月。
② 《民众茶园:上海特别市市政府教育局扩充教育业务报告之一》,上海市档案馆藏,Y8—1—100。
③ 同上。
④ 《市教育局扩充民众茶园》,载《申报》1929年2月21日。

眼看人家生意兴旺,自己这样清淡,只好忍气吞声,自己怨苦命运不济罢了。①

这是作者在参观江湾民众茶园后的所见所闻。茶客的减少、老班的无奈②,这才是民众茶园开办后的真实情况,茶园主任的汇报、政府的报道都是报喜不报忧,后来的结果也证明了这一点。

在点出江湾民众茶园的实情后,作者在文中提出了改良方法。娱乐方面,滩簧说书不应一概禁止,只需把措辞改良一下,而在这正当材料产生以前,"可装一个无线电音乐机,由主任按时开机,唱演各种歌剧给大家听"。识字方面,先开无线电音乐机,听了一段时间后,主任关机,"拿所唱的标题揭示出来,使大家认识这几个字。再把歌剧的情节,略为说明一下,使他们的观念真确。有时讲些国家大事,把重要的名称板示出来,使他们认识。例如讲日本人侵略山东事件,先把日本、山东、济南几个字写出来,叫大家认识。有时画些地图,给他们看看。有时候,讲些工业常识,使他们明了一切机器的动作。每次结束的时候,再把各种机器的名称写出来,使他们认识"。散场前再开音乐机,听一段戏,使民众尽兴而散。另外,作者还提出了手段的更新。"当听了戏,就要司空见惯,一定要换换花样,才可以维持他们的兴趣。用幻灯影片也是引起兴趣的一法。例如开映关于科学方面国际方面的常识片段。有时竟加些文字说明,如此讲读书与常识合为一事,也是很有价值的一个办法"③。

在民众茶园开办期间,其他有识之士也积极为之献计献策。从茶园主任具备条件、茶园内各组织组成到实施方针、实施方法,一一提到④。作为一项新兴事业,市教育局听取了各方建议,也对民众茶园的实施作了改良,比如采取交换演讲(各茶园之间)、通俗演讲游艺化、添置留声机等⑤。多次召集茶园主任会议,讨论相关事宜。对茶园主任要求严格,在江湾民众茶园主任没有妥善处理园内演唱申曲导

---

① 吴仁杰:《参观江湾民众茶园记》,载《申报》1929年2月2日。
② 上海民众茶园都是特约茶园,即与原茶馆老板协商,定下合约,卖茶事务由原茶馆老板负责且自负盈亏,其他事务则由茶园主任全权负责。各地民众茶园还有另外一种形式,即自办茶园。自办茶园由政府或机构出资建造,所有事务都由政府或机构负责。
③ 吴仁杰:《参观江湾民众茶园记》,载《申报》1929年2月2日。
④ 唐敬修:《民众茶园实施的我见》,载《上海特别市教育局月刊》第一期,1929年3月1日;郑珪如:《改良茶肆刍议》,载《大夏月刊》第二期,1929年6月15日。
⑤ 《市教育局举行新旧茶园主任会议》,载《申报》1929年3月2日。

致民众拥挤闹口角这一事件后,将其撤职①。可惜这些都未能改变民众茶园的最终命运,1929年9月底,市政府发布公告:

> 本市以前举办之各民众茶园都系各地固有茶肆利用改设,以无充分经济不能实行原有计划,故办理非常困难而事实上亦未能得到改良社会的实效,兹市教育局拟将各该民众茶园即行办理结束,就可能范围内改办简易民众教育馆。②

1929年11月,民众茶园正式宣告结束。当局列举了两点理由,经费与实际成效。经费投入不足可以看出政府对民众茶园重视力度的不够,实际成效到最后才清楚道明,但没有深入分析缺乏成效的原因。不管怎样,"在训政开始的时代,要使一般失学的民众,都要有政治的觉悟、习惯的改善、生活的技能和科学的常识,以牢固党国的基础",这件"何等伟大、何等困难、何等急迫的事"就此暂告段落③。

## 二、民众茶园的多次起伏:20世纪三四十年代

上海民众茶园旋开旋关,此时全国各地的民众茶园正在如火如荼地兴办。作为流行元素,民众茶园在上海不可避免地留下了痕迹。此后关于上海民众茶园的公开信息很少,但这并不表明民众茶园在上海销声匿迹。

1932年教育部公布《民众教育馆暂行规程》以后,各地民众茶园多属民众教育馆办理。一份档案资料显示上海市民众教育馆也曾经办理过民众茶园事务。这份资料来自上海市民众教育馆向市教育局呈报工作的文件:"在抗战胜利前,市民教馆曾与冠生园食品公司合组民众茶园,经战乱,茶园损坏。抗战胜利后,与光明公

---

① 《为说明江湾民众茶园演唱申曲经过及当时冲突情形》,载《上海特别市教育局月刊》第二期,1929年4月1日。
② 《结束民众茶园改办简易民众教育馆》,载《上海特别市市政府市政公报》第三十二期(1929年9月30日)。
③ 唐敬修著文呼吁:"在训政开始的时代,要使一般失学的民众,都要有政治的觉悟,习惯的改善,生活的技能和科学的常识,以牢固党国的基础,这是一件何等伟大、何等困难、何等急迫的事啊!"参见唐敬修:《民众茶园实施的我见》,载《上海特别市教育局月刊》第一期,1929年3月1日。

司合作共同组织民众茶园。"①在这份文件中,市民众教育馆并没有呈报民众茶园开展的具体情况,只是寥寥数语。不过它至少说明,自1929年之后,南京国民政府执政下的市政府并未"抛弃"民众茶园,而且后来采取了与公司合作举办的形式。这种形式是对之前产生经济问题的创新,不过具体效果如何不得而知。

档案资料还显示,日伪期间曾一度出现过民众茶园的身影。1939年9月,在制定《特约民众茶社暂行简则》《特约民众茶社主任任免暂行规则》等文件后,日伪统治区的6家特约民众茶园正式开办②。

特约民众茶社中除了有痰盂、闹钟、口琴、象棋、黑板外,必须悬挂五色旗两面、孔子像一张,订阅的报纸为《新申报》《中华日报》《平报》,小说书、挂图内容也经过特意挑选③。茶社开展活动,除了常规的阅报、看书、娱乐、演讲之外,还举办过识字教育、儿童健康比赛、象棋比赛,当然不忘印发宣扬日伪政府合理性的宣传单等④。在通过特约民众茶社进行社会教育的同时,日伪政府为其统治服务的意图也是很明显的。半年后,特约民众茶社对开办情况作了详细统计。

6家特约民众茶社的设立地点、举办项目及入社人数等情况清晰地显示在表3—6中。6家茶社在来社人数上存在差别(特约第一茶社入社人数最多,特约第四茶礼入礼人数最少),半年各项活动参加人次能达到十二万多,这并不是一个小数目。这是从这份统计表中得出的结论,应该也是制作者的意图。不过这样的统计令人怀疑,因为如果依照这样的覆盖面,特约民众茶社应该有继续开展下去的充分理由。但是1941年上半年6家特约民众茶社被汪伪政府改为民众学校,理由是民众茶社"虽为教育事业之一但目前尚非必要且成效亦未显著,应即停办,所有经费移充民众学校或职业补习班之用"⑤。与之前南京国民政府执政时期相同,民众茶园依然没有受到政府的重视,成效也不如人意。值得一提的是,汪伪政府市立实验民众教育馆曾欲于1945年6月20日至11月20日期间举办民众茶园,原本准备采

---

① 《市立民教馆呈报附设书场、茶园、民众职业介绍所等情况》,上海市档案馆藏,Q235—2—3504。
② 《上海特别市市立特约民众茶社暂行简则》,上海市档案馆藏,R48—1—46—22;《上海特别市市立特约民众茶社主任任免暂行规则》,上海市档案馆藏,R48—1—46—23。
③ 《日伪上海市教育局关于市立第一一六特约茶社呈报经费开支情况及报销单据》,上海市档案馆藏,R48—1—1111。
④ 《日伪上海市教育局关于市立第一、二茶社呈报筹备经过、启用印信及事业活动期报表移交清册等来往文书》,上海市档案馆藏,R48—1—1033。
⑤ 《日伪上海特别市政府关于特约茶社六所改设民众学校的文件》,上海市档案馆藏,R1—8—579。

取招商投标承包的方式,但没有商人来投资,也就作罢①。

表3-6 日伪上海特别市市立特约民众茶社半年来社人数统计表 （单位：人）

| 社别\项目 | 阅报人数 | 看书人数 | 娱乐人数 | 听讲人数 | 参加其他活动人数 | 合计 | 社址 |
|---|---|---|---|---|---|---|---|
| 特约第一茶社 | 14 445 | 3 271 | 3 424 | 12 602 | 872 | 34 614 | 浦东东昌路二五七号中州茶社 |
| 特约第二茶社 | 11 617 | 2 633 | 3 036 | 11 423 | 918 | 29 627 | 浦东杨家渡垃圾塘弄一九一号启新茶园 |
| 特约第三茶社 | 3 781 | 4 541 | 1 602 | 1 666 | 775 | 12 365 | 高桥镇北街三〇一号新园茶社 |
| 特约第四茶社 | 2 947 | 3 317 | 1 781 | 1 530 | 953 | 10 528 | 高桥镇东街四七号协兴茶园 |
| 特约第五茶社 | 4 596 | 3 149 | 4 265 | 5 779 | 1 416 | 19 205 | 大场镇中市全意春茶园 |
| 特约第六茶社 | 4 179 | 3 186 | 4 726 | 5 813 | 1 052 | 18 956 | 真如镇北大街张家厅茶园 |
| 合计 | 41 565 | 20 097 | 18 834 | 38 813 | 5 986 | 125 295 | — |
| 百分比(%) | 33.2 | 16 | 15 | 31 | 4.8 | 100 | — |

资料来源:《日伪上海特别市教育统计(二十八年度)》,上海市档案馆藏,Y8-1-1415。

抗战胜利后,为推进全国教育事业,南京国民政府在上海等城市创办国民教育示范区。在创办第一国民教育示范区(以洋泾镇为中心)的工作中,精英人士把开设民众茶园作为一项重要工作来进行。首先他们对洋泾镇的一些茶馆进行调查,以选择合适对象确定特约民众茶园。调查情况较为详细,见表3-7。

在作详细调查以及和原来茶馆协商后,洋泾镇的特约民众茶园于1947年12月

---

① 《日伪上海特别市政府关于民教馆利用季节举办民众茶园的文件》,上海市档案馆藏,R1-8-154。利用季节举办民众茶园在全国各地流行一时,如夏季在公园开办民众茶园。这种形式实际上把开设民众茶园当作临时活动而非常设场所。

10日正式开办。民众茶园由洋泾区公所和民教分馆参加合作,已完全是政教合一的施教场所。宣扬中央政令、推展各项民众教育、谋政教合一、与地方各机关取得联系、谋民众福利的改善是其开办方针。活动内容有演说、说书(请小学生、小学教员)、话剧等。活动方式主要有:组织巡回宣传队;配合洋泾卫生事务所巡回施诊队;定期放映幻灯或教育电影;利用机会举行集会,如纪念节日仪式。并期望以特约茶园为出发点,分期辅导全镇茶园,达到逐步改善的目标,如改善卫生设备、布置教育环境、供给娱乐用品等①。从洋泾镇特约民众茶园开办情况来看,仍然脱离不了原有模式。要说有改变,这时政教合一的倾向更为明显,方式较为多样,园外任务也增多了。

表3-7 洋泾镇茶园概况的调查表

| 牌号 | 福兴园 | 同义乐 | 惠泉楼 | 玉泉 | 龙泉 | 洪福记 | 顺风园 | 洋泾剧场 |
|---|---|---|---|---|---|---|---|---|
| 负责人 | 张龙氏 | 顾秋涛 | 顾金桃 | 张聚合 | 贾金宝 | 洪庆生 | 朱杏生 | 李振平 |
| 地址 | 东棚口 | 南街(中为共)口 | 大街233号 | 南洋泾路17—19号 | 大街117号 | 大街133号 | 大街127—129号 | — |
| 性质 | 茶、卖水 | 茶 | 茶 | 茶 | 上午茶,下午说书 | 茶、卖水 | 上午茶,下午说书 | 剧场 |
| 面积(平方公尺) | 26.9 | 26.9 | 51.8 | 34.0 | 47.7 | 15.4 | 23.5 | 59.9 |
| 环境 | 清洁,偏于市稍 | 炉灶在外,中有短壁 | 楼面,市镇中心 | 内部杂乱 | 楼面,污浊 | 狭小,市镇中心 | 市镇中心 | 光线不佳 |
| 茶客 | 农人,贩卖商 | 商人,农人 | 农人,工人 | 卖菜人,工人,航船业商人 | 巫卜者,农人 | 商人,农人 | 农人,工人,商人 | — |
| 备注 | 对于特约无表示 | 不欢迎特约,门面尚称整洁 | 对于特约可以接受 | 不欢迎特约 | 对于特约无表示 | 可以接受特约 | 可以接受特约 | 可以临时商借使用 |

资料来源:朱梦龙:《设置特约民众茶园的前后》,载《上海教育》第5卷第6期,1948年3月29日。

① 朱梦龙:《设置特约民众茶园的前后》,《上海教育》第5卷第6期,1948年3月29日。

20世纪三四十年代的上海,除了政府主导下的民众茶园外,还出现过精英人士创办的与其相似性质的茶园。人民教育家陶行知是把茶馆作为农村教育基地的先行者,他于1928年2月就在南京开办了佘儿岗中心茶园,佘儿岗中心茶园成为后来政府主导下的民众茶园的雏形①。1930年晓庄师范学院被国民党政府封闭。1931年春,陶行知来到上海,他的生活教育理论"社会即学校""生活即教育""教学做合一"得到了又一次重要实验。1932年起,陶行知在宝山各处陆续创办了一种新型教育组织——工学团(统称为山海工学团)。各处工学团下设多项组织机构,茶园是其中的一种形式。沈家楼工学团中茶园是一处重要机构,共和茶园则是侯家宅工学团唯一的实验园地。1933年10月,一位大夏大学的学生在参观侯家宅工学团后写了一篇文章——《参观沪大工学团记》,文章详细介绍了共和茶园:

> 侯家宅青年工学团,这是一个茶园的形式,入内便见一联:"舌头不烂,爱说万民甘苦;茶园虽小,关系一乡兴衰。"上款共和茶园纪念,下署陶行知的名字。室的中央放有二张大台,并摆有许多茶壶、杯子,且陈列着很多稻、豆、芝麻、蔬菜、麦子、蓬蒿等,不下三十余种,大概系供农民于茶余的观赏鉴别。四面又挂有各种传染疾病的图画,使农民知道卫生的重要,据指导的人说:此园于去年九月设立的,最初开办平民夜校,那时只有十多个儿童罢了,后经工学团极力开导、宣传,农民才渐渐注重,最近全村无论男女老少都跑来了,弄到指导的人忙个不停。茶园现在改成互助社。一切事务,全由他们举出公正老农来打理,所以这一茶园不唯是该村的教育机关,且为一村的政治枢纽,因为村内如有什么纠纷发生,当事人就要先经过茶园的审判,不得径诉诸公安局或其他法庭。②

这位大学生的参观记介绍了共和茶园的历史。共和茶园于1932年9月设立,其园内布置充满乡村气息,与其设立宗旨相符合。曾开办平民夜校,这是陶行知教

---

① 佘儿岗中心茶园由晓庄师范学校与中华职业教育社合作。陶行知为茶园题写了一副对联:"为农民教育之枢纽,是乡村社会的中心。"晓庄师范学校为向农民推行识字教育,师生轮流去说书,如《三国演义》《水浒》《岳传》等,在说书的过程中,把一些人名、地名、物名等词写在卡片上,农民为听故事,自然不愿离去。识字教育在寓教于乐的形式中逐渐展开。另外,说书人又把卫生、农业、气象、天文、地理等科学知识用通俗的语言、以故事的形式讲给农民听。茶园里还备有乒乓球、围棋、象棋、胡琴、笛子、文体用具及图书等。参见许宗元:《陶行知》,人民出版社1988年版,第67页。
② 韩尚德:《参观沪大工学团记》,载《大夏》第十卷第四期,1933年10月16日。

育理念的实施。后来共和茶园改作了互助社,由乡里有名望的老农处理社内一切事务,既是教育机关,又是政治枢纽,而且后者的作用更为明显。共和茶园的前后变化,仍然没有脱离政府主导下民众茶园的运作模式。既有民众教育的功能,又不忘政治与权力的介入。相对来说,共和茶园后来的功能变化更是一种对乡村传统治理方式的回归①。

茶馆在南京国民政府执政时期经历了一种特殊形式——民众茶园,这是政府(包括精英人士)对茶馆的空间重组。重组开始于名称。有学者指出:"任何一个空间的命名实际上都是一种观念、意识对空间进行控制的体现,改名更是对原有空间意义的重构,反映出改名者对空间新生意义的强调。"②"民众茶园"是对原有茶馆的改名,试图摆脱原有茶馆的不良"习性",从而塑造一处属于民众而又充满健康、向上气息的崭新空间。当然,这里的"向上"趋向哪里,是否真正"属于民众"这是另外的话题。所以从这点看"民众茶园"蕴含的内容并不仅仅是字面上的意思。名称修改只是空间重组的第一步,之后在空间布局、活动安排、人员安排、规章制度等方面,产生了相应改变。这是对原有茶馆的重大突破,也是其成为重要的政治与社会教育空间的鲜明体现。空间重组完成后,政府的权力触角随之长驱而入。不论是南京国民政府还是日伪政府,都努力把民众茶园当作意识形态渗入的基地、巩固自身统治的工具。这也是为什么在1928—1949年期间民众茶园虽未连续开设,但没有消失,仍断断续续存在的重要原因。

民众茶园是民众教育运动的产物,教育家视之为"休闲教育事业中最紧要的一种,是现在休闲教育的中心事业"③。改良民众休闲生活、提倡正当娱乐是教育家提倡的宗旨之一④,但是这个宗旨并没有起到引领的作用。民众茶园中的娱乐用具基本上作为一种摆设,精英关注点在于园内的演讲、方式的多样及园外活动的开展。在这点上,精英与政府保持了高度的一致。

---

① 在乡村,茶馆常常成为当地士绅"发号施令"、左右全村事务的重要所在地。参见小田:《近代江南茶馆与乡村社会运作》,载《社会学研究》1997年第5期。
② 陈蕴茜:《空间重组与孙中山崇拜——以民国时期中山公园为中心的考察》,载《史林》2006年第1期。
③ 朱焦国:《民众教育概论》,大东书局1933年版,第176页。该书第177—179页论述了民众茶园与其他休闲教育事业如电影院、游艺会、公园等相比成为中心事业的理由。
④ 陈礼江指出民众茶园设立的宗旨是:改良民众休闲生活、提倡正当娱乐、促进社交精神、戒除不良嗜好、灌输民众基本常识。参见陈礼江编著:《民众教育》,正中书局1937年版,第87页。

民众茶园在改良茶馆的目标上是失败的,就如死水微澜,在茶馆问题迭出上没有发挥任何效力。但是民众茶园设立的意义又不能一味抹杀,对于推进当时的民众教育发挥了一定的作用。可以说,它在民众教育的推进之路上留下了浅显但不容遗忘的印迹。

本章围绕政府对茶馆的管理和控制展开论述。早期租界、华界在茶馆捐、逮捕权等方面有过摩擦、冲突。在一城两治的政治格局下,治理茶馆需要中外双方的合作、协调。政局变动中,从茶馆规章制度看历届政府的基本政策没有变动,管理模式大同小异。不过南京国民政府时期在茶馆管理上更为规范,控制也更为严密。茶馆内的风化和秩序问题始终困扰着政府,因此禁妓、禁戏、禁赌、治乱接连在茶馆展开。这是一场场旷日持久之战,也包含有很多复杂的内涵。政府查禁失效的原因,既有政府内部的原因如租界、华界政令不统一,查禁时松时紧,警员出现问题等,也有店主和艺人、妓女、赌徒联合抵抗的原因,还有其他更为深层次的原因。大环境不治理,小环境是很难"干净"的。妓女猖獗、赌博盛行、黑社会泛滥,自然有着深厚的社会土壤。所以要想彻底清除茶馆中的这些问题确实很难。而民间戏曲、曲艺的坎坷经历说明扎根民间的大众文化拥有无比顽强的生命力。民众茶园的出现是当局试图空间重组的努力。改革茶馆陋俗、提倡健康休闲、灌输意识形态教育、进行文化普及教育,这是民众茶园肩负的"神圣"使命。可惜民众茶园不堪重负,只能作为一种点缀。

# 第四章 茶客的空间消费

茶馆是一处各色人等聚合的场所：有普通民众休息交谈、休闲娱乐、交友谈事的，有文人谈文论艺、抒发感慨的，有商人谈斤论交、探听行情的，还有各界利用茶馆进行抗争、革命者在此展开斗争的，等等。茶客身份、职业的多样性，导致他们在茶馆中的消费内容呈现出多样而复杂的色彩。在多样化的场景中，许多茶客来到茶馆并非为了单纯的喝茶，他们在茶馆展开的各项活动更多可以看做是对茶馆这一公共空间的利用。因此，茶馆的空间而不是茶水成为茶客们的主要消费对象。丰富多样的空间消费，是一幅精致的世俗风情画，反映了民众的生活百态，也是社会变迁和城市文化的映射。

## 第一节 民众、日常生活与茶馆

### 一、茶馆中的日常生活

休闲是人们日常生活中的重要内容，茶馆则在人们的休闲生活中扮演了相当重要的角色。品茗闲聊是茶客们进行的活动之一。各类档次、大小及不同茶价、服务的茶馆，使茶客们可以进行多样的选择。有人热衷于大茶馆，认为器具好、环境好。有人倾向于小茶馆，认为"大茶馆座多客众，对于开水不及小茶馆滚热周到。大茶馆对于顾主一视同仁，而小茶馆的老板对于老瘾客常会给了另备的上好茶叶，或加多分量所谓'厚给叶子'的优待"①。有人无视茶馆大小，闲聊放松是着眼点所在，品茗则在其次。茶客们聊天并无固定话题，往往是兴致所至，畅所欲谈。四方台子

---

① 爱梵：《我的茶癖》，载《新民晚报》1947年4月29日。

八方客,识与不识,攒聚一堂,谈古论今。"有健谈的,从城隍姓秦名裕伯(有人考查姓霍),谈到宣统皇帝、袁世凯、孙中山、戈登与霞飞,以及跑马厅、鸿运楼、交易所……上下几千年,人物几百面知无不言、言无不尽。言者是即兴抒怀,听者可聊解寂寞"①。有时话题围绕身边小事,从东家长说到西家短,哪户人家闺女即将出嫁,哪家老人被狗咬伤;乡村茶馆中多的是此类流长飞短的荤说,什么"东村李嫂子,好轧野汉,昨晚给丈夫双双揪住。西巷的王阿毛,喝醉了烧酒,在坟头上睡了一夜,今天大发寒热,怕是被野鬼迷住了"②。

闲聊中不乏趣谈。如有将"天下为公"改为"天下为婆"的:

"天下为公"四字,与青天白日之国徽相辉映,虽妇孺无不知之。乃昨日某君在坐,谈及此四字以为"公"字当改一"婆"字,较为切合新颖。咸莫测其用意之何在,且以为侮。有斥为离经背道,不敬先总理者。叩之,则曰"今岁当改,明年则不可"云云。众益不解。某君乃述某报载美国某博士之意谓"今岁为女子之年",以为例证,并谓年时既属于女子之年,不应为"公",而当为"婆"。听者以某君持之有故,言之成理,无不一笑置之。③

茶馆中此类趣谈不一而足。风趣幽默之人更是茶客乐意交流的对象,国民党元老吴稚晖可以算作此类人中的代表。吴稚晖喜坐茶馆,而且喜欢在茶馆"摆龙门阵"。1922年间,曹聚仁写信给吴,表示仰慕之忱。吴很快就回信,约曹聚仁在上海西门黄家阙一家茶楼见面。那天两人从上午10点谈到下午3点多。吴稚晖一直滔滔不绝地谈着,笑语频频,妙趣横生,使这位登门求教的青年,想到汉代的东方朔,又想到明末清初的刘敬亭④。抗战胜利后,吴稚晖住在法租界吕班路,虽已八十来岁,仍然喜欢坐茶馆,曾到一乐天茶馆。有时则在街头买零食吃,边吃边行,最后必定找到一家小茶馆,坐上一两个钟头⑤。在茶馆,吴稚晖常和一些不相识的茶客倾谈,笑

---

① 周逸:《春风得意上茶楼》,载《新民晚报》1983年2月16日。
② 《小茶馆里》,载《申报》1934年5月18日。
③ 乘黄:《啜茗趣谈》,载《申报》1929年5月10日。
④ 李伟:《曹聚仁传》,南京大学出版社1993年版,第221页。
⑤ 《吴稚晖独游一乐天》,载《海风》第29期,1946年;陈存仁:《银元时代生活史》,上海人民出版社2000年版,第167页。

到大家捧腹厥倒。有一次在上海城隍庙春风得意楼,和几个本地人谈话,他一点也没有架子,所以人家也不知道他就是吴稚晖,忽然被一个人认出了他,说"你莫非是政府要人吴稚老",他说,"无锡老头子,面孔都是一样的,你不要看错人"。那人便不再问他①。

闲聊是人们放松心情、获取欢娱的方式之一,茶馆为人们畅所欲言提供了极好的场地。不管相识不相识,只要坐在一起,彼此就拉近了心理距离,可以畅所欲言,天南海北地扯谈。所以很多时候在茶馆可以看到这样一幅景象:"人全像具有一颗来到此地需要尽情开怀,畅所欲言的心,人都是那样劲儿浓,愉快。"②

茶客在茶馆毫无拘束的闲聊往往是民众内心声音的表达。1876 年 6 月,由英商建造的中国第一条铁路——淞沪铁路(上海至江湾段)正式建成。在运行期间,铁路火车一直是人们热衷谈论的一个话题。1877 年九、十月间,清政府买回这段铁路后如何处置它又成为人们关注的一个焦点,官方购回后将拆毁的传闻传开来后更引起舆论的强烈反应。茶馆中茶客们对火车的议论十分热烈:有的抱怨说,现在有事去吴淞,坐船需等候潮退,耽搁时间,如前几日坐火车的话,则早已往而复返了。有的说,因风太大,船户不肯开行,小车车夫也不能睁眼推车,只能等风息了再动身,因而感叹"若尚有火车,何至行路如此艰难"?"丁是围坐同声叹息停止火车有损无益,并云从前未见火车,亦均不知火车好处,今已行有数月,往来淞沪者均称其便,一旦停歇,殊令人皆往来不便"③。茶馆中的议论反映了民间赞成火车运行、反对官方拆毁铁路的真实意愿。

对于茶客来说,这种针对时事的闲聊是一种信息的交流,而这种信息的交流对报刊记者来说弥足珍贵,因为这是最能反映民众意愿的第一手资料。因此报刊记者往往跻身于茶座间,泡一碗茶,聆听周围茶客的交谈。上述茶客有关火车的议论即是《申报》记者亲耳在茶馆聆听而来。茶客们有意无意间的交谈内容,都能在报刊记者手中经过筛选而得到记录,报刊中的这些记录也为了解时人的思想、生活、风俗世情等提供了良好的素材④。

---

① 陈存仁:《银元时代生活史》,上海人民出版社 2000 年版,第 172 页。
② 家人:《茶馆及其主人》,载《申报》1936 年 2 月 22 日。
③ 《论铁路火车事》,载《申报》1877 年 10 月 26 日。
④ 在查阅《申报》时,经常看到新闻记载中有这样的字眼:"与友人茶叙""沦茗消闲""煮茗清谈""在茶寮中遇一浦东乡友"等,这是主笔者坐茶馆的有力说明。

茶馆中这种信息的交流和传播有时并不被政府看好,因为针砭时事、痛斥官僚的辛辣语言会刺痛政府的统治神经,因此"莫谈国事"成为政府强加于茶馆的一项规定,尤其在一些敏感时期。其实要管住众人之嘴并不容易,即使在官府严加管制时期,仍有"偏向虎山行"之人。平常时期更当别论。

品茗闲聊之外,消遣娱乐也是茶馆休闲的重要内容。在娱乐服务业发展尚显稚嫩的晚清时期,茶馆是人们寻求消遣的主要场所。茶馆、烟馆、游乐场的合而为一,为追逐欢娱之人提供了合适的游艺场所,因此洋场娱乐首推茶馆。茶馆内川流不息的莺莺燕燕,则为猎艳者打开了方便之门,也更突出了洋场茶馆的娱乐功效。民国以后,在茶馆听书成为大众化的一项娱乐。比起一些专门书场或其他剧场,茶馆书场自有它的优势,从"营业都很好"看出它对民众的强大吸引力。由此也产生了一批茶馆书场的"书迷",一日不听书,即觉一日索然无味①。对于娱乐贫乏的乡下人来说,小茶馆里说书先生的一块醒木、一只弦子,即"是安慰劳苦大众的恩物"②。说书之外,茶馆中上演的其他戏曲也吸引着劳苦大众。20世纪三四十年代,曹家渡工人的主要娱乐方式是看戏。据调查,一到休息日,"本地男女工友便花一角二分钱,到小沙渡路明月茶楼去听本滩"③。

清末文人雅士常聚会于文明雅集展开各类活动,或"射文虎",或奏丝竹。民国时期,一些茶馆常有江南丝竹爱好者的丝竹集会。如杨浦区的虹镇茶楼,主持人朱少梅是笛子名手,同时是茶楼主人;沪西徐家汇彩云楼,有朱林根、汤家宝、潘季发、汤龙宝等;豫园春风得意楼,主持人袁仲尧、蔡子炜;闸北天目路火车站月华楼茶馆,有吴华生、蔡阿兰等。其中规模最大者为春风得意楼④。生于1898年、后来成为著名琵琶演奏家的张萍舟回忆:"我喜爱江南丝竹,自幼跟随丝竹老前辈在春风得意楼茶室演奏","当时,丝竹乐最有代表性的集会地点是上海城隍庙中的春风得意楼茶馆,市内各区和市郊各社及苏南、浙西一带的丝竹爱好者,常在此楼汇集,彼此学习交流"⑤。

---

① 灵犀:《书场》,载《社会日报》1933年8月11日。
② 恂子:《在乡下听书回来》,载《申报》1935年1月29日。
③ 朱邦兴等:《上海产业与上海职工》,上海人民出版社1984年版,第104页。
④ 张萍舟:《上海的江南丝竹》,载《上海地方史资料》(五),上海社会科学院出版社1986年版,第245页。
⑤ 同上,第236、241页。

除此之外,茶馆棋座也曾风行一时。清末,"棋斋则南有豫园之橘中乐、四美轩,北市则有西园、快阁、文明雅集,恒见东山一辈共集其间,消次长日,虽无定名,亦有常所"①。有人回忆清末棋手们大都集会于乐圃阆、松风阁、文明雅集,民初西园、龙园、天蟾、西洋楼、中鑫楼、大罗天、凌云阁、品芳等成为当时较为著名的茶馆棋座②。在这样的茶馆棋座中,棋手们切磋棋艺,茶客们则围观消遣。戏曲、猜谜、演奏、弈棋等文艺活动的展开,无形中提升了茶馆休闲文化的内涵。

有些茶馆还招待鸟友,即饲养鸟儿之人,他们既是茶客也是"鸟迷"。20世纪30年代,六马路的龙园茶馆和城隍庙的乐意、赏乐茶馆是当时有名的养鸟人俱乐部③。之后春风得意楼后来居上,它的"鸟市"规模和盛况独一无二。

> "鸟市"设在三楼,每天清早,鸟友们捧了鸟笼来,挂在窗口,先喂了鸟食,然后一面喝茶,一面静听啁啾的鸣声。茶博士们称卖这种茶为"鸟茶"。这些茶客泡一壶茶要喝上一整天;中午回去吃饭,茶也不能收掉,下午来再喝。春日里,在此可以听到画眉的歌声连续不断;小巧的百灵叫起来婉转圆润;芙蓉鸟声又是清脆悦耳。鸟友们面对啾啾歌唱、跳上落下的爱鸟,或品茗,或抽烟,或吃蟹壳黄,悠然自得。有些则来往串桌,相互观摩评比。有人得一珍品,来此"显宝",满脸"春风得意"之色。"显宝"不仅止于鸟儿本身,鸟笼制作工艺的高超、鸟食瓷缸的精细,都可以用来显示其"身价",甚至鸟笼顶端的那个铜钩,提笼时套在手指上的那个玉石儿,都可以供"识货朋友"观摩半天。在过去,还是养黄鸟的人最多。黄鸟又称黄腾,善斗,玩这种鸟的人,每年要举行斗鸟大会。斗鸟时一般要备酒宴,胜负以金钱为注,场地也还是在得意楼。斗鸟在当时是十分逗人的玩意,常吸引众多普通茶客奔来作壁上观。④

即使在时局混乱的1948年,春风得意楼仍然隆重举行斗鸟比赛。当年参加的

---

① 胡祥翰:《上海小志》,上海古籍出版社1989年版,第46页。
② 《上海的茶馆棋座》,载马诤编著:《历史不衰的魅力——坐隐丛谈》,文化艺术出版社1989年版,第394页。
③ 郁慕侠:《上海鳞爪续集》,上海报馆出版部1935年版,第103—104页。
④ 里里:《当年得意楼茶馆鸟市》,载《新民晚报》1985年6月4日;静观:《得意楼喝茶》,载《新民晚报》1956年12月9日。

黄鸟有一千余头,包括江浙两省各县六十余单位,比赛以县为单位。并陈列有精致茶具、檀香骨扇、红黄花票、锦盒银盾等四种奖品①。

有时,在茶馆消遣并不需要参与某种娱乐活动,坐看风景也是一种自得其乐的消遣方式。前文曾提到租界茶楼临街阳台是店主的"招财宝",在这些茶楼的阳台上喝茶,可以观看到马路上的各种景致,诸如妓女兜喜神方、出殡盛况或马路上随机发生的各类事件。

此外,城隍庙里的茶楼也是观赏景致的好去处。王韬记载,在城隍庙后园尚未开发时,"地最空旷。放生之羊,不下百数。其羊老者,毛拳垂地,角长摩天,时于山石间,三五成群,相斗为戏,负者辄逸去。旁多茶寮,啜茗者每于晚间喜观羊斗"②。喝茶之余观看羊斗倒也增添不少趣味。春风得意楼的老茶客们,则喜欢直登三楼,在西首的小房间坐下,品茶之外,可以欣赏一下豫园名迹——萃秀堂大假山的景色。萃秀堂一向不开放,只有在得意楼头还可以观看"山景"③。城隍庙一带游人络绎,呈现出世态百象,周围的茶馆则是看风望景的好场所,其中又以占尽地利的湖心亭为最佳。张若谷对在湖心亭喝茶看景有过形象描述:

> 天气热的时候,一个人闲着无事,到湖心亭的楼上,在靠近湖的窗口,拣一个座位,俯眺九曲桥上来往不息的游人,也是一种消遣的方法。在东西两架九曲桥上,各色人物都有,尽可以供给你当作观察上海社会的活动材料。有闲的小商店老板,手里提了鸟笼,在桥上展览他的心爱的金雀儿;烧香的老太太少奶奶,来探望湖上放生的鲤鱼,她们都说:"九曲桥底下的鱼,比松州玉泉的来得写意。"小孩子们围在桥口,看大小乌龟们在湖边晒太阳;小贩们在桥的每一个转角,兜卖眼镜,扇子,香烟咬嘴,陈皮梅,西瓜子;蓝眼睛黄头发的外国人,拿了照相机,东一张,西一张拍取湖心亭的风景;穿洋装的黄脸黑眼日本人,神气活现,摇摇摆摆在人堆里舞着手杖,说着不伦不类的上海话,和小贩们还价买东西……④

---

① 《黄鸟千余头,展开大厮杀》,载《申报》1948年5月30日。
② 王韬:《瀛壖杂志》,上海古籍出版社1989年版,第99页。
③ 静观:《得意楼喝茶》,载《新民晚报》1956年12月9日。
④ 张若谷:《上海的湖心亭面面观》,载《良友》第119期,1936年8月。

在张若谷笔下,到湖心亭楼上喝茶看景既是一种消遣方式,同时也能观察民众生活百态,可谓一举两得。

有时到茶馆仅仅是为了休息。独自一人走进茶馆,泡一碗茶,不与旁人交谈,只是闭目养神。这是休息的一种。而对于广大底层民众来说,这种悠闲的休息是难得有的。很多时候茶馆是他们的"临时托足所"。比如,上海四郊的花贩们每日清晨先聚集在西门南阳桥一带的丹凤茶楼、春风一笑茶楼里休息,然后到花圃去挑选上市的花种:白鹤花、绣球花、樱桃红、紫罗兰等等,装在椭圆形竹筐里,挑着上街兜售①。黄包车夫在拉车的空闲,看见路边的简陋小茶馆,就会走进去要一碗茶水②。既是为解渴,也是让疲惫的身心暂时得到解脱。从这方面来看,茶馆是车夫谋生路上的"加油站"。

在茶馆搓麻将、打牌是下层民众一种普遍的休闲方式。官方把它视为赌博严厉禁止,但是下层民众把它视为一种休闲。在这场长久的"拉锯战"中,官方虽屡有所获,但禁而不止,甚至有愈禁愈炽的现象。其实,"麻雀牌是茶店里最普通的赌品",尤其在郊区、乡镇茶馆中③。茶馆打牌、搓麻将已经融入了民众的生活,在一定程度上可以说已成为一种风俗。

此外,茶客在茶馆能享受到各种服务,比如为茶客提供的免费用水服务。小说《海上花列传》中开头部分写道赵朴斋在华洋交界的陆家石桥被花也怜侬撞倒,衣服被弄脏,之后赵朴斋来到桥堍近水台茶馆,"占着个靠街的座儿,脱下马褂。等到堂倌舀面水来,朴斋绞把手巾,细细的擦拿马褂,擦得没一些痕迹,方才穿上。呷一口茶,会账起身"④。对于茶馆提供的多样服务,有人这样介绍:"楼下有点心铺,只要通知茶博士一下,就会将生煎馒头、蟹壳黄送上来。此外,二层楼上还有理发室,而擦皮鞋的、卖报的、卖小吃的,都送上座来。茶楼是一种服务性的行业,在这里服务得更周到一些。"⑤诸多售卖食品、报纸、日常用品的小贩,还有理发师、算命先生等,汇集于茶馆中。茶客可以各取所需,当然都是有偿服务。有人认为小贩们的集

---

① 沈寂:《老上海小百姓》,上海辞书出版社 2005 年版,第 123 页。
② [美] 霍塞:《出卖上海滩》,上海书店出版社 2000 年版,第 102 页。
③ 张镜予编辑,白克令指导:《社会调查——沈家行实况》,载李文海主编:《民国时期社会调查丛编·底边社会卷(下)》,福建教育出版社 2014 年版,第 39 页。
④ 韩邦庆:《海上花列传》,上海古籍出版社 1994 年版,第 3 页。
⑤ 静观:《得意楼喝茶》,载《新民晚报》1956 年 12 月 9 日。

中使得茶馆异常嘈杂。但试想,如果茶馆内完全没有这些人群的身影,茶馆对普通民众的吸引力就不会这么大。茶馆内提供的许多便民措施,适应了老百姓的需求。

除了在茶馆休闲、享受服务外,茶馆还是民众的"会客厅""办事处"。人们在茶馆可以会客见友、商议或处理事情、谈论生意等,在"上海居大不易"的现实中,茶馆无疑是理想的场所。今天我们很难对人们在茶馆交谈的内容有具体感知,下面这则材料倒是难得的场景再现:

> 一乡人与其同乡人曰:尔在沪上,经商已久,交游必广,我有钱百千,拟托尔觅一稳妥可靠之处存放生息,尔能许我乎?其同乡人曰:不可。我乡邻里颇尚信义,尔仍带回乡间,自行存放,其利必厚,收回亦便。乡人踌躇不决,曰:我恐靠不住。其同乡人又曰:我乡人不敢赖债,万一图赖,尔可牵其牛以耕尔之田,若上海则仅有马而无牛,至不还时尔将牵其马乎?姑无论马不为尔牵,即牵回乡间,马身上仍有毛而无钱也,尔将何所用之乎?乡人乃点头而去。①

上述这段资料之所以留存下来,是因为《申报》记者觉得两人对话"颇为有趣而记之"。某乡人与在沪上时日较久的同乡人在茶馆交谈。对话中,乡人托其同乡人存钱生息,同乡人推脱其辞,不愿帮忙,并以都市有马无牛,钱款万一要不回、马牵回乡间也无用为借口,劝乡人将钱带回乡间存放。乡人认为有理,点头而去。乡人的愚昧和同乡人的狡诈在这次交谈中清晰地显露了出来。

20世纪30年代茶室兴起后,茶室成为约人谈事的理想场所。一位普通工商业者蒋期馨在其自传中回忆,他父亲的朋友准备帮其父开棉布商号,所以两人相约在大三元茶室喝茶商议;后来蒋在冠生园茶室介绍女友与其父见面②。茶室还成为一些年轻人谈恋爱、相亲的地方。陆吉璋老人回忆自己读大学的时候与女朋友喜欢去大东茶室,就带着女朋友到大东茶室去吃各式各样的点心,从下午2点钟开始一直到4点钟。吴文宪老人回忆自己"和我的爱人相亲的时候,就在新都

---

① 《海上闲谈》,载《申报》1911年4月20日。
② 蒋期馨:《浮华与苦难:我的百味人生》,上海远东出版社2005年版,第20、107页。

茶室"①。

　　茶馆吸引茶客,在于环境的宽松和氛围的随意。茶馆里,人们是放松的。可以相互之间和睦交谈,若谈不拢相互吵骂也无人约束。因此茶馆是个嘈杂的场所,过去常有人说:"这里吵得像茶馆店。"图4-1中,周围衬托的是茶客理发、老艺人边拉边唱、小贩兜售眼镜的场景,正中间一张桌上的四位茶客,相对的两位茶客已经摩拳擦掌、脚踩圆凳,另外两位茶客分别用手势示意两人安静。也许是下层民众吃讲茶,也许是茶客一言不合的争执。不管怎样,"活像国联会"的标题显示了绘图者对茶馆嘈杂场景的描绘意图。有平静有风波,谁能说这不是下层民众在茶馆的一种生活常态呢?

图4-1　《活像国联会》(摘自《上海生活》)

---

① 蒋为民主编:《时髦外婆:追寻老上海的时尚生活》,上海三联书店2003年版,第111—112页。

茶馆的吸引力还在于它是一个大众化消费娱乐场所。与同时期的饮食娱乐场所相比，茶馆的消费并不高。如有人说"每茶一盏不过二三十钱"①。而档次不同、茶价不一的各类茶馆，给予民众多样化的选择。所以，时人认为，茶楼品茗（包括盆汤沐浴、书场听书等）是花费不多的大众化消闲娱乐活动，"身非富人，依人作嫁，或为商伙，或为馆师，则碌碌终朝，当夕阳西匿，色未昏，亦将行此数者，以适一时之意，以解一日之烦"②。对于老茶客，茶馆一般优惠对待。茶钱按月计算且稍许便宜。散茶之外，对一些特殊的茶客群体，茶馆给予特别的服务和优惠，即"吃包茶"。吃包茶者，每天在固定的时间里，必到一家茶馆去茗饮。吃包茶怎样吃法？预先在一家茶馆某堂口内，认定一只台子，并认定每天泡几壶，约在什么时候必到，以及每月茶资若干，小账多少。接洽妥当后，每天到时，堂倌必将茶壶茶杯放在台上，以作标识，等包客来吃。老上海人跑到茶馆里去，看见茶台上放着一堆茶壶茶盅，虽无一人，也不去坐，倘你不知其故，要在这台上吃茶，堂倌必婉为拒绝③。

茶馆的诸多魅力孕育了一批老茶客，上茶馆成为他们的一种生活习惯。一些老茶客把上茶馆作为每日必备功课，早上一次，下午一次，风雨无阻④。作家张若谷回忆，城隍庙的春风得意楼和湖心亭，"这两处都是我童年时代跟着父亲每天必到的茶馆"⑤。对老茶客来说到茶馆就像到家里一样。有时喝早茶顺便洗脸也在茶馆里进行，一进茶馆门，自己动手，舀水洗脸，况如一家人⑥。在乡村小茶馆，这种情况更为普遍⑦。在包天笑的小说《上海春秋》中，塑造了嫁妆店老板王庭桂把茶馆当作第二个家的形象："早晨起来便在爱多亚路相近的一家茶馆里喝一会茶，晚上有空时也去坐坐，横竖每天只泡一壶茶，你一天到晚在那里也不过多费他们些开水而已。他们是包月的，每月一块钱连手巾小账在内。王庭桂有许多生意接头也都在这爿茶馆里，因为在茶馆里讲话反而比家里来得好，就是王庭桂不在茶馆里，也可以

---

① 瑞安市地方办公室：《池志澂诗文书法集》，中国文史出版社2008年版，第5页。
② 《上海乐事解》，载《申报》1877年10月13日；《论苦中乐境》，载《申报》1882年3月5日。
③ 郁慕侠：《上海鳞爪》，上海书店出版社1998年版，第100页。
④ 爱梵：《我的茶癖》，载《新民晚报》1947年4月29日。
⑤ 张若谷：《上海的湖心亭面面观》，载《良友》第119期，1936年8月。
⑥ 木易：《松江旧风琐忆》，载施福康主编：《上海社会大观》，上海书店出版社2000年版，第139页。
⑦ 在乡村，每天早上五六点钟，店主兼茶博士忙着起身开排门、拉煤炉。"接着茶客们蹒跚其来，睡眼惺忪的捡位坐下，茶博士用漆黑的抹布揩着台凳，然后泡茶，附带一个传染沙眼的面盆和手巾，茶客很正经的揩面，还把面巾充作牙刷之用"。钟岳：《乡茶馆》，载《申报》1936年8月31日。

吩咐堂倌到家里唤出来;有这许多便利之处,所以王庭桂把那茶馆当作第二个家。"①小说来自生活,而现实生活中的"王庭桂"则不知有多少!

## 二、茶客群体素描

茶馆是一个三教九流云集的场所。茶馆的开放、包容使得它可以容纳各类茶客,但茶客们并不是"杂乱无章"地挤在一起。人们在选择茶馆时,就已经有意无意地在群体之间作了划分。一般而言,档次、茶价、风味不同的茶馆拥有各自的消费人群。有身份的、较富裕的,以大茶馆为首选,小茶馆尤其是老虎灶,喝茶的自然多为底层民众。所以,在《点石斋画报》以租界茶楼为背景的图片中,看到的都是身着锦缎长袍的"体面"人(妓女经常出现于图中,不过她们并不是纯茶客),没有着短衫之辈。而在老虎灶小茶馆里,又是另一幅景象:"没有衣冠楚楚的绅士、花枝招展的女郎、叱咤风云的将军、兴风作浪的投机商,以及停职留薪的寓公,什么会上的列席闻人,乃至连一个司机先生都没有,那里坐满着腿肚壮健的人力车夫、三轮车夫、板车夫、'银嗓子'卖报童,最低是大饼油条贩、'擦哇擦哇'的擦鞋匠、'操哇操哇'的白相人,干瘦如猴的私娼老板、穿着红坎肩清道夫,最出色的是毛尔登呢中山装小公务员。"②

此外,职业、年龄、爱好等都可以成为茶客选择茶馆的影响因素。以 20 世纪 30 年代春风得意楼、湖心亭的茶客来源为例,张若谷是这样谈论的:"年轻的人,都喜欢到得意楼去,他们喜欢跨登装着亮晶晶玻璃镜子的楼梯,二楼设有说书场,三楼辟有雅室,雅室里放着几种中国乐器。而且设有炕榻藤椅,从高处可以看大假石的景致。这里的茶客,多半是摩登少爷,洋行小鬼,有时也有年轻的太太小姐,但是和南京路上的新雅或大东茶室相比起来,却是不可同日而语了。"

至于湖心亭的主顾,多半是住在城隍庙附近的老茶客,他们都是风雨无阻每天必到的忠实的主顾,他们差不多都有固定的座位和各人自备的宜兴土制老茶壶。"这里地方狭窄,但是茶价却非常低廉。楼下早茶,午茶,一律取铜元十一枚。楼上

---

① 包天笑:《上海春秋》,漓江出版社 1987 年版,第 151 页。
② 《老虎灶充满闲情逸趣,小茶馆演出人间喜剧》,载《新民晚报》1948 年 4 月 13 日。

早茶一百十文,午茶一百五十文。湖心亭的茶客,比起得意楼要平民化得多"①。茶馆里自然形成的职业、身份、阶层、地域、年龄等分野,丰富了茶馆的面貌,有的专供文人雅士集会(茶室兴起后成为文人雅士的主要阵地),有的专供商人做买卖,有的专供吃讲茶,有的专供苦力者休憩,不一而足。当然,各色人等云集于同一家茶馆的现象也是存在的。有人回忆春风得意楼茶客的形形色色:有挎着"朝山进香"黄布袋、束裙戴花喃喃念佛的老太;有手不离卷、文质彬彬的学者之流;有蓝袍玄褂和西装革履的遗老遗少;也有嘻嘻哈哈油腔滑调的油头小光棍。有些"游艺界"的角儿,散了戏兜喜神方,必定到此一游,令人瞩目。更多的是大小商人②。不过即使同处一家茶馆,这些人也不会"讲到一块去",往往是各自分组,分别围坐成几桌,学者、油头小光棍绝对不会同坐在一张桌上。

  西方人是茶客中较为特殊的一类。由于租界的存在和上海大都市的吸引力,在沪居住、来沪游玩的西方人很多。他们中的一些人,之所以光临茶馆,主要有两个因素。一是"猎奇"。像光临豫园湖心亭的,都是慕名前来,或是为了欣赏湖心亭具有中国风味的传统建筑,或是为了领略城隍庙具有中国传统特色的人文景观。而在湖心亭喝上一杯茶水也成为领略中国传统文化的一部分。因此"外国人到湖心亭喝茶的倒也不少"③。二是"品艳"。四马路上的青莲阁、四海升平楼等茶馆,莺莺燕燕云集,是啜茗品艳的好地方。尤其是青莲阁,声名远播。清末时东亚同文书院的日本学生常在期末考试结束后去逛四马路,因为"那里有中国陋巷的情调,在那里有一个较大的茶馆叫青莲阁,到晚上有很多妓女到这里"④。1923年3月日本作家村松梢风来沪后特地到青莲阁喝茶,主要为了近距离观察妓女拉客的情形。抗战胜利后,美国兵到上海后,很多特地雇了车子到青莲阁去,"或许也想温一温那古怪而风流的春梦"。结果使那些美国兵大失所望,因为这时青莲阁的妓女早已不见⑤。猎奇、品艳是西方人到茶馆的动机,真正的茶客几乎没有。当然也有例外,1871年《上海新报》上曾有一篇《西人善饮茶》的报道:一位衣裳破烂、手携竹篮的洋人走进一洞天,向堂倌要一碗茶,后来又让堂倌买白糖,将白糖放进茶水中,又吃

---

① 张若谷:《上海的湖心亭面面观》,载《良友》第119期,1936年8月。
② 周逸:《春风得意上茶楼》,载《新民晚报》1983年2月16日。
③ 火雪明:《上海城隍庙》,青春文学社1928年版,第49页。
④ 薄井由:《东亚同文书院大旅行研究》,上海书店出版社2001年版,第175页。
⑤ 崔景泰:《歌台茶楼话沧桑:褪了色的青莲阁》,载《文汇报》1946年9月27日。

了生煎馒头六个。该洋人应该常在茶馆喝茶,因为他虽不通华语而茶价、点心价如数付讫,十分熟悉,因此"观者奇之"①。当然像这种洋人茶客确实是十分罕见的。

## 第二节 文人、文化活动与茶馆

近代上海城市的开放性、多元性吸引了一批又一批的文人到此旅游、逗留、长居。不同思想、不同类别的文人汇聚在上海,共同建构了多姿多彩的城市文化。文人多爱喝茶,但是给人印象较深的是文人不喜上茶馆,因为文人的自负清高似乎与茶馆的平民化格格不入②。那么,从传统走来的都市里,文人在茶馆留下了怎样的足迹?如果有,那么这又是怎样的一幅文化地图?

### 一、晚清文人的茶楼情结

#### (一)《王韬日记》中的文人与茶馆

开埠以后最先来沪的是一批江浙文人,包括江苏甫里王韬,江宁管嗣复,宝山(今属上海)蒋敦复,阳湖周腾虎,金匮徐寿、华衡芳,浙江海宁李善兰等。他们科场功名皆不高,仕途亦受阻滞。由于他们大多精通西学,在通商口岸城市容易找到栖身之处。佣于西人的他们并未招致世人的羡慕,反而有着"卖身事夷"之嫌,而传统士人情结使他们常常感到身怀抱负却又报国无门,内心苦闷的他们往往表现出恃才傲物、放浪不羁。因此,他们被冠以"海上狂士"之称谓,尤以王韬为其中代表。考察这些"海上狂士"的日常生活,发现他们经常出入之所为——"茶楼、酒楼、青楼"③。这里以《王韬日记》为中心,详细考察王韬及其友人的"茶寮"活动,从中描摹

---

① 《西人善饮茶》,载《上海新报》1871年9月16日。
② 文人雅士的饮茶历史颇为悠久,自卢仝、陆羽以后,不少义人总结饮茶的方式、方法,讲究清雅闲适的环境是其一,因此去茶馆喝茶并不是他们所中意的,他们多在家中或寻一幽雅之处与友茗谈。陈江在对晚明江南士人城居生活的研究中,提出明代中后期的江南士大夫为了寻觅一种清幽高雅的品茗意境,往往在家中辟有专门的茶房、茶寮。见陈江:《园林·书斋·茶寮——晚明江南城居生活中的"雅韵意趣"》,载姜进主编:《都市文化中的现代中国》,华东师范大学出版社2007年版,第347—364页。
③ 叶中强在《上海社会与文人生活(1843—1945)》(上海辞书出版社2010年版)中,形容晚清居沪文人具有传统"三楼"情结。其实时人多称为茶寮,"茶楼"称法实为押韵之用。

"海上狂士"的茶楼情结。

王韬于1849年到上海,在英国教会办的墨海书馆工作。《王韬日记》记载时间为:咸丰八年至十年;同治元年数月。前为在沪期间,后为离沪赴港期间。从记录时间看,日记并不呈连续性,即并不每日皆记。在对清代咸丰八年至十年的日记内容进行统计后,发现王韬在前后16个月里去茶寮啜茗达100次以上①。考虑到王韬因生病、出游及天气原因未去茶寮外,王韬在沪去茶寮的次数不可谓不多。

为详细了解王韬及友人在茶馆的行踪,这里以1858年11月、12月以及1860年4月、5月的日记为重心。这几个月是记载茶寮次数较多的月份,分以前后,应该可以详细观察王韬及友人在茶寮的具体行状,详见表4-1。

表4-1 《王韬日记》1858年11—12月茶寮记载表

| 序列 | 时 间 | 内 容 |
| --- | --- | --- |
| 1 | 11月13日 | 午后,"往访伯深、香谷,同至西楼啜茗。楼中菊花百十盆,叠如陵阜,黄紫夺目。对名花,瀹佳茗,接良友,亦大快事。留连情话,薄暮始散。" |
| 2 | 11月14日 | 午后,与壬叔、小异"同诣西园群悦楼啜茗。薄暮,偕阆斋访艳。" |
| 3 | 11月15日 | "薄暮,静宣来访,同壬叔往抱清楼啜茗。" |
| 4 | 11月16日 | "入城,同潘恂如、黄吉甫啜茗。" |
| 5 | 11月17日 | 与孙次公"同访次游、静宣,偕至抱清楼啜茗。壬叔亦来合并。静宣为吟七律一首,颇有感慨无聊侘傺不平之慨。" |
| 6 | 11月19日 | 往凝晖阁啜茗。"阁中游女颇多,然皆不堪注目"。晚上,与壬叔、小异、次公、静宣至抱清楼啜茗 |
| 7 | 11月20日 | 与静宣同至茶寮小啜。 |
| 8 | 11月21日 | "午后,同吉甫、春甫至茶寮小啜。寮中有菊花百十盆,皆带憔悴可怜之色,亦犹士之怀才不遇,而偃蹇于名场利薮中也。茶罢出寮,得遇阆斋及其友吴仙舟、卫文行,皆在啜茗。复入座纵谈,忽见小异同其弟鹤巢亦来"。 |

① 笔者对《王韬日记》清代咸丰八年至十年的日记仔细拜读并作记录,发现其共有102次去茶馆。

续　表

| 序列 | 时　间 | 内　　容 |
| --- | --- | --- |
| 9 | 11月26日 | "诣福泉啜茗"。 |
| 10 | 11月28日 | 与小异、钱云门"同入城啜茗"。 |
| 11 | 11月29日 | "往次游寓斋,偕诣茗寮小啜",夜饭罢,"作北里之游,所见无一佳者,令人作数日恶"。 |
| 12 | 12月1日 | 与小异、仪庭,"偕诣茶寮小啜"。 |
| 13 | 12月5日 | "偕小异、春甫、封昼三诣乐茗轩小啜,茶味甚佳,足以洗涤尘襟矣"。 |
| 14 | 12月11日 | 与小异、壬叔往挹清楼啜茗。 |
| 15 | 12月12日 | "清晨,往小异斋中,不值。因独自入城,往茶寮小啜。遇一浙东人,与之闲话,聊以破寂。午后,往福泉楼,得见次公、近泉,小异、壬叔皆在,纵谈一切。寮中女士如云,流目送盼,妖态百出,惜到眼差可者,卒无一人。啜茗后,同往会仙馆,孙君澄之亦来合并。宋小坡闯然而至,沽酒轰饮,饮兴殊豪","酒罢,往东关杏雨楼啜茗,作卢仝七碗之饮"。 |
| 16 | 12月13日 | "予同次游往挹清啜茗,得见静宣、仪庭,遂与合并,清谈良久"。 |
| 17 | 12月16日 | "既夕,偕小异诣挹清楼啜茗"。 |
| 18 | 12月20日 | "午后,同小异入城购物。继至绿荫轩啜茗,闲话良久"。 |
| 19 | 12月22日 | "同澄之三君往挹清楼啜茗,娓娓剧谈,觉晋人风流,犹未远也"。 |
| 20 | 12月26日 | "晨,同小异入城,诣茗寮小啜。午后,玉塘、吉甫亦来,同诣黄垆轰饮"。 |

**表4-2 《王韬日记》1860年4—5月茶寮记载表**

| 序列 | 时　间 | 内　　容 |
| --- | --- | --- |
| 1 | 4月4日 | 入城,与管子骏、吴沐庵、瞿竹荪等人在吴沐庵家中饮酒,之后"往勾栏访艳",再次饮酒,"继复往茗寮小啜"。 |
| 2 | 4月7日 | 清晨与管子骏同往,午后,许伴梅同来茗战。 |
| 3 | 4月8日 | "午后,入城,途遇梅坞、沐庵,因至四美轩啜茗。徐少辛亦来合并。茗罢作酒战"。 |

续 表

| 序列 | 时 间 | 内 容 |
|---|---|---|
| 4 | 4月12日 | "饭罢入城,访吴沐庵,即至茗寮小啜。何梅坞、蒋小帆、查滋泉昆弟、孔绷斋皆来合并。茶后,往黄公垆畔小饮三爵"。 |
| 5 | 4月13日 | "酒罢,往茗寮访沐庵"。 |
| 6 | 4月15日 | "晨,访吴沐庵,同往茗寮。何梅坞、管子骏、屠新之、查滋泉、孔绷斋皆来合并。顷之,蒋小帆亦至。偕至福慎酒楼","酒罢,同梅坞访艳"。 |
| 7 | 4月18日 | "午后,入城,途遇吴梅坞,同至茗寮小啜。后吴沐庵亦至","须臾雨止,同沐庵酒垆小饮"。 |
| 8 | 4月22日 | "晨,入城于茶寮中,得见吴沐庵,招同啜茗。钱茗卿、窦茹轩皆来合并。顷之,管子骏约同吴梅坞、屠新之、孔绷斋、方咏梅、查滋泉登酒楼小酌","酒罢啜茗。滋泉招作北里之游,同往访高文兰"。 |
| 9 | 4月26日 | "午后,入城至茗寮啜茗,得见汪小云、吴沐庵、窦茹轩,与之剧谈"。 |
| 10 | 4月27日 | 与吴沐庵同往茶寮啜茗,蒋小帆、钱寿同、窦茹轩皆来合并。 |
| 11 | 5月2日 | 至东门外茶寮啜茗,"天气燥热,不能容裌衣。茗楼近水,颇凉爽。有测字者至,试拈一字,问以访美得遇否?则以'虽遇而恐有所阻'对"。 |
| 12 | 5月3日至6日出游,四日内天天去茶寮。 | 3日,至西门外,往茶寮小啜,茗罢,登酒楼。4日,冒雨入城,访郭有松,"饭后,登会鹤楼啜茗,茗味淳苦"。5日,"茗楼小啜,把杯赏雨,殊闷人怀"。6日,"午后,诣茗楼小啜,郭有松偕其友叶小山同至。"后来,"再往茗寮作卢仝七碗饮"。 |
| 13 | 5月7日 | "午刻,抵上海,于西门茶寮啜茗"。饭后至松人姊妹烟馆。"薄暮,于西园遇汤衣谷,即偕啜茗,恂如亦来合并,回来已夕阳在山矣"。 |
| 14 | 5月13日 | 入城,"于茶寮中得见吴沐庵、何梅坞、管子骏、钱寿同、屠新之、秦隐林,同坐啜茗,谈辩锋起。茶罢,饭于酒楼"。 |
| 15 | 5月18日 | 与吴沐庵至景阳馆啜茗 |
| 16 | 5月19日 | "薄暮,入城,于茶寮中得见吴沐庵、何梅坞、汪小云,同坐啜茗,抵掌剧谈"。后至酒楼小饮,酒罢"作寻春之举"。 |
| 17 | 5月26日 | 至四美轩,得见何梅坞,啜茗剧谈。回家途中遇吴沐庵,"复往茗寮小啜。尹小霞亦来合并"。 |

续 表

| 序列 | 时 间 | 内 容 |
|---|---|---|
| 18 | 5月27日 | "晨,入城同何梅坞、吴沐庵、尹小霞诣茶寮啜茗"。茗罢,梅坞邀往酒楼。 |
| 19 | 5月28日 | 与何梅坞、孔绚斋"同诣挹清楼啜茗,吴沐庵、汪小云亦从城中出来合并。茶罢,偕入北门诣酒垆小饮"。 |
| 20 | 5月29日 | "晴。饭罢入城,往群玉楼啜茗,则梅坞、沐庵皆未至"。后"仍往茗寮,则沐庵、梅坞、寿同皆在"。茗罢,观云间姐妹花。 |

结合日记,两张统计表带来多重信息。王韬虽然住在租界中,但所至茶寮皆在老城厢(第一章已述及,这里从略)。另外与王韬聚于茶寮的友人颇多,1858年11、12月与王韬"偕往茶寮"的有壬叔(即李善兰)、小异(即管嗣复)、伯深、香谷、次游、静宣、次公、近泉、仪庭、澄之、潘恂如、黄吉甫、钱云门等;1860年4、5月会集于茶寮的有管子骏、吴沐庵、瞿竹荪、许伴梅、何梅坞、蒋小帆、屠新之、查滋泉、孔绚斋、汪小云、钱苕卿、窦茹轩、方咏梅、郭有松、钱寿同、叶小山、尹小霞、秦隐林等①。出现在王韬身边的有诗人、数学家、书画家、篆刻家等各类文人,王韬交游之广可见一斑,同时也显现了茶寮确实为当时一批文人的重要休闲场所。

统计王韬在1858年11月至12月、1860年4月至5月去茶寮的次数,频率大约为2—3天一次。有时连续几天去茶寮,有时隔数日,有时一日中数次去茶寮。到茶寮如此频繁,可以看出王韬及友人对茶寮茗谈的热衷。除去啜茗,王韬等人热衷的还有饮酒、访艳。从表中详细内容来看,啜茗、饮酒、访艳往往先后进行。啜茗后"观云间姐妹花",或"茗罢作酒战",或"酒罢啜茗",或啜茗、酒罢后"作寻春之举"。种种记载表明茶寮啜茗、酒楼畅饮、青楼访艳是王韬那一批文人日常生活的重要组成部分。结合王韬日记其他内容,王韬虽然游走于"三楼",但更倾向于茶寮。当他看到李善兰访艳"意颇得"时,充满担心,"甚恐一入迷香洞中,不能复出,待至金尽裘敝,浩然思归,则晚矣。"屡劝之但无效。每次饮酒,他常"聊尽三爵""数杯而止",因为

---
① 关系亲密的朋友姓名在王韬日记里常以朋友的字为称,在这里也照常抄写。

"酒者,逢场作戏耳。好之可也,日耽于此,非特废事,且能戕身"①。独对于茶寮啜茗,王韬并无丝毫反对之意。因此,至少在王韬看来,茶寮是最适合文人的一种休闲方式。

对于王韬及友人来说,茶寮是一个有着重要意义的场所。首先,茶寮是会聚旧友、结交新朋的重要空间。有时,王韬在往访友人或友人来访后,即"同诣"茶寮,到茶寮后不久又有友人"亦来合并";有时,王韬直接到茶寮,"得见"友人;有时,王韬到茶寮不见友人,离开后又折回,友人已在。茶寮对于他们来说,已成为朋友之间约定成俗的场所,要与友人相聚,上茶寮即可。

其次,茶寮是切磋学问、纵论世事的好去处。王韬与友人经常在茶寮吟诗弄文、谈论时事。王韬认为"诗味、茗味,本相得也",所以有时友人欲吟诗而被他人阻止时,他颇不以为然②。虽然仕途受阻,但忧国忧民之心未泯,所以日记中时常见到王韬对时事的指点和议论,因此在茶寮的"剧谈""清谈良久"中少不了这些内容。在太平天国军队攻打江南的时势险要关头,茶寮"剧谈"更是围绕这些而展开。1860年6月7日,王韬与袁伯襄、吴沐庵、查滋泉同往茶寮啜茗,"伯襄从常州至,言乡村被戮之惨,耳不忍闻。即窜身麦田丘陇者,皆不得免。闻昆山官去城空,城门不闭,居民唯济贫者数十家在焉。由此观之,平日之筹守御、利器械、备糗粮,城高池深,似可作缓急之用者,今皆委而去之,则何益哉? 时事至此,真可为痛哭流涕者也"③。

最后,茶寮是这些"落拓之士"放松心情、感怀身世、抒发愁绪的寄情场所。文人抒发心情,往往借物喻之。心情好时,"楼中菊花百十盆,叠如陵阜,黄紫夺目。对名花,瀹佳茗,接良友,亦大快事。"心情差时,"寮中有菊花百十盆,皆带憔悴可怜之色,亦犹士之怀才不遇,而偃蹇于名场利薮中也"④。同为菊花,但因心情不同对之褒贬不一。在茶寮,王韬及友人经常以诗抒情。一日,与静宣、壬叔啜茗时,静宣吟诗一首:"何时江上息干戈,空向秋风唤奈何。绮岁自伤为客早,穷途转觉受恩多。飘零身世哀鸿似,迅速光阴野马过。来日大难愁不寐,挑灯试咏五噫歌。"壬叔也吟诵曰:"海上干戈感乍停,当筵重话泪星星。酒杯欲吸寒潮尽,诗句犹余战血腥。合座名山

---

① 王韬著,方行、汤志钧整理:《王韬日记》,中华书局1987年版,第157、155页。
② 同上,第38页。
③ 同上,第177页。
④ 同上,第36、39页。

夸著述,有人浪迹叹飘零。明朝风顺扬帆去,回首云山几点青。"①忧国忧民又报国无门、牢骚中有自嘲,诗词中的复杂情绪正是这些文人这一时期心情之写照。因此,王韬在啜茗清谈、酒足饭饱之余的感慨也不足为奇了——"今日中原,豺虎纵横,干戈扰攘,得享清福,领略闲趣者,能有几人?能有几处?思至此,不禁慨然有澄清天下之志"②。从这个角度看,茶寮是这些有志文人排遣转型期苦闷、缓释身份焦虑的精神过渡地带。

在《王韬日记》中,我们发现了王韬及友人与茶寮的密切联系。茶寮,已成为他们日常生活的重要组成部分。不过在租界兴起、茶馆兴盛后,文人光顾茶馆的次数却趋于减少。

### (二)租界兴起后的文人与茶馆

《绛芸馆日记》陆续记载了作者无名氏19世纪70年代的饮食起居。日记记录了作者19次喝茶茗谈,7次在老城厢,12次在英租界,尤以宝善街桂芳阁喝茶次数为最多③。与王韬不同,作者住在老城区,为了到英租界喝茶,经常要"出城"。当然,作者"出城",除了与友人"茶叙",还为着听戏。丹桂茶园、大观园、天仙茶园、杏花园等是作者常去场所:"饭后,访卓恬不晤,即至邑园闲步,适遇卓恬,即偕之出城,在怀社阁茗谈。再邀至杏花园看戏。""饭后,宝兴茶园看戏,不堪入目。旋至桂芳阁茶叙。薄暮,余邀往浦五房夜膳,遂至咏霓茶园"④。茗谈、听戏成为一部分文人的休闲内容,这是《绛芸馆日记》中所反映的。

关于19世纪80年代以后文人们活动的情况,这里以孙宝瑄、郑孝胥的日记为参考。孙宝瑄(1874—1924),浙江钱塘人,出身官宦人家,何时来沪时间不详,1897年已在上海,筑室名"忘山庐",从现存残缺不齐的《忘山庐日记》看,1897年、1898年、1901年、1902年四年中有约三年住在上海;郑孝胥(1860—1938),福建闽县人,1882年中举后随李鸿章办理洋务,1897年将家迁至上海,因公务经常来往各地,著有《郑孝胥日记》。何益忠对孙宝瑄、郑孝胥两人在沪活动部分进行了粗略统计,结论是:休闲活动多在租界,张园等娱乐性园林是重要去处。熊月之对两人在张园的

---

① 王韬著,方行、汤志钧整理:《王韬日记》,中华书局1987年版,第37—38页。
② 同上,第39页。
③ 相关分析详见第一章第一节。
④ 无名氏:《绛芸馆日记》,载《清代日记汇抄》,上海人民出版社1982年版,第319页。

活动有极为详细的统计,孙宝瑄、郑孝胥游览张园分别为 69 次、108 次①。前辈学者的研究提示:茶馆已逐渐淡出文人的视野。

详细查阅两份日记,发现听戏、去书寓、去张园愚园是两人最主要的休闲方式,而去茶馆次数确实不多。郑孝胥于 1888 年 3 月在上海停留的 5 日内去过华众会一次。1897 年 6 月 26 日到沪后来往于南京、上海之间,至 11 月 1 日,这是《郑孝胥日记》中记录郑集中去茶馆的一段时期。其间,郑最常去的是花萼楼和逍遥楼,分别达 6 次、5 次;青莲阁、怡珍茶楼各去两次。《忘山庐日记》中,1898 年、1901 年孙宝瑄在沪期间,去茶馆更少,除 3 次直接记作"茶楼",其他两次为"五层楼"②。当时,英租界四马路高档茶楼林立,如华众会(后来称青莲阁)、花萼楼、逍遥楼、五层楼。

为何这一时期文人去茶馆次数如此之少? 除去文人自身的意趣外,与这时租界餐饮业、娱乐业的发达密切相关。愚园、张园等私家园林开放,张园更是集赏花、看戏、照相、宴客、集会、展览等于一体,兴盛一时。孙宝瑄在日记中写道:"上海闲民所麇聚之地有二,昼聚之地曰味莼园,夜聚之地曰四马路。是故味莼园之茶,四马路之酒,遥遥相对。"③这里的"闲民"当然包括像孙、郑这样的文人。不过,具有文人情怀的他们没有完全告别"茗谈",所以在日记中依稀可以见到他们在茶馆的身影,即使去张园,喝茶聊天依然是活动之一。

清末有一家茶馆比较特殊,文人雅士常聚集于此。这就是当时茶馆中最充满闲情逸致的文明雅集,自开张起(1908)就成为文人雅士"联旧雨,结新云"之所。

当时上海书画家及鉴赏家,常以文明雅集为会所。画家吴昌硕、黄山寿、蒲作英等常常于傍晚在文明雅集当场挥毫,相互评赏。书画之余,他们纵谈古今,品茗博弈,有时所作的画也以文明雅集为寄售所。中国现代画家、美术教育家汪亚尘后来回忆他于 1909 年在"文明雅集"习画经历:

> 高小毕业后,14 岁那年的春天(民国前三年),同我的父亲到上海来游玩,遇着甫人乌始光和陈汉甫。汉甫深知书画,一见我,便很鼓励我学习绘画。那

---

① 何益忠:《老城厢:晚清上海的一个窗口》,上海人民出版社 2008 年版,第 87 页;熊月之:《张园:晚清上海一个公共空间研究》,载《档案与史学》1996 年第 6 期。
② 根据《郑孝胥日记》第一册、第二册,孙宝瑄:《忘山庐日记》(上册)进行整理。
③ 孙宝瑄:《忘山庐日记》(上册),上海古籍出版社 1984 年版,第 381 页。

时，小花园的文明雅集茶馆内，有一个书画研究会，由汉甫介绍做会员，每晚到文明雅集看许多上海画家，当场挥毫。一位矮胖的蒲作英常到书画会作画。那时吴昌硕一幅四尺整张，不过卖十几块钱。倪墨耕、黄山寿诸画家常常合作。我自加入文明雅集以后，每夜必到，差不多就是我研究中国画的场所，同时就自己练习。①

除了书画家聚集于文明雅集，其他文人也纷纷到此，分门别类，谈琴下棋、演奏丝竹等。其中最引人注目的要推喜玩"射文虎"的那班文人所组成的"萍社"了，"射文虎"就是猜谜语。"萍社"的领袖人物是著名报人、小说家孙玉声，文明雅集的猜谜娱乐活动多由他来组织。当时场面极为热闹："张灯制谜，备文具以为赠品。射虎之士，盘马弯弓，一发中的。于是逸兴遄飞，交互为主。"②不少社会名流常来品茗猜谜为乐，成为一时盛举。

聚集各类文人骚客的文明雅集，"座客常满，热闹非常"③。可惜的是后来数度迁址，最后盘与他人，兴盛没几年④。

晚清文人日记中，居沪文人的闲暇生活离不开茗谈、喝酒、访艳、听戏、游园。是"三楼"也罢，"四楼""五楼"也罢，都是文人传统的延续。在传统时代前期，文人雅士极为讲究饮茶环境，他们的饮茶处或是家中的雅室，或是林木中的茅庐，或是古刹中的静室，或是竹林中的亭榭。一句话，"雅事"（茗谈）需要"雅室"（清雅环境）伴。直到清代前期，嗜好饮茶的诗人袁枚在《随园食单》一书中仍然强调茶叶质地、储存方法及烹煮法⑤，而这些在以卖茶为业、借以谋生的茶馆中是很难做到的。因此，晚清以后王韬、李善兰、孙宝瑄、郑孝胥等一批文人在茶馆茗谈的现象是值得关注的。

王韬等人在茶馆而不是在家里茗谈，固然与家居环境有关（王韬及其友人多从外地来沪谋生，所居之地虽不致寒酸但显然比不得士大夫之家），也与当时上海茶馆的兴盛及布置、设备上的雅致相关（他们所去的多是有名之茶馆，英租界的茶馆

---

① 朱伯雄、陈瑞林：《中国西画五十年 1898—1949》，人民美术出版社 1989 年版，第 162 页。
② 郑逸梅：《小阳秋》，日新出版社 1937 年版，第 11 页。
③ 同上。
④ "文明雅集"最初开设在九江路小花园附近，后来迁至福州路山西路口，又迁城内凝晖阁，最后盘于松月楼。郑逸梅：《旧时的茶馆》（中），载《艺海一勺》，天津古籍出版社 1994 年版，第 87 页。上海市文史研究馆编：《海上春秋》，上海书店 1992 年版，第 86 页。
⑤ 袁枚：《随园食单·茶酒单·茶》，中国商业出版社 1984 年版。

更是装饰华丽、设备整洁)。不过文人品茗地点的改变更多地指向当时士庶趋同、雅俗混融的社会风尚。茶馆不仅仅属于平民百姓,它也逐渐成为文人的聚合处。当然,文人还是有讲究的,茶馆的布置、设备、环境是他们关注的,这仍是他们饮茶传统的延续。

文明雅集是第一家由文人所开的茶馆,聚集的又都是斯文人,从茶客聚集的场景看,颇有点文艺界俱乐部的味道。民国以后出现于"新雅"等茶室的"文艺沙龙",可以追溯至清末的文明雅集。

## 二、民国时期的文人和"文艺沙龙"

"沙龙"是法文"salon"的音译,原意为客厅,17—18世纪法国巴黎贵族常在住所的客厅招待文人、艺术家、政界人士,谈论文学、艺术和社会、政治问题。后来人们把文艺界人士在一起谈论文学、艺术的聚会称作"文艺沙龙"。上海自茶室兴起后,优雅的环境、周到的服务吸引了一批文人,他们的集中、谈论也被时人称为"文艺沙龙"。不过对其进行考察,发现情况较为复杂。文人到茶室,不乏独坐静思的,所谈话题也不局限于文学艺术,而是海阔天空、包罗万象,同时还进行着其他活动。

1927年,四川路上的新雅茶室开张,开张不久就引起了文艺界人士的关注。漫画家季小波回忆:

> 由于这茶馆地段安静,尤其是餐具消毒的可靠,店主还经常请茶客参观他茶具等的可靠消毒,便吸引了我们中爱坐茶馆的人。如傅彦长、朱维纪、张若谷、黄震遐、戴望舒、刘呐鸥、邵洵美、叶灵凤等。只要在座有邵洵美,那所有茶点费或者中午便饭等,概由洵美包办付账。而这家广东小茶馆,也由于常在写文章朋友的文章里出现,便逐渐出名了,营业也好了起来。①

出手大方的邵洵美曾带其妻子盛佩玉去过几次新雅,盛回忆道:

---

① 季小波:《"新雅"是上海最早的文艺沙龙》,载上海市文史研究馆编:《海上春秋》,上海书店1992年版,第83、84页。

新雅茶室在北四川路上,文人雅兴,每天在此喝茶、谈文,一坐就是几个钟头。洵美也是座上客,他不嫌路远常去相访,但又不能总将妻子丢在家里,所以几次邀我一同去,果然诸位名家都在品茗。写诗的有芳信、张若谷、朱维基、周大雄、林微音、傅彦长、郁达夫;作文的有李青崖、赵景深、方光焘、叶秋原等。老朋友不用说,新朋友一见如故,谈得投契,大家都成为朋友,洵美他写诗的兴趣更浓了,也更常想去聚聚。①

这么多文人聚集新雅,看来曹聚仁所言非虚:"文化界熟朋友,在那儿孵大的颇有其人。"邵洵美出手大方,傅彦长在曹聚仁眼里也是如此:"傅彦长君,他几乎风雨无阻,以新雅为家;他坐的档口,正对着楼梯口,他说这样可以研究来客的心理。熟朋友的茶钱,他照例惠账,做个小小孟尝君。"②

被季小波认为是第一个发现新雅的文人——林微音,经常光顾新雅。林微音到新雅喝茶,按他自己的说法,是在感受坐茶室的气氛。他喜欢静坐在茶室中,喝茶抽烟、吃点心、看看书,同时观察周围,如茶客、侍应、账房等人。他喜欢一个人,有时与熟识的人聊天,聊完又回到原位③。林微音曾为出现在新雅的多位文人写过清晰而形象的描述,也包括他自己:

> 穿布衣,布鞋,而天一有雨意就带着橡皮鞋和黑布伞的是傅彦长。他有的时候一个人闭了眼睛坐着,仿佛入了定似的;有的时候却又有一两个别的人在一起。像这样地在他的桌子上出现的有李青崖,有俞寄凡,有从杭州来的叶秋原,从常熟来的钱九咸。李宝全和周大融也常在同他谈谈公人的要事和私人的琐事。
>
> 在作品中那主人公总是在给女性包围住的"新路"和"女性群像"的作者崔万秋自己却是一个很孤独的人。仿佛在感到自己没有女性在一起的苦闷似地,他也不很有兴致去侍候他的朋友们的女友。要是在西欧,或者就是在日本,

---

① 盛佩玉:《盛氏家族、邵洵美与我》,人民文学出版社2005年版,第118页。
② 曹聚仁:《上海春秋》,上海人民出版社1997年版,第236页。
③ 林微音:《坐茶室的气氛》,载《散文七辑》上册,绿社出版部1937年版,第68页。据林微音讲,他与周扬(当时叫周起应)时常在"新雅"叙谈,有一定交情,所以解放后林微音工作无着时曾写信给周扬求助。参见胡山源:《文坛管窥:和我有过往来的文人》,上海古籍出版社2000年版,第57页。

像他那样地写着女性的作者,一定会像他笔下的英雄般给女性包围住的,他会觉得。可是这是在中国。他只有那样命定地坐在他的寂寞中。虽然有时犁然同他一起来,可是他也似乎并不怎样同他多讲话。

黑婴尽在那里写文章,仿佛他的文思是一个不竭的泉源似的。时常有这个编辑或者那个编辑到这里来看他,而就地从他拿了他所答应了的稿子。

"铁观音好——很浓。"在有机会的时候,张资平会一边斟着他的铁观音,一边向人这样推荐。

老坐在东厅的最东一张桌子的东边一张椅子上的是林微音。仿佛声音已离去了他的声带似地,他几乎总是从初到终地一句话都不说。临走,他只把他所要付的钱留在他的桌子上,因此有的人会以为他没有付了账。在以前还偶而会有芳信和朱维基坐在他一起,而现在他们两个人也似乎已好久没有来了。

"来一碟马拉糕。"邵洵美一边虽然在拿着点心牌子,看有没有新鲜的点心,一边却已把他所要吃的说了出来。

有些像那桌苏州人一样,叶灵凤、刘呐鸥、高明、施蛰存、穆时英、韩侍桁等有的时候简直好久不来,有的时候就好几个人一起来。①

林微音的描绘是形象生动的,而诗人戴望舒是带着另一种眼光来看新雅里的文人,他在一篇文中提到,上海的文士每逢星期日总聚集在新雅茶室,谈着他们的作品,他们的计划,或仅仅是清淡,"他们围坐在一张大圆桌周围高谈阔论着,从早晨九时到下午一时,而在这一段时间,穿梭地来往着诗人、小说家、戏剧家、散文家和艺术家,陆续地来又陆续地走,也不问到底谁'背十字架',只觉得自己的确已把一个休暇的上午有趣地度过了而已"②。文中提到"背十字架",体现了戴望舒对新雅文人的指责,认为他们没有顾及他人的苦难而只关注自己的闲适。

1932年新雅开张,依然吸引众多文人。徐迟,20世纪30年代的年轻诗人,萌芽期的现代派,经施蛰存的介绍常去新雅,结识了许多文艺界人士,"下午四点至六

---

① 林微音:《老新雅东厅素描》,载《散文七辑》下册,绿社出版部1937年版,第256—258页。
② 戴望舒:《跋〈山城雨景〉》,载中国现代文学馆编:《雨巷》,华夏出版社2008年版,第215页。

点,三十多个作家和艺术家,他们分坐五六张桌子,熟识的人之间互相走动聊天。"①新雅还专门设有"静山茶座",每天下午 2 点至 5 点成为沪上摄影家们聚会的场合②。此外,"还有戏剧界如应云卫、袁牧之等,电影界如王引、艾霞等,女作者有潘柳黛等,以及摄影家、画家、小报作者,正是集当时文艺界之大成"。不少文艺界的人几乎每天必到,风雨无阻。因此季小波说新雅是上海最早的"文艺沙龙"③。

除了新雅之外,南京路上的另一家茶室——大东茶室,也是文人会聚之地。1936 年有人对常去新雅和大东的文人进行调查,并列出名单。到北四川路新雅茶室的有陈万里、张资平,上南京路新雅茶室的有曹聚仁、欧阳予倩、姚苏凤、穆时英、刘呐鸥、高明、黄天始、黄喜谟等人。常去大东茶室的文人有夏剑远、黄公诸、卢冀野、张静庐、唐槐秋、江小鹤、包可华、徐心芹、张振宇等人④。名单当然并不全,各时期所去的文人也不同。不过从这份名单来看,大东茶室很有后来居上的趋势。确实,一些文人在回忆中经常提到在大东茶室的相聚场景。

据萧乾回忆,1936 年赴上海编《大公报·文艺》时,他与巴金、黎烈文、章靳以、黄源、孟十还等人经常聚集于大东茶室,以至于当他 1939 年离开上海时,大东茶室成为他"值得怀念的一个角落":

> 我们聚首的地点通常在大东茶室。这也是老上海值得怀念的一个角落。那茶室是广东人开的,就设在南京路上。随便什么时候走进去,泡上一壶大红袍,可以足足呆上半天甚至一天。不断有各种甜食和刚出屉的小笼包子送到桌前,可以按照自己的口味和钱包来任意挑选。那时,我们都还是单身汉。谁先来谁就先占好桌子。随后,圈子越来越大。于是,我们就一边嚼着马拉糕或虾饺,一边海阔天空地无所不谈。谈生活,谈文艺,还谈对某篇文章的看法。那时的大东茶室也说得上是个文章交换所。当我收到一些写得好而只是篇幅对报纸副刊来说太长了的文章,我就带去转给他们编杂志的。同时,他们也把手

---

① 李欧梵:《上海摩登:一种新都市文化在中国 1930—1945》,上海三联书店 2008 年版,第 26 页。
② 郎静山因为帮忙找到了"虎标万金油"上海永安堂经理来新雅入股,新雅老板为了表示谢意,特将楼上一间餐厅辟为"静山茶座"。朱金晨:《"新雅"里的文人》,载《文学自由谈》2003 年第 4 期。
③ 季小波:《"新雅"是上海最早的文艺沙龙》,载上海市文史研究馆编:《海上春秋》,上海书店出版社 1992 年版,第 84 页。
④ 《文人和茶馆》,载《红绿》,1936 年第 1 卷第 4 期。

头一些很有前途的新人短稿转给我——有的我还用来支援为《武汉日报》编《现代文艺》的凌叔华。①

大东茶室的文人相聚,对萧乾来说还有着另外一层意义,那就是在聚会上受到巴金的指点。"在当时文艺界那复杂的局面下我没惹出什么乱子,还多亏巴金这位忠厚兄长的指点"②。

对萧乾所说的场景,编辑赵家璧也有相似的回忆:

上海文艺期刊中,有近十位关系比较接近的青年朋友,如黎烈文、章靳以、黄源、孟十还等约定每一个星期几的下午,一起去那里饮茶聊天,实际上是谈谈文艺界的情况,也互通消息,交流作品等。我称之为"文艺沙龙"式的聚会,有时我也参加。这些朋友,每个人手中都有一个文学期刊,所以交谈内容,丰富多彩。③

与季小波相同,赵家璧也把大东茶室文人间的聚会称作"文艺沙龙",他认为,在这种"文艺沙龙"上,相互的交流可以解决很多问题,他的《短篇佳作年选》的出版计划,就是在几次"文艺沙龙"交谈中逐渐形成了一个较具体的执行计划④。

新雅、大东茶室是文艺界的聚合之地,除此两家,南京路上的大陆商场茶室也是文人经常光临之地。徐迟认为,大陆商场茶室"去的人比哪儿都要多一些。参加这种茶座,可以得到各种国际新闻、社会新闻、文艺信息,清谈野语,自然就认识了很多的文艺界人士"⑤。

新雅、大东茶室会集了当时上海滩上众多有名的文人,文人在此交流信息、思想、感情,一些疑难问题也得到解决。如果对这些作家稍作分析,可以发现,新雅集合了一批在艺术、文化、政治倾向上各有秉持的新文学作家。以艺术取向分,有浪

---

① 萧乾:《怀念上海》,载王娟、张遇主编:《老上海写照》,安徽文艺出版社1999年版,第5页。
② 萧乾:《吃的联想》,载萧乾著、文洁若编:《人生百味》,中国世界语出版社1999年版,第378页。
③ 赵家璧:《和靳以在一起的日子》,载《文坛故旧录:编辑忆旧续集》,中华书局2008年版,第248页。
④ 为了协助《文季月刊》推广销路,赵家璧、章靳以常在一起讨论探索,1936年冬赵提议精选该年全国所有文学期刊中最佳短篇小说一册赠送订户,即《短篇佳作年选》的出版计划。
⑤ 徐迟:《我的文学生涯》,百花文艺出版社2007年版,第144页。

漫、写实、唯美、"新感觉";以教育背景分,有"留英美""留法""留日";以政治倾向分,有所谓"左翼""右翼""第三种人"①。不管怎样,从文人的记载中,今人依旧可以感受到20世纪二三十年代文人聚于茶室的热闹场景。这与晚清居沪文人排解寂寞、寄托愁绪有着很大的不同,也不同于早期"文明雅集"以书画家为主的特点,称之为"文艺沙龙"是合适的。

由于文人的集中,引来了众多报纸杂志的编辑。文人写稿、编辑取稿,逐渐有些茶室成为"文章交易场所"。有人回忆抗战全面爆发以前大东茶室的"交易"场景:"当时私营营业性的报纸杂志极多,如果需要稿件,可在茶室约稿或购稿,急需者当场可取。有些文人,避免家中繁杂,就利用茶室作为写作场所,服务员照样热情招待,并不弹眼惹厌。从早茶开始直到吃过夜饭,一日四餐,如果节约一些,所费不过大洋一元。这个茶室,无异是文艺写作者的交易场所。"②抗战全面爆发以前的新雅、大东等茶室,"铜臭味"并不太重,到1945年方型周刊兴起后情况有了很大改变,文人的雅聚是谈不上了。有人这样描述道:"被称为文艺市场的××茶室,每天可以看见那些以绞脑汁为乐事的文人们,有些在振笔疾书,有些在整理稿子,也有的在打发一个伸手要稿的人。"③方型周刊多报道小道消息,由于一时间兴起太多,导致刊多稿少,文人集中的茶室便成为买卖稿件之处。"文艺市场"还算是雅号,有人直接称其为"卖稿市场",并对"卖稿市场"的场面进行了详细描述:新雅茶室的营业时间是每日下午二时到五时,"在这个规定时间中总是高朋满座,很少有空位子等着你的","有名的编辑人和写稿人都是各据一席,当然有的编辑会到一桌一桌去拉稿,而有的写稿人也会拿了稿子到编辑人的桌子旁挨户兜售"。至于文稿的售价,往往因人而异,因文而异。据漫画家王履箴当年透露的一般交易价格:"稿费是四五百字可得三千元,漫画一张三千元,可谓不薄。"但就是这样,还闹稿荒。因此,只要是稿,不论优劣,概被收买而去。以致水准逾趋逾下,粗制滥造,不知所云,读者发生厌恶,也就没有销路。到1948年,周刊逐渐停刊,粗俗的"卖稿市场"随之停止④。

除了新雅、大东等茶室出现的文人集中、场面宏大的"文艺沙龙",还有一些小

---

① 参考叶中强:《上海社会与文人生活(1843—1945)》,上海辞书出版社2010年版,第292页。
② 顾国华编:《文坛杂忆初编》,上海书店出版社2001年版,第112页。
③ 海涛:《拾稿得诗》,载《七日谈》1946年第18期。
④ 南溪:《闲看落红说春华——抗战胜利后上海方型周刊的兴衰》,载李果主编:《海上文苑散忆》,上海人民出版社2006年版,第296页。

型、不知名的"沙龙"也在进行着。吕思勉在光华大学教书时,很注意对学生的能力的培养,除了课堂上的教学以外,他定期与学生进行晤谈,每逢星期日的上午,总是约一些朋友和学生一起聚会交谈,讨论历史学习和研究中的问题。这种交流被他的学生称为"史学沙龙"。"史学沙龙"在抗战全面爆发前就已经开始,先是设在上海霞飞路(今淮海路)上的一家茶室里,后改在八仙桥基督教青年会二楼的茶室,一直延续到太平洋战争爆发、光华大学停办为止,抗战胜利以后又得以恢复。他的学生、历史学家杨宽曾多次参加过这种交流会,对此印象颇深:"当时,去参加的同学经常有二三十个,大家围着长桌坐,与老师相对叙谈。"[1]这种方式使学生们受益匪浅。

　　文人出现在茶馆,并不只有"文艺沙龙"或"史学沙龙"这样的形式。不论是单独或结伴去茶馆,文人还是可以像普通人那样,悠闲地喝着茶,谈着不着边际的话,或者干脆光喝茶而不说话,或者干着其他事。事实上,嗜好饮茶而不是同道探讨的文人是很多的。也因为文人爱在茶馆饮茶,所以在报刊、杂志上留下了茶馆所见所闻所感,为后人了解当时的世俗风情提供了生动的资料来源。总之,文人与茶馆之间的故事是多姿多彩的,但故事之中,"文艺沙龙"无疑最具有文人色彩、雅致情调,它见证着文人与茶馆之间的那份不解之缘。从晚清到民国,文人与茶馆之间一直有着一份牵系,文人的行踪里始终有着茶馆的身影。在文人汇聚、文化发达的近代上海,这样一张内涵深刻的文化地图是不应忽视的。

## 第三节　茶会、商人与茶馆

### 一、形式多样的茶会

　　这里的茶会不同于茶话会。用茶点招待宾客的社会性聚会被称为茶话会,它是各阶层人士进行互相谈心、表示情谊、交流感情的一种传统形式。茶话会的地点并不在茶馆,一般都是在档次较高的其他地方。茶会指各业定期聚集在茶馆中,进行各种交易或开展各类活动。茶会的特点,一是以茶馆为阵地,二是各类群体的固

---

[1] 张耕华:《吕思勉:史学大师》,上海教育出版社 2000 年版,第 172—173 页。

定集会。茶会与茶话会的区别是明显的。

旧时上海具有形式多样的各种茶会。按照茶会性质可分为"找活"茶会、休闲交流茶会、工作茶会和生意茶会。按照参与者职业、身份,茶会有商人茶会、包打听茶会、访员茶会、文人茶会、车夫茶会、道士茶会等。

### (一) 包打听茶会

巡捕房包探,俗称包打听,为侦查破案常往人多口杂、易于藏匿不法情事的茶馆中,探听消息、侦查匪人。包打听手下有不少"伙计",专名"三光码子",通常在某一固定的时间到茶馆向自己的主人汇报破案线索或嫌疑人去向。有时包打听干脆亮明身份,在茶馆中办案。因此形成旧时上海的包打听茶会。包打听捉了盗贼,除了确认正身立即移送官厅审理外,一般嫌疑犯常先带往茶会进行审讯。先关照各同事所在茶会,派人前来查看。小偷、流氓、盗匪不怕登报、广播,最怕进茶会。因为一入茶会,便为全市包打听和见证人所辨认,很快会查清老底,抵赖不得。之后展开审讯甚至到密室中动用私刑①。

这种包打听茶会在华界、租界的茶馆都存在,比如城隍庙内的春风得意楼二楼、十六铺一带的望江楼、南市河南中华楼、四海顺风楼、指南白玉楼以及虹口地区的万阳茶楼等处。老上海沈寂曾提到他任法巡捕房探长的舅父"在办案时,常去青莲阁茶馆"②。19世纪末黄金荣担任法租界巡捕房包打听后,以法大马路上的聚宝楼(今为浙江南路、金陵东路十字路口)为根据地。他每天早晨九、十点钟起床,悠哉游哉地上茶楼,往固定座位上一坐,立刻便有门生跑来跟他打招呼、谈公事、讲斤头、交换情报③。黄金荣晚年回忆:"我在旧法大马路聚宝楼做茶会间(这是包打听平日碰头地方)用了不少伙计,在外面打听盗贼线索与行动,每天在茶会间报告我好去破案。"④看来茶会对黄金荣的法界巡捕事业发挥了较大的作用。万墨林在《沪上往事》中记载,杜月笙年少时在黄浦滩一带流浪,一次经过望江楼时听到里面传出惨叫声,问过一乞丐后得知里面包探在办案⑤。

---

① 玉箫:《茶会》,载《上海常识》第38期,1928年9月17日。
② 沈寂:《上海:1911攻打制造局》,上海辞书出版社2007年版,"后记",第197页。
③ 章君谷著:陆京士校订:《杜月笙传》第一册,传记文学出版社1983年版,第53页;苏智良、陈丽菲:《海上枭雄黄金荣》,团结出版社2008年版,第27页。
④ 苏智良:《上海黑帮》,上海辞书出版社2010年版,第121页。
⑤ 万墨林:《沪上往事》,"附录",中外图书出版社1977年版,第701页。

包探在茶会办案动用私刑,无辜受其害者不知其数,但慑于捕房威势很少有人告发。不过包探并非总是这么"幸运"。1898年万阳茶楼包探对无辜者动用私刑,被告上会审公廨,最后受到了应有的惩罚。事件是这样的:虹口包探韦阿尤等三人接人报失九十二元大洋。以为顺昌船局伙计陈元奎是贼,把他抓到万阳楼茶会。关在密室,施以酷刑。迫使其不堪重刑而诬告他人,再将另一无辜者周某抓来,加以滥刑。后来陈元奎告到捕房,经查验,事实确凿。于是将韦阿尤等人关押三年,每押半年另枷一月。由于是在万阳楼犯的案,韦阿尤等人上枷后被带到那里示众①。

万阳楼包探枷号示众,一时人心为之大快。有人提出:"特不知包探私刑之风能从此事而知惧、稍为敛迹否?"万阳楼事件后,华界对包打听茶会作出了限制。1898年10月,沪南中华楼、四海顺风楼、指南白玉楼、富贵楼、同春楼、金凤楼、江南一枝春等茶馆店主被召集起来,马路工程局委员朱森庭向他们告知:"包探等人亦不准于此聚立茶会,以免招摇;若有此事,速来汇报。"②租界对包打听茶会违章事件也加大管制力度,如英租界包探陈金标之伙役王阿仁以张阿六窃取弟妇牙柄扇,拘押西洋楼陈探茶会处,拘押数小时。王阿仁因违章私押被笞责五百板③。

民国以后包打听茶会情况如何,因缺少资料无法详考。20 世纪 30 年代时人在论述茶会时,提到茶会约可分为两种,一种是"生意茶会","另一种便是吃公事饭的茶会,他们也是借此为聚会之地,而所谓吃公事饭者,乃指一班专司侦探查缉的人而言"④。这里是针对当时还是昔日的包打听茶会,作者没有明确告知⑤。

(二)"找活"茶会

"找活"茶会针对茶会的目的而言,许多劳工在茶会上为谋生而寻找干活处,或者说等待被人雇用。"找活"茶会分行业、职业而设,因此出现饭司务茶会、木匠茶会、拉车业茶会、船帮业茶会等。

有资料记载,20 世纪 20 年代末至 30 年代初,上海评弹界有个"同义社"(又名"同义会")的茶会,设在广东路品芳茶楼上。其会员都是书艺比较一般的评弹艺人,

---

① 《包探私刑》《私刑定谳》《枷示劣探》,载吴友如:《〈点石斋画报〉·大可堂版》(第 15 册),上海画报出版社 2001 年版,第 65、66、67 页。
② 《局员谕话》,载《申报》1898 年 10 月 25 日。
③ 《严惩探伙》,载《申报》1899 年 12 月 6 日。
④ 灵犀:《茶会》,载《社会日报》1933 年 8 月 14 日。
⑤ 很有可能是指昔日的包打听茶会,因为在后来的报章杂志中没有发现涉及此事的例子。

俗称为"苦道中",他们平时专接一些小场子,偶尔有大书场缺先生(即评弹艺人)进场,他们则充任代书。茶会由一个叫周宾贤的老者主持。当时上海近郊地区的一些小书场都到这里来邀请评弹艺人,还有如浦东的川沙、南汇,奉贤的乡镇,闵行地区,崇明的乡镇上的一些茶馆书场的业务都由周宾贤介绍,各大书场临时请代书也到品芳茶楼来①。著名评弹艺人陆耀良回忆自己学业初成、离开先生(师傅)初次来到上海后,就是首先来到品芳茶楼,两天后,到七浦路沿街的三星园小书场试说《三国》②。

1944年日伪警察局对部分茶馆的一份调查为我们了解当时的"找活"茶会提供了详细的信息。对该资料整理后制作成表4-3:

表4-3　1944年部分茶馆"找活"茶会详细情况表

| 茶馆名称 | 行　业 | 茶　会　时　间 | 参与人数 | 开设形式 |
| --- | --- | --- | --- | --- |
| 中鑫 | 道士帮 | 上午九点到十二点 | 约20人 | 定期开设 |
| 天福楼 | 拉车业 | 下午一点到六点 | 约70人 | 定期开设 |
| 一林春 | 船帮业 | 上午九点到午后六点 | 约40人 | 不定期开设 |
| 锦春 | 道士帮 | 上午七点到午后七点 | 约10人 | 不定期开设 |
| 锦春 | 堂子帮 | 同上 | 约20人 | 不定期开设 |
| 一言楼 | 船帮(装运棺材) | 上午六点到午后五点 | 约20人 | 不定期开设 |
| 自由谈 | 道士帮 | 上午八点到九点 | | 不定期开设 |
| 自由谈 | 堂子苦力 | 上午九点到十一点,午后一点到两点 | 约60人 | 不定期开设 |
| 永乐 | 唱绍兴戏帮 | 上午九点到十一点 | 约60人 | 不定期开设 |
| 永乐 | 饭司务 | 上午七点到九点,下午一点到四点 | 约40人 | 不定期开设 |

---

① 姚荫梅:《弦边琐忆》,载《上海文史资料选辑》第61辑《戏曲专辑 戏曲菁英》(上),上海人民出版社1989年版,第259页。
② 陆耀良:《耳闻目睹,我的说书生涯》,载《新民晚报》2006年7月30日。

续 表

| 茶馆名称 | 行　业 | 茶 会 时 间 | 参与人数 | 开设形式 |
|---|---|---|---|---|
| 壶中天 | 饭司务 | 上午九点到十二点 | 约70人 | 定期开设 |
| | 木匠 | 同上 | 约20人 | 定期开设 |
| 春江 | 卡车苦力、塌车苦力、粪船垃圾船夫 | 上午九点到十点 | 约六七十人 | 不定期开设 |
| 万兴 | 泥水木匠 | 上午五点到七点 | 约40人 | (未注明) |
| | 做豆腐工人 | 上午八点到十点 | 约30人 | (未注明) |

资料来源:《日伪上海特别市经济警察第一大队关于各茶馆业商店调查表》,上海市档案馆藏,R27—1—100。

表4-3显示了道士、车夫、船夫、烧饭师傅、木匠等各业劳工在茶馆组织茶会的具体情况。同一行业的劳工在固定的一家或几家茶馆开设茶会;茶会时间固定,大多在上午;各茶会参与人数不等,从10人到70人;大多为不定期开设。茶会参与者都为下层民众,以干苦力活者为主。有专门的道士茶会,一方面与道教发展不顺、道士为解决生计需自谋出路密切关联,另一方面也说明上海存在请道士做道场的风俗,道士"找活"有一定的市场需求。

(三) 其他茶会

各种茶会中有一种访员茶会。包天笑在《钏影楼回忆录》中说《申报》上的新闻最初以公堂访案为主,专管人家吃官司的事。"访员的薪水也少得可怜,每月仅在十元以内"。不过访员不嫌菲薄,主要因为有访员茶会的存在。若有当事人不愿案件见报,或不愿真名见报,可向茶会有关访员疏通,或压下案情不予报道,或略而不提当事人。这些公堂访员人数虽少,却有一个茶会,送给各报的案件文稿都在茶会上统一口径。看来,访员借助茶会捞取钱财,阻碍公堂访案的真实报道。包天笑提到"北浙江路会审公廨(又叫新衙门)对面,有一家茶馆,便是那班公堂访员的茶会"[①]。

还有文人茶会即茶室中的文艺沙龙,即养鸟人茶会,前文已有介绍,这里从略。旧时上海存在多样的茶会,不过在各种茶会中,商人茶会最为普遍,规模最大,影响

---

① 包天笑:《钏影楼回忆录》,山西古籍出版社1999年版,第410页。

最深。从商人茶会的发展来看,先是普通的茶会形式,后来形成具有市场特征的茶会市场。

## 二、商人与茶会市场

### (一) 从交易到市场

商人在茶馆进行交易由来已久。据档案记载:"茶楼交易起于光绪年间。"①从历史资料来看茶楼交易起始时间应该更早。《申报》在1874年1月23日的《杜渐防微》一文中,提到上海城厢内外经查禁妇女入茶馆,情况良好,不过"邑庙后园之四美轩以及罗绅殿两处茶馆,向为珠宝玉器行中估值聚集之所,即所谓茶会是也。内中负贩、珠翠之卖婆等辈,因系各为生意起见,向不在禁列。岂现在竟有一等艳妆妇女似是而非,杂坐玉器会中,居然男女混杂。经叶邑尊访闻,恐启妇女入馆之端,立即封禁,连茶会亦遭鱼池之殃及矣"②。该文原是针对为整顿风化查禁妇女进茶馆而言,无意中透露了有关城隍庙一带茶馆中存在茶会的事实。从这则资料来看,茶会最迟于清代同治末年已存在。由于从茶馆交易到形成固定集会的茶会需要一段时间,因此可以判断商人在茶馆进行交易的活动应该起源于更早些时候。豫园在茶馆林立之前是各业同业公所的汇集地,这一带茶馆与商业的联系较为密切,产生商人之间的交易、形成茶会也在情理之中。早期城隍庙茶馆主要以珠宝商人的茶会为主。据清代宣统元年(1909)初版的《上海指南》记载,城隍庙"四美轩"有前后之分,"前四美轩"茶馆饮客以古玩帮为多,"后四美轩"茶馆饮客以翡翠帮为多,这种情况一直持续到后来。20世纪20年代,火雪明这样介绍城隍庙的"珠宝店":"水晶、珊瑚、宝玉、翡翠、玛瑙、珍珠,这几种名贵东西,向在新四美轩与爽乐楼一带出卖的。这两家茶馆的十分之五地位,差不多被此业占据了的。他们不但具有上例的宝物,就是亡清时候的朝珠、玉带、翎管,与古钱骨董等俱备"③。

当然,茶馆交易并不局限于豫园一带。旧上海城厢地区,从十六铺至南码头,全

---

① 《上海市工商行政管理局关于整顿与管理茶楼茶会交易工作的总结》,上海市档案馆藏,B182—1—647。
② 《杜渐防微》,载《申报》1874年1月23日。
③ 火雪明:《目迷五色的珠宝店》,载《上海城隍庙》,青春文学社1928年版,第65页。

长不过二华里,却有大小码头二十四个。本市贩运商和外地客商的货船,都必须停靠这些码头,故南市沿江一带,经常帆樯如栉,万商云集。因此,这一地带的茶馆凭借地理优势,极易形成各业交易之地。清代咸丰八年(1859),禀请官府获准后,上海木材市场领帖开张。外地木商纷纷从福建、温州装运木材来沪销售,北至王家码头,南至南码头,纷纷停船卸货,木行应运而生。在董家渡路口的"一枝春"茶馆,逐渐形成上海木材业最早的交易场所。清代光绪二十四年(1899),木材市场进一步发展,建立了上海木商会馆。交易场所先由"一枝春"迁至城内的"群乐居"茶楼,并将早市包下专供木材行业洽谈业务之用,不久又迁至四马路的升平楼①。清代光绪中叶,上海油豆饼业的交易形式是,上午在采菽堂,下午在河南路广东路口的同春芳茶楼②。砖灰业凡客货到埠时,早市集中在南市新码头街乾丰茶馆,晚市在打狗桥得心楼茶馆;销方则全在四海升平楼,后来迁到天蟾茶楼、萝春阁,最后迁至青莲阁③。

上海各业以茶馆为交易场所,至清末已较为多见。发表于1906年的一首《竹枝词》这样描写道:"各行贸易待评量,借作茶楼聚会场所。每至午申人毕集,成盘出货约期忙。"④

商人在茶馆进行交易,并形成固定集会,标志商人茶会的形成。商人茶会的发展到20世纪30年代中期之后达到顶峰,逐渐形成了茶会市场。茶会市场在人数、规模、形式、交易准则等方面,表现出一些鲜明的特征⑤。

20世纪30年代上海工商业的发达,催生了市场的活跃。当时,开展茶会交易的大茶馆趋多,参加交易的行业、人数也越来越多。《上海通志》中称,上海沦陷期间,16家大茶馆开设茶会,供各业洽谈生意,参加茶会的行业有52个,交易者6 500人⑥。

---

① 孔祥毅主编:《上海工商行政管理志》,上海社会科学院出版社1997年版,第183页。
② 同上,第176页。
③ 《上海砖灰水泥杂料商业同业公会沿革及会务概况》,上海市档案馆藏,S138—3—1。
④ 顾炳权编:《上海洋场竹枝词》,上海书店出版社1996年版,第181页。
⑤ 档案记载:"茶楼交易起于清代光绪年间,至八一三抗战初期,始以茶会形式出现。"参见《上海市工商行政管理局关于整顿与管理茶楼茶会交易工作的总结》,上海市档案馆藏,B182—1—647。认为八一三之前的不能称茶会,只能称交易。这里的茶会指向于规模、影响都较前扩大的形式而言,即茶会市场。由于"茶会"一词很早就出现在时人的论述中,说明时人对商人茶会是认可的。因此本书把发展到顶峰时的茶会称为茶会市场。
⑥ 上海通志编纂委员会编:《上海通志》第4册第十九卷,上海社会科学院出版社2005年版,第2 812页。

抗战胜利后,茶会活动更趋活跃,直至解放前,在 27 家茶楼中,形成了 70 多个行业的茶会市场,经常参加茶楼交易的有 5 600 余人①。茶会市场已形成一定规模。这 27 家茶楼为青莲阁、仝羽春、乐园、长乐、一乐天、快阁、中鑫、福园、壶中天、上海、东昇、锦春、万商、德悦、天福、群乐居、品芳、凤鸣台、西乐、春风得意楼、中华、顺园、美华、同芳居等。集中于现在的黄浦、南市、虹口三个区,以黄浦区为最多,共有二十一家②。地段适中,尤其是中心区的茶馆当然是茶会市场的首选场所。

这时的茶会市场,都由各同业公会组织,茶会市场的时间、地点也相对固定。参加茶会市场的成员有厂商、坐商、临商、摊贩,最多的是居间人,即掮客。表 4-4 是解放后 1954 年在未对茶会市场进行管理前的一份资料,也可以视作对解放前茶会市场相关情况的概览。从中我们看到参加各茶馆茶会市场的行业众多,参与者总数达 5 000 多人,其中坐商最多,其次则为居间人。另一份资料记载,解放前进入茶会市场参加交易的 5 600 余人中,坐商(工厂、商店、作坊)有 1 000 余人,小商贩(包括行商)有 500 余人,其余都是居间人③。看来居间人人数在解放前后的茶会市场中曾有一个变化过程。不管怎样,从茶会类型、规模、人数来看,比起之前零零散散的茶会已不可同日而语。

表 4-4  未管理前各茶楼茶会市场情况表　　　　　(单位: 人)

| 茶　楼 | 茶会业别 | 参加人数 | 茶　楼 | 茶会业别 | 参加人数 |
| --- | --- | --- | --- | --- | --- |
| 一乐天 | 油　桶 | 100 | 一乐天 | 旧钢铁 | 150 |
| | 机　器 | 140 | | 锅　炉 | 25 |
| | 电　机 | 60 | | 铜　锡 | 200 |
| | 小五金 | 38 | | 电　料 | 120 |

---

① 梁志高、张弘任:《解放前上海的物品交易所和茶会市场》,载中国人民政治协商会议上海市委员会、文史资料工作委员会编:《上海文史资料选辑》第五十二辑,上海人民出版社 1986 年版,第 134—135 页。对资料中的交易人数及前多后少不必太较真,统计错误是难免的,从中可以认定的是,茶会市场的交易人数约在 5 000—7 000 人之间,还是有一定规模的。

② 同上,第 136 页。

③ 梁志高、张弘任:《解放前上海的物品交易所和茶会市场》,载中国人民政治协商会议上海市委员会、文史资料工作委员会编:《上海文史资料选辑》第五十二辑,上海人民出版社 1986 年版,第 136 页。

续　表

| 茶　楼 | 茶会业别 | 参加人数 | 茶　楼 | 茶会业别 | 参加人数 |
|---|---|---|---|---|---|
| 一乐天 | 胶　木 | 50 | 青莲阁 | 建筑材料 | 340 |
| | 胶木零件 | 100 | | 木　材 | 150 |
| | 螺丝五金 | 50 | | 旧花布 | 70 |
| | 电　瓷 | 30 | | 飞花下脚 | 400 |
| | 电　焊 | 15 | | 麻　袋 | 40 |
| | 建　筑 | 50 | | 颜　料 | 100 |
| | 黄沙石子 | 20 | | 缝纫机 | 45 |
| | 木　材 | 10 | | 小　计 | 1145 |
| | 小　计 | 1158 | 福　园 | 小五金 | 50 |
| 东昇 | 钢　铁 | 70 | 上　海 | 皮毛油骨 | 120 |
| | 铁　店 | 30 | 万　商 | 小五金 | 230 |
| | | 5 | | 板　箱 | 25 |
| | 翻　砂 | 9 | | 缝纫机 | 7 |
| | 锁　厂 | 30 | | 百　货 | 5 |
| | 自来水龙头 | 10 | | 麻　袋 | 15 |
| | 电　镀 | 4 | | 料　瓶 | 10 |
| | 医　疗 | 10 | | 小　计 | 292 |
| | 喇　叭 | 2 | 天　福 | 旧红木材料 | 50 |
| | 铁　皮 | 20 | | 眼　镜 | 60 |
| | 印刷厂 | 30 | | 小　计 | 110 |
| | 小　计 | 220 | 长　乐 | 缝纫机 | 300 |

续表

| 茶楼 | 茶会业别 | 参加人数 | 茶楼 | 茶会业别 | 参加人数 |
|---|---|---|---|---|---|
| 长乐 | 钢笔 | 160 | 仝羽春 | 杂货 | 40 |
|  | 不锈钢 | 10 |  | 建筑 | 60 |
|  | 小 计 | 470 |  | 竹 | 90 |
| 壶中天 | 绸缎 | 40 |  | 绳线 | 10 |
| 仝羽春 | 旧纺五金 | 315 |  | 帽子 | 8 |
|  | 钢铁 | 70 |  | 小 计 | 963 |
|  | 铜锡 | 100 | 新群乐居 | 百货 | 45 |
|  | 不锈钢 | 50 | 快阁 | 眼镜 | 100 |
|  | 马达引擎 | 10 |  | 笔尖 | 23 |
|  | 电珠 | 60 |  | 小 计 | 123 |
|  | 麻袋 | 40 | 品芳 | 汽车及零件 | 190 |
|  | 印刷纸张 | 60 | 乐园 | 钟表 | 244 |
|  | 化工原料 | 20 |  | 花色布 | 150 |
|  | 橡胶 | 30 |  | 房地产 | 120 |
| 共 计 | | | 5 440 | | |

资料来源：《上海市工商行政管理局关于茶楼交易情况报告》，上海市档案馆藏，B182—1—648。

此外，称之为茶会市场，是因为它确实具备市场的一些准则。有些同业公会制定了茶会规章制度，成员入内交易必须遵守该规则。1938 年 10 月，木材业同业公会(后改称木商业同业公会)会员请求将青莲阁木业茶会加以整理。在木商茶会简章里，规定了出席规则，一律佩带证章，来宾应申明事由；要求遵守秩序，设纠察员；介绍经费出处，必须由会照常容纳各业，出资包用；各出席人每人茶费每月一元五角,均在每月初缴付茶会管理处①。1938年1月,北米市的米商经批准在青莲阁创立了米行业市场,开始时只有30余家会员加入,一年多后,已有一百数十家会员。米号有近千家,掮客达100余人。为强化管理,米市场组成市场管理委员会,订立了一些章程,主要有《市场简则》《市场临时买卖规则》等。内容包括:组织设置、入场条件、买卖手续、场务管理等。入场交易者有:米行业、米号业、经售业、碾米业和掮客等人员,一律凭证进场。市场交易程序是:米客贩米来沪,通过经售商或掮客卖给米行;米行批发给米店;米厂向市场购进稻谷或糙米碾白后,仍须转售米店;米店零售给消费者,资金雄厚的也可直接向产地采购。有的就自备碾米机,加工碾白后出售②。这时的青莲阁米市场,俨然就是一个成熟的交易市场。1946年9月一位记者去青莲阁茶会市场作调查,在报道中称,麻袋业与颜料业两个场所用木栅隔开,麻袋业茶会门口有一个穿制服的警士,凡进去的人,都要缴一张"派司"给他③。"派司"即通行证。既有警士站岗,又需通行证。显然,茶会市场制定了相应的规章制度。

(二) 茶会市场的概况和详情

茶会市场各业交易都有固定的茶馆,每家茶馆都有固定的"客人",也有某种行业分布在多家茶馆展开交易。一家茶馆往往在上下午分时期有多种茶会,井然有序。以下是一位老人对解放前青莲阁、仝羽春、乐园、长乐和春风得意楼内茶会市场的介绍:

> 青莲阁茶楼(福州路五一五号),设有二楼、三楼茶座。参加茶会市场的,二楼上午有麻袋业和新衣(服装)业各五十余人;下午四时至六时,有砖灰业(包括砂石、石灰、砖瓦、油毛毡等业)百余人,并在该茶楼二楼设置来货登记处。三楼每日上午有颜料、印染(染坊)业一百余人;缝纫机业二十余人。下午有飞花业二百多人,旧花布业五十余人,建筑材料和营造业三百余人。一般的活动时间都在二小时左右。

---

① 《上海市木材商业同业公会为整理茶会与木业公会的往来文书及木商茶会缘起简章和木材业公会处理茶会内发生纠纷的函件》,上海市档案馆藏,S145—1—22。
② 孔祥毅主编:《上海工商行政管理志》,上海社会科学院出版社1997年版,第170—171页。
③ 崔景泰:《歌台茶楼话沧桑:褪了色的青莲阁》,载《文汇报》1946年9月27日。

仝羽春茶社(南京东路五四三号),每日上午参加交易活动的有五金、化工原料、棉织品、纸张、印刷、麻袋、电珠、建筑等业。各业中虽有坐商、行商参加,但以居间人为最多,五金业中的各帮分别成立了居间人联谊会。他们在茶会市场活动,以居间人与居间人之间进行交易为多,真正的买卖双方很少见面。每天参加茶会的人数,共有四、五百人。

乐园茶楼(九江路五五六号),每日上午参加茶会市场活动的有花色布和钟表业二百余人,也以居间人为多,并有花色布和钟表业居间人联谊会两个组织。下午有地产业掮客约二百人,钢丝表带业一百余人。

长乐茶园(福州路四九六号),每日上下午都有交易活动。上午有缝纫机业五百余人,其中在该茶楼设摊经营缝纫机零件的约二百余人,有的是自制自销,有的是商贩,缝纫机工业社也设在该茶园内。下午有经营钢笔和不锈钢的坐商共一百五十余人,砂石业约二百五十人。

春风得意茶楼(豫园路二六八号),每日上下午参加茶会的有化工原料业二百余人,其中商贩(行商)一百六十人,居间人四十余人。①

茶会市场内交易的方式一般有现货、期货、看样、设摊发售等。20世纪30年代五金业茶会交易情形为:"其买卖对洋行方面则谈定货,对同业及本行帮等则谈拆货,而建筑帮买卖则只谈需用之地点,需要之货品,惟不谈及行情之高低,但在送货时发票上再填价格。(照市约要高三四钱至一两不等)其收款手续或大小月底,或等房东方面领着后再付,或每月只收一次,或亦有现款者。"②有人回忆,解放前青莲阁是黄金现货交易市场,"各家银楼需要黄金原料,就到青莲阁去边喝早茶边进货,即使不进货,也得去看行情。据说当时各家银楼金价都是依据青莲阁行情价格划一的,只是工费各不相同。至于每天的交易量,则按各家银楼的实际需要,有时量大有时量小,大到多少小到几许,那就不太清楚了。据介绍,旧上海茶馆店不少,但有黄金现货交易只此青莲阁一家"③。

---

① 梁志高、张弘任:《解放前上海的物品交易所和茶会市场》,载中国人民政治协商会议上海市委员会、文史资料工作委员会编:《上海文史资料选辑》第五十二辑,上海人民出版社1986年版,第136—137页。
② 波:《五金业之茶会生意》,载《申报》1933年5月11日。
③ 俞家骅:《青莲阁:一段黄金情缘》,载《中国黄金报》2002年10月29日。

一首《竹枝词》描绘商人在茶会情形:"各帮各业各行家,逐日终须市面查。聊假茶寮排一桌,彼中人谓吃包茶。"①"吃包茶"即包台子,把茶馆内的一张或几张桌子按月包下。后来,有的行业采取包场方式,即按月把茶馆或茶馆某层包下。以1946年青莲阁二楼的茶会市场为例,上午麻袋业、服装业采取了包台子方式,下午砖灰业则是包场方式。

　　各业均有固定的茶馆展开茶会交易,但这种固定是相对的。在找到合适的场所之前,各业的茶会市场存在一个迁移过程,即从此茶馆到彼茶馆。有时是因为行业自身的发展、规模的扩大,需要从小茶馆到大茶馆。有时是因为其他因素,如与茶馆闹纠纷,或因形势,不一而足。前文提及木材业茶会市场,经历几次迁移,由"一枝春"到"群乐居",再到升平楼,最后的落脚点是青莲阁。上海解放前夕,又在青莲阁茶会隔壁即永乐茶楼内定就若干座位,专供木材运输工友接洽运输事务,木材运输业的转移是因为茶会内"日形拥挤,尤以运输帮工友时常发生争吵互殴情事,秩序殊难维持"②。历史悠久的飞花下脚业最初是在山西路盆汤弄瀛园茶楼,后又迁到时报大楼的秋月楼,最后迁入老青莲阁,及青莲阁迁到新址,茶会交易亦随之迁往。当中,曾一度因与青莲阁茶楼发生纠纷而迁到萝春阁,后以萝春阁停业,又迁回青莲阁直到解放③。皮毛商人原以怡园为交易场所,抗战胜利以后,延安东路一带皮毛号逐渐设立,皮毛商人为便于接洽业务起见,遂迁到上海茶楼交易④。金陵西路的品芳茶楼,原为汽车行业接洽业务的交易场所。后因人数逐渐增多,而品芳茶楼地方较小,在交易时间同时又有养鸟者在吃茶,过分拥挤,遂迁至公平茶楼进行交易。1942年间因日寇检查公平茶楼米市场,汽车茶会遂又迁回品芳茶楼⑤。不管怎样,茶会市场的不断迁移是为了更为顺利地交易。

　　茶会市场内,交易的商品种类繁多,有生产资料和生活资料,有成品、原材料和废旧杂品等,林林总总,样目丰富。不过也可以看到它们大多都不是主要商品。原来,一些主要商品是在专门的交易所完成交易的。从茶会形成发展到茶会市场,经

---

①　顾炳权编:《上海洋场竹枝词》,上海书店出版社1996年版,第290页。
②　《上海市木材商业同业公会为整理茶会与木业公会的往来文书及木商茶会缘起简章和木材业公会处理茶会内发生纠纷的函件》,上海市档案馆藏,S145—1—22。
③　《上海市工商行政管理局关于青莲阁茶楼交易情况报告》,上海市档案馆藏,B182—1—851—11。
④　《关于上海茶楼皮毛交易情况的报告》,上海市档案馆藏,B6—2—137—11。
⑤　《关于品芳茶楼汽车及其零件交易情况的报告》,上海市档案馆藏,B6—2—137—8。

历了一个漫长的历程。期间,许多行业有过"茶会时代",但只是把它作为一个过渡。1910年,上海四马路惠芳茶馆曾设有股票交易的茶会,一批进行股票交易的商人,上午在茶会上互通消息,所有买卖也在茶会上口头成交。后来证券交易渐盛,参与证券买卖的商人队伍逐渐扩大。1914年夏间,有人提出组织股票商业公会的建议,同年秋,经农商部批准,上海股票商业公会正式成立。自此证券交易遂由"茶会时代"进入"公会时代"①。1920年以前,古玩商业南市以豫园之四美轩茶园,北市以广东路之怡园茶楼为中心设摊营业。后因怡园茶楼房屋不敷应用,于1921年间由同业前辈数人发起募款,自行筹设古玩市场,于广东路江西路角营业,更行扩展②。还有不少行业也由原来的茶会逐步扩展改建为有组织的交易所,如棉纱业、杂粮油饼业、纸业等③。

　　作为重要行业,米业也曾有过茶会市场的经历。上海在抗战全面爆发前曾有南、北两个食米趸批交易市场,日伪时期因环境缘故,两市场合并于福州路515号青莲阁茶楼三楼,作为临时市场。抗战胜利后,国民政府仍把它作为米业临时市场,不过加强了对它的掌控。1945年10月1日开始对青莲阁米业市场进行改组,凡经上海市社会局核准登记的米行、米号、经售号、贩卖商和捐客等均须入场做批发交易。11月1日正式开市的一天,上海市粮政特派员办公处、社会局等机关,派员出席监督。据该市场负责人称:该米市场成立宗旨,为秉承当局意旨,调剂米市,凡投机操纵行为,概在禁止之例④。在米市场开盘时,政府派有警员监视,使米商不敢公然喊高售价。在米商之间发生冲突时,警员出面弹压⑤。1946年5月吴国桢接任上海市市长后,为缓解当时的粮食危机,对青莲阁米市场进行了整顿,如进行价格限制、限制米商经营行为。吴国桢还亲自赶到青莲阁市场对米商训话。"鉴于原先位于青莲阁三楼的临时米市场地小人众,管理困难,投机分子容易混入,市社会局于5月下旬决心恢复战前的南、北两个米市场交易制度,以利于管制和调盈济虚、平准价格。"

---

　　① 宋士云:《茶会时代的证券交易》,载《科学时报》2000年10月23日,第3版;马长林《旧上海股票交易"茶会时代"之前后》,载《上海档案》1993年第2期。
　　② 《上海古玩商业历史沿革》,上海市档案馆藏,S186—3—1。
　　③ 孔祥毅主编:《上海工商行政管理志》,上海社会科学院出版社1997年版,第170页。
　　④ 《米市场今晨开市》,载《文汇报》1945年11月1日。
　　⑤ 《有因必有果》,载《文汇报》1946年4月30日。

1946年7月1日恢复设立南、北市场①。

　　许多行业因时局或财力等原因,有过在茶馆设茶会进行交易的经历。不过一些行业自组成公会后,有财力的便建立专门的交易场所或租用固定场所。当然无力筹设交易所的毕竟占多数,再加上传统习惯,使得很多中小行业成为茶会市场的主要成员。所以,茶会市场可以视作是大市场(交易会)的一种补充形式。

　　抗战胜利后一些大茶馆甚至以茶会市场为主要经营方式,以青莲阁最为典型。自米业临时市场搬离后,青莲阁马上被各公会包去。1946年9月,一位记者调查青莲阁时提到,"青莲阁还是一个茶馆,……可是你偶然去了,对堂倌说泡壶茶来,堂倌就会回答你说:'先生,对不起,此地不卖给零客。'这是真实的话,因为青莲阁的台子都给几家公会包去了"。抗战胜利后青莲阁不卖散茶,已完全成为交易市场。这位记者记录了抗战胜利后青莲阁茶会市场的具体情形:

　　　　这时候是上午十点钟光景,正是颜料业和麻袋业的市场,他们都集中在二楼,有五六百个人挤在一起,有站着的,有坐着的,有走动着的。桌上杯壶杂堆,还有大包小盒的货样,和一捆一捆的钞票。大家的嘴都张合着,谁也不停一会。靠外面一部分是颜料商。我走动了很久,找不到一个空闲而不讲话的人,只听到一大套十万百万的钱数目。靠里面一部分是麻袋商,用木栅隔开,门口有一个穿制服的警士,凡进去的人,都要缴一张"派司"给他。我初意为里面一定有很多秘密,就进去跟一位麻袋商谈了一会。我提高了嗓子,他也提高了嗓子回答。那人说,米商装米的麻袋,四分之三是从印度运来的,每只约值现在的国币一千元左右,而他们经手卖一只麻袋,只有一二十元的利润;生意很清,吃饭的人又多。他说着说着,忽叹了一口气!接着又谈起在敌伪时期,一只麻袋值一斗米,现在一只麻袋只值一升多米了。二三年前,本市的麻袋几乎被日军搜刮殆尽,所有麻袋商十之七八都没有什么买卖可做而关门了。想不到在胜利后的今天,麻袋商却面临了总崩溃的危机,有二百多家无法维持生活而倒闭。他指着靠木栅的那张桌子对我说,坐在那桌旁的一堆人,正在请会;请会的人,几

---

① 马军:《国民党政权在沪粮政的演变及后果(1945年8月至1949年5月)》,上海古籍出版社2006年版,第112—113页、第84页。

乎每天都有一起。这原是生活拮据,无奈只好饮鸩止渴的办法。——当壁上的大钟过了十一点,这一大批做买卖的人,大家就忙着穿衣提鞋,陆续走了。热闹的场面,到午后二时再开始。

午后的青莲阁,就是建筑材料商的市面,闹哄哄的情形和上午一样。二楼上是做砖瓦、石灰、水泥等生意。一位砖瓦商对我说,民国九、十年间,上海一地每天要销三千万块瓦;而今日每天至多销三十万块罢了,做砖瓦生意的人,本来以为中国胜利后,他们的生意一定兴隆,所以在出产砖瓦的大本营——嘉善,去年就新开设了好多家规模宏大的砖瓦窑厂。且料现在一一都要关门了。嘉善有八百多家小瓦窑,目前也只有十分之一开工。好在这是当地农民的一种副业,瓦窑做了寒窑,农民好当住宅用了。三楼的五金商也有叹息,他们的生意本来和砖瓦休戚相关。他们也在坐吃存货,存货吃完,生意也就结束了;因为五金一类的东西都要从外国去买来,现在外汇涨了;利息又高,买进货色什么时候脱手还是个大问题。①

上述情形是抗战胜利后茶会市场的缩影。抗战胜利后,茶会市场受时局、经济的影响,交易越来越难做。不过生意再难做,商人们总是需要一个聆听市面、展开交易的场所,因此茶会市场的热闹场面并不受太大影响。经理"上茶会"、跑街"跑茶会"成为普遍情况。一位老人回忆自己年轻时(约 40 年代中后期)在一家绸庄学生意,"每天上午经理和跑街照例是不来上班的,他们一早直去'一乐天'茶楼。名为吃早茶,实际上是在谈业务"②。采访张兴保老人时,他也提到 20 世纪 40 年代末自己在北四川路一家灯具店做学徒时,老板每天上午较晚些就去南京东路福建路转角的一家茶馆,这家茶馆经常有一些小商人聚集在此。老板每次待的时间并不长,很快就回③。

凭借茶会市场,大茶馆在抗战胜利后凋敝的经济中获得生机,《申报》的一篇文章里谈到,在上海解放前的几个月,茶价涨得已使一般人裹足不前,但这些大茶馆

---

① 崔景泰:《歌台茶楼话沧桑:褪了色的青莲阁》,载《文汇报》1946 年 9 月 27 日。
② 惠民:《想起了昔日的茶楼》,载《文汇报》1984 年 12 月 29 日。
③ 采访张兴保,时间:2011 年 2 月 14 日。老人谈到自己两次跟老板去这家茶馆,所以印象较深。老人谈到这家茶馆是两层老式楼房,但具体名号忘了,只记得叫什么羽。据查史料,该地段的茶馆为著名的全羽春。

"依然茶客满坑满谷,那是沾了商人们以及'准商人'们的光。他们为了打听行情,或是买进卖出,'丢帽子''抢皮箱',都非得上茶馆不行,三百块钱一壶清茶,他们是毫不在乎,点心更是吃得满桌"①。

### (三) 茶会市场中的掮客

茶会市场中,掮客在各类商人中占着主体。掮客,作为市场交易的中介人与经纪人,古已有之。先秦两汉谓之驵侩,唐五代始称之为牙人,该称呼在宋明清时被沿用。"掮客"的叫法,据陈伯熙称,"独沪上有之"。他还对掮客经营方式的性质和特点作出描绘:在上海"业此者甚众,盖对于买主卖主之间居间人也。凡遇一宗贸易,由掮客介绍而成者,例得酬金,俗谓之佣钱。收入之多寡,以操业之种类及贸易之额数而定"②。

掮客种类十分之多,最为常见的有房地产掮客、告白掮客、转运掮客等,各业基本上都有掮客存在。掮客有职业掮客、兼职掮客两种,又以第一种为主。茶会市场中70%的掮客中,有60%为职业掮客。掮客的来源十分复杂,有的是由原来批发店、号的跑街蜕化而来。他们在做跑街时期,与大客帮的客人和行业店、号的经理搞熟了关系,对货源和销售也有相当的经验和把握,在某种环境下(如与经理意见不合,分红不满,或因私兜别家洋布,赚取佣金,被经理辞退等因),就脱离店号,自做掮客③。有的是失业人员。抗战期间,日伪规定行驶车辆一律要申请通行证,由于申请不易,停止出售汽车增多,大批失业的司机转为汽车居间人,出入在品芳茶楼④。还有的是帮会中人,控制某业的交易。

掮客主要活动场所是那些热闹、嘈杂的茶会。"凡操掮客之业者,概以茶楼为营业之机关"⑤。他们一边喝茶品茗、高谈阔论,一边打探行情、撮合生意。各业茶会掮客人数的多少一定程度上反映了该业的兴衰。比如,1914年欧洲战事爆发以后,颜料业飞涨获利十倍,该业掮客也增至数十倍⑥。20世纪三四十年代茶会市场的

---

① 钱大成:《从茶馆说起》,载《申报》1949年4月9日,"自由谈",第8版。
② 陈伯熙编著:《上海轶事大观》,上海书店出版社2000年版,第94页。
③ 上海市工商行政管理局、上海市纺织品公司棉布商业史料组编:《上海市棉布商业》,中华书局1979年版,第32页。
④《关于品芳茶楼汽车及其零件交易情况的报告》,上海市档案馆藏,B6—2—137—8。
⑤ 陈伯熙编著:《上海轶事大观》,上海书店出版社2000年版,第94页。
⑥ 颜料业的茶会市场向在福州路中华第一楼,采取包台子的方式。加上茶客,每日聚集该茶楼者有千余人之众。这种拥挤不堪的场面使得掮客与茶客之间的矛盾不断,最终导致元宵节颜料掮客与茶客争夺坐位而起冲突、茶碗飞掷。参见《茶楼大闹元宵》,载《民国日报》1916年2月19日。

兴盛,使得掮客人数剧增,有人称之为"时髦而轻便的职业"①。

掮客没有资本,需要具备其他方面的条件。"掮客者向不备资本而各业皆可营运之人也,其人大半应酬周到,语言伶俐,各业中人半略相识"②。另外,掮客还必须拥有丰富的社会经验、生活知识和艰苦忍耐之心。因此,有人认为做掮客并非容易之事,"这是个相当艰苦的职业,看似容易,做起来也是辛苦不堪,赚取佣金委实不易"③。

由于掮客本身是没有资本的,做的是无本生意,因此常遭人诟病,有人称其为"投机者"。《图画日报》曾图文并茂地揭露了掮客的做生意情形,并作词一首加以讽刺:"乌有子虚本领,瞎三话四神通。茶楼酒肆闹哄哄,多想中金分用。那有田房货主,何来殷富财东。到头终是一场空,年夜盘缠难弄。"④有人曾以报告文学的形式揭露了掮客茶会的内幕。文章以一乐天为原型(称"大乐天"),描绘了茶会市场上各掮客的相互争利。掮客中也有大、小之分,无势力、无资力的掮客很容易受到势力强大的掮客的欺负,一些生意也往往被掮客中的老大所操纵。由于一些掮客唯利是图,哄吓诈骗、投机取巧的事时有发生,因此茶会市场并不太平。"不是警察局派包探来抓人(因为有人卖脱了贼偷货),便是某公司着人来打听失踪的掮客(因为货色同原样不合,譬如'八卦丹'纸包里是块三夹板,'万金油'套子里是颗没有眼子的算盘珠),有时候,武装人员拔出手枪像是要开火。有时候,茶碗与凳子齐飞,打得头破血流"⑤。这份报告文学揭露了掮客的利欲熏心以及政府对他们的整治,这有其真实的一面。

对于掮客的违法行为,国民政府严厉制止,如1947年4月香烟掮客5人因伪造红金牌香烟在万商茶楼被捕⑥。1948年9月至10月间,为奉行经济管制政策,政府对掮客"黑市"给予严厉管制。1948年9、10月间,政府对青莲阁茶会市场进行了突击检查,发现存在个别行业违章集市(即没有办理正常手续)及黑市交易现象,对此加以整顿⑦。为免被牵连,砖灰水泥业公会经议决,通告会员不再入内开设茶

---

① 《时髦而轻便的职业——掮客》,载《新民晚报》1947年4月25日。
② 黎床卧读生:《绘图上海杂记》,上海文宝书局,清代光绪三十一年(1905),右印本,第8页。
③ 《掮客》,载《生活文摘》1947年第一卷第六、七期,第20页。
④ "茶坊酒肆年终做押款之闹忙",载《图画日报》第4册,上海古籍出版社1999年版,第175页。
⑤ 王韦:《掮客商场》,载王韦等著:《上海内幕》,杂志社出版1945年版,第79页。
⑥ 《香烟掮客起黑心,冒牌制货经破获》,载《申报》1947年4月6日。
⑦ 《上海市社会局与上海市警察局为小广寒茶楼有违章集市行为的来往文书》,上海市档案馆藏,Q6—2—830;《青莲阁掮客茶会,势将成颜料黑市》,载《新民晚报》1948年10月8日。

会市场①。同一时期,政府在乐园茶楼发现棉布黑市交易,拘获掮客八人②。在经济管制时期,掮客及茶会市场必然成为政府的管制对象之一。

在茶会市场众多掮客中,有一类掮客受关注较多,即房地产掮客。借助资料对其分析,应更能对掮客的经营、特征等有详细的了解。

房地产掮客,即周旋于房地产卖主与买主、押主与押户之间的介绍人。可分为地皮掮客和房产掮客。上海自华洋共居后,租界地价日益升涨。直至后来出现"上海居大不易"的房荒现象。这为房地产掮客提供了生存、发展的空间。一方面,活动范围日益扩大,无论买卖、抵押,甚至租地造屋等,都少不了他们插手其间。另一方面,掮客队伍迅速扩大。因为佣金高于其他各业,后来顶费不断高涨后,收入更为丰厚,所以吸引了众人的目光,以此为职业者越来越多。据《上海地产大全》载:"现今(按指1930年前后)以掮客自任,终日钻谋营业者,何啻千数。"③

房地产掮客大致分为三类:一类是拥有资产,以此为副业者,偶尔为之,这类人并不多。一类是挂牌掮客,挂起"房地产公司""房地产事务所""租赁服务处"等招牌,本身既无房地产,也无固定资本,只有办公室一间。经营方法一般是找人前来登记需出售或出租或抵押之产业,然后在报上刊登广告,吸引需求者前来洽谈,成交后公司收取佣金若干④。还有一类是流动掮客,"终日托迹茶肆,品茗纵谈,一遇机缘,即四出钻营,冀达成交目的。此种以啜茗作日常功课之掮客,概可称之为普通掮客。人数最多,处境亦最困"⑤。

地皮掮客主要从事土地买卖方面的生意,俗称"地鳖虫"。中医陈存仁曾经回忆在一乐天茶馆与"地鳖虫"做交易的一段经历。文中记载,1930年丁福保指导陈存仁购地。一天一早两人来到一乐天茶馆,不少地皮掮客上来兜搭,有时还拿出几张小白纸,叫做"白单纸",上面写明地及几亩几分、坐落何处、开价几何。看了一个月"白单纸",丁福保才看中一张。地产坐落静安寺路愚园路西段,占地共有三亩七分。看中之后,掮客先陪同两人实地观看,后来掮客偕同业主到曹家渡一家小茶馆见

---

① 《上海市社会局关于上海市砖灰水泥商业公会呈报会员在青莲阁茶叙情况》,上海市档案馆藏,Q6—2—731。
② 《棉布黑市交易:乐园茶楼拘获八人》,载《申报》1948年10月19日。
③ 陈炎林编著:《上海地产大全》,上海地产研究所1933年版,第375页。
④ 即现在的房屋中介公司,"佣金"即为回扣、介绍费。
⑤ 陈炎林编著:《上海地产大全》,上海地产研究所1933年版,第376页。

面。双方商谈价格,以5 200元成交。这是陈存仁初次置业,3年后,愚园路地价飞涨,陈以三万元卖出,赚了一把①。

　　房产捎客主要从事房屋租赁或买卖的生意,俗称"白蚂蚁"②。"白蚂蚁"集中在一些茶馆,聆市面、探行情、做交易。为了获得最大的利润,一些房产捎客采取低价吃进、高价卖出的方式。比如,一看房子不错,价钱不高,就自己买下,把这房子加一点油漆,或放上家具,等到脱手的时候,就是一笔可观的收入了。这是一些稍有资产的捎客所为,一般"白蚂蚁"无此能力,他们就等着成交时的佣金。抗战胜利后,原来意义上的装修作价费的顶费,性质发生变化,成为房屋居住权的让渡费。其数字愈来愈大,几乎与买屋的价钱相差无几③。所以必须用"金条顶房子"④。于是,从顶费中捞取佣金,成为当时房产捎客的主要收入。当时,他们主要在南京路的仝羽春、城隍庙里的春风得意楼里进行活动。生意大一点的在仝羽春,每一笔交易都是以多少根金条或几十个金元宝计算,据说当时顶费最高的达到七十几根金条。成交后,"白蚂蚁"抽取的佣金相当可观。生意小一些的在得意楼,虽然每笔交易抽取佣金较少,但积少成多,收入也相当可观。这两家茶楼因此有了"顶屋市场"的称号。公开用"顶费"顶租房屋是当时国民党当局禁止的,三令五申之下,"白蚂蚁""不敢再像以前那样抛头露面了",所以他们到仝羽春或春风得意楼,互相交流信息时看起来像闲话家常,但非常机警,"一看见有人注意听他们,就会突然转变话题"⑤。当时顶费高昂,对普通上海人来说无法问津,所以成交的并不多。曾经有人问过一位和"白蚂蚁"很熟悉的朋友:生意如此清淡,为何不跌价出售?回答:二房东要顶费也实在有苦衷,因为,你要顶出房子,就要保证出清房客,让拿出金条来的人能马上住进去。可是,三房客搬出之后,不是也要闹房荒了吗?所以那些三房客就照样也要拿到了金条才肯走路,他要拿了这几根金条再去顶房子。房子的顶费要五条六条,

---

　　① 陈存仁:《银元时代生活史》,上海人民出版社2000年版,第203—204页。
　　② 《沪游杂记》中记载:"白蚂蚁专蛀人家房屋,上洋有等妇女,经手买良为贱,设计图财,窝藏拐骗,最易坏人名节。其术虽异,用意则同,人亦目为'白蚂蚁'。"葛元煦:《沪游杂记》,上海书店出版社2006年版,第95页。后来上海人用"白蚂蚁"作为房产捎客的别称,显露了厌恶之意。
　　③ 最初的顶费,本是原来居此的房客搬家后,由后来的房客付给原房客的一部分不能拆搬的装修等物件的作价。民国初年,这种顶费尚不及原房客实际所费的一半。八一三之后稍有增长,也不过相当于两三个月的租金。
　　④ 《金条顶房子,春风得意楼》,载《申报》1946年6月6日。
　　⑤ 《顶屋市场》,载《申报》1946年6月18日。

最精明的二房东也至多只有两三条能够到手,剩下的就送给房客和"白蚂蚁"了①。这是当时社会动乱、物价飞涨下的怪现象。

为了抑制房地产交易中的投机之风,有关部门认为掮客应具备相关素质:推己度人、量力而行、投效相称、眼光放远、言语慎重、少安毋躁、欲速不达、保守信誉②。

房地产掮客行中,那些人头熟、脑子活、手腕厉害的掮客毕竟还是少数,许多小掮客终日奔波,有时还不够养家糊口。《上海地产大全》中称"人数最多,处境亦最困"的应是指这些小掮客,并对他们提出了忠告:上海掮客多于过江之鲫,"其有深具经验手腕高尚之流,尚能于艰苦奋进之中,独占一席。若夫初出茅庐,阅世未深之辈,除每日在茶楼品茗外,绝难成就。抑且地产交易,动以万计,耳濡目染,渐长奢风,举止动作,相习成俗。谋职业,则机缘难遇。觅工作,则一无所长,终至进退失据,悔恨无从。天下至愚之事,孰有过于此者。凡素乏经验而欲滥竽其间者,可不猛省乎"③。

## 第四节 抗争、革命与茶馆

### 一、各界抗争在茶馆

在清代同治末年闹得纷纷扬扬的广方言馆学生罢考事件中,茶馆曾作为学生罢考后的集合地。事件大致如下:广方言馆学生见上海龙门书院学生每月皆有津贴五两,而他们每月才三两,认为官府没有做到一视同仁。学生与管学的制造局总办冯峻光商谈,结果双方不欢而散。时值新任上海道沈秉成来馆开考,有学生提议罢考,得到众人赞同。于是在考试那一天仅留一人在馆,其余学生都到邑庙四美轩,以示抗争。结果,总办态度强硬,学生在四美轩坐待一天不得不仍回校舍。最后十余人被开除④。

---

① 《顶屋市场》,载《申报》1946 年 6 月 18 日。
② 陈炎林编著:《上海地产大全》,上海地产研究所 1933 年版,第 230—231 页。
③ 同上,第 378 页。
④ 吴宗濂:《自述》,载《人文月刊》第二卷第二号,1931 年 3 月 15 日。转引自熊月之:《上海广方言馆史略》,载《上海地方史资料》(四),上海社会科学院出版社 1986 年版,第 85—86 页。

这是所见最早的一份茶馆与抗争相联系的资料。学生们决议罢考后的选择地在茶馆,可见茶馆是一处较为理想的场所。在这起罢考事件中,茶馆是作为学生罢考后的集合等候处。之后各界因各种原因起而抗争,茶馆则主要作为一处理想的集议场所而被使用。

1909年2月,闸北乡民反对粪头黄金成霸持垄断。该粪头不遵定章,将乡民所挑之粪拦路夺去,不给挑工,以致乡民不服。乡民聚集百余人在三路境内某茶馆聚议抵制。该处分局巡官访悉后,令粪头按照定章,不得阻止乡民挑粪灌溉①。

1911年2月,上海县城针对各挑膏店无照私售愈趋严重的情形,要求挑膏店遵章具结、凭照售膏,不得有无照私售行为,否则严处乃至勒闭②。对此,挑膏店经营者十分不满,群起反抗。百余人先后在小东门外一枝春茶馆、法租界某茶馆数次集中,商议对付办法。联名禀请上海县酌量改订,求诸官绅稍事通融,并以生意减少、捐款无出为要挟③。当然,在当时禁烟声浪中,挑膏店主是不可能如愿的。

1916年9、10月间,因反袁复辟遭遣散的革命党人多次聚集茶馆,议请政府尽早发给善后款项。《民国日报》给予跟踪报道,9月30日报道称:"一般贫苦党人因天气日寒,衣食皆无,善后款项不能久待,昨日午后又在八仙桥全安茶楼集议,纷纷扰扰,往来如织,其一种可怜状况,见者真不为之悯然云。"10月9日报道,革命党人再次在全安茶楼集议,"预备联合各部分贫苦党人齐赴西门外善后事务所,要求即日发给款项,以便各自回籍另谋生计"。10月14、15日报道,"各小部分之无统系党人或因审查不合或因延不发款,借口饥寒交困,迫不及待,前往事务所喧噪已非一次",聚集六七百人在八仙桥多处茶馆会集,相率至事务所强求发款。10月16日报道,"昨日八仙桥全安茶楼仍有多数贫苦党人在彼集议,并有人主张结合团体再赴

---

① 《乡民反对粪头》,载《申报》1909年2月23日;《乡民反对粪头续闻》,载《申报》1909年2月24日。

② 挑膏店主要经营熟膏熬制、买卖。清末上海曾数度查禁烟馆,挑膏店不在查禁范围。不过官方限制挑膏店的开设,并提出凭照售膏等要求。1907年上海县令拟定多条办法:① 城厢、乡镇分铺分图核计,由绅董会议,每一铺一图宜设膏店几家,便敷挑卖,以愈少愈妙为准;② 其愿领照认捐开设者须觅妥保二家,具本人认明销数,每两遵捐钱四十文,只挑不卖灯吸,违干罚办结送;③ 出示领照认捐,方准开设,无保未经领照者概不准私行挑卖,违即准领照之户禀究,膏即充卖,人即治罪。参见《县令拟定膏店领照办法》,载《申报》1907年6月23日。

③ 《挑膏店尚图反抗》,载《申报》1911年2月7日;《将以不缴捐款为挟制乎》,载《申报》1911年3月4日;《烟膏店勿再妄想》,载《申报》1911年3月9日;《膏店借口膏捐》,载《申报》1911年5月1日。

善后事务所要求即日发给"①。从连续报道的语句中,可以看到主笔者对这些遣散回籍的革命党人从同情到批评的态度转变。不管怎样,在贫苦革命党人要求尽早发给善后款项的抗争事件中,全安茶楼(包括八仙桥多处茶馆)多次作为他们的集合商议处。

体力劳动者在店主、老板的盘剥下,工资向来较低,待遇也较差。民国以来风气日开,底层民众维护自身权益的意识日渐明朗,因此要求增加工资、改善待遇等的罢工事件层出不穷,茶馆的身影也在历次事件中不时出现。1918年5月,南北市皮箱业工人要求增加工资,全体罢工,后来店主、工人双方派代表在南京路一林春茶馆商议解决办法②。1919年4月,皮箱业再起风潮。工人代表先后在中华路、宝善街茶馆开会集议,决定在店主返还一笔属于工人的钱款后始行开工。罢工期间,某皮箱店某工人仍在店工作,被停工各工人看见,将其轧至某茶馆,罚令长跪三小时③。8月,香业工人每日作工十四小时,每工只三百文。四百余人集会中华茶楼,议决罢工,要求增加工资六十文,并减少工作时间④。10月底,打铁钉(鞋钉)一业,每千双取工资三角五分。由王阿毛等发起,连日在老北门富景园茶馆聚集。最后店主同意每月加洋一元⑤。11月初,板箱工人在中华楼与店主谈判,要求将钱码改为洋码⑥。11月底,各行业要求增加工资的罢工集议与店主、工人代表之间的商议屡屡在各茶馆发生:绳工多次在西门外万生楼集议;南市驳船伙在董家渡一枝春茶馆集议后,店主与工人代表再次在一枝春茶馆谈判,最后增加工资;南北市药店伙百余人齐集福州路中华第一茶楼;南北帮米船伙分别在新民楼茶馆、码头附近茶馆集中抗议;竹匠工连日在租界北京路旭日东升楼聚集,之后店主、工人双方派代表在南京路一乐天及湖北路广东路口鸿园等茶馆内集议,决定各工匠每元加给小洋一

---

① 《党人善后近闻》,载《民国日报》1916年9月30日;《贫苦党人要求发款》,载《民国日报》1916年10月9日;《党人要求发款四志》,载《民国日报》1916年10月14日;《党人要求发款五志》,载《民国日报》1916年10月15日;《党人要求发款六志》,载《民国日报》1916年10月16日。
② 《皮箱业罢工记(八)》,载《民国日报》1918年5月19日。
③ 《皮箱同业小风潮》,载《民国日报》1919年4月15日。《皮箱工人罢工原因》,载《民国日报》1919年4月24日。《皮箱业集议解决罢工》,载《民国日报》1919年4月28日。
④ 《香业工人罢工风潮》,载《民国日报》1919年8月15日。
⑤ 《打钉工要求增加工资》,载《民国日报》1919年10月31日;《铁工加薪目的已达》,载《民国日报》1919年11月1日。
⑥ 《板箱工人一律罢工》,载《民国日报》1919年11月3日。

角五分,当时老闸捕房头深恐人众嘈杂,令中西包探分往各茶馆内妥为照料;城厢内外车木工五百余人在大东门外天福楼茶馆聚集,要求将钱码改作洋码,再增加工资①。1918—1919年间各业小工陆续罢工,最终大多能达到目的。在这些事件中,不能忽视茶馆在其中所起的集议场所的作用。各业小工多选择在茶馆集中,商量罢工事宜;小工与店主之间的谈判也多在茶馆进行。

各业抗争借助茶馆为商议场所的例子还有很多。如1911年6月城厢内外水炉同业行头"因自来水公司数年前送装龙头致将河水废弃改用自来水,言定日后不增价,现忽食言殊失信用",所以决定一律停市半天,并邀各店主至小南门外太和楼茶馆集议应对方法,决定"换用新勺,以后照章,每文售水一勺,不得违章"②。1927年11月,沪北丝厂女工会在闸北品芳楼茶馆开成立大会,并商议增加女工工资。由于人数太多(约有五百余人),建筑不固,茶馆忽然坍塌,导致一场空前大惨剧:当场压死百二十余人、伤二百数十人③。1938年10月24日下午,英租界内人力车夫在南京路一乐天茶馆开会,讨论收回互助会,撤换总干事,以保障车夫权益④。此类事件难以尽书。

在各界抗争事件中,茶馆常常被各界所使用。他们把茶馆当作商议应对办法的理想场所,从中凸显了茶馆这一城市空间的重要性。

## 二、革命斗争在茶馆

救亡图存是近代中国的时代主旋律。一批批仁人志士前仆后继,为反帝反封建、争取和平留下了可歌可泣的英勇事迹。与冲锋流血的前方不同,后方的斗争更

---

① 《绳工要求加增工资》,载《民国日报》1919年11月20日;《绳工求增工资之进行》,载《民国日报》1919年11月22日;《南市驳船帮求增工资》,载《民国日报》1919年11月24日;《药店伙求增工资再志》,载《民国日报》1919年11月26日;《驳船伙已达加薪目的》,载《民国日报》1919年11月27日;《南帮米船伙求增⊥资》,载《民国⼝报》1919年11月28日;《竹匠工资已允加增》,载《民国日报》1919年12月1日;《北帮米船伙加资未决》,载《民国日报》1919年12月16日;《船伙已达加资目的》,载《民国日报》1919年12月24日;《又有求增加工资之木工》,载《民国日报》1919年12月26日。
② 《水炉同业之和平集议》,载《申报》1911年6月7日。
③ 《上海空前之大惨剧》,载《申报》1927年11月6日。这起事故使政府开始关注茶馆、酒店、剧场等公共娱乐场所的建筑和座位问题,并作了相关规定。如派员定期检查这些场所的建筑,并限制座位数量。见《检查娱乐场所:限制座位》,载《申报》1931年2月6日。
④ 《人力车夫茶话会》,载《申报》1938年10月28日。

需要斗智斗勇。而这些斗智斗勇的事件,与茶馆产生联系的并不少。茶馆就像一根长长的细绳,把各时期革命志士和群众的斗争事迹如同珍珠一样串了起来。虽然不能反映全貌,但确是从一个独特的角度对革命斗争的审视和有益补充。

陈其美是辛亥时期的风云人物,对光复上海也有着赫赫功劳。为举义反清,陈其美联合各类社会力量,其中包括会党势力。有学者称,至上海光复以前,陈其美基本上建立了一个以上海为中心的会党势力网,掌握了这支社会力量,扩大了反清斗争的革命基础①。对于陈其美是否加入青帮,学界有着争议。但有一点是肯定的,即陈与青帮有着十分密切的联系。据一份回忆说,当时"上海的戏院里,茶馆、澡堂里,酒楼、妓院里,无论哪个角落里都有他的党羽"②。此外,茶馆也成为陈其美与革命党人、上海绅董相约倾谈、共图大事的场所。陈存仁在《银元时代生活史》中记载,20世纪30年代某日,作者与张继游城隍庙,张说四美轩这里从前也是茶居,"陈其美、于右任、钮惕生、沈缦云、李平书等,常常相约在这里倾谈"③。

会党是陈其美举义反清的一支重要力量,在光复上海的战斗中起了突击队作用。冯自由在《革命逸史》中记载,上海起义时,张承槱、刘福彪率领以青帮为主体的敢死队冲入上海道台衙门。不久,敢死队占领上海县城。随后在向江南制造局发动进攻的过程中,张承槱、刘福彪的敢死队又一马当先④。刘福彪及其手下共有三千多人,陈其美通过同盟会会员张承槱与他们频繁接触,最后共谋大举。张承槱在自述中,对自己在茶馆拉拢、结纳帮会成员和宣传革命正义有过详细阐述。武昌起义爆发后不久,张潜赴上海,寓居北火车站一裁缝店楼上。裁缝店老板及工人都倾向于革命,邀请张宣讲。某日,裁缝店工人田鑫山邀请张赴附近茶楼,共有7人在座,有刘福彪、孙绍武、王老九等,他们都是青红帮的领袖或代表,他们的来意:第一是要张同他们一起去汉口,第二是希望张介绍见见革命党。张问他们究竟共有多少人参加,在什么地方可以集会。双方约定在法租界小菜场对面的万安茶楼。次日,张去茶楼,见十余张桌子全部坐满,"共有一百二三十人,知识阶级及商人甚少,而工人独多,间有少数地痞流氓在内,但全体人员虽各种各样,形形色色,确均系在帮同

---

① 方平:《陈其美与会党关系述论》,载《江海学刊》1994年第2期。
② 杨思义:《二次革命失败后国民党人的形形色色》,载《上海文史资料选辑》第48辑,上海人民出版社1985年版,第135页。
③ 陈存仁:《银元时代生活史》,上海人民出版社2000年版,第279页。
④ 冯自由:《革命逸史》第五集,中华书局1981年版,第262页。

志弟兄"。"余与他们情绪均非常热烈,茶楼地点又在法租界,较公共租界安全,不怕清官吏干涉。余乃大胆的大放厥词,向他们说了一番种族革命的意义与黄帝子孙参加革命之必要,并说革命党为国为民必不怕死,怕死者即非革命党也;更引证徐锡麟、黄花岗七十二烈士即为吾等之表率"。后来,张加入帮会,与刘福彪等人结拜弟兄,团结了三千多人,为光复上海立下了一份功劳。

辛亥时期其他革命党人也曾利用茶馆开会集议。1911 年初,时年 18 岁的朱家骅与同学邹骥等人发起组织"中国敢死团"。武昌起义发生后,朱家骅于 10 月 16 日借四马路奇芳居茶楼召开敢死团干部会议,并请陈其美、宋教仁两人莅会指导,会上决定由朱家骅团长率上海代表五人前往武汉声援,徐棠代理团长领导敢死团配合陈其美所率商团义军在上海就地起义①。

辛亥革命前数年,有一个叫徐敬吾的人经常在英租界茶馆推销革命书籍。徐敬吾是广东香山县人,绰号"野鸡大王"。他常带着他的女儿一起,到福州路青莲阁、奇芳居等茶馆兜售报纸、书刊。兜售的书籍中,很多是革命禁书,如《自由血》《女界钟》《革命军》《孙逸仙》《黄帝魂》《猛回头》《驳康有为政见书》《扬州十日记》《三十三年落花梦》《廿世纪大舞台》《苏报案纪事》等。为了推销禁书,有时他巧妙地把禁书混在《三国演义》《水浒传》《秋水轩尺牍》《阅微草堂笔记》中。蒋梦麟回忆自己 1904 年被上海南洋公学录取后,到礼拜六和礼拜天时,常常到福州路的奇芳居茶楼去坐坐:

> 那时候,上海所有的学生都喜欢到"奇芳"去吃茶,同时参加热烈的讨论。茶馆里有一位叫"野鸡大王"的,每日在那里兜售新书,他那副样子,去过"奇芳"的人没有一个会忘记的。他穿着一身破烂的西装,头上戴着一顶灰色的满是油垢的鸭舌头帽。他专门贩卖革命书刊给学生,他的货色当中还包括一本叫"性学新论"的小册子,据他解释,那只是用来吸引读者的。谁也不知道他的名字。吴稚晖先生说,他知道他是谁,并告诉了我他的名字,我却忘记了。我们也不晓得他住在什么地方。任何革命书刊都可以从他那里买得到。②

---

① 朱廷梁:《缅怀堂叔朱家骅》,载《上海文史资料选辑》第 83 辑《史海拾贝》,上海人民出版社 1996 年版,第 63 页。原文称"齐芳居茶楼",应为"奇芳居茶楼"。

② 蒋梦麟:《西潮》,辽宁教育出版社 1997 年版,第 56 页。

周作人也曾回忆,自己阅读的"新广东""革命军"等书籍是从徐敬吾那里买来①。除了出入租界各茶馆外,徐敬吾时常到张园安凯第茶厅卖书、演说。在后来的记载中,关于徐敬吾的很多情况可谓人言言殊。比如绰号"野鸡大王"的由来,与爱国公学的关系,售卖革命报纸书籍的动机,被清廷逮捕后回沪是否出卖革命同志等②。不管怎样,他是一个充满传奇性的小人物,而他在茶馆售卖革命书籍的事实为上海茶馆历史增添了富有传奇色彩的一页。

民国建立,标志新时代的开始。不过摆在志士们面前的仍是艰巨的任务:清廷尚未推翻,两军仍在对峙;国民封建意识依然浓厚,如脑后的"长辫子"依旧拖得老长。1912年1月1日,《申报》报道一则消息:"昨有徐志棠君发起在公共公廨前畅园茶馆内设一剪发义务会,凡有自愿入会剪辫者分文不取且赠大肉面一碗,以助兴趣。"③剪发义务会旨在动员民众剪掉长辫,吸收更多的人加入反清队伍。第二天,《申报》接着报道剪发义务会的开展情形:"到会剪发者共有六十余名,并有某某等七人各赠发辫一条变价助饷。"④既是劝导剪发,又能利用发辫助充民国军饷,可谓一举两得。第三天,《申报》再次报道,设立剪发义务会三天,计共到会剪辫者二百五十四人并有发辫五十条变价助饷⑤。畅园茶馆见证了当时志士们劝民剪发和助充军饷的义举。捐款以助军饷是沪军都督府动员各业、各界资助革命的一项举措,也获得了各业、各界的支持。不过随之而来的是募饷的变味,由此产生了一些负面效应。有人发出"不敢出门"的感慨,因为随时会碰上以募饷为名的强盗式行径(有真募饷也有假募饷)。其中,不敢上茶馆是他的感慨之一:"吾想四马路茶馆中去吃茶,与朋友谈谈心,又恐遇见学生军押卖戏券吾不敢。"⑥看来,当时在茶馆中学生硬卖戏券

---

① 周作人:《知堂回忆录》(上),河北教育出版社2002年版,第103页。
② 详见冯自由:《革命逸史》初集,商务印书馆1939年版,第123页;郑逸梅:《书报话旧》,学林出版社1983年版,第106页;阿申:《青莲阁》,载《新民晚报》1960年11月20日;沈寂:《上海:1911攻打制造局》,上海辞书出版社2007年版,第162—169页;陈伯熙编著:《上海轶事大观》,上海书店出版社2000年版,第410页。不同的解说使得徐敬吾的真实情况扑朔迷离。
③《剪辫问题丛记》,载《申报》1912年1月1日。
④《剪辫问题丛记》,载《申报》1912年1月2日。
⑤《剪发义务会之成绩》,载《申报》1912年1月3日。
⑥ 醒侬:《又恐四则》,载《申报》1912年1月14日。"吾想四马路茶馆中去吃茶,与朋友谈谈心,又恐遇见学生军押卖戏券吾不敢。吾想到苏州杭州去探望亲戚,又恐遇见民军侦探疑吾是奸细,拿去罚助军饷吾不敢。吾想到新舞台去看明未遗恨好戏,又恐遇见光复剪发团将吾头上帽子抢去手上金戒指去,吾不敢。吾想进妓院中去磕八圈麻雀,又恐闯进七八个假民军拔出手枪硬募军饷,将身边洋钱搜去,吾不敢。"

是一种常见情形。

在轰轰烈烈的五四运动中,"茶馆"的字眼不时出现在报刊上。首先是茶馆业对运动的参与。体现在:① 抵制日货。之前,城厢内外各茶馆所用白瓷洋铁面盆大半来自日本,现在改用铜面盆或木面盆,总之是中国面盆①。② 为分发传单或宣讲的学生、热心人士提供免费茶水、点心及休息场所。如彩衣街西书厅茶馆特设义务茶座;福州路之升平楼、青莲阁,预备茶点,欢迎童子军、学生队入内休息②。③ 加入罢市。罢市第二日,即6月6日,邑庙各茶馆于顷刻间收摊歇业③。不过与其他商家一样,罢市是不彻底的。有的是被迫参与。如一家茶楼窗上贴出一张字条,上书"西家罢市",初读令人费解。原来店主向称东家,则店员可谓西家,此茶楼之罢市纯系店员行动,未经东家同意,故称。许多茶馆参加罢市没几日即开业,在其他商店罢市的情况下,"至于茶楼饭店,仍照常交易"④。

作为商家,茶馆罢市并不彻底,不过它还是参与了运动。另外,茶馆还见证了各业、各界人士的反帝爱国行为。在茶馆兜售臭虫药、蚊烟香药品等各项夏令应时物品(多为日货)的小贩,激于义愤,大都改贩国货⑤。在古玩业茶会拒绝日人参加后,南市翻砂作帮在沪南第一楼集议,实行截止日本定货⑥。6月5日,华商电车公司买票、开车人等在西门某茶馆集议罢工,6日各路电车一律停开⑦。热血沸腾的群众还把茶馆当作袭击巡捕的有利场所。《大陆报》6月7日报道,捕房派车撤除市区内旗帜,一辆车行驶至福建路福州路转角处时被群众包围起来。有的向司机叩头,有的嘲笑他,有的力劝他不要再开车。更有一些勇敢的人不顾巡捕的棍击,撕破了司机的衣服,企图将他从驾驶座上拖下来。"附近茶楼上的人从窗口纷纷向车子上的巡捕抛掷茶壶、茶杯、刀子和石块",结果"三道头西捕奇南的头部被击中,琼斯的手臂也被石块击伤"⑧。12日晚巡捕再次遭受袭击。当晚9点半,数百人手持白旗企

---

① 《各界爱国之同心一致》,载《民国日报》1919年5月29日。
② 《各界爱国之同心一致》,载《民国日报》1919年5月27日;载《时事新报》1919年6月9日。
③ 《全埠商界罢市记》,载《民国日报》1919年6月6日。
④ 《时报》1920年4月24日。
⑤ 《申报》1919年6月1日。
⑥ 《各界爱国之一致进行》,载《民国日报》1919年6月3日;《各界爱国之一致进行》,载《民国日报》1919年6月5日。
⑦ 《申报》1919年6月7日。
⑧ 《大陆报》1919年6月7日。

图通过山东路进入公共租界进行游行,遭到巡捕阻止,与巡捕发生冲突。巡捕"遭到群众从街上和茶楼里扔来的石头、椅子、桌子、刀子、水桶、鞋子、凳子以及一切可以用来打人的临时'武器'的袭击。一名印度马捕的头颅被一张小桌子打中,并从马上摔下来,跌在马路的石板上,头部受了重伤"①。

中国共产党诞生后,在革命斗争中充分注意到了茶馆的作用。首先,在密切联系工人群众,领导工人参与各类斗争的过程中,中共十分重视对茶馆的利用。

在茶馆,可以对工人进行宣传教育。1933年9月至1934年初,美亚织绸厂第六分厂团支部为提高工人的思想觉悟,特地举办工人读书会。一次,工人中传言鲁迅将在读书会上与大家见面,地点在打浦桥附近的一家茶馆。"大家奔走相告,兴奋异常。那天茶馆店里挤得满满的,虽然鲁迅先生因病未能出席,但他关照另外一个姓周的代他作了演讲"②。

在茶馆,可以与工人商讨要事。1939年5月,为要求资方恢复战前赏金标准,浦东纶昌印染厂的工人们自发地组织了罢工。由于缺乏准备和经验,斗争陷入僵局。这时纶昌参加组织发动罢工的一个职员,主动找到中共江苏省委上海工人委员会要求帮助。当时纶昌还没有党员,工委在浦东也还未打开局面。"于是由刘宁一在萝春阁茶楼(今南京路浙江路口)与纶昌的杨秉儒等六个罢工积极分子谈话,引导工人对英商资本家采取既斗争又争取的方针,达到争取联合英商反日、工人生活逐步得到改善的目的"。罢工积极分子听后觉得有理,回厂后主动降低条件,争取复工。后来工委在纶昌逐步打开局面,建立党支部③。1943年,工委欲开辟龙华地区的工作,想先从龙华水泥厂入手。因此安排一个学生钱强——龙华人,由他装扮成工人,经常在水泥厂附近溜达,终于在镇上的茶馆店里与水泥厂的一个门岗交上了朋友,设法安排他的同学进厂当了门卫,然后逐步发展了一批党员,并于1944年夏建立了党支部④。

在茶馆,可以直接动员工人参军。1939年间,美亚织绸厂第四分厂党员王洛夫经常在杨树浦八埭头茶馆店里动员在那里吃茶的码头工人和苦力去参加新四军。

---

① 《大陆报》1919年6月13日。
② 张祺:《上海工运纪事》,中国大百科全书出版社1991年版,第14页。
③ 同上,第98—99页。
④ 同上,第119页。

由于新四军在工人中有广泛的政治影响,再加上王洛夫的动员,陆续有好几百人参加了新四军。不过由于王洛夫不注意保密,公开宣扬参军之事,最后被敌人逮捕①。1944年冬,工委和城工部派来的干部召开联席会议,决定在沪西、浦东、沪东、吴淞、南市等地区组织工人地下军,并确定以沪西、浦东作为建军重点。1945年2月,在沪西召开组建地下军会议,工委领袖之一高骏以"新四军特派员"的身份,在会上介绍了抗日战争形势和抗日根据地情况。"会上决定由日商内外棉五厂老特派员老工人倪宏胜,在沪西澳门路、西康路口开设茶馆,利用喝茶、聊天的机会,在工人中开展组织地下军的工作"②。

为了推进工人运动,一些党员不时出入工人常去的茶馆。不过有时往往事与愿违。夏衍回忆1927年"四一二"之后自己和孟超、戴平万等在提篮桥、杨树浦这一带开展工人运动时揭道:"到了那一带,我们就在小茶馆和马路上和工人们'接近',目的是想和他们交朋友、搭关系。可是不仅事情不那么方便,而且还不止一次闹过笑话。例如,有一次,我和孟超两人在小茶馆和一个工人'搭讪',孟超问他家里有几口人,话音未落,这个工人就勃然变色,用手把他推开,差一点就要动武。我把他们劝开了,事后才知道,当时上海工部局的巡捕绝大部分是山东人,因此,孟超的一口胶东土话立刻引起了这个工人的反感。"③

在促进文艺界工作开展中,中共同样没有忽视茶馆的作用。考察鲁迅在上海期间上茶馆的情形,可以发现鲁迅去茶馆的次数并不多,其中几次又与"左联"密切关联。1934年2月12日,鲁迅在日记中记载:"同亚丹往ABC茶店吃茶",次日又"同亚丹、方壁、古斐往ABC吃茶店饮红茶"④。这两天连续去"ABC茶店",其实是有着不寻常的意义。亚丹指曹靖华,方壁指茅盾,古斐指胡风。1934年初,曹靖华利用寒假从北京来上海探望鲁迅。因此,在"ABC茶店"会晤,实际上是一次左翼文艺运动的情况和经验交流。见面时,茅盾、胡风介绍了"左联"的工作情况,曹靖华也向上海的同志介绍了设在莫斯科的世界革命作家联盟的情况。1936年1月8日、2月13日,鲁迅与邹素寒(经曹靖华介绍)两次在茶馆碰面。第一次是邹素寒到上海

---

① 张祺:《上海工运纪事》,中国大百科全书出版社1991年版,第93页。
② 沈以行等主编:《上海工人运动史》(下卷),辽宁人民出版社1991年版,第289页。
③ 夏衍《懒寻旧梦录》(增补本),生活·读书·新知三联书店2006年版,第86页。
④ 鲁迅:《鲁迅日记》(2),人民文学出版社2006年版,第434页。

参加全国学联的筹备工作与鲁迅交流,第二次是学联委托邹素寒把北方局写给中央的报告送到鲁迅那里,请鲁迅转交党中央,因为当时北方局和中央失掉了联系。后来鲁迅安全地把这个报告设法转交给了党中央①。

"孤岛"时期,党领导一批进步的文艺工作者展开了文艺救亡运动。许多活动是在茶室进行的。1939年春天,在"文委"(中共江苏省委文化界运动委员会)的领导下,由王任叔定期召开一个"推动'孤岛'文艺工作的中心座谈会"。座谈会每周一次在霞飞路(今淮海中路)的大三元茶室以茶会的形式展开,坚持了一年多。组织者为王任叔,参与者有戴平万、林淡秋、蒋天佐、钟望阳、蒋锡金等,他们在一起讨论"孤岛"文艺运动中出现的一些问题,研究推进工作的办法②。中共党员锡金在"孤岛"时期组织了"上海诗歌座谈会",有二十多人。以环龙路的"瘦西湖茶室"的三楼作为会所,每周定期一天开会。针对平剧舞台上出现一批充斥色情、庸俗低级的剧目,阿英等以文艺界的名义,假座大东茶室举行茶话会,讨论解决办法。为抵制日本人劝诱电影公司放映亲日片子,文化界救亡协会艺术组负责人杨帆组织影评委员会。每次新片放映时,杨帆与其他影评人到大东茶室进行讨论,形成一致意见。以此对电影公司进行监督③。

抗战时期,为抵抗日本帝国主义,国民党人也曾利用茶馆这一公共场所。姜豪回忆自己于1939年5月回上海从事抗日秘密活动(时任国民党上海地下市党部执行委员),为了不暴露住址,常常在霞飞路一家广东茶室约人见面、谈工作④。1944年春,国民党"上海地下总部"(由中华青年吼啸协会、正义青年大同盟及学生救亡协会等爱国救亡团体的骨干分子组成,吴仁勋为总主任干事)决定策反汪伪空军有关人员,设法破坏敌机。初步探试后,汪伪空军教练员兼小队长傅某愿意参加"地总",并同意联络其他人进行。经商定在上海会面,第一次于十月下旬,吴仁勋和傅某等三人在南市城隍庙得意楼会晤,傅等同意成此义举。此后,于十一月、十二月的五十余天中,又有三次接触,分别在福州路长乐、仝羽春茶馆及南国酒家,商量具体

---

① 周国伟、柳尚彭:《寻访鲁迅在上海的足迹》,上海书店出版社2003年版,第178页。
② 上海社会科学院文学研究所编:《上海〈孤岛〉文学回忆录》(下册),中国社会科学出版社1985年版,第231页。
③ 上海社会科学院文学研究所编:《上海〈孤岛〉文学回忆录》(上册),中国社会科学出版社1984年版,第73页、第345页、第18页。
④ 姜豪:《日军绑架五华人事件》,载《上海地方史资料》(一),上海社会科学院出版社1982年版,第174页。

事宜①。

　　偶尔,茶馆是抗日志士枪杀卖国投敌者的前沿阵地。1939年5月8日早晨,一中年男子在沪西大西茶楼喝茶,三男子闯入,对其枪击,中年男子倒下身亡。据调查,该男子刚接任伪方"武装警察大队长"一职没多久②。

　　以暴力行为作为抵抗在茶馆并不多见,革命、运动、起义与茶馆的联系更多展现的是一种非暴力姿态。茶馆,有时是谋划商议的场所,有时是动员宣传的场所,有时是开会处,有时是联络处。尽管是一种非暴力姿态,对革命、运动、起义却起着不容忽视的作用。同时,租界中的茶馆而不是华界的茶馆,承担了主要角色,这也与租界特殊的政治环境密切相关。

## 第五节　救亡、"茶花女"与茶室

　　茶室以不同于传统茶馆的面貌初现于上海滩时,时人赞叹它设备考究、装潢华丽、点心美味、服务周到,同时不忘数落传统茶馆的"座位简陋""人声嚣杂"。随着茶室迅速"蔓延",它日益成为时人的关注焦点,言论也变得复杂、深奥。对其关注主要集中在两方面:一是茶室里的"清谈"及休闲文化,一是茶室里的女招待(时称"茶花女")。联想到茶室兴起及繁盛的时代,便很容易理解时人对茶室休闲文化的关注。这种休闲文化与救亡的时代主题格格不入,因而遭致时人的批评。批评言论中,饱含复杂的民族主义感情色彩。这种被建构、塑造的茶室形象,需要我们仔细辨析。另外,茶室里的女招待是茶客们空间消费的重要对象。时人的言论既反映了时人对这种女性新职业的纠结心态,又是观察"茶花女"工作环境和职业困境的一个窗口。

### 一、救亡中的茶室休闲

　　抗战全面爆发前,有人就对茶室里的休闲氛围提出批评。抗战全面爆发前几

---

① 吴仁勋:《国民党上海地下总部》,载《上海文史资料选辑》第57辑,上海人民出版社1987年版,第86页。
② 《大西茶楼枪声血影,伪警队长饮弹毙命》,载《文汇报》,1939年5月9日。

年茶室兴盛的前兆已经出现,南京路上新雅、大东、冠生园、大新等茶室一一开设,且生意都不错。针对这种情况,作者先把进入茶馆和茶室的茶客进行对比,"至少,上茶馆的人,是腐化、无聊;上茶室的人,是文明、有聊。不单如此,还可显示自己的高贵、前进"①。作者是否真的认为上茶室的人就"文明""高贵""前进"? 接着看下面的言论就清楚了:

> 喝茶的朋友们,真都是福气人,从各人的脸色上,可以看出满面的春风,洋洋有得色,大有理乱不知之概;虽然他们的谈话,有时也会由天气哈哈谈到某地的失陷,某国的进兵,但结论也还不过是哈哈哈三个字。这些新闻,当然都是茶余酒后的大好谈话资料,要是没有某地的失陷,某国的进兵,这班福人,在茶和叉烧包吃得饱饱的时候,有什么可资谈助? 有什么可助消化呢? 这真该为福人们庆幸不浅了。
> 
> 清谈误国的罪名,我们也非不知;可是在亡国的前后,我们想到"国家兴亡,匹夫有责",那么兴国的责任未能尽,亡国的责任却不能卸! 我们在没有地方可以来尽亡国之责的当儿,正不妨从清谈上,来负起亡国的责任。即使将来修史的人,把亡国的罪名大都推在我们身上,也所不辞。要不然,亡国的责任,一点不尽,如何说得过? 明室覆亡,陈圆圆也有人把这笔账写在她身上,我们男子汉,如何可不担起这份责任? 何况以清谈而误国,以至亡国,总比秦桧、吴三桂之流的卖国,要风雅得多了!②

文章从头到尾用讽刺的手法指责茶室中茶客的闲聊活动,并极尽挖苦。在国难当头之际,对于茶室中茶客的休闲,作者十分看不惯。在激愤的言论中,作者把"清谈误国"的罪名扣在了茶客们的头上。

对茶客的指责,该文只是开了一个头,之后随着"八一三"以后茶室的蓬勃兴起,这类言论日益增多。为什么茶室如此欣欣向荣,时人对此也有一定的认识。"大概逃难到上海的,一则无事可做,只有终日在茶室消磨晨光","这正适合了孤岛上四百

---

① 灵犀:《吃茶篇(上)》,载《社会日报》1936年6月5日。
② 灵犀:《吃茶篇(下)》,载《社会日报》1936年6月6日。

万大多是中上阶级居民的心理"①。不过"晨光"消磨的不是时候,因此茶客们极易成为口诛笔伐的对象。有人详细观察了从早到晚一天中各种茶客的消闲情形。早上喝早茶的,都是些"风流儒雅的人物","他们似乎生长在另一个'雅'的世界里,不顶关心时局,但有时在他们想起了钱袋,也会哼出句:'呜,金价又涨啦!''汉口暂时不会有危险么?'不过五分钟,他们的话题,又转到餐会和捧女伶上去了"。下午四时,茶室中大多是"学生模样的西装青年,他们的谈话是非常放肆的"。晚上,许多公务人员、职员们到这里来聊天,"他们聊天的题目大多是家务或什么协理舞弊、要求加薪之类"。作者认为,茶室的规模大小不同,"不过他们的风格很一律,顾客的情形也大概相仿"。在作者看来,茶室中茶客的休闲状况就是如此,甚至处于"堕落陷阱的边缘",因此"不禁替作茶室长客的孤岛上'善男善女'们捏一把冷汗"②。对于茶室中茶客休闲场景描述及批评的文章还有不少,总之茶室是"有闲阶级的乐园",是无聊者的聚集地③。还有人对漫画系列《孤岛上一般少爷小姐的生活》给予批评。少爷、小姐们每天十时起身,"十一时进茶馆"(图上说明是京城茶室),之后是出入影戏院、跑冰场等④。上茶室喝早茶、看报成为他们一天吃喝玩乐的开始。

有人在强调这种画面是"孤岛畸形的缩影"时,着重对茶室内外进行对比:

> 有人说,吃茶非常经济,这我可不敢赞同。无论你怎样用得节省,四五毛钱总少不了的。另一方面,相反的,被劫火烧毁了一切的流亡者,与被劫火打击的失业者,他们挨饿到现在了。转瞬天气将寒,"啼饥"上面又要加上了"号寒",他们,每天连一顿安稳可以果腹的饭食也很不容易找到,一样是四五毛钱,这个相差却可以惊骇的。⑤

---

① 易人:《茶室》,载《上海生活(上海1937)》第二年第一期,1938年6月16日;无衣:《茶室一瞥》,载《文汇报》1938年10月19日。
② 无衣:《茶室一瞥》,载《文汇报》1938年10月19日。
③ 新良:《有闲阶级的乐园——茶室》,载《文汇报》,1939年4月22日;里昂:《喝茶与茶室》,载《民生周刊》第三期1940年1月14日。
④ 相权:《孤岛上一般少爷小姐的生活》,载《社会日报》1938年6月1日。共有八幅漫画,每幅有文字:十时起身;十一时进茶馆;下午一时进午餐;五时出影戏院;七时在跑冰场;八时吃大菜;十时跳上几跳;十二时回家明天再会!
⑤ 白华:《茶楼杂感》,载《文汇报》1938年9月6日。指向"南国风味的茶楼",即茶室。

一边是"一杯清茶，几盘糕点，这样就悠悠地度过了'无聊'的光阴"，另一边却是无以果腹、啼饥号寒的灾民。作者反对茶室休闲是一种经济的休闲方式，并用这种鲜明的对比强调了"孤岛"时期的畸形繁荣。相同的观感记载于另一位文人的文中："自从圣诞节起，'火树银花'（是我杜撰的灯彩代名词——原注）灿烂地开放在沿中心都市街南京路旁的一家大公司三楼的茶室门首。经过除夕、元旦、新年的岁朝日，茶楼的人迹，差不多天天轧闹着，这中间，又平添的灿烂的各种灯彩，风光是绮丽的。坐在温暖如五月初夏的像古罗马皇宫的里面，真不会觉得几步路外，还有啼饥号寒的悲惨的一群。"①茶室休闲在这种强烈的对比中受到了最猛烈的批判！

在有人批评茶室茶客"无聊"消遣的同时，有人对此却作了同情的理解。茶室喝茶的风气确实在上海小市民中"蔓延、激进着"，它是上海"繁华和升平依旧"的体现，与时代正在继续着的"血腥的斗争"格格不入，"但这是有它的社会根据的。环境的窒息，使脆弱的小市民阶级不得不找寻精神的遁逃薮"。作者最后提出："茶室日增，清谈风炽，这告诉我们一个消息：上海小市民的苦闷！"②上海小市民并非不关注时事，他们也感到异常苦闷，所以是把茶室当作"精神的遁逃薮"。从这个角度看，上海小市民进茶室喝的是一杯杯的"苦茶"！（见图4-2）

称为"喝苦茶"，只是一种同情的理解，并不表明对这帮"有闲阶级"茶室休闲的肯定。在抗日救亡的时代主题下，茶室的高堂满座是不应该出现的，茶客的"清谈""喝苦茶"都是不允许的，这在当时报纸杂志上成为一种主导基调，因此针对茶室的文章无一例外都是负面内容为主。

当消费文化与民族主义发生冲突时，民族、国家至上是不容辩别的，"铁肩担道义"的文人负有宣传、教育的责任，新闻媒体同样也负有舆论导向的社会责任。所以，对茶室指责、批评的现象是可以理解的。同一时期对游乐场、电影院等娱乐场所的批评也可归属同一类。有人认为，民族危亡之际不应有娱乐活动，并对这些股东们提出建议："开戏院、开游艺场的，开跳舞场、开跑狗场、妓院、茶楼等一切娱乐场所的股东们，变换了他们投资的方向，把这些金钱到边陲去开发荒地，到内地去建设工场，到西北去经营矿务，哪一件不能于己于民族双方都有不可限量的厚利，何必

---

① 华子：《茶楼半日记》，载《文汇报》1939年3月2日。
② 《茶室日增清谈风炽》，载《文汇报》1938年3月14日。

图 4-2 《喝苦茶者何其多》(摘自《上海生活》)

踞处在上海一隅来做这分利而受人鄙视的营生呢?"①出发点是好的,不过只能说是他们的美好愿望而已。

在这些充满指责、批评语气的文章中,我们看到了孤岛时期茶室的"高朋满座"和茶客休闲的多样场景。抛开"救亡""爱国"的话语,这就是一种真实存在。

## 二、形象建构中的"茶花女"

"茶花女"为哪家茶室首先雇用? 有人认为源自大东茶室,说:"从大东茶室创办以来,茶室中好像必需要备女招待。"②孤岛时期茶室雇用女招待已经较为普遍。

作为女子职业的一种,"茶花女"广受关注的并不是她们的服务水平和工作能力,而是她们的容貌。因此品评"茶花女"的文字充斥于报纸、杂志上。有人对大东、

---

① 曾虚白:《娱乐与生活》,载《大晚报评论集》第一集,四社出版社 1933 年版,第 294 页。
② 《茶室女招待》,载《社会日报》1936 年 7 月 23 日。

国货公司饮食部、冠生园三家茶室的"茶花女"一一点评：

> 大东茶室，女招待一共有六人，一号脸子倒不差，可惜太臃肿了一些，二号巧笑倩兮，但是有一些苦相，三号娇小玲珑，称最美丽，惟有鼻子太小，四五六号，似乎一无可取了。
>
> 国货公司饮食部的女招待，在二个月以前添用的，一起仅有两人，制服是浅绿色，颜色配合得不好，所以着在身上，不见得有一些美的成分，她们两人，一大一小，小的有六七分姿色，大的呢，不见为妙。
>
> 冠生园的女招待，在最近才发现，一共三人，服饰和大东相同，青白分明，很是整洁，一个司招待之职，面貌很像名医陆士谔先生的第三位女公子，二个是司售点食的，一个十九号，一个廿二号，十九号肤色较黑，丰姿倒不差，可惜的是左脸有一条瘢痕，廿二号肤色白皙，也颇娇小，她俩态度和蔼，比较大东和国货公司的要受顾客们来得欢迎。三家的点心，比较上冠生园来得最清洁，但是生涯方面，却是大东最好，这是要归功于女招待的了。①

很明显，点评的重点是"茶花女"们的姿色，诸如身材、面容、肤色等，关注的是她们"美丽"与否。也提到冠生园两女侍"态度和蔼"，但惜墨如金，仅此一处。作者认为大东茶室生意最好，"要归功于女招待"，原因是什么，作者并未明示。不过联系作者前后语句看，应该与大东茶室"茶花女"的美丽有着密切关系。

大东"茶花女"的美貌在当时各茶室中首屈一指，这在解释大东生意兴隆时经常被时人强调。大东茶客盈门，主要是因为"还有几位漂亮茶花女的缘故"②。所谓"最大的原因，却是公司大班选择女招待有聪明的眼光，从一群南国佳人里面，拣出八位适合现代美条件的下女，穿上了荷绿色的旗袍，罩上雪白的胸围，烫着波浪形的卷发，那制服的腰身剪裁得特别紧，胸部臀部，都呈现着流线型的人体美，她们托着喷银盘，提着白铜吊，像穿花蝴蝶似的，往来人丛中"③。也正因为大东"茶花女"

---

① 《茶室女招待》，载《社会日报》1936年7月23日。
② 《茶室漫步》，载《现世报》第六期1938年6月11日。
③ 《茶室风光》，载《社会日报》1939年5月23日。

的无穷魅力,"统观全上海许多茶室,大东旖旎风光,独多韵事"①。

不同的点评者,对"茶花女"的关注重点不尽相同,有时也不仅仅以貌取人:锦江茶室女招待衣着整洁,"惟有时招待颇欠尽职之处";南京路陶园茶室中,"一号吴静波,伊虽健美然虚荣心重","二号五姑娘,身材娇小,年华二八,除了泼皮式之活泼外,竟无善可述",三号邓道昕,民立女子中学的学生,卖点心太机械化,沉默寡言,有人给她绰号"女菩萨","此道昕之混号不久可于大东之丈八佳人驰名于广东酒楼茶室也"。四号吴爱蓉,招待客人之手段很和好,工作亦卖力,因此到陶园光顾者,多赞美四号女侍;大华路维也纳茶室,有一位"电烫其发,樱红其唇,芙蓉其面"者名为吴婉;华龙路"龙井"茶室"茶花"八九人,一律穿着绿镶边白竹布的制服,肥的、瘦的、俏的,应有尽有②。

这是多人对各茶室"茶花女"的一段点评。显然,一些点评者并不光看容貌,注意到了她们的工作表现,不过工作表现以是否受到茶客欢迎为标准,对其不满意则任意取绰号。而有些点评者仍是重点关注风姿。类似点评还有:"大东茶室的女招待,眼界太高,东亚内女侍派头很好,然而好得有点骄傲,维也纳女侍的姿色不过尔尔,不过风骚特炽。"③"锦江茶室之布置,排头最大,所以故该茶室之女招待也有些'小姐'腔调,年轻顾客批评曰:'一副晚娘面孔'。"④品味者不同,品味角度不同,所以结论也有所不同,但"茶花女"作为赏玩的对象没有发生改变。偶尔会有茶客对"茶花女"的出身发出感慨:"龙井第五号之茶花,阿顺姑娘也,据调查所得,阿顺姓俞,曾肆业于本埠某女中,'非常时期,非常职业',实令人肃然起敬,不敢视为平常辈。"⑤为什么关注阿顺姑娘的出身,因为她是女学生。那其他茶花女出身怎样呢?不言自明。对于她们会有怎样的态度?"肃然起敬"肯定谈不上,这也是不言自明的。

由于是女子的一种新兴职业,"茶花女"的工作场景同样受到关注。有人描述:

> 她们穿的是白色衣裳、白色围裙,两根带子飘在后面,脸上薄施脂粉,你对

---

① 陈忠豪:《茶室风光》,载《小姐》第六期 1937 年 3 月 10 日。
② 《孤岛上的茶花女》,载《现世报》第六期周刊 1938 年 6 月 11 日。
③ 《茶室及女招待》,载《电声》第十五期 1938 年 6 月 3 日。
④ 《茶室漫步》,载《现世报》第六期 1938 年 6 月 11 日。
⑤ 同上。

她笑,她亦会对你笑,她盘里的点心中你意,便叫放下一盘,不中意,任让她走过去。第二个来,第三个又来,一样的装束,一样的风姿,一样的年轻,点心各有不同,马拉糕、叉烧包、虾球烧卖、油鸡、三明治,各种甜咸点心每盆自一角起,然亦有例外的,你只要注意边沿,有一个黑圈代价一角,二个黑圈二角,没有黑圈一角。还有推来推去的水果车,老实人以为既有茶喝,又何需乎水果?殊不知"醉翁之意"另有所属,要一个年轻姑娘扦苹果给你吃,不容易吧,那么这里你却自由享受到了,无论扦梨子、剥蜜橘,连手续费只花两角,温婉的幸福的代价,可算便宜非常了。①

"茶花女"有托点心盘的,有推水果车的,需要与否尽随客便,脸上带着笑容,服务亲切又周到,所以到茶室来真是一种享受。不过这种享受不仅仅是指吃到的美味点心和新鲜水果,更主要来自"茶花女"及她的服务。所谓"醉翁之意"不在食物,在乎"茶花女"也。

有这种"醉翁之意"的茶客并不少,有文章写道:"她们的苗条的漂亮的身段,再穿上了美丽清洁的制服,手里托了各种各样的红红绿绿的水果与点心,在你的身边滑过时的那种情况,是足使你迷了起来的。于是'醉翁之意不在茶'的茶客,现在是变得很多很多了。"②大东茶室生意兴隆与"茶花女"密切相关,"里面女侍的衣服清洁雅静,容貌都很不错。为着这一特点,颇引起了些醉翁之意不在酒的茶客,每日风雨无阻,必要到驾一次"③。

在一些描述中,有"醉翁之意"的茶客,也有利用色相的"茶花女"。有人提到大东茶室的一位"水果西施"(推水果车的"茶花女"),"驾车人又是八位南国佳丽中最美丽的三号茶花女,她像法国花园推摇篮车的西洋美人,一步一回眸,向涎着脸的色情茶客,用秋波媚眼,来兜销果品,十指尖尖,……"④这里,既有"涎着脸的色情茶客",又有"秋波媚眼"的"茶花女"。另外,还有人提到龙井茶室的"茶花女"与客人打情骂俏的场景⑤。

---

① 里昂:《喝茶与茶室》,载《民生周刊》第三期 1940 年 1 月 14 日。
② 新良:《有闲阶级的乐园——茶室》,载《文汇报》1939 年 4 月 22 日。
③ 易人:《茶室》,载《上海生活(上海 1937)》第二年第一期 1938 年 6 月 16 日。
④ 《茶室风光》,载《社会日报》1939 年 5 月 23 日。
⑤ 《孤岛上的茶花女》,载《现世报》第六期周刊 1938 年 6 月 11 日。

其实"水果西施"是否"秋波媚眼"很值得推敲。先看下面这则记录大东"水果西施"受色狼茶客干扰的资料:

> 这水果西施历届升降,总得由十分漂亮的才能充任。在大东初创时,由三号开始膺此职责,一时大东茶迷,个个都变成了水果迷,因为这三号姑娘,据说出自名门,而且又是沪西某女校的高才生,为了服务社会,接近大众起见,才发下宏愿,在人头济济的茶室里来周旋,可是茶客不谅苦心。一意厮缠,有人竟问长道短的,不肯到这爽爽气气吃了东西就付钱,于是惹动了这姑娘的一般怒气,辞职不干。现在此职由八号那一位继任,此姑娘口齿老练,应付有方;一般醉翁茶客,乘隙无由,未免扫兴起来,可是水果车疾驰纵横,忽东忽西;在茶客中间点缀着热闹,于是总是停留在一处绵绵谈情的情况,也不很有人听见了。①

很明显,"茶花女"一身正气,是茶客对"茶花女"的工作造成了干扰。解放后,当年经常跑大东茶室的一位茶客这样回忆大东的服务水平:"男女服务员彬彬有礼。"②这时的记录更为客观和可信。所以说"茶花女"用"秋波媚眼"兜销水果,只是观察者有色眼镜中的形象或是行文时的一种故意。

这些文字的描述透露了当时"茶花女"所处的社会环境和职业困境。在她们周围,是一群以貌取人、戴着有色眼镜的男性茶客,其中不乏找乐子的"色狼"茶客。因此她们是"花瓶",她们是"活动商标",她们是"茶室的生命线"!女招待这份职业要想得到世人的认可,前方还有很长的路。

确实也有"茶花女"卖弄风情,在那些舞厅、跑冰场附设的茶室中,这种女子会相对多些,不过这些茶室已经失去了原味。可以试想,如果利用色相招引茶客在新雅等正规茶室中是种普遍现象,那么小报早已对此大肆渲染了,而不会这么风平浪静。董竹君在《我的一个世纪》中写道:敌伪时期,"上海各茶室都以黄色歌曲和女招待的卖弄风情来招引顾客。锦江茶室因为始终坚持正派作风,营业曾一度遭受排挤和打击,但博得了社会好评。当时《大公报》女记者蒋逸宵曾写过一篇《职业女

---

① 陈忠豪:《茶室风光》,载《小姐》第六期1937年3月10日。
② 里里:《孵"茶室"》,载《新民晚报》1984年8月19日。

子访问》的专栏特写,就是表扬锦江茶室的女招待员的"①。播放歌曲的茶室是指那些音乐茶室,在这些失去原味的茶室中有女招待卖弄风情是客观存在。因此第一句话中的"上海各茶室"是有特指的。锦江女招待作风正派应是实情,这和前文中有茶客戏称"晚娘面孔"可以对照来看。实际上,像新雅、冠生园、大新、大东等茶室,也和锦江一样,对女招待有着严格的管理。

关于"茶花女"的文字主要在当时各类小报上登载,小报虽然只是作为茶余饭后的一种消遣性读物,但在某种程度上说是小市民阶层思想和实际状况的反映。执笔者关注"茶花女"的容貌、风姿、和茶客间的韵事,这些内容迎合了一批小市民的口味和需求,也正是小市民观念、态度的客观反映。因此,在职业女性走向社会、得到尊重和认可的研究中,时人针对"茶花女"的这些文字可以作为一份有价值的参考资料。

作为一座城市十分重要的公共空间,茶馆包容着各类人物,上至达官贵人,下至凡夫俗子。三教九流在茶馆里演绎了一场场精彩繁杂的舞台剧。本章前四节主要选取了民众日常生活、文人活动、茶会市场、革命抗争四个角度,再现茶客们的空间消费行为。再联系第三章对茶馆内赌博、拆梢、吃讲茶等情形的描述,茶馆的功能、角色得到了较为全面的展现。当然茶馆中还包容着本章各主题无法容纳的其他现象,这里可以罗列一些。比如清末民初茶馆中时常发生着一种现象——"拆姘头"。如何"拆姘头",可以通过当时的小说一窥全貌。陆士谔的《新上海》中,主人公梅伯、仲芬、伯良在一洞天茶馆中目睹了一场"拆姘头":

> 那人居中坐着,一边坐着个二十多岁的瘦子,垂头丧气,眼珠瞧着茶碗儿;一边坐着个大姐模样的女子,瞧光景不过二十来岁。只见他拍着桌子讲话,因离得远了,听不清说些什么。偶然听着一两句,也都是有头无尾的。见他忽立忽坐,说一个不了,又指着瘦子,向黑帽结人说了几句什么,黑帽结人便回头向瘦子说话。那瘦子连连摇头,似乎不答应的样子。黑帽结人忽地圆彪着眼,把台子一拍,大声道:"我就不管你们了!你不依,看你未见得有便宜呢!"以后几句便低了,听不清楚。又见那瘦子点了几点头,摸钱会了茶账,先下去了。那大

---

① 董竹君:《我的一个世纪》,生活·读书·新知三联书店2008年版,第279页。

姐模样的人同着黑帽结的,随后也去了。接着便是堂倌收茶碗、抹桌子。梅伯问仲芬,道:"这几个人做什么?"仲芬道:"有甚好事情,多不过是拆姘头是了!那黑帽结的,瞧光景是包打听伙计呢。"①

茶馆中的其他现象,如陈存仁在《抗战时代生活史》中提到,抗战时期上海法院里法官贪污现象严重,只要有钱,屈者得直,直者可以变屈。在公共租界法院对面有一家茶楼,是专门为刑事案子讲价的地点。出面讲价的人,都是些法院的"执达使",数目讲定之后,就陪着当事人把钱送到法官家里去,只有拿不出钱的穷人,便重重地判他三年五年或是更多年,这是公开的秘密,也是任何人都知道的②。

由于浸染于这座城市,上海茶馆里的种种场景呈现出城市的特征和影响。历代在上海停留、居住的义人数不胜数,他们为城市文化的发达作出了应有的贡献。茶馆中尤其是茶室中文人的云集和谈文论艺活动,是体现上海文人集中、文化发达的一个侧影。另外,上海是一座商业城市,这从商人在茶馆的交易直至在四十年代形成茶会市场,以及房地产掮客的兴盛可见一斑。而商业化的特性不仅体现在商人的交易中,文人们的文化活动也沾染了商业色彩,卖稿市场的存在就是最好的证明。还有,茶馆虽是民众休闲娱乐的场所,但茶馆更多是被当作开展各类活动的重要载体,而前者的衰落促进了后者的发展。正因为如此,战后青莲阁等茶馆不接待散客而成为专门的交易场所。最后要说明的是,茶馆中还有一群特殊的茶客,如烟客、赌徒、满足淫欲之辈、"白相人"等。他们的存在使得茶馆乌烟瘴气,从而一再遭到时人的谴责。

本章最后一节着重于对茶室的论述。虽然变换叙述口吻,但论述对象仍可说是聚焦于茶客及其消费行为,并未脱离本章主题。在特殊时期,茶室兴盛不是时候,因此遭到民族主义者的口诛笔伐,从而茶室里的消费者及其行为被置于有色眼镜下展开审视。作为茶客的重要消费对象,茶客对茶室女侍的"特别"关注体现了职业女性走向社会的艰难。

---

① 陆士谔著,章全标点:《新上海》,上海古籍出版社 1997 年版,第 96 页。
② 陈存仁:《抗战时代生活史》,上海人民出版社 2001 年版,第 235 页。

# 结　　论

## 一、从消费的空间到空间的消费

王鸿泰在考察明清城市茶馆后,提出了"从消费的空间到空间的消费"观点,令人耳目一新。其实质为:茶馆本来是提供一个消费饮食的空间,但除了饮食之外,这个空间本身也开始成为被消费的对象,"饮食"与"空间"因而形成更错综复杂的相辅相成的关系①。王鸿泰的研究及结论提供了审视茶馆空间的崭新视角。以此衍伸,结合开埠以来百年间上海茶馆实态,可以发现更为细致、深入的内涵。

首先茶馆是一个消费的空间。茶馆以提供茶水为主,兼售酒、糕点、小吃等,称之为饮食空间是恰当的。上海茶馆并没有脱离传统茶馆的经营模式,而带上都市的特征也是极为自然的。规模、档次不同的茶馆所提供的茶叶有着质量上的好坏,即使同一家茶馆也实行分档经营,上等、中等、次等的茶水以不同的价格满足不同层次消费者的需求。另外广式、苏式、本地式等各类茶馆使得茶叶品种丰富多样,不仅有江南人喜欢的莲子、碧螺,还有广东味极浓的乌龙、水仙。当然上海茶馆除了茶水外,还提供其他饮食。有的茶馆兼售酒、菜;广式茶馆往往兼营茶食糖果,同时点心丰富美味:清晨卖鱼生粥,中午供应蒸熟粉面、各色点心,晚上则是莲子羹、杏仁酪等;苏式、本地式茶馆里的点心也自有特色,如蟹黄包、生煎馒头、酒酿圆子,还有小贩兜售的五香豆、金花菜、甘草梅子等各类风味小吃。此外,上海的一些大茶馆往往兼售西式饮料、西式糖果。除了茶水、各类小吃外,鸦片烟是上海茶馆提供的另类饮食。在烟毒泛滥的晚清时期,茶烟馆在租界、华界的热闹马路上普遍设立,那些大茶馆更是提供专门的房间和坑榻供人吸食鸦片烟。

---

① 王鸿泰:《从消费的空间到空间的消费——明清城市中的茶馆》,载《上海师范大学学报》(哲学社会科学版),2008 年第 3 期。

当然，茶馆并不仅仅是消费空间这么简单。按照王鸿泰的观点，"饮食"和"空间"有着相辅相成的紧密关系，人们在茶馆中同时消费饮食和空间。他提到了明清城市茶馆中的几种主要"空间的消费"样态：社交、资讯、娱乐。说得明白点，饮食只是一种形式，对茶馆空间的消费、利用才是本质。其他学者在茶馆研究中也发现类似的内容，不过一般称之为茶馆的社会功能。

茶馆的演变表明，南宋时茶馆开始有饮食之外的社会功能，但是比较简单，经历元朝的断档，明朝中后期开始复兴的茶馆在社会功能上基本延续南宋时期，如王鸿泰所述，仍较为简单。近代以后，茶馆空间消费发展得极为丰富而繁杂。不仅仅局限于社交、资讯、娱乐，也不单单在娱乐项目、设施上的增多，交易、评理、集会、交友、斗争，乃至坑蒙拐骗等，都在茶馆内进行。

从消费的空间到空间的消费，茶馆的社会功能超越其最初的饮食功能。有一点需要指出，即使是单纯饮食消费，其实说到底仍是一种对空间的消费。光是茶水和饮食，还有其他城市空间（酒楼、饭馆、游戏场等也兼售茶水）的选择。人们选择茶馆的原因，根源在于茶馆空间的一份魅力。就像一位学者所说："空间一开始已然是社会空间。"① 茶馆空间也是如此，从一开始就不是喝茶这么简单，空间带来的多种需求的满足或寻求满足才是人们选择茶馆的初衷。而人们对茶馆空间的多种消费实态正是茶馆作为社会空间的最好诠释。在茶馆空间中，有人以休息、闲聊、社交、信息传播和制造为乐事，有人以品评诗文、交流思想为乐事，有人寻求工作，有人寻求交易，有人办理公务，有人抗争集议，有人宣讲教育，有人宣传主义，有人讲茶评理，还有人坑蒙拐骗、钩心斗角……喝茶只是一种形式，茶水背后则有着各自的目的，因此茶馆空间的消费显得丰富多彩、繁杂多变。上海茶馆空间消费尤其如此。最有说服力的例子，即是上海人对于坐茶馆浪费光阴、追求闲适的批评之声只是偶尔响起。当然，完全脱离茶水的空间消费的日趋普遍，不利于茶馆的持续发展，因为这种空间消费在任意一种空间中都可进行。不管怎样，茶馆中丰富多样的空间消费是一幅精致的世俗风情画，呈现了民众的生活百态，也反映了社会变迁下的复杂面相。

在历史学家眼中，普通民众虽然在大历史的书写中从来没有缺位，但是由于历

---

① 柴彦威等：《城市空间与消费者行为》，东南大学出版社2010年版，"总序"，第4页。

史材料的留存、历史书写的习惯及学术兴奋点等因素,他们被关注的程度远远不够,多数民众成为历史书写中的失声者①。近年来,关注普通民众的日常生活史、心灵史再次在学界引发讨论。其实,茶馆就是透视普通民众日常生活及民间百态的极好空间。茶馆里的各类空间消费,见证着民众生活的千姿百态,从中可以窥探民众心理、风俗、日常交往、工作等观念和生活具象。

自从哈贝马斯提出公共领域理论后,近代中国的茶馆和西方18世纪咖啡馆经常被学者作为对比的对象。因为两者不论在数量、普及程度,还是经营方式、社会功能方面,都极其相似。所以,茶馆中的国家与社会关系问题,引起学者关注。王笛认为,不必拘泥于哈贝马斯"公共领域"概念,它同时也是指物质空间。并提出,从"物质"的"公共领域"这个角度看,茶馆扮演了与欧洲咖啡馆和美国酒吧类似的角色;即使退一步,按照比较严格的哈贝马斯的概念,即把公共领域视为与国家权力对抗的一种社会和政治空间,茶馆仍然不失为一个名副其实的公共领域。并以茶馆内的"吃讲茶"视为民间与国家权力对抗的典型例子②。应该说,将茶馆视为物质空间是没有问题的,但是将茶馆视作哈贝马斯所提的严格意义上的公共领域,则还需商榷。上海与哈贝马斯所提的资产阶级公共领域产生的背景极为相似:商业发达、报刊书籍出版业繁荣、人口密集、教育发展迅速。因此上海茶馆在中国各城市茶馆中最适合与西方咖啡馆、沙龙等进行比较,那么上海茶馆是否存在类似于西方公共领域的迹象?

哈贝马斯在其专著《公共领域的结构转型》对公共领域的产生、特征进行了深入的阐述。简要言之,即18世纪欧洲咖啡馆、沙龙、宴会、报纸、杂志大量增加,人们自由地聚集,公开讨论、发表意见,先是集中于文学方面的交流、批判,形成文学公共领域,进而产生政治公共领域。作为群体自由集中、公开讨论,有一定规模、形成公众舆论,从而调节或抵抗国家强制性权力。这是公共领域的本质特征。其中咖啡馆、报刊等是公共领域形成的重要载体。

对照公共领域的本质特征,结合上海茶馆内的各种空间消费及国家权力与基层社会的交织,我们发现茶馆并不具备西方公共领域的那些特征。茶馆是人们自

---

① 黄道炫:《倾听静默的声音》,载《中共党史研究》2021年第5期。
② 王笛:《茶馆:成都的公共生活和微观世界,1900—1950》,社会科学文献出版社2010年版,第5页。

由集中、自由活动的重要公共场所,人们的言论有时触及官府的紧张神经,但是这是一个松散的组织,并不是作为一个群体在发表意见,也无法形成有影响力的公众舆论。知识分子在茶室的"文艺沙龙",粗看具有文学公共领域的雏形。仔细考察,发现文学、艺术的讨论是他们交流的重要内容,但这种讨论并没有机制化、组织化。茶室文人与报纸杂志也有着联系,但文人的讨论对文学界、报刊界的影响是微弱的,文人与编辑的关系更多是一种交易。文人间的讨论必然会涉及一些文学的批判,但显然不能成为一种气候。其实,许多文人来到茶馆除了出售文稿养家糊口外,还有着其他个人目的,如获得信息、结交朋友等。因此,文学批判中心并没有在茶馆形成。另外,茶馆里有着怀有政治目的、反抗当权统治的组织和政党,也有着民众抵抗国家权力、维持很长时期的事件,前者如革命者在茶馆内的秘密活动,后者典型如吃讲茶、赌博,这些都对国家权力进行抵制,但与形成公共领域的背景大相径庭。王笛对此也有清晰认识,因此在对茶馆讲理进行深入论述后,又有这样的言论:"其实这种民间的调解活动,无论从哪个方面来看,都不足以形成西方那种与国家权力抗衡的'资产阶级的公共领域'。"①

因此,尽管茶馆和西方的咖啡馆有着很多相似之处,但是气候、土壤的诸多因素扼杀了茶馆形成类似西方公共领域的可能性,把茶馆视作一处社会和政治舞台更为恰当。

## 二、茶馆里的上海滩和上海滩的茶馆

茶馆反映了政治、经济、社会的变迁,从上海茶馆的兴衰可以清晰地审视城市的发展和社会变迁。上海茶馆的发展与城市的发展同步。开埠以后,租界的渐趋繁华使得茶馆的发展重心由县城转移到租界,之后,租界主干道依次崛起,茶馆亦步亦趋。茶馆的空间分布始终与城市空间的拓展同步进行。不过随着城市都市化进程的加快,传统茶馆业遭到挑战。新兴休闲娱乐业的兴起是上海城市迅速发展的一大产物,传统茶馆业在它们面前不堪一击,日益露出衰老的面相。上海市民在娱乐方式上有着丰富的选择,坐茶馆逐渐成为逝去的风景。战争确实加速了传统茶

---

① 王笛:《茶馆:成都的公共生活和微观世界,1900—1950》,社会科学文献出版社 2010 年版,第 347 页。

馆业的衰微,不过炮火摧毁的是茶馆的"躯体",真正导致其衰微的原因是——它逐渐被新兴的休闲娱乐业所替代。20世纪30年代茶室的兴起以至在孤岛时期的繁盛,在某种程度上可以视作传统茶馆"生命"的延伸。不过茶室并不被时人视作传统茶馆,特殊时期茶室的人满为患也被时人当作租界畸形繁荣的表征。不管怎样,茶馆的传统时代正在逝去。抗战胜利后,茶馆业迅速卷入政局变动、经济衰退的漩涡中。茶价的不断飞涨,反映了该时期通货膨胀、物价混乱的局面,也宣告着一个时代的即将结束。在对解放前夕茶馆的统计中,有影响力的大茶馆已经少之又少,小茶馆占据了主体。

  茶馆里各色人等的言论和行为、活动也反映了城市政治、经济、社会的变迁。城市发生了什么,国家发生了什么,都成为茶客们闲谈的话题。从食物价格到建铁路、开火车的利弊,从袁世凯做龙袍到张勋复辟……无一不在茶客们的闲聊范围。另外,各类人群在茶馆里的种种活动,是社会变革的风向标。有些行为仅在一段时期内发生,如访员茶会,又如包探茶会盛行于清末,直至在茶会上滥用私刑,被当局严厉管制,民国后已很少耳闻。一些活动在茶馆逐渐发展,形成较大规模,如茶会市场。时局变迁总是体现在茶馆里:清末民初,有人在茶馆劝人剪发、募捐,有人在茶馆推销革命书籍;中国共产党在茶馆宣传革命,推进工人运动、抵抗帝国主义;解放前夕的几年里,一些大茶馆成为"金条顶房子"的"顶屋市场",商人在茶会市场上抱怨生意难做。

  茶馆里的女性是一类特殊的群体。进入茶馆的女性主要包括妓女、女茶客、女艺人、女招待。早期对妇女的限制较少,时有女茶客随意出入茶馆。由于风化攸关,一些士绅持反对意见。加上茶馆内妓女的猖獗,因此官府下令,禁止一切女性出入茶馆。官府查禁妓女出入茶馆前后持续了数十年之久,直至20世纪30年代茶馆妓女基本消失。民国以后对于女茶客的禁令已经无形消失,但是出于传统,女子上茶馆并不多见,正如有人所说:"妇女不进茶店,并非受法律的禁止,不过一种风俗罢了。"[①] 茶馆中的女艺人也经历了最初的限制,如禁止男女登台,禁止女子弹唱,后来逐步解禁。女招待在传统茶馆中很少见,茶室为她们搭建了工作平台,不过作为服务业的职业女性要被世人真正接受并不那么容易。各类女性出入茶馆的历程,反

---

① 张镜予编辑,白克令指导:《社会调查——沈家行实况》,载李文海主编:《民国时期社会调查丛编·底边社会卷(下)》,福建教育出版社2014年版,第40页。

映了官府系于风化的性别控制。除了妓女确实应禁外,女茶客、女艺人、女招待都不应在所禁之列。女性出入茶馆的历程反映了时代的变迁以及观念的变革。

以茶馆为窗口透视开埠以来上海的城市发展和社会变迁,可以选择不同的角度,角度不同,聚焦点也不同,从而映像中的景致变得丰富多彩。从茶馆可以审视上海,而上海又赋予了茶馆的不一般。上海茶馆因浸染于这座城市,不可避免地受城市文化的影响。茶馆又不独上海所有,有着悠久历史的茶馆虽受地域文化影响,又总是存在着同一性。所以,谈上海茶馆的特色,必须置于比较视野下,这样才能更加透彻地审视。

各地茶馆的共性最主要体现在茶馆的包容性或者说开放性上。茶馆中的人物可谓三教九流,形形色色。茶客中,有达官贵人、公子少爷、商人、工匠、文人、职员、包探……有时一家茶馆可以同时出现其中的几类人,有时则在属于各自的茶馆中。茶客之外,还有各类到此谋生之人,如招蜂引蝶的妓女、兜售各类货物的商贩、"神机妙算"的算命人、卖唱的艺人、捡烟壳的、乞丐等。各类人的光顾,显示了茶馆博大的胸襟,也是茶馆在人们生活中扮演重要角色的原因所在。良好的环境以及热闹、宽松的氛围,使得茶馆成为最为理想的公共舞台,出现了复杂多样的空间消费形态。一般来说,茶馆方面并不干涉民众的活动,民众的活动是自由、随意的。只有影响到生意,诸如打架毁坏桌椅,或者发生重大事故,茶馆方面才会报告官府。在特定时期,为减少麻烦,茶馆也会顺应官府之意,贴上"莫谈国事"的条幅。至于茶客是否谈论,茶馆并不在意。

人和事是构成茶馆空间的主要因素。各地茶馆在人和事的包容广度上大致相似,从而导致茶馆在经营形式、管理方式、社会功能等方面的相似。但是广度上的相似,不能抹去深度上的差异。因此各地茶馆既有共性又有个性。

全面考察上海茶馆的个性,即地域特色,可以发现有着以下六个方面特别之处:

第一,高档茶馆多。租界的存在和繁荣孕育了许多高档茶馆。晚清时期,在从宝善街、四马路到大马路的城市空间拓展中,茶楼始终作为城市的地标而出现。从外表看,丽水台、一洞天、阆苑第一楼等,都是杰阁三层、楼宇轩敞。从里面看,"明灯万盏,椅必细木,碗必炉窑"[①]。提供的除茶水外,更有洋糖饼干、荷兰水等西洋食

---

① 黄式权:《淞南梦影录》,新文化书社1934年版,第101页。

物。因此晚清茶楼既不失传统风味,同时又融入了西洋色彩。一壶春、桂芳阁、华众会、旨宜楼、一层楼、万华楼、升平楼、菁华楼、乐心楼、五层楼、五龙日升楼、全安、福安、同芳、怡珍、阳春烟雨楼、天地一家春……一连串的茶楼在兴起更迭中始终脱离不了豪华与精致。这些茶楼的精致与优雅充分体现了当时城市发展的风貌,无怪乎19世纪末时人感慨,上海茶楼"皆别地所无"①。这些豪华、精致的茶楼大多开设在租界。至民国中后期,茶馆业逐渐衰微,可是当时的甲等茶馆仍以租界为多。尽管城隍庙一带也有一些茶楼如春风得意楼、湖心亭等可以与租界茶楼相抗衡,但总体来看,租界高档茶楼之多以及出众是明显占优势的。

"孤岛"时期的茶室是上海城市所特有的一种茶馆类型,它延续了晚清时期租界高档茶馆的优雅与精致,成为引领时代潮流的象征。在装饰、布置、设备上,两者各领风骚;在广告宣传上,两者同样不惜花费资金;在茶客身份上,晚清时期租界中心区的茶楼,进出的茶客以富商富贾、公子哥儿为主,茶室中的茶客也从来没有长袖短衫辈。同时,在都市化进程中,茶室的西化色彩甚为浓厚,从装修布置、食物供应、娱乐节目、管理方式等方面,无不借鉴、参考西方。

第二,类型多样。上海移民城市的特征在茶馆业留下了清晰的印记。经营茶馆的除了上海本地人,有江苏人、浙江人、广东人、安徽人等。经营者来自各地,使得茶馆呈现出多样的类型。广式、苏式、沪式、浙式、徽式等各类茶馆,带来了各地的风貌。广式茶馆对上海茶馆的影响是最大的。由于广州茶楼业发达且充满"南国风味",所以与上海及其周围城市有着完全不同的地域特色。当广东商人投资茶馆业,这些装修华丽、"南国风味"浓郁的广式茶馆一下子吸引了市民的关注,从而很快在各类茶馆中崭露头角。早期的五龙日升楼、同芳、怡珍、全安、福安等,后期的会员楼、粤商楼、小壶天、利男、群芳等,都是广式茶馆中的佼佼者。广式茶馆又是后来茶室的雏形,所以论及对上海茶馆的影响,需要着重提到广式茶馆。当然,其他各类茶馆也都是上海茶馆的重要组成部分。正是各地茶馆的汇聚,导致了上海茶馆的多姿多彩。不过老话说"入乡随俗",外地来的茶馆或多或少地被上海化。被上海化是正常的,但即使如此地域风味总能在各茶馆中寻觅到。

---

① 池志澂:《沪游梦影》,上海古籍出版社1989年版,第159页。

第三,娱乐性突出。上海茶馆自设立起,就以娱乐、游艺为先,成为城市重要的娱乐场所之一。晚清一位文人谓游沪有八事,其中之一即是进茶馆①。租界一些茶楼建成综合游艺场所,新奇事物在茶馆里就能看到和体验,诸如打弹子、看西洋镜、看珍禽异兽、看电影等。另外茶馆内妓女的来往穿梭,更使茶馆成为寻欢之所。因风化攸关,茶馆中的莺燕纷集招致封建官府的查禁,从而引发华界和租界双方的摩擦乃至冲突。戏曲演出是自茶馆兴起即相伴始终的一种娱乐形式。晚清时期苏州评弹、各地滩簧②均在茶馆演出,虽然被官府斥为"淫戏"且屡遭查禁,但受到茶客的欢迎。至民国时期,一些地方戏曲逐渐转移到剧院、游戏场,不过青莲阁、萝春阁、乐园、一乐天等大茶馆均有特别书场,演出地方戏曲。城隍庙各茶馆则以评弹为主,"城内各茶肆都附有说书,一般住在城厢间的老听客,都是风雨无阻地前往听书"③。

第四,商业味浓郁。开埠后上海在迈向工商业大都市过程中,茶馆逐渐成为商人聆市面、听行情、做交易的一个重要场所。清末时期上海茶会初步兴盛,至20世纪30年代中期,茶会市场出现。各种行业的商人集聚于各自约定的茶馆中,在一定的规章制度下进行买卖,宛如一正规市场。茶会市场的繁盛促进了掮客群体的发展。另外,文人们的文化活动也沾染了商业色彩,抗战全面爆发后茶室中卖稿市场的兴旺是最好的例子。

第五,藏污纳垢突出。开埠以来,上海都市化进程处于全国城市的首位。但是伴随飞速发展的是藏污纳垢的突出。时人常把上海称为"渊薮",如妓业的渊薮、罪恶的渊薮等。其实这些"污垢"普遍存在于上海茶馆中。烟毒、妓女都与茶馆结缘,并延续了很长时间。此外,上海茶馆还"包容"着各类妨害民生、影响治安、退化落伍的人和事。流氓、帮会势力进驻茶馆,搞得茶馆乌烟瘴气。晚清民国时期,拆梢、吃讲茶、拆姘头、坑蒙拐骗、打架斗殴、图谋不轨,各类事件接连发生。而小茶馆更是"流氓的世界"④。过分都市化、多轨异质社会、社会控制机制的异化,导致了城市黑社会的繁衍、泛滥⑤。在各类城市空间中,茶馆成为他们最为理想的活动场所。还

---

① 池志澂:《沪游梦影》,上海古籍出版社1989年版,第159页。作者阐述清末"游沪八事":"戏馆也,书场也,酒楼也,茶室也,烟间也,马车也,花园也,堂子也"。
② 滩簧是早期地方戏曲的统一称呼,有常锡滩簧、宁波滩簧、姚滩、本滩(上海本地滩簧)等,后来先后易名为锡剧、越剧、沪剧等。
③ 灵犀:《书场》,载《社会日报》1933年8月11日。
④ 富贵闲人:《流氓世界的小茶馆——都会卡通画》,载《社会日报》1935年3月17日。
⑤ 参见苏智良:《近代上海黑社会研究》,浙江人民出版社1991年版,第270页。

有,茶馆中的赌博现象连绵不绝,在官府查禁的严与不严间时沉时浮。作为一种民间陋俗,茶馆赌博始终无法得到根治。

第六,生命力"脆弱"。传统茶馆业的黄金时期是在晚清至民国初期,20世纪30年代之后渐趋衰微。20世纪30年代茶室的兴起以至在孤岛时期的繁盛,在某种程度上可以视作传统茶馆"生命"的延伸,但是茶室的繁盛期也相当短。自20世纪20年代中后期始,茶馆不再是上海市民休闲娱乐的首选之地,这与新兴休闲娱乐业的兴起关联甚大。都市化进程加快,上海市民在娱乐方式上有着丰富的选择,从而坐茶馆逐渐成为逝去的风景。

以上是上海茶馆突出的特征。并不是其他城市没有高档、多类型的茶馆,茶馆中没有娱乐、商业活动,没有帮会势力的介入,但是没有哪座城市的茶馆表现得像上海茶馆这么突出和鲜明。这与上海城市的特性密切相关。租界的存在、发达的工商业、中西文化的交融、移民等因素,造就了非同一般的大都市,也使上海茶馆表现得非比寻常。

如果以成都茶馆为参照,上海茶馆的这些特征,除了第五点,将变得更加明显。王笛说:"在中国,成都的确以茶馆最多、茶客最众并在茶馆中消耗的时间最长而名声在外。"①参考王笛深入、细致的研究,我们可以发现:成都茶馆虽然也有个别高档茶馆,但大众化是其总的特点,即使高档茶馆也不如上海这样西化、优雅和精致;成都茶馆的经营者几乎全为四川本省人,因此类型较为单一;成都茶馆中也存在妓女,但没有上海这样猖獗;成都茶馆里也有商业活动,但没有发展成茶会市场如此大的规模;成都茶馆生命力顽强,上茶馆成为20世纪上半叶成都人的一种生活方式,在这点上与上海茶馆有着强烈对比。此外成都茶馆也是藏污纳垢的场所。成都的秘密社会组织——袍哥以茶馆为码头,在茶馆里打架斗殴甚至私运枪火,各类混乱事件不时发生。因此在这方面与上海茶馆很相似,程度的轻重很难区别。

成都是近代化步伐较慢的一座内陆城市,上海则是引领都市化、国际化潮流的口岸城市。两座城市有着完全不同的文化底蕴,因此在茶馆特征上显示出鲜明的

---

① 王笛:《茶馆:成都的公共生活和微观世界,1900—1950》,社会科学文献出版社2010年版,第17页。成都茶馆最多,这点不正确。王笛在书中引用1919年上海只有164家茶馆的资料,指出同时期成都有600多家。其实,164家茶馆是指当年上海的著名茶馆,1919年公共租界茶馆即将近600家。所以近代上海茶馆在数量上不输于成都等城市。

差异。凭借茶馆作区域比较,我们发现区域文化的深远影响力。

## 三、国家权力的干预与日常文化的消长

福柯指出,"空间是任何权力运作的基础"。他以建筑为例,指出18世纪末叶起,在广泛而普遍的意义上,建筑日益具有政治的向度和意义[①]。执政者关注空间,根本是为了有效地维护统治。在我国历史上,面向公众开放的空间在城市化推进中大量产生,尤其在工商业发展迅速的条约口岸城市体现得更为明显,综观上海,茶馆、烟馆、戏院、妓院、酒楼、旅馆、浴室、公园、百货商场等先后涌现。新兴空间呈现出新特点,而传统空间在形式、内容上比以往更为复杂、多样,因此两者都受到了统治者的高度关注。传统空间中最典型的代表是茶馆,由于其与民众最广泛、最普遍的联系,日益受到国家权力的干预。

考察上海茶馆遭遇国家权力的干预,既要分租界和华界,又要看不同时期。上海特殊的政治格局导致的不同治理,在对茶馆的管理和控制上,租界与华界有着理念、方式上的区别和利益的争夺,早期由于在执照捐、妓女查禁以及逮捕华人权等方面双方不时发生冲突、摩擦。历届政府治理茶馆,在模式上有着传承,后期又比前期完善,不同时期又有着重点的不同。晚清时期官府最为紧张的是茶馆内的风化问题,因此与租界不时协商、征求合作,在查禁妓女、"淫戏"方面大费周章。北洋政府时期军阀林立、时局混乱。当局严密控制茶馆内老百姓对时局的谈论,同时暗中侦察茶馆内是否隐藏革命党人。南京国民政府时期,对茶馆业管理更为规范,控制也更为严密,政府多次制定总的管理规则,内容明显比前期要多,陆续制定专项规则,如征收茶馆捐规则、公园商营茶室管理规则等。还试图通过创办民众茶园,改良茶馆,灌输意识形态的教育。抗战胜利后的几年内,先是对茶馆开业、复业、改名进行严格审核,接着把茶馆业列入特种营业,并定期派员进行检查。日伪时期虽不长,不过从组建茶园业同业公会、检查部分茶馆状况、延续开业换照手续、提高捐税、设立民众茶园以及对茶馆加强戒备等种种内容看,伪政府并没有放松对茶馆业的管理和控制。

---

① 福柯、保罗·雷比诺:《空间、知识、权力——福柯访谈录》,载包亚明主编:《后现代性与地理学的政治》,上海教育出版社2001年版,第1—17页。

一般情况下,茶馆服从政府的管理,诸如营业时间、卫生设备、茶水要求等。这对茶馆来说并非坏事,一是能正常、顺利地经营,一是良好的环境能招来更大的客源。可是当切身利益受到损害时,茶馆店主并不那么顺从。最有代表的事例是店主对征税的抵制。从公共租界初次征收执照捐时店主发动集体抗议,到华界不同时期征税多次碰到或大或小的抵制,店主的反抗表达了他们减少税额的利益诉求。不过赢家总是政府。为了经营权,店主只能服从政府的管制。在政府的强权面前,即使是同业公会出面,也无济于事,如在实行"八一九"限价时期,公会提出的涨价请求政府置之不理。

　　茶馆中纷繁复杂的人和事是政府管理的重点和难点。在政府看来,茶馆中存在着一系列攸关风化和秩序的问题:娼妓的进入,"淫戏"的演出,流氓、帮会势力的介入,吃讲茶,赌博等。政府的禁令一再发布,但往往形同虚文。这些"顽症"并没有得到有效解决,究其原因,一是与租界、华界政令不统一、禁令时松时驰以及警局内部出现问题等密切相关,二是与店主的不配合有关。店主并不总是乐意与政府合作。很多时候,出于利益考虑,店主对这些人和事表示欢迎。因此店主和妓女、艺人、吃讲茶者、赌客们站在一个阵线上抵制政府。当然店主并不欢迎流氓、帮会势力的到来,可是店主并不会主动报告官府。最为关键的是,这些"顽症"有着能够"顽固不化"的社会土壤。查禁妓女上茶馆前后延续了数十年,清末有人提出"正本清源"的观点,认为妓女的全体查禁是解决妓女上茶馆问题的根本。可是这在当时不可能做到。20世纪30年代妓女基本在茶馆消失,从表面看政府在这场较量中得胜,不过考虑到妓女因茶馆的衰落转移到其他休闲娱乐场所(如游乐场、旅馆等)的事实,政府的得胜是暂时的。那些原本被认定是"淫戏"的民间戏曲、曲艺,在夹缝中求生存,终于在进入民国后逐渐被政府承认。民间戏曲、曲艺的经历说明,在面对来自民间的强大力量时,国家权力也得降低它高高在上的姿态。同样,由于吃讲茶、赌博与民间习俗密切联系,国家也无法对它们"斩草除根"。就像查禁赌博,新年时是赌博最严重的时候,几乎每到此时官府会发布文告,强调再三、以示查禁。但每年的查禁文告正是查禁无力的有力注脚。流氓、帮会势力的强大并不是政府所愿意看到的,但是它们具有存在、繁衍的土壤,政府能做的就是有限的干预。种种情况表明,国家权力深入基层社会的努力并不总是能达到令政府满意的效果,在触及社会深层因素的时候,国家权力遭遇到了瓶颈。

茶馆是三教九流最为集中的场所,一些违背法令的秘密活动无时不在上演。其中异己力量的活动是最令政府头疼的,却无法有效应付。政府也有安排密探,但总的来说缺乏资源进行始终如一的监视。所以在安全的环境下,革命党人利用茶馆开会、商议,中共则利用茶馆推进工人运动、发展组织、动员参军等。这些情况说明,国家权力在深入茶馆这样的底层空间中有着不少盲点,可谓鞭长莫及。

南京国民政府时期,为解决茶馆内久治不愈的"顽症",同时也为了灌输意识形态教育,政府在各城市创办了民众茶园。在空间布局上,放置讲演台,墙壁上方悬挂党国旗、总理遗像,屋内张贴有各类标语,放有一些通俗图书、报纸,并提供乐器、棋子等娱乐用具。在规约上严格实施以下禁令:禁止喧哗、禁止赌博、禁止随地涕唾、禁止携带危险物品。在活动安排上定期开展讲演,内容包括党义、农工商业和政治、劝导识字等,或者播放有教育意义的幻灯片、表演文明戏曲等。民众茶园成为政治和社会教育的重要空间,政府希冀通过静态和动态的规训,实现休闲教化于一体的目标,精英阶层也希冀通过民众茶园改良民众休闲生活、提倡正当娱乐。可是总体而言,民众茶园并没有实现预定目标,茶馆改良的尝试是失败的。

在近代,国家权力日益加强对茶馆的管理和控制,试图引导、改变民众的观念和习俗,但是屡屡遭遇瓶颈。茶馆空间中诸多人和事所构成的文化,被民众广泛接受。这种最接近底层的"有底气"的日常文化,因其本身的灵活性、柔韧性而有着强大的生命力。当然,1949 年后茶馆演变的历程改变了茶馆中的日常文化。先是"过去吃讲茶、打架、赌博的情形都绝迹了",接着茶馆里的居间商——捐客的活动受到管制①。之后在"生产"取代"消费"的时代话语下,吃闲茶的茶客日渐减少,茶馆业每况愈下。到 1956 年公私合营,茶馆数量急剧减少。1966 年"文化大革命"风暴的到来,茶馆被归入"四旧"之列,受到猛烈冲击,到 20 世纪 70 年代已所剩无多。茶馆及其空间里日常文化的衰弱及消弭,是时代变化的缩影。20 世纪 80 年代起,茶馆逐渐恢复,但是在上海等大多数城市中,茶馆中的文化传统未能得到传承。城市化进程的加速,市场的良好发展,民众休闲娱乐

---

① 《上海市茶楼商业同业公会经营情况、户数、资本额、从业人员及盈亏情况等调查资料》,上海档案馆藏,S344—4—35。

场所的多元化，是茶馆业无法恢复往日模样的根源。不过，曾经依托于茶馆的诸多人和事，其实并未消失，只是转移了空间，改换了方式，或许这是日常文化极具韧性的体现吧。

# 图 表 目 录

图 1-1　1909 年、1914 年、1925 年著名茶馆区域分布图 …………………… 29
图 1-2　清末湖心亭 …………………………………………………………… 36
图 1-3　《第一楼灾》《马夫凶横》 …………………………………………… 37
图 1-4　《茶寮坑榻品茶之闲话》 …………………………………………… 39
图 1-5　《小华园吃茶之写意》 ……………………………………………… 40
图 1-6　1896—1942 年公共租界茶馆数量演变趋势图 …………………… 53
图 2-1　《怡珍茶居广告》 …………………………………………………… 92
图 2-2　《福仙园茶馆告白》 ………………………………………………… 92
图 2-3　《也是茶楼主人白》 ………………………………………………… 94
图 2-4　《茶博士》 …………………………………………………………… 101
图 2-5　"新雅"广告；"大东茶室"广告；"浦东大厦六楼茶室"广告 …… 103
图 3-1　《无故相惊》 ………………………………………………………… 144
图 3-2　《升平楼野鸡之嘈杂》 ……………………………………………… 148
图 4-1　《活像国联会》 ……………………………………………………… 207
图 4-2　《喝苦茶者何其多》 ………………………………………………… 261
表 1-1　1909—1930 年分布在大马路、四马路、广东路、城隍庙著名茶馆名
　　　　号表 ………………………………………………………………… 31
表 1-2　1939 年上海茶室一览表 …………………………………………… 32
表 1-3　上海市卫生局核发饮食店执照分类表(1927—1932 年) ………… 57
表 1-4　1947 年各等级茶馆数量及比例表 ………………………………… 60
表 2-1　1946—1948 年老闸区、黄浦区等区茶馆店主年龄、籍贯统计表 …… 65
表 2-2　1946 年蓬莱区 44 家茶馆、1948 年新成区茶馆店主教育程度的统计表

| | | |
|---|---|---|
| | ·················································· | 67 |
| 表2-3 | 茶楼商业同业公会理监事基本情况表 ·············· | 68 |
| 表2-4 | 1944年部分茶馆员工统计表 ······················· | 99 |
| 表2-5 | 1946年度部分茶楼收入状况调查记录表············ | 110 |
| 表2-6 | 1948年底至1949年4月茶价调整一览表 ············ | 117 |
| 表3-1 | 1948年杨思分局周家渡白莲泾辖区茶馆情况表 ······ | 161 |
| 表3-2 | 新疆路德盛茶园聚赌案中赌徒情况表 ················ | 163 |
| 表3-3 | 龙泉茶室聚赌案中赌徒情况表 ······················ | 164 |
| 表3-4 | 福兴园茶馆聚赌案中赌徒情况表 ···················· | 165 |
| 表3-5 | 1911年茶馆聚赌案破获及惩罚情况表 ··············· | 168 |
| 表3-6 | 日伪上海特别市市立特约民众茶社半年来社人数统计表 ··· | 194 |
| 表3-7 | 洋泾镇茶园概况的调查表 ·························· | 195 |
| 表4-1 | 《王韬日记》1858年11—12月茶寮记载表 ··········· | 212 |
| 表4-2 | 《王韬日记》1860年4—5月茶寮记载表 ············· | 213 |
| 表4-3 | 1944年部分茶馆"找活"茶会详细情况表············· | 229 |
| 表4-4 | 未管理前各茶楼茶会市场情况表 ···················· | 233 |

# 参考资料

**档案**

上海市茶楼商业同业公会：S344

上海市茶楼业职业工会：Q6

上海市熟水商业同业公会：S343

上海市警察局：Q131、Q135、Q142、Q157、Q160

上海市社会局：Q6

上海市地方法院：Q185

上海市财政局：Q432

上海市教育局：Y8

上海市参议会：Q109

上海市工商行政管理局：B182

上海市第二商业局：B98

上海市公务局：Q215

日伪上海特别市政府：R1

日伪上海特别市沪西警察局：R19

日伪上海特别市教育局：R48

上海公共租界工部局：U1

上海市木材商业同业公会：S145

古玩商业同业公会：S186

**报纸杂志**

《申报》

《上海新报》

《民国日报》

《文汇报》

《新民晚报》

《图画日报》

《点石斋画报》

《社会日报》

《现世报》

《上海生活(上海1937)》

《民生1940》

《沪光》

《木业界》

《商业杂志》

《上海教育》

《娱乐》

《申江胜景图》

**地方志、官方文书、统计资料**

(清)乾隆《长洲县志》

(清)嘉庆《上海县志》

民国《上海市自治志》

《上海通志》,上海社会科学院出版社2005年版。

王孝俭主编:《上海县志》,上海人民出版社1993年版。

孔祥毅主编:《上海工商行政管理志》,上海社会科学院出版社1997年版。

王国忠主编:《上海旧政权建置志》,上海社会科学院出版社2001年版。

陈佐时、马勤根主编:《奉贤警察志》,上海社会科学院出版社1998年版。

《上海乡镇旧志丛书》,上海社会科学院出版社2004年版。

《上海市公报》(1912—1926年)

《上海市政府公报》(1927—1949年)

《上海市政公报》(1939—1945年)

《工部局年报》

《上海法公董局公报》(1937—1939年)

上海市地方协会编:《上海市统计》,商务印书馆1933年版。

上海市政府统计处编印:《上海市统计总报告:民国三十六年》

上海市人民政府秘书处编印:《上海市综合统计:1949年》

上海市档案馆编:《工部局董事会会议录》,第1—28册,上海古籍出版社2001年版。

上海市档案馆编:《日伪上海市政府》,档案出版社1986年版。

**相关文史图书**

王韬著,方行、汤志钧整理:《王韬日记》,中华书局1987年版。

上海人民出版社编:《清代日记汇抄》,上海人民出版社1982年版。

孙宝瑄:《忘山庐日记》,上海古籍出版社1984年版。

劳祖德整理:《郑孝胥日记》,中华书局1993年版。

鲁迅:《鲁迅全集》第十五卷《日记》,人民文学出版社1981年版。

诸联:《明斋小识》,载《笔记小说大观》第二十八册,江苏广陵古籍出版社1983年版。

毛祥麟:《墨余录》,上海古籍出版社1985年版。

黎床卧读生:《绘图上海杂记》,上海文宝书局,清代光绪三十一年(1905),石印本。

葛元煦等著《沪游杂记、淞南梦影录、沪游梦影》,上海古籍出版社1989年版。

王韬:《瀛壖杂志》,上海古籍出版社1989年版。

孙家振:《退醒庐笔记》,上海书店出版社1997年版。

吴趼人:《我佛山人笔记》,载《近代中国史料丛刊》第八十六辑,文海出版社1972年12月影印版。

上海青年出版社编:《上海各界各业名录》,上海青年出版社1947年版。

《上海指南》,1909年、1912年、1914年、1916年、1919年、1922年、1923年、1925年、1926年、1930年。由商务印书馆编译所编,商务印书馆出版。

陶凤子编:《上海快览》,世界书局1924年版。

沈伯经、陈怀圃编:《上海市指南》,上海中华书局 1934 年版。

柳培潜编:《大上海指南》,上海中华书局 1936 年版。

许晚成编:《上海指南》,国光书店 1938 年版。

费西畴编:《二十八年上海新指南》,声声出版社 1939 年版。

王昌年编著:《大上海指南》,上海东南文化服务社 1947 年版。

闻野鹤等著:《上海游览指南》,上海中华图书集成公司,出版年份不详。

胡祥翰等著:《上海小志、上海乡土志、夷患备尝记》,上海古籍出版社 1989 年版。

陈无我:《老上海三十年见闻录》,上海书店出版社 1997 年版。

陈伯熙:《上海轶事大观》,上海书店出版社 2000 年版。

王韦等著:《上海内幕》,杂志社 1945 年版。

屠诗聘主编:《上海市大观》(上、下),中国图书杂志公司 1948 年版。

徐国桢编著:《上海生活》,世界书局 1930 年版。

姚公鹤:《上海闲话》,上海古籍出版社 1989 年版。

郁慕侠:《上海鳞爪》,上海书店出版社 1998 年版。

上海信托股份有限公司编辑部编:《上海风土杂记》,上海信托股份有限公司 1932 年版。

火雪明:《上海城隍庙》,青春文学社 1928 年版。

郑逸梅:《小阳秋》,日新出版社 1947 版。

郑逸梅、徐卓呆编著:《上海旧话》,上海文化出版社 1986 年版。

郑逸梅:《书报话旧》,学林出版社 1983 年版。

郑逸梅:《清末民初文坛逸事》,学林出版社 1987 年版。

郑逸梅:《艺海一勺》,天津古籍出版社 1994 年版。

郑逸梅:《艺海一勺续编》,天津古籍出版社 1996 年版。

钱化佛口述,郑逸梅撰:《三十年来之上海》,上海书店 1984 年。

钱化佛口述,郑逸梅撰:《三十年来之上海续集》,上海书店 1984 年 11 月。

包天笑:《钏影楼回忆录》,山西古籍出版社 1999 年版。

赵家璧:《文坛故旧录:编辑忆旧续集》,中华书局 2008 年版。

曹聚仁:《上海春秋》,上海人民出版社 1997 年版。

夏衍:《懒寻旧梦录(增补本)》,生活·读书·新知三联书店 2006 年版。

徐迟:《我的文学生涯》,百花文艺出版社 2007 年版。
胡山源:《文坛管窥:和我有过往来的文人》,上海古籍出版社 2000 年版。
谢菊曾:《十里洋场的侧影》,花城出版社 1983 年版。
陈存仁:《银元时代生活史》,上海人民出版社 2000 年版。
陈存仁:《抗战时代生活史》,广西师范大学出版社 2007 年版。
蒋梦麟:《西潮》,辽宁教育出版社 1997 年版。
盛佩玉:《盛氏家族、邵洵美与我》,人民文学出版社 2005 年版。
中国现代文学馆编:《雨巷》,华夏出版社 2008 年版。
林微音:《散文七辑》,绿社出版部 1937 年版。
汤伟康、朱大路、杜黎:《上海轶事》,上海文化出版社 1987 年版。
远博主编:《旧上海黑幕》,远方出版社 1998 年版。
万墨林:《沪上往事》,中外图书出版社 1977 年版。
张祺:《上海工运纪事》,中国大百科全书出版社上海分社 1991 年版。
冯自由:《革命逸史》第五集,新星出版社 2009 年版。
董竹君:《我的一个世纪》,生活·读书·新知三联书店 1997 年版。
顾炳权编:《上海洋场竹枝词》,上海书店出版社 1996 年版。
王维江、吕澍辑译:《另眼相看——晚清德语文献中的上海》,上海辞书出版社 2009 年版。
上海通社编:《上海研究资料》,上海书店 1984 年版。
上海通社编:《上海研究资料续集》,上海书店 1984 年版。
王利器辑录:《元明清三代禁毁小说戏曲史料》(增订本),上海古籍出版社 1981 年版。
上海社会科学院历史研究所编:《五四运动在上海史料选辑》,上海人民出版社 1980 年版。
上海社会科学院文学研究所编:《上海〈孤岛〉文学回忆录》(上册),中国社会科学出版社 1984 年版。
上海社会科学院文学研究所编:《上海〈孤岛〉文学回忆录》(下册),中国社会科学出版社 1985 年版。
中国科学院上海经济研究所、上海社会科学院经济研究所编:《上海解放前后物价资料汇编：1921—1957 年》，上海人民出版社 1958 年版。

李文海主编：《民国时期社会调查丛编·底边社会卷》（下），福建教育出版社 2014 年版。

上海市工商行政管理局、上海市纺织品公司棉布商业史料组编：《上海市棉布商业》，中华书局 1979 年版。

上海市人民政府工商局经济计划处编：《上海私营工商业分业概况》（内部资料），1951 年 3 月出版。

上海市文史馆、上海市人民政府参事室、文史资料工作委员会编：《上海地方史资料》1—5 册，上海社会科学院出版社 1982—1986 年版。

《上海文史资料选辑》第 42 辑——第 86 辑，上海人民出版社 1983—1997 年版。

上海市政协文史资料委员会：《上海文史资料存稿汇编》（1—12），上海古籍出版社 2001 年版。

政协上海市南市区委员会文史资料委员会，上海市南市区志编纂委员会编：《南市文史资料选辑》第 1 辑—第 6 辑，1991 年版。

施福康主编：《上海社会大观》，上海书店出版社 2000 年版。

汪仲贤：《上海俗语图说》，上海书店出版社 1999 年版。

陆士谔：《十尾龟》，辽沈书社 1993 年版。

海上说梦人：《歇浦潮》，湖南文艺出版社 1998 年版。

八宝玉郎：《冷眼观》，沈阳出版社 1996 年版。

孙家振：《海上繁华梦》，江西人民出版社 1988 年版。

蘧园：《负曝闲谈》，上海古籍出版社 1985 年版。

韩邦庆：《海上花列传》，上海古籍出版社 1994 年版。

吴趼人：《二十年目睹之怪现状》，中州古籍出版社 1995 年版。

吴趼人：《我佛山人文集》第四卷 中长篇社会小说，花城出版社 1988 年版。

吴趼人：《上海游骖录》，清代光绪三十四年(1908)上海群学社出版。

徐挈庐、绣虎生：《沪滨神探录》，上海古籍出版社 1991 年版。

包天笑：《上海春秋》，漓江出版社 1987 年版。

李伯元：《文明小史》，江西人民出版社 1989 年版。

陆士谔：《新上海》，上海古籍出版社 1997 年版。

**专题著作**

杨斌华主编：《上海味道》，时代文艺出版社 2002 年版。

邹依仁：《旧上海人口变迁的研究》，上海人民出版社 1980 年版。

吴圳义：《清末上海租界社会》，文史哲出版社 1978 年版。

王娟、张遇主编：《老上海写照》，安徽文艺出版社 1999 年版。

陆其国：《民国上海帮会》，文汇出版社 2009 年版。

苏智良，陈丽菲：《海上枭雄黄金荣》，团结出版社 2009 年版。

苏智良，陈丽菲：《近代上海黑社会研究》，浙江人民出版社 1991 年版。

楼嘉军：《上海城市娱乐研究》，文汇出版社 2008 年版。

小田：《江南场景：社会史的跨学科对话》，上海人民出版社 2007 年版。

于醒民、唐继无著：《从闭锁到开放》，学林出版社 1991 年版。

郑祖安：《百年上海城》，学林出版社 1999 年版。

马军：《国民党政权在沪粮政的演变及后果（1945 年 8 月至 1949 年 5 月）》，上海古籍出版社 2006 年版。

黄敬斌：《民生与家计：清初至民国时期江南居民的消费》，复旦大学出版社 2009 年版。

张铨、庄志龄、陈正卿：《日军在上海的罪行与统治》，上海人民出版社 2000 年版。

唐耿良著，唐力行整理：《别梦依稀——我的评弹生涯》，商务印书馆 2008 年版。

朱恒夫：《滩簧考论》，上海古籍出版社 2008 年版。

戴敦邦图，沈寂文：《老上海小百姓》，上海辞书出版社 2005 年版。

沈以行等主编：《上海工人运动史》，辽宁人民出版社 1991 年版。

于醒民：《上海，1862 年》，上海人民出版社 1991 年版。

沈宗洲、傅勤：《上海旧事》，学苑出版社 2000 年版。

李长莉：《中国人的生活方式：从传统到近代》，四川人民出版社 2008 年版。

李长莉：《晚清上海社会的变迁》，天津人民出版社 2002 年版。

叶中强：《上海社会与文人生活（1843—1945）》，上海辞书出版社 2010 年版。

唐艳香、褚晓琦：《近代上海饭店与菜场》，上海辞书出版社 2008 年版。

爱狄密勒著、包玉珂编译：《上海——冒险家的乐园》，上海文化出版社 1956 年版。

林苟步：《吃得有趣》，汉语大词典出版社 2001 年版。

曾宏燕:《上海巨商黄楚九》,人民文学出版社 2004 年版。

沈寄:《上海:1911 攻打制造局》,上海辞书出版社 2007 年版。

朱邦兴、胡林阁、徐声合编:《上海产业与上海职工》,上海人民出版社 1984 年版。

谢菊曾:《十里洋场的侧影》,花城出版社 1983 年版。

许宗元:《陶行知》,人民出版社 1988 年版。

张耕华:《吕思勉:史学大师》,上海教育出版社 2000 年版。

周国伟、柳尚彭:《寻访鲁迅在上海的足迹》,上海书店出版社 2003 年版。

何益忠:《老城厢:晚清上海的一个窗口》,上海人民出版社 2008 年版。

萧乾著、文洁若编:《人生百味》,中国世界语出版社 1999 年版。

李果主编:《海上文苑散忆》,上海人民出版社 2006 年版。

林淇:《海上才子:邵洵美传》,上海人民出版社 2002 年版。

吴旭霞:《茶馆闲情——中国茶馆的演变与情趣》,光明日报出版社 1999 年版。

连振娟:《中国茶馆》,中央民族大学出版社 2002 年版。

阮浩耕:《茶馆风情》,浙江摄影出版社 2003 年版。

陶文瑜:《茶馆》,花山文艺出版社 2005 年版。

陶文瑜:《茶客》,浙江摄影出版社 2007 年版。

刘清荣:《中国茶馆的流变与未来走向》,中国农业出版社 2007 年版。

徐传宏编著:《中国茶馆》,山东科技出版社 2005 年版。

周文棠:《茶馆》,浙江大学出版社 2003 年版。

刘勤晋编著:《茶馆与茶艺》,中国农业出版社 2007 年版。

徐晓村主编:《中国茶文化》,中国农业大学出版社 2005 年版。

刘修明:《中国古代的饮茶与茶馆》,商务印书馆 1995 年版。

陈宗懋主编:《中国茶经·饮茶篇》,上海文化出版社 1992 年版。

王玲:《中国茶文化》,九州出版社 2009 年版。

徐明宏:《杭州茶馆》,东南大学出版社 2007 年版。

吴承联:《旧上海茶馆酒楼》,华东师范大学出版社 1989 年版。

王笛:《茶馆:成都的公共生活和微观世界,1900—1950》,社会科学文献出版社 2010 年版。

姚霏:《空间、角色与权力——女性与上海城市空间研究(1843—1911)》,上海人民出版社2010年版。

刘建辉著,甘慧杰译:《魔都上海:日本知识人的"近代"体验》,上海古籍出版社2003年版。

陈祖恩:《寻访东洋人:近代上海的日本居留民(1868—1945)》,上海社会科学院出版社2006年版。

[美]李欧梵著,毛尖译:《上海摩登——一种新都市文化在中国(1930—1945)》,北京大学出版社2002年版。

[法]安克强著,袁燮铭、夏俊霞译:《上海妓女——19—20世纪中国的卖淫与性》,上海古籍出版社2004年版。

[美]贺萧著,韩敏中等译:《危险的愉悦——20世纪上海的娼妓问题与现代性》,江苏人民出版社2003年版。

[德]哈贝马斯著,曹卫东等译:《公共领域的结构转型》,学林出版社1999年版。

[英]马克曼·艾利斯著,孟丽译:《咖啡馆的文化史》,广西师范大学出版社2007年版。

**学位论文**

吕卓红:《川西茶馆:作为公共空间的生产和变迁》,博士学位论文,中央民族大学,2003年。

王彦宇:《成都茶馆空间研究》,硕士学位论文,西南交通大学,2006年。

余瑶:《茶馆民俗与茶人生活——俗民视野中的成都茶馆》,硕士学位论文,上海大学,2007年。

陈永华:《茶馆·市民文化·社会变迁——近代杭州茶馆研究》,硕士学位论文,浙江大学,2007年。

代亚松:《茶馆与近代汉口的文化社会生活》,硕士学位论文,华中师范大学,2007年。

江芬:《民国时期广州女招待初探》,硕士学位论文,暨南大学,2008年。

徐轲:《宋代茶馆研究——以北宋开封和南宋临安为中心的考察》,硕士学位论文,河南大学,2009年。

陈文文:《1920—1940年代上海咖啡馆研究》,硕士学位论文,上海师范大学,

2010年。

王雯君：《近代上海茶馆文化研究》，硕士学位论文，上海师范大学，2014年。

顾胜楠：《民国时期杭州茶馆与城市社会生活研究（1927—1949）》，硕士学位论文，浙江工商大学，2017年。

向莲君：《新媒介与旧空间：近代报刊与成都茶馆的现代转型》，硕士学位论文，南京师范大学，2018年。

**期刊论文**

王笛：《大众文化研究与近代中国社会——对近年美国有关研究的述评》，载《历史研究》1999年第3期。

王笛：《二十世纪初的茶馆与中国城市社会生活——以成都为例》，载《历史研究》2001年第5期。

王笛：《茶馆、戏园与通俗教育——晚清民国时期成都的娱乐与休闲政治》，载《近代史研究》2009年第3期。

王笛：《"吃讲茶"：成都茶馆、袍哥与地方政治空间》，载《史学月刊》2010年第2期。

熊月之：《张园——晚清上海一个公共空间的研究》，载《档案与史学》1996年第6期。

熊月之：《晚清上海私园开放与公共空间的拓展》，载《学术月刊》1998年第8期。

熊月之：《从跑马厅到人民公园人民广场：历史变迁与象征意义》，载《社会科学》2008年第3期。

铃木智夫：《清末江浙地区的茶馆》，载《江海学刊》2002年第1期。

罗苏文：《晚清上海租界的公共娱乐区（1860—1872）》，载《档案与史学》2002年第1期。

李德英：《公园里的社会冲突——以近代成都城市公园为例》，载《史林》2003年第1期。

李德英：《城市公共空间与城市社会生活：以近代城市公园为例》，载《城市史研究》第19—20辑，天津社会科学院出版社2000年版。

陈蕴茜：《空间重组与孙中山崇拜——以民国时期中山公园为中心的考察》，载《史林》2006年第1期。

陈蕴茜:《日常生活终殖民主义与民族主义的冲突——以中国近代公园为中心的考察》,载《南京大学学报》(哲社版)2005年第5期。

陈蕴茜:《论清末民国旅游娱乐空间的变化——以公园为中心的考察》,载《史林》2004年第5期。

陈蕴茜、齐旭:《近代城市空间重组中的精英文化与大众文化——以江苏南通更俗剧场为中心的考察》,载《江苏社会科学》2008年第6期。

方平:《戏园与清末上海公共空间的拓展》,载《华东师范大学学报》(哲社版)2006年第6期。

魏兵兵:《"风化"与"风流":"淫戏"与晚清上海公共娱乐》,载《史林》2010年第5期。

王鸿泰:《从消费的空间到空间的消费——明清城市中的茶馆》,载《上海师范大学学报》(哲学社会科学版)2008年第3期。

刘清荣:《宋代茶馆述论》,载《中州学刊》2006年第3期。

杨永兵:《试论宋代茶馆的功能》,载《农业考古》2004年第2期。

戴利朝:《茶馆观察:农村公共空间的复兴与基层社会整合》,载《社会》2005第5期。

李晓南:《从城市公共空间的角度看今昔茶馆文化的变迁》,载《社会科学辑刊》2004年第1期。

牛力:《试论近代中国茶馆的社会功能》,载《东方论坛》2002年第3期。

陈永华:《作为市民公共空间的存在与发展——近代杭州茶馆功能研究》,载《杭州师范大学学报》(社会科学版)2008年第5期。

吴聪萍:《公共空间的变迁与城市日常生活——以近代南京茶馆为例》,载《北京科技大学学报》(社会科学版)2009年第3期。

刘凤云:《清代的茶馆及其社会化的空间》,载《中国人民大学学报》2002年第2期。

小田:《近代江南茶馆与乡村社会运作》,载《社会学研究》1997年第5期。

潮龙起:《近代帮会的茶馆与茶文化》,载《江苏社会科学》2003年第3期。

蒋伟国:《民国掮客点滴》,载《民国春秋》1996年第6期。

阎红生:《清末民初的茶馆》,载《民国春秋》1997年第2期。

倪群:《近代上海的茶馆》,载《农业考古》1995年第4期。

马长林:《旧上海股票交易"茶会时代"之前后》,载《上海档案》1993年第2期。
巢伟民:《旧上海的茶会市场》,载《上海工商》1999年第9期。
张磊:《旧上海东洋茶馆兴衰的历史考察》,载《农业考古》2014年第5期。
周荣蓉:《近代中国茶馆中存在的问题研究》,载《农业考古》2021年第2期。

# 后　　记

笔者的博士论文终于出书了，内心百感交集。博士论文往往是学者最为珍视的成果，因为它见证了笔者读博多年的煎熬及成长历程，果实收获的背后是常人所未见也很难体会的耕耘和历练。遥想2009年笔者拜入上海师范大学邵雍教授门下，至2012年博士毕业，三年里，从选题确定到资料搜集整理再到论文撰写，每一个环节都不容易。

2009年，笔者基本确定研究茶馆，这可能与笔者对社会史情有独钟有关吧。可是王笛教授于2010年出版的相同题材的著作让笔者遭受了沉重的打击。最初，笔者准备丢下此选题，另起炉灶。因为论文贵在于创新，最忌讳的便是选题的相同。其实，早在王笛教授撰写《街头文化：成都公共空间、下层民众与地方政治(1870—1930)》时，书中就已涉及精彩的茶馆描写，对此笔者也略有所觉。没想到的是，第一部论述茶馆的专著来得这么快。尽管笔者以上海茶馆为目标，与成都茶馆并不完全重合，但存在着相似。那么，笔者是该继续自己的选题，还是放弃？最终，笔者选择了继续前进。

有关茶馆的资料散见于各类文献中。最初笔者对资料的搜集缺乏信心，一是搜索范围太大，二是担心所搜集资料的有效度。搜集资料的过程也是艰苦的。当年搜集资料不似今天这么便利，现在《申报》等报纸有电子检索版，可是当年都只能手动翻阅。笔者记得当时采取了最笨的方法，在图书馆一页一页地翻动报纸，用笔摘抄。当时手机不是智能的，没有拍照功能，但即使有，图书馆也是不允许拍照的。然而，最原始的方法最能锻炼人的意志。当年笔者常想，老一辈的学者，包括笔者的导师邵雍教授，不就是这样一路走来并在学术上取得成就的吗？他们是笔者学习的榜样。笔者记得有一阵腰不舒服，不能久坐，这时只能采取半站半趴的姿势。无论是在上海图书馆操作胶卷还是在学校图书馆查阅报刊等资料，笔者努力使自己在有限的时间内搜集更多的资料,因此常常会眼睛发花、头脑发胀。相比较资料的搜集、整理、分析资料以及写作则更是充满了挑战。一天中,除了吃饭、睡觉外,坐在电脑前成了雷打不动的常规动作。回想那日日夜夜,真是有太多感慨!

2012年夏,笔者博士毕业,之后进入上海大学文学院博士后流动站。由于研究方向的转变,博士论文就此搁置多年。几年里,笔者依旧吃着"老本",从博士论文中选取主题和资料,在整合后形成一篇篇文章先后在期刊发表。可是,博士论文被放在床底下,并未想到出版。直至2021年10月,借助博士后合作导师忻平教授的出版资助计划,在丰箫老师的直接推动下,笔者的博士论文成书之路开始启动。

翻阅博士论文,想着即将出版,心里既欢喜又惶恐。欢喜的是三年读博的成果终于要有油墨味了,这是对笔者曾经数载奋斗的交代。惶恐的是,基于水平和能力,博士论文有很多不足,有种第一次见"公婆"的"丑媳妇"之感。自己很清楚,博士论文理论、文字功底是欠缺的,尤其在王笛教授的大师级作品面前,差异是明显的,作为后辈,需努力向前辈学习。不过,本书至少是学界第一次对近代上海茶馆进行的详细而系统的研究,透过上海茶馆反映了上海城市在时代变迁中的发展、城市市民的生活及城市文化的丰富内涵。

如果说本书还有什么可值得一说的,那就是没有太多的理论牵绊,运用较为朴素的语言,通过挖掘丰富多样的资料,讲述了一个个鲜活的故事。出版前,笔者特意检索了电子版《申报》《文汇报》等报纸杂志,查阅到了不少之前没注意到的相关资料,但是这些资料并没有超越笔者当年手工翻阅的资料的有效度,因此没有加入书中。电子版资料也有缺陷,广告、图片是看不到的。这也说明当年的努力是值得的。有一点需要说明,笔者曾经试图寻找茶馆店主或其后人,期待对茶馆经营及相关内容有更深入的了解,但笔者并没有找到满意的采访对象。后来笔者采访了三位老人,其中两位老人提供了解放前夕上海茶馆的一些情况,另一位老人虽然没有对茶馆提供只言片语,不过他的账房经历使笔者得以解读档案中的茶价术语。由于图书、期刊中有不少有关老上海茶馆的口述资料,也算弥补了缺憾吧。本书的资料还是丰富的,一个个充满生气的案例,把我们带回到那个回不去的年代,感受先人的生活气息,感悟历史的温度。本书没有太多理论的提升,聊以自慰的是,读者可以较为轻松地阅读。

在本书即将付梓之际,笔者的内心充满了感恩。首先感谢笔者的两位导师。邵雍教授是笔者读博期间的授业恩师,他在社会史、党史领域都取得了瞩目成就,他对学术研究的热爱和执着、数十年如一日的勤奋和毅力,是所有弟子的学习榜样。博士论文从论文框架、资料搜集、写作技巧直到遣词造句,都离不开恩师的精心指导。忻平教授是笔者博士后工作期间的合作导师,他对笔者学术上的继续成长有着重要的意义。在忻教授的严格要求下,笔者的学术视野扩宽了,研究能力进一步提升。"注重顶层设计,注意宏观、中观、微观的结合""条分缕析,注重逻辑,前伏后应",这些话语至今记忆深刻,成为笔者学术道路上的指明灯。在修改本书时,忻教授一再提醒:一定要以小见大,一定要吸收最新成果。本书得以出版,也是得到忻教授的支持才成为"上海城市发展与社会生活丛书"中的一分子。有时很是感慨:笔者是如此幸运,得到两位学界名师的指导与帮助!

其次感谢在本书撰写出版过程中给予启发、指点和帮助的各位师长,如上海师范大学的苏智良、周育民、徐茂民、高红霞、姚霏等老师;上海大学的陶飞亚、杨雄威等老师;尤其感谢上海大学丰箫和华东师范大学杨丽萍两位老师,她们都在阅读之后提出了有益的修改意见。感谢本书的责任编辑,细致地审阅及修改意见让本书避免了一些问题和不足。

最后感谢笔者的家人。从2009年读博到2015年博后出站,笔者的婆婆不仅帮笔者和先生照顾儿子,还承担了一家的日常琐事。在多年操劳中,婆婆积劳成疾,身体稍有恢复又为家尽心尽力。感谢先生包容、理解、支持笔者结婚生育后继续读书深造,一个有爱、温暖的家是笔者缓解压力的港湾!感谢笔者的爸爸妈妈、两个姐姐,一直关心笔者的学业和工作,并给予笔者经济物质上的帮助!感谢笔者的儿子,消解了笔者追逐学问的疲乏。

书稿的主体内容并没有太多修改,一方面是能力不足,一方面也想保留最初的样貌,也是那段岁月的见证吧。感谢一路走来支持、帮助笔者的良师益友及亲人,笔者将怀揣你们给予的力量与温暖继续前行!